秦汉时期的文人

方铭 著

学苑出版社

目录

前言 ………………………………… 001

第一章　秦的建立与覆亡　001
第一节　秦的建国 ………………… 003
第二节　商鞅与战国革新 ………… 007
第三节　统一与覆亡 ……………… 012
第四节　吕不韦与《吕氏春秋》 …… 016

第二章　秦博士与李斯　023
第一节　博士制度溯源 …………… 025
第二节　博士与秦始皇的对立 …… 030
第三节　焚书坑儒 ………………… 036
第四节　李斯 ……………………… 041
第五节　官吏的教育 ……………… 046

第三章　楚汉战争中的文人　051
第一节　积怨而发愤 ……………… 053
第二节　帝者师范增 ……………… 056
第三节　帝者师张良 ……………… 057
第四节　帝者友陈平 ……………… 062
第五节　郦食其与蒯通 …………… 063
第六节　张耳与陈余 ……………… 066

第四章　汉初文人　069
第一节　汉朝的建立 ……………… 071
第二节　娄敬与和亲 ……………… 074
第三节　叔孙通与汉朝仪 ………… 076
第四节　陆贾与《新语》 …………… 078

第五章 黄老与杂家 　　81
第一节 黄老思想与黄老之治 …… 83
第二节 藩国分治与大一统 …… 85
第三节 贾谊与晁错 …… 92
第四节 刘安及《淮南子》 …… 97

第六章 儒学复兴 　　105
第一节 西汉盛世的来临 …… 107
第二节 西汉儒学的传播 …… 109
第三节 董仲舒与天人感应 …… 113
第四节 五经的传承 …… 119

第七章 儒生官僚的操守 　　125
第一节 圣人的理想政治 …… 127
第二节 儒生出仕 …… 131
第三节 西汉儒生大官的操守 …… 136
第四节 公孙弘与兒宽 …… 146

第八章 辞赋家的使命 　　151
第一节 赋文体的历史使命 …… 153
第二节 主文而谲谏 …… 157
第三节 东方朔 …… 163
第四节 司马相如 …… 174

第九章 司马迁与《史记》 　　189
第一节 圣贤发愤 …… 191
第二节 成一家之言 …… 192
第三节 神秘与理性 …… 196
第四节 文人侠客 …… 199
第五节 儒家本位立场 …… 203

第十章 扬雄与刘向父子 　　209
第一节 扬雄的身世经历 …… 211
第二节 《剧秦美新》与圣人革命 …… 222
第三节 尊孔与不遇立场 …… 233
第四节 扬雄的辞赋家责任 …… 239
第五节 刘向与刘歆 …… 243

第十一章 鼎革与谶纬 　　253
第一节 新朝的兴亡 …… 255
第二节 东汉皇帝的更迭 …… 258
第三节 东汉的改革 …… 261
第四节 谶纬与谶纬批判 …… 264

第十二章 东汉文人官僚 　　273
第一节 儒生皇帝 …… 275
第二节 母后临朝与宦官执政 …… 281
第三节 儒学与东汉文人官僚 …… 286

第十三章 东汉文人的气节 　　299
第一节 东汉的经学家 …… 301
第二节 高尚其志 …… 307
第三节 东汉辞赋家 …… 312

第十四章 王符与东汉末世文人 　　327
第一节 党锢之祸与东汉末的社会危机 …… 329
第二节 三不朽与《潜夫论》的写作目的 335
第三节 古诗十九首 …… 344

参考文献 　　350

后记 　　354

前言

秦汉的历史，自然是从秦统一到汉灭亡为止，年代跨度长达四百余年。然而，秦统一与秦建国是两个概念，其年代相差甚远。而汉灭亡在汉献帝时，此时实际上三国已开始。因此，如果严格地把秦汉文人局限于秦的统一至汉的灭亡，即从公元前221年至公元220年，虽然在理论上更符合秦汉文人的命题，但却会给书写带来困难，因为一个时代文人价值观的变化，很难说是一个突然的行为，而要经过较长时间的酝酿，因此，我们在讨论秦朝文人的时候，不可避免地要涉及秦统一前秦国的文人，而论述东汉文人，又要考虑到从东汉到三国的过渡，对跨越东汉与三国的文人，就要适当地割舍。所以，就时间而言，我们提到的文人，可能超出了秦汉这个时期的严格编年划分，即有些文人在秦统一前就已活跃着，有些文人曾经活跃在东汉，但可能更多活跃在三国。这样的交叉不能算作是体例上的缺憾，而应视作为叙述方便所采取的不得已手段。

自秦统一至东汉灭亡，在中国历史上，实际上存在着秦、西楚、西汉、新、东汉五个阶段，我们本来没有理由忽略这五个阶段的变化，而采用"秦汉"这个不准确、不完全的称呼，但是，我们又不得不选择这个只能涵盖三个阶段的称呼，因为"秦汉"这个称呼在大部分人的眼中，西楚已包容了楚汉及新。所以，我们在讨论秦汉文人的时候，就不能忘记楚汉战争及新朝的文人。

我们这里说的文人，在战国之前称为士，战国之后称为"文士"或者"儒"，也叫"文学"或者"文学之士"，今天则称为文人，或者文化人，也可能叫知识分子，是与"侠士""武人"相对应的一类人，他们有文化，而且具有人文素养，但不一定能习武备。

秦世不文，又加时间短促，其文人的资料短缺，我们确定秦朝文人的时候，主要讨论了作为"博士"的文人以及作为政治家的文人。"博士"属于大家公认的文人集团，而出身文人的政治家，其文人的身份当然是不可忽略的。

楚汉战争时期的文人，主要是出身于文士的谋略家，他们的主要任务可能不是从事《论语·先进》所谓的"文学"活动，但他们把自己所学的"文学"谋略用诸政事，其行为方式接近于战国纵横家，所以，他们仍然是文人。

自西汉之初到东汉之亡，文人的数量不但非常庞大，而且其身份也极其复杂，大致说来，有如下四种：其一，读过书的皇帝。除了汉高祖刘邦及几位短命的婴儿皇帝以外，我们相信西汉、新、东汉的皇帝几乎没有不读书的，但西汉的皇帝读书的热情不及东汉的皇帝，东汉的皇帝中，如光武帝、明帝，本身就是经学家，所以，我们对这些学问广博、经常从事文学活动的皇帝，就该视作文人之一员。其二，从文士起步，最终爬上高级官职的官僚文人。这些文人在做官之前，主要从事学习之事，后来，由于机缘，他们以"明经"或者"经行"出仕，或者在社会动荡中揭竿而起，官大者可至三公，小者亦有令长之职，为父母官，为大将军，封王封侯，其所从事，可能是战阵厮杀，可能是理民治狱，但只要他们好学，或有师承，创作有文章，亦应归入文人一类。其三，学者，主要是经学家、思想家，他们的身份或者是博士教授，或者著书立说者，或有官而小，或无官职，其成就主要在学术方面，他们当然是文人。其四，所谓文学家，即以写作诗文成名之人，他们虽读经书，或也做官，但主要以文学成名，他们当然也属于文人。

就今天的意义而言，"文人"更多指的是从事文学活动，或撰述、研究人文科学的人，但我们在构架秦汉文人的时候，对"文人"的把握标准比较宽泛，这是由于：其一，两汉尊重儒生及儒学，儒生大抵皆做官；其二，聪明而有条件的两汉人，都会学习文化，即学习六经诸子之学，而以六经为重点；其三，两汉时期文人，或依附于祖业，或寄食于官府，文人中祖业不发达的人多，所以大部分文人都是官僚，而且因为文名的杰出，必然带来官职的尊崇。因此，我们不能排除经学家、思想家、文学家之外的文人，更不能把文人局限在以文谋生的人群中。

从秦至东汉，文人队伍逐渐发展，文人的数量一代超过一代。秦朝文人经战火洗礼，以及焚书坑儒之祸，记录在《史记》中的文人少得可怜。西汉之初汉高祖刘邦功臣多无赖流民，正是文人稀少的原因。及东汉，太学之盛，"好学"成为一个时代人的追求，所以文人的数量空前扩张，在东汉之世，从功臣到官僚，可能要找到不懂经学，不识文断字的人比较困难。所以，我们在提到的文人数量上，秦、西汉、东汉是逐渐递增的。

从秦至东汉，文人随着社会的变化，其价值观也在不断变化，大体而言，秦时文人，主流是反暴秦及反法家，因此需要恢复传统。楚汉战争的文人首先是要谋求胜利，所以多诡道。汉初文人面临恢复及统一问题，黄老之学为官方思想，而文人结合儒道，追求统一。自武帝至汉亡，西汉空前强盛，儒学独尊及润色鸿业成为主旋律，然儒家主张居安思危，此时的文人通过强调讽谏，流露出了忧患意识。王莽即位前后，由尊孔复古所唤起的"大同"理想占了上风，鼓吹禅让成了潮流。东汉之初，谶纬盛行，其学说大有凌驾经学之势，恢复儒学及六经本来面目，剔除虚妄之谈，便成了实事求是学风兴起的理由。而宦官专权、外戚骄恣、母后称制所带来的社会弊端，使东汉王朝常有欲坠之忧，吸取归附王莽的教训，因此士人气节受到文人推崇。而在亡国的脚步声中，伴随着文人的失意与痛苦。

由于从秦到汉亡，时间跨度大，地域辽阔，以及人文背景、个人经历方面的差异，同一时代的不同人，其思想肯定是各不相同的。即使是同一个人，他的思想也是无限丰富，发展变化的。我们只能把握秦汉这四百余年文人思想的大致脉络，而不能曲尽每一位文人复杂的经历和思想，这是非常遗憾的事。

由秦而汉，文人身世经历的丰富多样，是这个时代丰富性的体现。秦汉文人忽遇剧变，由战国文人在学术及言论上的无限自由到秦的空前专制，其适应力一时难以转变，必然导致暴秦的残酷镇压。终汉之世，无论是君主还是文人，都试图恢复秦以前重视文人自由传统的价值观，并自觉地按照孔子所建构的大同及小康标准建设和评价社会进步的成果。由于孔子的主张具有理想化和前瞻性，在重新追寻大同及小康理想的路途中，希望与失望，正直与扭曲的对立无限精彩，而两汉的文人，大都可以说具有理想化色彩。两汉时代是中国历史上最自觉地实践孔子理想的时代，两汉的文人也是最追求圣人人格的文人。这样的特点，理应为汉以后的任何一个时代所仰慕。

方铭
2021年5月

第一章 秦的建立与覆亡

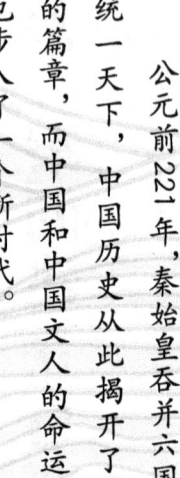

公元前221年,秦始皇吞并六国,统一天下,中国历史从此揭开了新的篇章,而中国文人的命运,也步入了一个新时代。

第一节 秦的建国

　　根据《史记·秦本纪》的记载，秦的远祖，可以追溯至帝颛顼的后代女修。女修无夫而孕，生大业，这说明女修的时代具有母系社会的特征。大业即皋陶。大业娶少典之女女华，女华生大费，大费帮助禹治水，受到舜嘉奖，并以姚姓玉女妻之。大费调驯鸟兽，鸟兽多驯服。大费即柏翳。舜为大费赐姓嬴氏。大费生子二人，一名大廉，即鸟俗氏；一名若木，即费氏。若木的玄孙名费昌，费昌当夏桀之时，去夏归商，为商汤御车，在鸣条大败夏桀。大廉玄孙孟戏、中衍在帝太戊时御车。从太戊以下，中衍的子孙有功，为诸侯。中衍的玄孙名中潏，在西戎，生蜚廉，蜚廉生恶来。蜚廉善跑，恶来有力，为殷纣王的猛将。武王伐纣，杀恶来，蜚廉因命外出，归来时纣已亡，遂在霍太山设坛祭纣。蜚廉有子名季胜，季胜生孟增，孟增即皋狼，受宠于周成王。皋狼生衡父，衡父生造父。造父以善御受周缪王的喜爱，曾一日千里归周，使缪王及时平定了徐偃王之乱，缪王以赵城封造父，造父族遂为赵氏。恶来有子名女防，女防生旁皋，旁皋生太几，太几生大骆，大骆生非子，非子蒙造父之宠，居赵城。非子居犬丘，好马及畜，周孝王遂使非子居秦，为附庸，续嬴氏祀，称为秦嬴。秦嬴生秦侯，秦侯生公伯，公伯生秦仲。周宣王时，秦仲为西戎大夫，为西戎所杀，其子庄公破西戎。庄公死，太子襄公立。公元前774年，周幽王废太子宜臼及其母申后，立褒姒为后，伯服为太子，太子宜臼出奔申。公元前771年，宜臼的外祖父申侯联合缯、西夷犬戎攻周，杀幽王及伯服，虏褒姒，西周灭亡。翌年，秦襄公与晋文侯、郑武公、卫武公保护周平王迁都洛邑，小康时代宣告结束，"礼崩乐坏"的东周时代开始。也正是这一年，周平王封襄公为诸侯，赐以岐山以西之地，曰："戎无道，侵夺我岐、丰之地，秦能攻逐戎，即有其地。"[1]自此，秦开始建国。

　　秦襄公后，经文公、静公、宪公、出子、武公、德公、宣公、成公，而至秦穆公。秦穆公于公元前660年即位，公元前621年去世，在位三十九年，为春秋霸主，秦遂为强国，与春秋之晋、楚、齐诸国不相伯仲。马非百《秦

---

[1]（汉）司马迁撰，（宋）裴骃集解，（唐）司马贞索隐，（唐）张守节正义：《史记》，北京：中华书局，1982年第2版，卷五第179页。

集史》曰：

> 秦以西垂小国，乘周之乱，逐戎有岐丰之地。是时兵力未盛，西周故物，未敢觊觎也。值平、桓懦弱，延及宪公、武公、德公，以次蚕食，尽收虢、郑遗地之在西畿者。垂及百年，至于穆公，遂灭梁、芮，筑垒为王城，以塞西来之路。而晋亦灭虢，东西京隔绝。由是据丰、镐故都，蔚为强国，与中夏抗衡矣。总观穆公之力征经营，盖有东进、西进、南进三大政策之分。其始也，致全力于东进政策之推行。及东进受挫于晋，则改而从事于西进。西进既成，又转而南进，而穆公已衰老矣。然秦人异日统一之基，实自穆公建之，此不可不知者也。[1]

作为春秋霸主，秦穆公招贤纳士，为人仁惠慈祥，是春秋之际难得的既具雄才大略，同时又仁而有义的君主。《史记·孔子世家》载鲁昭公二十年，时孔子三十岁，齐景公与晏婴访问鲁国，齐景公问孔子说："昔秦穆公国小处辟，其霸何也？"孔子回答说："秦，虽国小，其志大；处虽辟，行中正。身举五羖，爵之大夫，起累绁之中，与语三日，授之以政。以此取之，虽王可也，其霸小矣。"[2] 秦穆公的志大中正，礼贤下士，正是秦国由霸而王的基础。

秦穆公去世后，经康公、共公、桓公、景公、哀公，秦国一直保持了强国的地位，哀公三十一年，即公元前506年，吴王阖闾与伍子胥伐楚，楚国这样的老牌霸主不堪一击，被新霸主打得粉碎，楚王亡命随，吴军入郢。楚大夫申包胥赴秦，七日不食，日夜哭泣，哀公命子蒲、子虎帅车五百乘救楚，翌年，先败吴军于沂，灭唐，又败吴军于雍澨，吴军归吴，楚昭王归郢。哀公在位三十六年去世，惠公立。惠公在位九年，悼公立。悼公在位十五年去世，厉共公立。厉共公元年为公元前476年，就在这一年，中国历史进入了战国时代。

战国时代的到来，开始了秦国称霸中国的历史。秦国在小康时代结束

---

[1] 马非百著：《秦集史》，北京：中华书局，1982年版，第21页。
[2]（汉）司马迁撰，（宋）裴骃集解，（唐）司马贞索隐，（唐）张守节正义：《史记》，北京：中华书局，1982年第2版，卷四十七第1910页。

以后出现，在春秋之世强大，到了战国时代则不可一世，缘于秦国适应了社会的变迁，紧紧抓住了时代发展的脉搏。

战国的开始，有两件事的发生是重要标志，一个是田氏篡齐，一个是三家分晋。司马迁《史记·六国年表》云：

> 及田常杀简公而相齐国，诸侯晏然弗讨，海内争于战功矣。
> 三国终之卒分晋，田和亦灭齐而有之，六国之盛自此始。[1]

战国之与春秋，形势有很大区别。春秋时代霸主挟天子以令诸侯，而战国则是列强争雄的时代。也就是说，春秋时诸侯在表面上还是"尊王"的，而战国时诸侯则是各立为王。春秋时，除了秦、晋、楚、齐四个超级大国以外，还有成周所分封的一百多个中小诸侯国，这些大国各自笼络一批中小诸侯，形成自己的势力范围。但是，到了战国时代，经过数百年的风云变化，大国力量的进一步增强和周天子的进一步衰落，其中的大部分中小诸侯纷纷被蚕食，而新的大国集团也已经基本形成。田常于公元前481年杀齐简公，公元前403年，韩、魏、赵始列为诸侯，公元前386年田和始列为诸侯，公元前379年，齐康公谢世，田和并齐，并自立为齐侯，姜齐绝祀。过了三年，即公元前376年，韩文侯、魏武侯、赵敬侯灭晋，三分其地。这些被认为是颠倒伦常、有悖道德的行为，导演者是大权在握的王公大臣，而作为天下共主的周天子对这样的严重事件采取了纵容和鼓励的态度，他不但没有兴兵讨伐，而且还正式承认这几个新诸侯，这也就标志着战国时代的共主周天子已经名存实亡，他用他的行为，放弃了维护周礼的使命，还带头破坏了礼制秩序。从此以后，虽然中国还存在成周这个"宗主"，但周天子的威信已经降到了历史最低点，沦落到了小诸侯的境地。而宋、卫、中山、鲁、滕、邹等小国，完全变得可有可无。中国的广大区域，实际变成了秦、齐、楚、燕、韩、赵、魏七个大国驰骋的疆场，因此便有了"战国七雄"的说法。公元前334年，魏惠王和齐威王在徐州（今山东滕县）相会，互尊为王，这是春秋以来除了楚、吴、越等南蛮以外的诸侯称王。此后，北方诸侯先后称王，正式脱离了与周王的隶属关系。

战国时代，中国社会风气有了重大变化，汉武帝时严安上书，其中论

---

[1]（汉）司马迁撰，（宋）裴骃集解，（唐）司马贞索隐，（唐）张守节正义：《史记》，北京：中华书局，1982年第2版，卷十五第685页。

及西周、春秋与战国的不同,说:

> 臣闻周有天下,其治三百余岁,成康其隆也,刑错四十余年而不用。及其衰也,亦三百余岁,故五伯更起。五伯者,常佐天子兴利除害,诛暴禁邪,匡正海内,以尊天子。五伯既没,贤圣莫续,天子孤弱,号令不行,诸侯恣行,强凌弱,众暴寡,田常篡齐,六卿分晋,并为战国,此民之始苦也。于是强国务攻,弱国备守,合从连横,驰车击毂,介胄生虮虱,民无所告愬。[1]

刘向《战国策叙》也称:

> 周室至文、武始兴,崇道德,隆礼义,设辟雍泮宫庠序之教,陈礼乐弦歌移风之化。叙人伦,正夫妇,天下莫不晓然。论孝悌之义,惇笃之行,故仁义之道满乎天下,卒致之刑错四十余年。远方慕义,莫不宾服,雅颂歌咏,以思其德。下及康、昭之后,虽有衰德,其纲纪尚明。及春秋时,已四五百载矣,然其余业遗烈,流而未灭。五伯之起,尊事周室。五伯之后,时君虽无德,人臣辅其君者,若郑之子产,晋之叔向,齐之晏婴,挟君辅政,以并立于中国,犹以义相支持,歌说以相感,聘觐以相交,期会以相一,盟誓以相救。天子之命,犹有所行。会享之国,犹有所耻。小国得有所依,百姓得有所息。故孔子曰:"能以礼让为国乎何有?"周之流化,岂不大哉!及春秋之后,众贤辅国者既没,而礼义衰矣。孔子虽论《诗》《书》,定《礼》《乐》,王道粲然分明,以匹夫无势,化之者七十二人而已,皆天下之俊也,时君莫尚之。是以王道遂用不兴。故曰:"非威不立,非势不行。"仲尼既没之后,田氏取齐,六卿分晋,道德大废,上下失序。至秦孝公,捐礼让而贵战争,弃仁义而用诈谲,苟以取强而已矣。夫篡盗之人,列为侯王;诈谲之国,兴立为强,是以转相放效。后生师之,遂相吞灭,并大兼小,暴师经岁,流血满野,父子不相亲,兄弟不相安,夫

---

[1]《平津侯主父列传》,见(汉)司马迁撰,(宋)裴骃集解,(唐)司马贞索隐,(唐)张守节正义:《史记》,北京:中华书局,1982年第2版,卷一百一十二第2957-2958页。

妇离散，莫保其命，泯然道德绝矣。晚世益甚，万乘之国七，千乘之国五，敌伴争权，盖为战国，贪饕无耻，竞进无厌，国异政教，各自制断；上无天子，下无方伯，力功争强，胜者为右；兵革不休，诈伪并起。当此之时，虽有道德，不得施谋。[1]

周王朝由盛世转而至春秋，再至战国，真正是世风日下、人心不古，社会趋于极端混乱无序。而这也正是新一轮整合工程的契机，社会进步的动力所在。秦国正是在这个变化过程中，争得了先机，实行了彻底的变革，而这项变革的领袖是商鞅。

第二节 商鞅与战国革新

在战国时期，法家和纵横家出现，实际上是特别需要关注的。纵横家的代表人物苏秦先投奔秦国，意图推进连横事业的发展，结果秦国不用，于是他投奔燕国，倡导合纵运动。张仪出师以后，投奔苏秦，想为合纵队伍添砖加瓦，但苏秦不给他提供机会，他就改投秦国，投身连横事业。在促进统一还是保持分裂状态这样的大问题上，苏秦、张仪并没有一个恒定的价值判断，而是投君主所好，君主的需要就是他们的选择。这种机会主义的态度，与孔子及原始儒家强调的知止有定是背道而驰的。而战国法家在改革的旗帜下，主张颠覆仁义价值观，一切为了君主的利益，更是突破了文明底线。战国的实践证明，不是一切革新都是正确的，而秦在革新后统一六国，虽然取得了一时胜利，但二世而亡，这说明一时的成功也可能是一个悲剧的开端。

商鞅，又名卫鞅，事魏，秦孝公下令征求奇计以强秦，商鞅从魏国投奔秦国，见秦孝公，受到重用。

商鞅游说秦孝公，先说五帝天下为公之道，孝公不觉悟；然后说三王德治之道，孝公也无兴趣；商鞅改说春秋五霸之道，孝公以为善。商鞅明白孝公是个功利之徒，所以索性以等而下之的富国强兵之道投合孝公，因此得

---

[1]《刘向书录》，见（西汉）刘向集录：《战国策》，上海：上海古籍出版社，1985年版，附录第1195-1196页。

重用。而商鞅自己也知道，以富国强兵之道治国，结果必然是灾难性的。据《史记·商君列传》载：

> 孝公既见卫鞅，语事良久，孝公时时睡，弗听。罢而孝公怒景监曰："子之客妄人耳，安足用邪！"景监以让卫鞅。卫鞅曰："吾说公以帝道，其志不开悟矣。"后五日，复求见鞅。鞅复见孝公，益愈，然而未中旨。罢而孝公复让景监，景监亦让鞅。鞅曰："吾说公以王道而未入也。请复见鞅。"鞅复见孝公，孝公善之而未用也。罢而去。孝公谓景监曰："汝客善，可与语矣。"鞅曰："吾说公以霸道，其意欲用之矣。诚复见我，我知之矣。"卫鞅复见孝公。公与语，不自知膝之前于席也。语数日不厌。景监曰："子何以中吾君？吾君之欢甚也。"鞅曰："吾说君以帝王之道比三代，而君曰：'久远，吾不能待。且贤君者，各及其身显名天下，安能邑邑待数十百年以成帝王乎？'故吾以强国之术说君，君大说之耳。然亦难以比德于殷周矣。"[1]

五霸之一的秦穆公，是极有作为的一位君主，但自秦穆公广地益国，东服强晋，西霸戎夷之后，秦日渐式微，与中原绝少交通。秦孝公意欲复兴秦国，不欲中原诸侯之轻视，下令征求"奇计"，以求"强秦"。只要能有奇计使秦国富强，不但要给高官，还要分封爵土，使其跻身世袭贵族之列。商鞅听了秦孝公这个命令，西入秦，因景监求见秦孝公，游说孝公变法，内务耕稼，外劝战死之赏罚。此段文字提到的帝道、王道、霸道分别指的五帝的天下为公之道，三王的小康之道，即德治，春秋五霸的仁政，而强国之术则是战国的谓时"亡国之术"，强调顺者昌，逆者亡。商鞅游说秦孝公的遭遇，表明秦孝公已经对帝道五道霸道完全失去了兴趣。

根据《史记·商君列传》，商鞅变法内容，包括整顿户籍、奖励军功、奖励农业生产、开郡县、废井田、统一度量衡等，"令民为什伍，而相牧司连坐，不告奸者腰斩；告奸者与斩敌首同赏，匿奸者与降敌同罚"，"有军功者，各以率受上爵；为私斗者，各以轻重被刑大小"，"宗室非有军功论，

---

[1]（汉）司马迁撰，（宋）裴骃集解，（唐）司马贞索隐，（唐）张守节正义：《史记》，北京：中华书局，1982 年第 2 版，卷六十八第 2228 页。

不得为属籍。明尊卑爵秩等级，名以差次名田宅，臣妾衣服以家次。有功者显荣，无功者虽富无所芬华"，"民有二男以上不分异者，倍其赋"，"僇力本业，耕织致粟帛多者复其身。事末利及怠而贫者，举以为收孥"，"集小都乡邑聚为县，置令、丞，凡三十一县"，"为田开阡陌封疆，而赋税平"，"平斗桶权衡丈尺"。[1] 商鞅变法内容涉及政治、经济、军事诸方面，其推行法令之手段，也极其严厉。商鞅以左庶长变法，"行之十年，秦民大说，道不拾遗，山无盗贼，家给人足，民勇于公战，怯于私斗，乡邑大治"；后迁为大良造，"居五年，秦人富强，天下致胙于孝公，诸侯毕贺"。[2] 秦国最终实现了统一中国的使命，就在于它是最彻底的改革者。虽然秦国统一中国后，很快亡国，但秦国在战国之际适应变革的需要，不惧世人之非议，轻仁义而重法治，却仍然是成功的经验。秦孝公不愿学习帝王之术，而热衷于"强国之术"，表现出了实用主义的倾向，这就为将来的亡国埋下了伏笔。连积极推行变法之术的商鞅本人也觉得这种政策不是上上之策，但是，这种有先天缺陷的政策的推行，却使秦国很快成为超级大国。当然，商鞅也以其标新立异，虽受到以甘龙、杜挚为代表的大臣之反对，但因为有秦孝公的任用，因此而获"尊官""分土"之赏。

秦孝公变法前后，战国诸列强都在变法。如此前，魏成子、翟璜、李悝、吴起、西门豹等，对魏国的政治、经济、军事、民俗进行了一系列改革。其中以李悝新政最为著名。《汉书·食货志》：

> 李悝为魏文侯作尽地力之教，以为地方百里，提封九万顷，除山泽邑居参分去一，为田六百万亩，治田勤谨则亩益三升，不勤则损亦如之。地方百里之增减，辄为粟百八十万石矣。又曰籴甚贵伤民，甚贱伤农；民伤则离散，农伤则国贫。故甚贵与甚贱，其伤一也。善为国者，使民毋伤而农益劝。[3]

---

[1]（汉）司马迁撰，（宋）裴骃集解，（唐）司马贞索隐，（唐）张守节正义：《史记》，北京：中华书局，1982年第2版，卷六十八第2230-2232页。
[2]（汉）司马迁撰，（宋）裴骃集解，（唐）司马贞索隐，（唐）张守节正义：《史记》，北京：中华书局，1982年第2版，卷六十八第2231-2232页。
[3]（汉）班固撰，（唐）颜师古注：《汉书》，北京：中华书局，1962年版，卷二十四第1124-1125页。

战国之时，最早推行变革主张的是魏国的李悝。李悝推行"尽地力之教"的政策，以使土地面积和单位产量得到极大的增加；而其平籴的思想，既能不因伤民而使民心离散，又可不伤农而使国家富强。在法制方面，李悝著有《法经》，《晋书·刑法志》云："秦汉旧律，其文起自魏文侯李悝。悝撰次诸国法，著《法经》。以为王者之政，莫急于盗贼，故其律始于《盗》《贼》。盗贼须劾捕，故著《网》《捕》二篇。其轻狡、越城、博戏、借假不廉、淫侈、逾制以为《杂》律一篇，又以《具律》具其加《减》。是故所著六篇而已，然皆罪名之制也。商君受之以相秦。"[1]《法经》分正律、杂法、减法三部分。李悝《法经》，体现出对君主集权的维护，盗符、盗宝、越城、群相居、议论国家法令都被视为严重犯罪，不仅本人处死，而且诛及乡亲。并强调在法律面前民众的大致平等。这样的变法主张，对同样曾在魏国生活过的卫鞅有巨大影响。吴起任魏国西河守，及魏文侯死，魏武侯立，被谗逃亡楚国，为楚悼王令尹，推行新法。《史记·孙子吴起列传》概括吴起的变法内容曰："明法审令，捐不急之官，废公族疏远者，以抚养战斗之士。"[2]据《韩非子·和氏》载，吴起认为楚国"大臣太重，封君太众，若此则上逼主而下虐民，此贫国弱兵之道也"，主张"使封君之子孙，三世而收爵禄，绝灭百吏之禄秩，损不急之枝官，以奉选练之士"。[3]《吕氏春秋·贵卒》则载吴起建议楚王"令贵人往实广虚之地"。[4] 吴起变革的矛头，直指世袭奴隶主贵族，通过减少爵秩、禄秩、枝官，开垦土地，以达到富国强兵之目的。

韩昭侯时，申不害为相，在韩国推行变革政策。《史记·韩世家》赞其"修术行道，国内以治，诸侯不来侵伐"。[5]《韩非子·外储说左上》引申不害

---

[1]（唐）房玄龄等撰：《晋书》，北京：中华书局，1974年版，卷三十第922页。
[2]（汉）司马迁撰，（宋）裴骃集解，（唐）司马贞索隐，（唐）张守节正义：《史记》，北京：中华书局，1982年第2版，卷六十五第2168页。
[3]（清）王先慎著：《韩非子集解》，卷四第67页，见《诸子集成》，北京：中华书局，2006年第2版。
[4]（汉）高诱注：《吕氏春秋》，卷二十一第283页，见《诸子集成》，北京：中华书局，2006年第2版。
[5]（汉）司马迁撰，（宋）裴骃集解，（唐）司马贞索隐，（唐）张守节正义：《史记》，北京：中华书局，1982年第2版，卷四十五第1869页。

之言曰："法者见功而与赏，因能而授官。"[1]《韩非子·定法》曰："申不害言术……术者，因任而授官，循名以责实，操杀生之柄，课群臣之能者也，此人主之所执也。"[2] 申不害之变革，其实质也是通过选能授官，严格赏罚，以加强君主集权，增强国家实力。

齐威王时，有邹忌、淳于髡等人，生活优渥，敷赞齐威王改革政治，重用贤才。淳于髡拾遗补阙，教导邹忌修法律而督奸吏，都可看作是改革措施。燕文公信苏秦，为合纵，及苏秦死，燕王哙受鹿毛寿教导，则欲法古圣王之道。《韩非子·说疑》载其"不安子女之乐，不听钟石之声，内不湮污池台榭，外不罼弋田猎"，"亲操耒耨以修畎亩"。[3] 其最终之事例，则是以国家政权交付子之。《战国策·燕策一》云："子之南面行王事，而哙老不听政，顾为臣，国事皆决子之。"[4] 赵国之欲强，则是向胡人学习。《史记·赵世家》载赵武灵王与肥义议天下，五日而毕。又与楼缓商议"胡服骑射以教百姓"，赵武灵王指出："夫有高世之名，必有遗俗之累。吾欲胡服。"[5] 胡人善战，胡服骑射，其意义绝不在于服饰之改变，而是通过效法胡人的生活习惯，以实用代替华夏礼乐文化传统，以适应争战的需要。

虽然战国诸强或多或少地进行了改革，但是，只有秦的改革最彻底，其政策持续的时间最长，其改革的内容最合于战国的形势，加之秦国的原有基础，因而秦很快成为战国的最强国，强到了六国合纵也不是秦对手的程度。《汉书·地理志》说秦曰："故秦地天下三分之一，而人众不过什三，然量其富居什六。"[6] 又《战国策·秦第一》载苏秦始将连横，对秦惠王曰："大王之国，西有巴、蜀、汉中之利，北有胡貉、代马之用，南有巫山、黔中之限，东有肴、函之固。田肥美，

---

[1]（清）王先慎著：《韩非子集解》，卷十一第213页，见《诸子集成》，北京：中华书局，2006年第2版。

[2]（清）王先慎著：《韩非子集解》，卷十七第304页，见《诸子集成》，北京：中华书局，2006年第2版。

[3]（清）王先慎著：《韩非子集解》，卷十七第313页，见《诸子集成》，北京：中华书局，2006年第2版。

[4]（西汉）刘向集录：《战国策》，上海：上海古籍出版社，1985年版，卷二十九第1095页。

[5]（汉）司马迁撰，（宋）裴骃集解，（唐）司马贞索隐，（唐）张守节正义：《史记》，北京：中华书局，1982年第2版，卷四十三第1805-1806页。

[6]（汉）班固撰，（唐）颜师古注：《汉书》，北京：中华书局，1962年版，卷二十八第1646页。

民殷富,战车万乘,奋击百万,沃野千里,蓄积饶多,地势形便,此所谓天府,天下之雄国也。以大王之贤,士民之众,车骑之用,兵法之教,可以并诸侯,吞天下,称帝而治。"[1] 又《战国策·楚策一》载张仪为秦破纵连横,而对楚王曰:"秦地半天下,兵敌四国,被山带河,四塞以为固。虎贲之士百余万,车千乘,骑万匹,粟如丘山。法令既明,士卒安难乐死。主严以明,将知以武,虽无出兵甲,席卷常山之险,折天下之脊,天下后服者先亡。且夫为纵者,无以异于驱群羊而攻猛虎也。夫虎之与羊,不格明矣。"[2] 秦在土地只有天下的三分之一的时候,其财富为天下的百分之六十。及战国后期,秦的土地已经是天下的一半,到了战无不胜的程度。如果假设秦为豺狼,而其他诸侯不过是个羔羊而已。而这一点,在秦与六国的战争中屡屡被验证。贾谊《过秦论》云,韩、魏、燕、楚、齐、赵、宁、卫、中山诸诸侯"常以十倍之地,百万之众,叩关而攻秦。秦人开关延敌,九国之师逡巡遁逃而不敢进。秦无亡矢遗镞之费,而天下诸侯已困矣。于是从散约解,争割地而奉秦"。[3] 诸诸侯国之缺少战斗力,于此可见一斑。

第三节 统一与覆亡

公元前247年,秦庄襄王子楚卒,太子政立,年十三岁。公元前238年,秦王政亲政。公元前230年,秦灭韩。公元前227年,秦虏赵王迁,赵公子嘉逃亡代,自立为代王。公元前226年,秦破燕,燕王逃亡辽东。公元前225年,魏王投降,秦灭魏。公元前223年,秦虏楚王,翌年,灭楚。公元前222年,秦攻辽东,虏燕王,灭燕;虏代王,灭代。公元前221年,秦灭齐。至此,秦王政经过了十年的兼并战争,在经过春秋、战国的分裂之后,重新统一了中国,秦王政也自立为"始皇帝"。

秦统一中国后,其疆域空前辽阔,"东至海,西至陇西,南至岭南,

---

[1]（西汉）刘向集录:《战国策》,上海:上海古籍出版社,1985年版,卷三第78页。
[2]（西汉）刘向集录:《战国策》,上海:上海古籍出版社,1985年版,卷十四第504页。
[3]《秦始皇本纪》,见（汉）司马迁撰,（宋）裴骃集解,（唐）司马贞索隐,（唐）张守节正义:《史记》,北京:中华书局,1982年第2版,卷六第279页。

北至河套、阴山、辽东"。[1] 为了统治如此广大的地区，秦始皇采取了一系列中央集权的新政策，如废分封制，建立郡县制，实行丞相、太尉、御史大夫的三权分立制度，建立了以"告奸"为目的的"户籍相伍"[2]制度。又"焚书坑儒"，消灭私学，统一文字、货币、度量衡等。所有这一切，都是为了建立中央集权的领导体制。

中国的统一，可以制止连绵无尽的诸侯战争，从长远着眼，无疑是有积极意义的，因而也是当时有远见的中国人的人心所向，从这个意义来说，秦始皇无疑是一个伟大的人。但是，伟大的功业总是伴随着残酷，以暴易暴，是用武力统一天下的统治者的特点。由于战争的残酷性，使大量的百姓背井离乡，流离失所，妻离子散，所以，从整个中华民族的发展这个观点出发的秦始皇统一天下的长远意义，很容易就被百姓们从一家一户的眼前利益出发而产生的怨恨所消融，再加上秦始皇在国家统一以后政治上的错误，使这种怨恨很容易就上升为社会的主要矛盾。秦始皇没有继承以"仁爱"为核心的中国传统政治思想，以民为敌，以天下为敌，严刑峻法，实行专制独裁统治，其结果，一方面，六国贵族丧失了原有的特权，在政治上没有了享受无数代的荣誉，在经济上不能再不劳而获，而六国贵族的问题不是一个人或极少数人的问题，而是一大批在各自的国家有深刻影响的上层人士，他们的喜怒哀乐往往会变成一个集团或者一个国家的喜怒哀乐；另一方面，为天下统一作出伟大贡献的广大知识分子，在天下统一后，没有见到"王道"的实现，没有见到自己梦寐以求的唐虞盛世的民主与自由气氛，没有见到人民幸福生活的来临，却只见文化专制的阴影，"焚书坑儒"，更是前无古人、后无来者的丧心病狂的举动，在中国五千年的历史上，只有极少数的时间，才有人敢效而法之。普通的人民，特别是原来属于六国统治的普通人民，在国家统一后却并未因此得到更多的经济权利，在政治上反倒有被看成是危险分子的潜在危险；秦国作为战国时的超级大国，经过长期战争，虽然攻城略地，劫人财色，但由于统一的成本过大，加之秦始皇的浮躁思想，妄图在一日之间，

---

[1] 翦伯赞主编：《中国史纲要》，北京：北京大学出版社，2006年版，第64页。
[2]《秦始皇本纪》，见（汉）司马迁撰，（宋）裴骃集解，（唐）司马贞索隐，（唐）张守节正义：《史记》，北京：中华书局，1982年第2版，卷六第289页。

能让天下太平，筑长城，建阿房宫，修陵墓，劳民而伤财，使天下怨声载道。《汉书·食货志》云："及秦孝公用商君，坏井田，开阡陌，急耕战之赏，虽非古道，犹以务本之故，倾邻国而雄诸侯。然王制遂灭，僭差亡度。庶人之富者累巨万，而贫者食糟糠；有国强者兼州域，而弱者丧社稷。至于始皇，遂并天下，内兴功作，外攘夷狄，收泰半之赋，发闾左之戍。男子力耕不足粮饷，女子纺绩不足衣服。竭天下之资财以奉其政，犹未足以澹其欲也。海内愁怨，遂用溃畔。"[1] 秦始皇的统一，由于造成了全国大部分人民政治生活质量和物质生活质量的下降，甚至生活在残酷的迫害和压迫之下，因此，秦始皇及其领导下的政府，也极其不得人心。在这样的情况下，及秦始皇去世，秦中车府令宦官赵高与丞相李斯相勾结，发动政变，杀公子扶苏，立秦始皇第十七子公子胡亥为二世皇帝。公元前209年7月，秦二世征发闾左（秦时贫弱民户居乡里之左，富者居右）九百人戍守渔阳（今北京密云区），这些戍卒走到蕲县大泽乡（今安徽宿州西南），正巧碰上天降大雨，道路不通。按照秦国法律，失期当斩，阳城（今河南登封东南）雇农陈胜和阳夏（今河南永康）贫农吴广以"伐无道，诛暴秦"[2]为口号，铤而走险，揭竿而起。陈胜、吴广的行动得到了所有对秦心怀仇恨和不满的人的响应，同年9月，刘邦起兵于沛，项梁、项籍起兵于吴。公元前206年10月，刘邦至灞上。此时，秦二世已被赵高诛杀，赵高立公子扶苏之子子婴为继承人，称秦王，秦王子婴杀赵高，及刘邦入关，秦王子婴率部投降，秦亡。

关于秦国的灭亡，贾谊《过秦论》见解最为深刻。贾谊认为，秦国的灭亡，是缘于秦始皇没有明白夺取天下与建设天下要用不同的方法。《史记·秦始皇本纪》引《过秦论》说：

> 然秦以区区之地，千乘之权，招八州而朝同列，百有余年矣。然后以六合为家，崤函为宫，一夫作难而七庙堕，身死人手，为天下笑者，何也？仁义不施而攻守之势异也。……秦王怀贪鄙之心，行自奋之智，不信功臣，不亲士民，废王道，立私权，禁文

---

[1]（汉）班固撰，（唐）颜师古注：《汉书》，北京：中华书局，1962年版，卷二十四第1126页。
[2]《陈涉世家》，见（汉）司马迁撰，（宋）裴骃集解，（唐）司马贞索隐，（唐）张守节正义：《史记》，北京：中华书局，1982年第2版，卷四十八1952页。

书而酷刑法，先诈力而后仁义，以暴虐为天下始。夫并兼者高诈力，安定者贵顺权，此言取与守不同术也。秦离战国而王天下，其道不易，其政不改，是其所以取之守之者无异也。孤独而有之，故其亡可立而待。借使秦王计上世之事，并殷周之迹，以制御其政，后虽有淫骄之主而未有倾危之患也。故三王之建天下，名号显美，功业长久。[1]

贾谊不但看到了秦始皇的错误，同时他也看到了秦二世及秦王子婴的责任："秦使章邯将而东征，章邯因以三军之众要市于外，以谋其上。群臣之不信，可见于此矣。子婴立，遂不寤。藉使子婴有庸主之材，仅得中佐，山东虽乱，秦之地可全而有，宗庙之祀未当绝也。"[2] 这是批评秦王子婴的过错。又指出：

今秦二世立，天下莫不引领而观其政。夫寒者利裋褐，而饥者甘糟糠，天下之嗷嗷，新主之资也。此言劳民之易为仁也。乡使二世有庸主之行，而任忠贤，臣主一心而忧海内之患，缟素而正先帝之过，裂地分民以封功臣之后，建国立君以礼天下，虚囹圄而免刑戮，……约法省刑以持其后，使天下之人皆得自新，更节修行，各慎其身，塞万民之望，而以威德与天下，天下集矣。即四海之内，皆欢然各自安乐其处，唯恐有变。虽有狡猾之民，无离上之心，则不轨之臣无以饰其智，而暴乱之奸止矣。二世不行此术，而重之以无道……是二世之过也。[3]

对于秦国来说，如果仅仅是秦始皇的无道，还不足以亡国。有了秦二世的变本加厉，而秦二世又没有秦始皇的"铁腕"，所以，秦国注定要灭亡。秦始皇及其祖先开创的事业，在短短的十几年间就化为乌有，这可能是秦始

---

[1]（汉）司马迁撰，（宋）裴骃集解，（唐）司马贞索隐，（唐）张守节正义：《史记》，北京：中华书局，1982年第2版，卷六第282-283页。
[2]（汉）司马迁撰，（宋）裴骃集解，（唐）司马贞索隐，（唐）张守节正义：《史记》，北京：中华书局，1982年第2版，卷六第276页。
[3]（汉）司马迁撰，（宋）裴骃集解，（唐）司马贞索隐，（唐）张守节正义：《史记》，北京：中华书局，1982年第2版，卷六第283-284页。

皇做梦也不会想到的。秦国的灭亡，不但丢掉了秦始皇十年南征北战的辉煌成果，也把他祖先当了五百多年诸侯所积累的家底，输了个精光。但是，秦虽然彻底地失败了，但秦的统一，却为汉朝的统治打下了坚实的基础。"为他人做嫁衣裳"，这是秦的命运，也是一切为了统一颠沛流离的皇帝的必然命运。几百年后，短命的隋朝在统一了分裂多年的中国后，也很快为唐朝所取而代之。

第四节 吕不韦与《吕氏春秋》

在战国后期秦始皇实现统一之前，吕不韦是一个非常重要的人，他在秦庄襄王和秦王嬴政时期担任秦国丞相。根据《史记·吕不韦列传》记载，吕不韦是阳翟大商人，往来贩贱卖贵，家累千金。公元前267年，即秦昭襄王四十年，秦昭襄王太子死，四十二年，秦昭襄王以次子安国君为太子。安国君有子二十余人，但他所喜欢的正夫人华阳夫人无子。而秦始皇的父亲是安国君中男，名子楚，子楚母为夏姬，不得安国君的喜欢。子楚为秦质子于赵，因秦经常进攻赵国，赵国对子楚不够礼遇，子楚是秦诸庶孽孙，在一个敌对的国家做人质，生活困顿，车乘日用都不富裕，与秦国这样一个当时的超级大国的领导人的孙子的地位不匹配，所以，吕不韦在邯郸做生意的时候见到子楚，对子楚很同情，同时也认为"奇货可居"。[1]

《史记·吕不韦列传》载，吕不韦去见子楚，说："吾能大子之门。"子楚笑着回答说："且自大君之门，而乃大吾门！"吕不韦说："子不知也，吾门待子门而大。""子楚心知所谓，乃引与坐，深语。"吕不韦说："秦王老矣，安国君得为太子。窃闻安国君爱幸华阳夫人，华阳夫人无子，能立嫡嗣者，独华阳夫人耳。今子兄弟二十余人，子又居中，不甚见幸，久质诸侯。即大王薨，安国君立为王，则子毋几得与长子及诸子旦暮在前者争为太子矣。"子楚曰："然。为之奈何？"吕不韦曰："子贫，客于此，非有以奉献于亲及结宾客也。不韦虽贫，请以千金为子西游，事安国君及华阳夫人，立子为嫡嗣。"子楚乃顿首曰："必如君策，请得

---

[1]（汉）司马迁撰，（宋）裴骃集解，（唐）司马贞索隐，（唐）张守节正义：《史记》，北京：中华书局，1982年第2版，卷八十五第2505—2514页。

分秦国与君共之。"吕不韦以五百金与子楚为日用结宾客，又以五百金买奇物玩好，带着到秦国，求见华阳夫人姊，把这些东西献给华阳夫人，并向华阳夫人推荐子楚贤智，结诸侯宾客遍天下。并说子楚"以夫人为天，日夜泣思太子及夫人"。华阳夫人大喜，不韦让华阳夫人的姐姐说华阳夫人："吾闻之，以色事人者，色衰而爱弛。今夫人事太子，甚爱而无子，不以此时蚤自结于诸子中贤孝者，举立以为嫡而子之，夫在则重尊，夫百岁之后，所子者为王，终不失势，此所谓一言而万世之利也。不以繁华时树本，即色衰爱弛后，虽欲开一语，尚可得乎？今子楚贤，而自知中男也，次不得为嫡，其母又不得幸，自附夫人，夫人诚以此时拔以为嫡，夫人则竟世有宠于秦矣。"华阳夫人深以为然，给安国君子子楚质于赵国，"绝贤，来往者皆称誉之"。又涕泣说："妾幸得充后宫，不幸无子，愿得子楚立以为嫡嗣，以托妾身。"安国君许之，乃与夫人刻玉符，约以为嫡嗣。"安国君及夫人因厚馈遗子楚，而请吕不韦傅之，子楚以此名誉益盛于诸侯。"

子楚被立为太子以后，公元前251年，秦昭襄王在位五十六年后薨，安阳君即位，华阳夫人为王后，子楚为太子。安国君立一年，薨，谥为孝文王。太子子楚代立，是为庄襄王，华阳夫人为太后，生母夏姬尊以为夏太后。庄襄王元年，以吕不韦为丞相，封为文信侯，食河南雒阳十万户。庄襄王即位三年，薨，太子政立为王，尊吕不韦为相国，号称"仲父"。

《史记·吕不韦列传》中还记载有秦始皇为吕不韦私生子之事："吕不韦取邯郸诸姬绝好善舞者与居，知有身。子楚从不韦饮，见而说之，因起为寿，请之。吕不韦怒，念业已破家为子楚，欲以钓奇，乃遂献其姬。姬自匿有身，至大期时，生子政。子楚遂立姬为夫人。"这个记载可能并不真实。所谓"大期"，《史记集解》和《史记索隐》都说是超过了十二个月，现代医学知道怀胎不能超过40周，也就是280天，不到十个月。这个可能只是小说家言。《史记·秦始皇本纪》说："秦始皇帝者，秦庄襄王子也。庄襄王为秦质子于赵，见吕不韦姬，悦而取之，生始皇。以秦昭王四十八年正月生于邯郸。及生，名为政，姓赵氏。年十三岁，庄襄王死，政代立为秦王。"[1] 这里没有提及吕不韦和始皇帝之间的亲子关系，虽然可能有"互见法"的笔

---

[1]（汉）司马迁撰，（宋）裴骃集解，（唐）司马贞索隐，（唐）张守节正义：《史记》，北京：中华书局，1982年第2版，卷六第223页。

法，但司马迁把这个故事放在《史记·吕不韦列传》中说，说明他自己也感觉到这个可能是小说家言。当然，因为秦始皇的母亲又是一个能歌善舞的漂亮女人，热爱生活应该是可能的。《史记·吕不韦列传》说秦庄王薨后，"秦王年少，太后时时窃私通吕不韦"。"始皇帝益壮，太后淫不止。吕不韦恐觉祸及己，乃私求大阴人嫪毐以为舍人，时纵倡乐，使毐以其阴关桐轮而行，令太后闻之，以啗太后。太后闻，果欲私得之。吕不韦乃进嫪毐，诈令人以腐罪告之。不韦又阴谓太后曰：'可事诈腐，则得给事中。'太后乃阴厚赐主腐者吏，诈论之，拔其须眉为宦者，遂得侍太后。太后私与通，绝爱之。有身，太后恐人知之，诈卜当避时，徙宫居雍。嫪毐常从，赏赐甚厚，事皆决于嫪毐。嫪毐家僮数千人，诸客求宦为嫪毐舍人千余人。"嫪毐的事情可能是真实的，但吕不韦和赵太后在秦庄王死后的关系，实际上也是大可怀疑的。

《史记·吕不韦列传》说："秦昭王五十年，使王齮围邯郸，急，赵欲杀子楚。子楚与吕不韦谋，行金六百斤予守者吏，得脱，亡赴秦军，遂以得归。赵欲杀子楚妻子，子楚夫人赵豪家女也，得匿，以故母子竟得活。秦昭王五十六年，薨，太子安国君立为王，华阳夫人为王后，子楚为太子。赵亦奉子楚夫人及子政归秦。"既然子楚的夫人是赵豪家女，被吕不韦娶来再送给秦始皇父亲的可能性是不大的。

秦王政即位九年，有人告发嫪毐实非宦者，"常与太后私乱，生子二人，皆匿之。与太后谋曰：'王即薨，以子为后。'于是秦王下吏治，具得情实，事连相国吕不韦。九月，夷嫪毐三族，杀太后所生两子，而遂迁太后于雍。诸嫪毐舍人皆没其家而迁之蜀。王欲诛相国，为其奉先王功大，及宾客辩士为游说者众，王不忍致法。秦王十年十月，免相国吕不韦。及齐人茅焦说秦王，秦王乃迎太后于雍，归复咸阳，而出文信侯就国河南。岁余，诸侯宾客使者相望于道，请文信侯。秦王恐其为变，乃赐文信侯书曰：'君何功于秦？秦封君河南，食十万户。君何亲于秦？号称仲父。其与家属徙处蜀！'吕不韦自度稍侵，恐诛，乃饮鸩而死。秦王所加怒吕不韦、嫪毐皆已死，乃皆复归嫪毐舍人迁蜀者。"

《史记·吕不韦列传》记太史公赞中补充细节说："不韦及嫪毐贵，封号文信侯。人之告嫪毐，毐闻之。秦王验左右，未发。上之雍郊，毐恐祸起，乃与党谋，矫太后玺发卒以反蕲年宫。发吏攻毐，毐败亡走，追斩之好畤，遂灭其宗。而吕不韦由此绌矣。孔子之所谓'闻'者，其吕子乎？"

作为商人的吕不韦可能考虑更多的是利益，而逐利则需要对市场的准确把握，做生意客户是上帝，做政治生意，能购买他的服务的当然也是上帝。吕不韦抓住了机会，成功地成了子楚的代理人，又通过华阳夫人姊打动华阳夫人，华阳夫人说服了安国君，完成了他由商人变成政治家的转身。在获得了秦国的执政权以后，他在思想文化上也是非常有建树的。《史记·吕不韦列传》载："不韦僮家万人。当是时，魏有信陵君，楚有春申君，赵有平原君，齐有孟尝君，皆下士喜宾客以相倾。吕不韦以秦之强，羞不如，亦招致士，厚遇之，至食客三千人。是时诸侯多辩士，如荀卿之徒，著书布天下。吕不韦乃使其客人人著所闻，集论以为八览、六论、十二纪，二十余万言。以为备天地万物古今之事，号曰《吕氏春秋》。布咸阳市门，悬千金其上，延诸侯游士宾客有能增损一字者予千金。"

吕不韦的门客中应该有不少都是当时的饱学之士，如后来在秦国飞黄腾达的李斯，就是大儒荀子的学生。《吕氏春秋》成书于秦王政八年（239年），体系严密，有十二纪，每纪五篇；八览，每览八篇；六论，每论六篇。再加一篇序文，共161篇（今存160篇）。《汉书·艺文志》把《吕氏春秋》列入杂家著作中。

杂家之所以"杂"，就在于兼有诸子百家之特征。《汉书·艺文志》说："杂家者流，盖出于议官，兼儒、墨，合名、法，知国体之有此，见王治之无不贯，此其所长也。及荡者为之，则漫羡而无所归心。"[1]又《隋书·经籍志》云："杂者，兼儒、墨之道，通众家之意，以见王者之化，无所不冠者也。古者司史历记前言往行，祸福存亡之道。然则杂者，盖出史官之职也。放者为之，不求其本，材少而多学，言非而博，是以杂错漫羡，而无所指归。"[2]

杂家出现在战国末期，在西汉初期也很流行，这是与建立统一的中央集权国家的建设过程相一致的。战国时期，法家思想萌芽于魏国的李悝，又被商鞅从魏国带到了秦国。战国时期，阳翟曾经是韩国的都城，吕不韦作为

---

[1] 班固撰，颜师古注《汉书》卷三十，中华书局，1962年版，第1742页。
[2] 魏徵等撰《隋书》卷三十四，中华书局，1973年版，第1010页。

阳翟的商人，与战国时期流行于魏国和秦国的法家思想理应没有渊源。在吕不韦以后来到秦国的韩非子虽然是韩国公子，但他的主张在韩国并没有市场。吕不韦可能对法家思想并没有多少忠诚度，因此，作为秦国的执政者，他以商人的机会主义和实用主义价值观，创造出了具有调和主义和修正主义倾向的杂家思想。

《吕氏春秋》并非出自一人之手，内容也十分驳杂，先秦各家学说均有体现，作为杂家著作，其学说有兼容并包之倾向。《尊师》《务本》《孝行》《上德》《用民》《贵信》等有儒家之重民、德治、仁义礼智忠信孝悌观念；《当染》《节丧》《听言》《高义》《爱类》诸篇却取墨子尚贤、兼有、非攻、贵义、节葬思想，《应同》有"五德终始"之说，十二纪则重四时阴阳变化，这是阴阳家思想；《正名》《审分》是名家思想；《察今》《慎势》《有度》《处方》《慎小》《上农》则是法家思想。

当然，《吕氏春秋》有阴阳、儒、墨、名、法诸家之思想，并非一味采纳，而有所选择，如言阴阳，则不过于荒诞神迷；言儒，则切于用而废烦琐；言墨，则不信鬼神；言名，则辩而不诡；言法，则不失人情。而其中又尤对道家最为用力，其《序意》云："文信侯曰：'尝得学黄帝之所以诲颛顼矣……。'盖闻古之清世，是法天地。凡十二纪者，所以纪治乱存亡也，所以知寿夭吉凶也。上揆之天，下验之地，中审之人，若此则是非可不可无所遁矣。天曰顺，顺维生；地曰固，固维宁；人曰信，信维听。三者咸当，无为而行。行也者，行其理也。"[1]《吕氏春秋》其学黄帝，法天地，无为，皆道家主旨。《君守》说："得道者必静，静者无知，知乃无知，可以言君道也。""天之大静，既静而又宁，可以为天下正。""天无形而万物以成，至精无象而万物以化，大圣无事而千官尽能，此乃谓不教之教，无言之诏。"[2]《分职》曰："夫君也者，处虚素服而无智，故能使众智也；智反无能，故能使众能也；能执无为，故能使众为也。无智、无能、无为，此君之所执也。"[3]这种虚静、

---

[1] 吕不韦著，高诱注《吕氏春秋》卷十二《季冬纪第十二》，见《诸子集成》，中华书局，1954年版，第122页。

[2] 吕不韦著，高诱注《吕氏春秋》卷十七《审分览第五》，见《诸子集成》，中华书局，1954年版，第201页。

[3] 吕不韦著，高诱注《吕氏春秋》卷二十五《似顺论第五》，见《诸子集成》，中华书局，1954年版，第321页。

无为之思想，极近黄老。当然，《史记·老子韩非列传》说韩非之学出于老子，但他们之间毕竟还有不同。《吕氏春秋》主张静与无为，和法家思想还是有很清楚的界限的。

《吕氏春秋》和孔子与儒家思想接近的地方，在于具有反对君主专制的思想，《贵公》云："昔先圣王之治天下也，必先公。公则天下平矣。平得于公。尝试观于上志，有得天下者众矣，其得之以公，其失之必以偏。凡主之立也，生于公。故《鸿范》曰：'无偏无党，王道荡荡。无偏无颇，遵王之义。无或作好，遵王之道。无或作恶，遵王之路。'天下非一人之天下也，天下之天下也。阴阳之和，不长一类；甘露时雨，不私一物；万民之主，不阿一人。伯禽将行，请所以治鲁。周公曰：'利而勿利也。'荆人有遗弓者，而不肯索，曰：'荆人遗之，荆人得之，又何索焉？'孔子闻之曰：'去其"荆"而可矣。'老聃闻之曰：'去其"人"而可矣。'故老聃则至公矣。天地大矣，生而弗子，成而弗有，万物皆被其泽，得其利，而莫知其所由始。此三皇五帝之德也。……人之少也愚，其长也智。故智而用私，不若愚而用公。日醉而饰服，私利而立公，贪戾而求王，舜弗能为。"[1]作者在论述天下为公的主张时，也把老聃纳入主张天下为公的体系中，寻找到了儒家和道家的共性。

在《吕氏春秋·去私》中，作者还特别提到了尧、舜二人不以自己的孩子为继承人所体现的天下为公的境界："天无私覆也，地无私载也，日月无私烛也，四时无私行也。行其德而万物得遂长焉。……尧有子十人，不与其子而授舜；舜有子九人，不与其子而授禹，至公也。"[2]

《吕氏春秋·简选》云："周灭商，行赏及禽兽，行罚不避天子。"[3]《吕氏春秋·顺民》云："先王先顺民心，故功名成。"[4]《吕氏春秋·精通》云："圣

---

[1] 吕不韦著，高诱注《吕氏春秋》卷一《孟春纪第一》，见《诸子集成》，中华书局，1954年版，第8-10页。

[2] 吕不韦著，高诱注《吕氏春秋》卷一《孟春纪第一》，见《诸子集成》，中华书局，1954年版，第10页。

[3] 吕不韦著，高诱注《吕氏春秋》卷八《仲秋纪第八》，见《诸子集成》，中华书局，1954年版，第80页。

[4] 吕不韦著，高诱注《吕氏春秋》卷九《季秋纪第九》，见《诸子集成》，中华书局，1954年版，第86页。

人南面而立，以爱利民为心。"[1]这种不避天子而行罚，顺民心，爱利民之心，是孔子及儒家思想最重要的执政理念。

当然，我们不能判断《吕氏春秋》和孔子及儒家思想一致的地方究竟是代表了门客中某个个人的观点呢，或者是吕不韦的主张，但吕不韦曾经一字千金求人改错，则说明吕不韦起码是不会反对《吕氏春秋》这本书的内容的。如果把《吕氏春秋》看作是在一定程度上体现了吕不韦的思想的话，这说明吕不韦对秦国有可能走向法家的歧途是有警惕的。吕不韦最终和秦始皇的决裂，也许并不仅仅是权利斗争，还有政见的分歧。

---

[1] 吕不韦著，高诱注《吕氏春秋》卷九《季秋纪第九》，见《诸子集成》，中华书局，1954年版，第92页。

第二章 秦博士与李斯

秦虽二世而亡，也被后世认为是一个『无文』的时代，但秦的博士数量远多于后世，拥有诸如伏胜、叔孙通、淳于越等众多的儒生博士官。他们秉承了孔子及原始儒学的基本价值观，在政治活动中能践行其政治主张，在不同场合，他们用各种方式坚持自己的理想并公开反对秦朝的政治，其品质与追求令人称道。当然，这个时代毕竟是属于法家思想家的时代，如李斯等人，才是这个时代的风云人物。这也是这个时代的悲剧。

第一节 博士制度溯源

博士制度的建立，最迟不得晚于战国。董说《七国考》曰："《五经异义》曰：'战国时，齐置博士之官。'班固亦云：'六国时往往有博士，掌通古今。'"[1]《说苑·尊贤》提到淳于髡为"博士"，[2] 而《汉书·贾山传》说贾山之祖父贾祛曾为魏王"博士弟子"[3]，《史记·循吏列传》说公孙休为鲁博士[4]，《史记·龟策列传》说卫平为宋博士[5]。这说明博士制度的设立，在战国时代是普遍的事。

博士制度建立的原因应该有两点，一是文人地位的重要，二是文人具有的独立人格和自尊心态。前者促使封建君主重视文人，后者又决定了封建君主不可以以臣视文人。于是，封建君主设立"博士"之官，既强调其博通古今之学养，又可备以顾问。

战国文人的重要性，可以用李斯的一句话来概括，《史记·李斯列传》载李斯之言曰："今万乘方争时，游者主事。"[6] 所谓游者，就是从事游说事务的文人。刘向《战国策叙》说文士之重要性，曰："所在国重，所去国轻。"[7] 此议王充也深表赞同，《论衡·效力》指出，战国时文人"入楚楚重，出齐齐轻，为赵赵完，畔魏魏伤"[8]，也就是说，谁失去了文人，谁就失去了成功。

由于文人的重要性，所以，战国时诸侯王及其重臣，皆重视文人，尊敬文人。

战国诸侯尊敬文人的风气，始于魏文侯。《吕氏春秋·察贤》称魏文侯"师

---

[1]（明）董说撰：《七国考》，北京：中华书局，1956年版，第25页。
[2]（汉）刘向撰，向宗鲁校证：《说苑校证》，北京：中华书局，1987年版，卷八第201页。
[3]（汉）班固撰，（唐）颜师古注：《汉书》，北京：中华书局，1962年版，卷五十一第2327页。
[4]（汉）司马迁撰，（宋）裴骃集解，（唐）司马贞索隐，（唐）张守节正义：《史记》，北京：中华书局，1982年第2版，卷一百一十九第，3101页。
[5]（汉）司马迁撰，（宋）裴骃集解，（唐）司马贞索隐，（唐）张守节正义：《史记》，北京：中华书局，1982年第2版，卷一百二十八第，3229页。
[6]（汉）司马迁撰，（宋）裴骃集解，（唐）司马贞索隐，（唐）张守节正义：《史记》，北京：中华书局，1982年第2版，卷八十七第，2539页。
[7]（西汉）刘向集录：《战国策》，上海：上海古籍出版社，1985年版，附录第1197页。
[8]（汉）王充著：《论衡》，第130页，见《诸子集成》，北京：中华书局，2006年第2版。

卜子夏，友田子方，礼段干木"[1]，《史记·魏世家》说文侯"受子夏经艺，客段干木，过其闾，未尝不轼也"[2]。而李悝、吴起、商鞅皆居于魏。但战国诸侯得文人之利者，以秦始皇显著。秦孝公欲强秦国，首先便从征求"奇计"之文人开始，商鞅因此首先受到重用。商鞅之后，张仪、范雎、吕不韦等人，皆封官分土。秦之强大，正在于唯才是举，尊敬文人，重视文人，不重宗室，任用以文人为主体的客卿，不仅数量多，而且权势大。

秦孝公变法之后，秦国日渐强大，蚕食诸侯，诸侯为谋求削弱秦国，明白文人的重要，也纷纷招贤纳士，企图通过招致天下贤才，来改变被动挨打的局面。贾谊《过秦论》云：

> 诸侯恐惧，会盟而谋弱秦，不爱珍器重宝肥美之地，以致天下之士，合从缔交，相与为一。当是时，齐有孟尝，赵有平原，楚有春申，魏有信陵。此四君者，皆明知而忠信，宽厚而爱人，尊贤重士，约从离衡，并韩、魏、燕、楚、齐、赵、宋、卫、中山之众。于是六国之士有宁越、徐尚、苏秦、杜赫之属为之谋，齐明、周最、陈轸、昭滑、楼缓、翟景、苏厉、乐毅之徒通其意，吴起、孙膑、带佗、兒良、王廖、田忌、廉颇、赵奢之朋制其兵。[3]

这里提到的谋士、外交官、军事家，其任务虽然不同，但其"士"的身份却是一致的。谋士、外交官的文人身份是不成问题的。而制兵的"士"实际上大多是兼有文学与武备两个方面。如军事家吴起，同时也是著名的文学家，曾对《左传》等书的流传及形成有过重要贡献。孙膑著有兵法，田忌曾为齐国重臣，皆于文学有良好造诣。

战国时代，以官府供养文人而形成制度，并对学术发展影响深远的，应推齐国稷下学宫。据载，进入稷下学宫活动的文人高潮时达千百人，《史记·田敬仲完世家》云：

---

[1]（汉）高诱注：《吕氏春秋》，卷二十一第277页，见《诸子集成》，北京：中华书局，2006年第2版。
[2]（汉）司马迁撰，（宋）裴骃集解，（唐）司马贞索隐，（唐）张守节正义：《史记》，北京：中华书局，1982年第2版，卷四十四第1839页。
[3]《秦始皇本纪》，见（汉）司马迁撰，（宋）裴骃集解，（唐）司马贞索隐，（唐）张守节正义：

> 宣王喜文学游说之士，自如驺衍、淳于髡、田骈、接予、慎到、环渊之徒七十六人，皆赐列第，为上大夫，不治而议论。是以齐稷下学士复盛，且数百千人。[1]

又《史记·孟子荀卿列传》云：

> 自驺衍与齐之稷下先生，如淳于髡、慎到、环渊、接子、田骈、邹奭之徒，各著书言治乱之事，以干世主，岂可胜道哉！……自如淳于髡以下，皆命曰列大夫，为开第康庄之衢，高门大屋，尊宠之。览天下诸侯宾客，言齐能致天下贤士也。[2]

稷下学宫之文人在生活上受到优待，在政治上又有很高的地位，又受到了君主的尊敬，因此，战国时代主要大学派的代表都曾在稷下活动过。他们国别、学术观点、政治倾向、年龄、资历存在差异，但都能在一堂相聚，自由地发表自己的意见。他们有更多的机会从事形而上的研究，不必拘泥于为现实目的的"治乱事"，而可以站得更高，看得更远。像齐国稷下学宫这样大的文人聚集地的建立，不但可以使这些无衣食之忧的人无拘无束地为齐国的君主提供有利于国家繁荣富强的建议，而且，可以切磋学术，著书立说，为繁荣文化作出自己的贡献。

战国时，不但诸侯尊敬文人，而且诸侯之重臣为巩固自己的势力，也礼贤下士，以奉养文人、尊敬文人、重视文人而高自标榜。而孟尝君、平原君、春申君、信陵君四公子不仅招宾客，供以饮食，并以礼敬，平等相处，《史记·孟尝君列传》载孟尝君田文善待文人，"招致诸侯宾客及亡人有罪者，皆归孟尝君。孟尝君舍业厚遇之，以故倾天下之士。食客数千人，无贵贱一与文等。孟尝君待客坐语，而屏风后常有侍史，主记君所与客语，问亲戚居处。客去，孟尝君已使使存问，献遗其亲戚"[3]。《史记·平原君虞卿列传》

---

[1]（汉）司马迁撰，（宋）裴骃集解，（唐）司马贞索隐，（唐）张守节正义：《史记》，北京：中华书局，1982年第2版，卷四十六第1895页。
[2]（汉）司马迁撰，（宋）裴骃集解，（唐）司马贞索隐，（唐）张守节正义：《史记》，北京：中华书局，1982年第2版，卷七十四第2346-2348页。
[3]（汉）司马迁撰，（宋）裴骃集解，（唐）司马贞索隐，（唐）张守节正义：《史记》，北京：中华书局，1982年第2版，卷七十五第2353-2354页。

载平原君赵胜为平息门客之不满，杀笑瘸之美人，宾客至者数千人[1]。《史记·魏公子列传》说魏公子无忌为人"仁而下士，士无贤不肖皆谦而礼交之，不敢以其富贵骄士"[2]，有食客三千人。《史记·春申君列传》说春申君黄歇有客三千人，"其上客皆蹑珠履"[3]。

　　根据齐国稷下学官的情况，我们可以认为，淳于髡等人的"列大夫"之职，大体可能就是"博士"的别名，其级别则为"上大夫"，不治而议论，属于学术顾问官。瞿蜕园《历代职官简释》曰："博士在秦、汉为学术顾问官的性质，既各司其专门之学，又参预政事讨论，并出外巡行视察。"[4]

　　战国文人的重要地位，缘于其作用之巨大，同时，也是与他们独立自尊的心态分不开的。战国文人在努力学习中培养自己的学识，而不凡的学识又增添了他们勇往直前的气概，这种勇往直前的气概，实际体现为一种追求独立人格的自尊心态。

　　由于战国文人才能的重要，自尊心的强烈，所以，作为顾问官的"博士"名称的出现，就充分地肯定了"博学的文人"的才识，同时，又使他们可以不受世俗之劳累。因此，博士制度的建立，是文人独特地位受到重视的产物。

　　我们今天无法确知秦设博士始于何时，不过，秦国的客卿的地位虽重，但其身份大体也有与"博士"相类似之处。及秦统一天下，则秦博士已粉墨登场了。

　　就博士员额而言，秦汉时代，博士人数甚众，至后代却逐渐减少，博士的地位也日益衰落。瞿蜕园《历代职官简释》指出：

> 据《汉书·百官公卿表》，博士官秩为比六百石，员额多至数十人。至武帝特崇儒术，于是置五经博士，各以其家法传授于弟子，每经不止一家，故有博士十四人。其所传授之人则称博士

---

[1]（汉）司马迁撰，（宋）裴骃集解，（唐）司马贞索隐，（唐）张守节正义：《史记》，北京：中华书局，1982年第2版，卷七十六第2365-2366页。
[2]（汉）司马迁撰，（宋）裴骃集解，（唐）司马贞索隐，（唐）张守节正义：《史记》，北京：中华书局，1982年第2版，卷七十七第2377页。
[3]（汉）司马迁撰，（宋）裴骃集解，（唐）司马贞索隐，（唐）张守节正义：《史记》，北京：中华书局，1982年第2版，卷七十八第2395页。
[4]瞿蜕园著：《历代职官简释》，北京：商务印书馆，1964年版，第137页。

弟子。汉以后学术之传授多在私家，博士之任渐轻。唐制，国子监博士虽为正五品官，仅置五人。其太学博士、广文馆博士以下品秩尤卑，书算学博士仅为从九品。汉代属于太常之博士，唐代仍设于太常寺为正七品官，则仅掌议礼而已。故唐以后直至清代，惟此两处有博士。清代国子监博士仅二人，足见其尤不重视。[1]

瞿蜕园先生考察自秦至清博士员额、职掌，博士之职，自秦至清，渐不重要。秦汉时博士常顾问侍从，而《史记·秦始皇本纪》及《史记·封禅书》说秦有博士七十人，则说明秦代博士受到了秦始皇的重视。

秦始皇重视人才，应该多少受到过吕不韦的影响，因为吕不韦是秦王政年轻的时候接触最多，同时又于秦王政来说最重要的一位长者。吕不韦在为秦王政的父亲谋位中有大功劳，在秦王政的父亲公子异人流放赵国、充当人质的生涯中，带给了公子异人以新希望，后来，帮助公子异人取得了秦王的权柄。他虽是商人出身，后却弃商从政。我们虽无法度量吕不韦是否有真才实学，但是，他所组织编纂的《吕氏春秋》，却无疑可以使人把他与文人的身份联系起来。吕不韦凭借与秦始皇的父亲公子异人的特殊关系，在秦王政即位之初，实同国君，其招揽天下人才的行为，足可与信陵君、春申君、平原君、孟尝君诸公子比肩，其重视文章，也与齐国不相伯仲。《秦集史》云：

> 庄襄王薨，太子政即位为王，不韦为相，又益尊重，号称仲父。当是时，魏有信陵君，楚有春申君，赵有平原君，齐有孟尝君，皆下士，喜宾客，以相倾。不韦以秦之强，羞不如，亦招致食客三千人。是时诸侯多辩士，如荀卿之徒，著书布天下。不韦乃使其客人人著所闻，集论以为八览、六论、十二纪二十余万言，以为备天地万物古今之事，号曰《吕氏春秋》。布咸阳市门，悬千金其上，延诸侯游士宾客，有能增损一字者予千金。[2]

据此，吕不韦不但亲自参与秦国政治，而且还以其影响为秦网罗文人，并著书立说，"以为备天地万物古今之事"，即以著作参与现实。

---

[1] 瞿蜕园著：《历代职官简释》，北京：商务印书馆，1964年版，第137页。
[2] 马非百著：《秦集史》，北京：中华书局，1982年版，第212页。

在吕不韦的众多门客中，有一位名叫李斯的楚国上蔡人，原本是大儒荀子的学生。他投奔吕不韦以后，受到吕不韦的爱重，荐于秦王，秦王政以为客卿。后因韩国人郑国来秦，建议秦王修筑郑国渠，以求削弱秦国府库，事泄，秦逐一切客，李斯在逐客之中，遂作《谏逐客书》，历举自秦穆公以来秦国得客卿之利，如秦穆公时用客卿由余、百里奚、蹇叔、丕豹、公孙枝，秦孝公时用客卿商鞅，秦惠王用客卿张仪，秦昭王用客卿范雎，皆使秦空前强大，李斯因此得出结论，认为"此四君者，皆以客之功。由此观之，客何负于秦哉"[1]。据《新序》云，李斯书上，遂东行，秦王派人追至骊邑，得还。又据《史记·李斯列传》，秦王看了李斯上书，撤销了逐客的命令，恢复了李斯的官职。李斯在秦国统一后，为秦始皇宰相，成为秦始皇的亲信重臣。[2]

在历史上，秦王政后来与吕不韦形同水火，但他并没有因此而驱逐吕不韦的门客李斯，既说明李斯为人的机警，也可证明秦始皇与吕不韦一样，有一颗重视人才的心。

第二节 博士与秦始皇的对立

秦始皇设立博士制度，既由于博学之士地位的尊宠，也缘于他们的智慧的重要。而博学之士赢得尊宠的地位，是与其智慧的重要联系在一起的。秦始皇设立众多博士职位，既为了显示其重视人才、招贤纳士的气度，也欲众博士以其智慧，润色鸿业，敷赞革命。

应该说，自战国至于秦，秦国诸王及广大文士都有良好心态以实现君臣主客的合作。在战国文人参政过程中，尤以秦国文人地位最重，权力最大，成功最多，其原因就在于秦国任用人才，不拘资历、来历，格外拔擢，如商鞅、张仪、范雎、蔡泽、吕不韦，乃至在秦始皇时代脱颖而出的李斯，皆叱咤风云，位极人臣，在政治舞台上发挥了重要作用。

---

[1]《李斯列传》，见（汉）司马迁撰，（宋）裴骃集解，（唐）司马贞索隐，（唐）张守节正义：《史记》，北京：中华书局，1982年第2版，卷八十七第2542页。

[2]（汉）司马迁撰，（宋）裴骃集解，（唐）司马贞索隐，（唐）张守节正义：《史记》，北京：中华书局，1982年第2版，卷八十七第2546页。

但是，在秦统一天下后，众博士中，却鲜有飞黄腾达之人。不是因为秦始皇改变了重视人才的策略，也不是众博士无才，而是众博士的理想与秦始皇的期望大异其趣。

关于秦博士的职掌，马非百《秦集史》说，"其职掌有三：一曰通古今，二曰辩然否，三曰典教职。前二者政治之事也，后一者文化教育之事也。盖始皇即位之初，本有一种议事制度。凡国家有事，无小大，辄先下其议于群臣及博士，使其共同讨论，然后以讨论之结果，上之皇帝，供其采行"[1]。

马非百《秦集史》的说明，可以证诸书记，《说苑·至公》载有秦始皇二十六年禅贤与世继之议[2]，《史记·秦始皇本纪》载有帝号之议，立诸子为王之议[3]，《史记·封禅书》载有二十八年刻石颂秦德之议，封禅望祭山川之议[4]。马非百《秦集史》指出，以上事件，"殆无不有博士参与其间"。博士职掌不仅国家大事，马非百《秦集史》又指出："即皇帝个人有所疑难，亦往往就主管博士征询意见，以资参考。如三十七年始皇梦与海神战，如人状，则召问占梦博士。二十八年，始皇渡江至湘山祠，遇风不得渡，则召问随行之诸博士。二世闻陈涉起山东，则召问叔孙通等诸儒生博士。"[5]

应该说，秦始皇对博士仍然是重视的。所以，马非百《秦集史》总结说："凡此，皆通古今、辩然否之事，始皇帝所谓'吾悉召文学方术士甚众，欲以兴太平'者也。其用意之善，立法之美，岂在尧咨四岳，舜察迩言下哉。惜诸博士品类不齐，又皆迂腐寡识，不谙时务。"[6]按照马非百先生的结论，秦博士自身不过硬，所以才招致了最后的灭顶之灾。秦博士自身的毛病，一是"品类不齐"，即其中杂有神仙方术之士，实同骗子；二是"迂腐寡识，不谙事务"，即不能正确理解秦始皇的统治意图，不能顺应潮流，追逐时务。

秦始皇统一六国，实行君主专制政体，统一文字、货币、度量衡等，

---

[1] 马非百著：《秦集史》，北京：中华书局，1982年版，第893页。
[2]（汉）刘向撰，向宗鲁校证：《说苑校证》，北京：中华书局，1987年版，卷十四第347-348页。
[3]（汉）司马迁撰，（宋）裴骃集解，（唐）司马贞索隐，（唐）张守节正义：《史记》，北京：中华书局，1982年第2版，卷六第235-239页。
[4]（汉）司马迁撰，（宋）裴骃集解，（唐）司马贞索隐，（唐）张守节正义：《史记》，北京：中华书局，1982年第2版，卷二十八第1366-1367页。
[5] 马非百著：《秦集史》，北京：中华书局，1982年版，第894页。
[6] 马非百著：《秦集史》，北京：中华书局，1982年版，第894页。

建立郡县制，是一套与传统格格不入的社会制度。对于秦始皇的政体，并非人人可以接受。案《史记·秦始皇本纪》载：

> 始皇置酒咸阳宫，博士七十人前为寿。仆射周青臣进颂曰："他时秦地不过千里，赖陛下神灵明圣，平定海内，放逐蛮夷，日月所照莫不宾服。以诸侯为郡县，人人自安乐，无战争之患，传之万世。自上古不及陛下威德。"始皇悦。博士齐人淳于越进曰："臣闻殷周之王千余岁，封子弟功臣，自为枝辅。今陛下有海内，而子弟为匹夫，卒有田常、六卿之臣，无辅拂，何以相救哉？事不师古而能长久者，非所闻也。今青臣又面谀以重陛下之过，非忠臣。"始皇下其议。[1]

仆射周青臣认识到秦始皇统一六国的意义，为秦始皇歌功颂德。而博士淳于越等人却并不喜欢建立在中央集权基础上的郡县政体，主张分封子弟功臣，其理由是可以互为援助。究竟是中央集权好，还是分封制好，这是一个难以一句话说得清楚的问题。西周分封，终至于尾大不掉，产生礼崩乐坏之动乱；而秦朝实行郡县制，虽可加强中央权威，防御割据势力的出现，但不能使宗室功臣得到土地人口之利，缺少奋起自卫的利益驱动，一旦有人登高一呼，天下群起响应，其危险也是巨大的。如果说分封制的危险在后世的话，郡县制中央集权的危险则在当代，这也是被秦朝的历史所证明了的。博士淳于越等人正是预见到了郡县制可能带来的危险，而反对郡县制。淳于越等人赞成分封制的原因，就在于分封制是为过去的历史经验所证明了的。

秦始皇不喜欢分封子弟，是受李斯之影响。《史记·秦始皇本纪》载，丞相王绾等奏言："诸侯初破，燕、齐、荆地远，不为置王，毋以填之。请立诸子，唯上幸许。"始皇帝令群臣商讨，"群臣皆以为便"，只有廷尉李斯反对。[2] 这说明秦始皇的政治主张与诸博士的理想背道而驰。

《史记·封禅书》曰：

---

[1]（汉）司马迁撰，（宋）裴骃集解，（唐）司马贞索隐，（唐）张守节正义：《史记》，北京：中华书局，1982年第2版，卷六第254页。
[2]（汉）司马迁撰，（宋）裴骃集解，（唐）司马贞索隐，（唐）张守节正义：《史记》，北京：中华书局，1982年第2版，卷六第238-239页。

秦始皇既并天下而帝，……即帝位三年，东巡郡县，祠驺峄山，颂秦功业。于是征从齐鲁之儒生博士七十人，至乎泰山下。诸儒生或议曰："古者封禅为蒲车，恶伤山之土石草木；埽地而祭，席用葅秸，言其易遵也。"始皇闻此议各乖异，难施用，由此绌儒生。[1]

秦博士数量达七十人之多，是自汉至清任何一个朝代都无法比拟的，而博士人员的构成，则为"齐鲁之儒生"，儒生守儒家之业，"游文于六经之中，留意于仁义之际，祖述尧舜，宪章文武，宗师仲尼"[2]，是以复古主义为旗帜的。而秦始皇所心折的法家，是以革故鼎新为处事原则的。《商君书·更法》指出："三代不同礼而王，王霸不同法而霸，故知者作法，而愚者制焉；贤者更礼，而不肖者拘焉。"[3]在商鞅及其后学的眼里，夏商周三代礼不同而王，春秋五霸法不同而霸，制定法是智者的事情，遵守法是愚者的事情；礼是贤人所定，而不贤之人为礼拘泥。欲王欲霸，欲成为智者贤人，就得反古改制。

《史记·老子韩非列传》记载有秦始皇心仪韩非学说之事，说"非见韩之削弱，数以书谏韩王，韩王不能用。于是韩非疾治国不务修明其法制，执势以御其臣下，富国强兵而以求人任贤，反举浮淫之蠹而加之于功实之上。以为儒者用文乱法，而侠者以武犯禁。宽则宠名誉之人，急则用介胄之士。今者所养非所用，所用非所养。悲廉直不容于邪枉之臣，观往者得失之变，故作《孤愤》《五蠹》《内外储》《说林》《说难》十余万言。……人或传其书至秦。秦王见《孤愤》《五蠹》之书，曰：'嗟乎，寡人得见此人与之游，死不恨矣！'"[4]后来，秦始皇终于见到了韩非。虽然因李斯等人的离间，秦始皇没有任用韩非，但韩非的主张却为秦始皇所信奉，这是确定不疑的。

韩非子作为是今非古论者，其观点可谓旗帜鲜明。《韩非子·五蠹》论社会变化说：

---

[1]（汉）司马迁撰，（宋）裴骃集解，（唐）司马贞索隐，（唐）张守节正义：《史记》，北京：中华书局，1982年第2版，卷二十八第1366页。
[2]（汉）班固撰，（唐）颜师古注：《汉书》，北京：中华书局，1962年版，卷三十第1728页。
[3] 严万里校：《商君书》，第1-2页，见《诸子集成》，北京：中华书局，2006年第2版。
[4]（汉）司马迁撰，（宋）裴骃集解，（唐）司马贞索隐，（唐）张守节正义：《史记》，北京：中华书局，1982年第2版，卷六十三第2147-2155页。

> 上古之世，人民少而禽兽众，人民不胜禽虫蛇；有圣人作，构木为巢，以避群害，而民悦之，使王天下，号之曰有巢氏。民食果蓏蚌蛤腥臊恶臭，而伤害腹胃，民多疾病；有圣人作，钻燧取火，以化腥臊，而民说之，使王天下，号之曰燧人氏。中古之世，天下大水，而鲧、禹决渎。近古之世，桀、纣暴乱，而汤、武征伐。今有构木钻燧于夏后氏之世者，必为鲧、禹笑矣；有决渎于殷、周之世者，必为汤、武笑矣。然则今有美尧、舜、鲧、禹、汤、武之道于当今之世者，必为新圣笑矣。是以圣人不期修古，不法常可，论世之事，因为之备。宋人有耕者，田中有株，兔走触株，折颈而死，因释其耒而守株，冀复得兔，兔不可复得，而身为宋国笑。今欲以先王之政治当世之民，皆守株之类也。古者丈夫不耕，草木之实足食也；妇人不织，禽兽之皮足衣也。不事力而养足，人民少而财有余，故民不争。是以厚赏不行，重罚不用，而民自治。今人有五子不为多，子又有五子，大父未死而有二十五孙。是以人民众而货财寡，事力劳而供养薄，故民争，虽倍赏累罚而不免于乱。[1]

价值观念的变化，是与生存环境的变化相联系的。韩非揭橥此一颠扑不破的真理，强调因时变法的必要性。他的这种观点，也是战国许多有识之士，譬如李悝、商鞅、吴起等人的共同呼声，因为"古今异俗，新故异备，如欲以宽缓之政，治急世之民，犹无辔策而御駻马，此不知之患也"[2]。变法就是改革，战国之际，随着社会环境的变化，如何在群雄争霸的形势下，保存并发展自己，是首要的任务。而要保存并发展自己，就需要实现削弱或消灭他人的目的。

秦始皇以韩非子这样的理论武装自己的头脑，他所希望的博士官，当然是能以自己的思维方式敷赞大业，特别是在他自己以革故鼎新的理论实现

---

[1]（清）王先慎著：《韩非子集解》，卷十九第339-340页，见《诸子集成》，北京：中华书局，2006年第2版。

[2]（清）王先慎著：《韩非子集解》，卷十九第342页，见《诸子集成》，北京：中华书局，2006年第2版。

了天下一统的伟业之后，他就会更加确信法家思想的正确性，而博士淳于越等人不顾实践检验的结论，仍然只相信"事不师古而能长久者，未所离也"，即反古可能带来一时的胜利，但却会因为破坏了传统，因而也就破坏了传统的惯性，失去永久性，这是明显地诅咒秦王朝，并公然与秦的胜利对抗，一方是秦始皇，他握有胜利，相信胜利果实的坚固性，并为此在不断完善专制政体；一方是儒生，面对秦的胜利无动于衷，并认为秦的胜利是暂时的，不可靠的。在这样的情况下，君主的希望与博士们的理想合不上拍，因此，秦始皇对持有深刻复古心态的博士们就有了"乖异，难施用"的结论了。

秦博士七十余人，据《秦集史》，今尚知名者凡十七人，如李克及其学生伏胜、淳于越、鲍白令之、桂贞、茅焦、叔孙通等人，作为儒生，他们都有坚定维护其主张，不因秦始皇这位暴君的威武而屈服的勇气。《汉书·儒林传》曰："伏生，济南人也，故为秦博士。……秦时禁《书》，伏生壁藏之。"[1]《说苑·至公》曰："秦始皇既吞天下，乃召群臣而议曰：'古者五帝禅贤，三王世继，孰是？将为之。'博士七十人未对，鲍白令之对曰：'天下官，则禅贤是也；天下家，则世继是也。故五帝以天下为官，三王以天下为家。'秦始皇帝仰天而叹曰：'吾德出于五帝，吾将官天下，谁可使代我后者？'鲍白令之对曰：'陛下行桀、纣之道，欲为五帝之禅，非陛下所能行也。'秦始皇大怒曰：'令之前！若何以言我行桀、纣之道也？趣说之，不解则死。'令之对曰：'臣请说之。陛下筑台干云，宫殿五里，建千石之钟，立万石之虡。妇女连百，倡优累千。兴作骊山宫室，至雍相继不绝。所以自奉者，殚天下，竭民力。偏驳自私，不能以及人。陛下所谓有自营仅存之主也，何暇比德五帝，欲官天下哉？'始皇闇然无以应之，面有惭色，久之曰：'令之之言，乃令众丑我。'遂罢谋，无禅意也。"[2]桂贞为儒者，据《秦集史·博士表》引宁濂《桂氏家乘序》，桂贞在坑儒时被害。[3]《史记·秦始皇本纪》载茅焦说秦王迎太后于雍而入咸阳，其目的在于维护人伦[4]，而在进谏过程

---

[1]（汉）班固撰，（唐）颜师古注：《汉书》，北京：中华书局，1962年版，卷八十八第3603页。
[2]（汉）刘向撰，向宗鲁校证：《说苑校证》，北京：中华书局，1987年版，卷十四第348页。
[3]马非百著：《秦集史》，北京：中华书局，1982年版，第900页。
[4]（汉）司马迁撰，（宋）裴骃集解，（唐）司马贞索隐，（唐）张守节正义：《史记》，北京：中华书局，1982年第2版，卷六第227页。

中，表现出了极强大的勇气。《秦集史·茅焦传》载：

> 秦王政九年，嫪毐为乱，事连太后，秦王夷毐三族。遂迁太后于雍，处之萯阳宫。下令曰："敢以太后事谏者戮而杀之。"从蒺藜其脊肉四肢而积之阙下。谏而死者二十七人矣。焦乃往上谒曰："齐客茅焦愿上谏王。"王使使出问客："得毋以太后谏了耶？"焦曰："然。"使者还白。王曰："走往告之，不见阙下积死人耶？"使者问焦，焦曰："臣闻天有二十八宿，今死者已有二十七人矣，臣所以来者，欲满其数耳。臣非畏死人也。"走入白之，焦邑子同食者尽负其衣物行亡。使者入白之。王大怒曰："是子故来犯吾禁，趣炊镬汤煮之，是安得积阙下乎？"趣召之入。王按剑而坐，口正沫出。使者召之入。焦不肯疾行，足趣相过耳。使者趣之。焦曰："臣至前则死矣。君独不能忍吾须臾乎？"使者极哀之。……[1]

茅焦虽然最终凭借其过人智慧，未蹈前二十七人之覆辙，但并不能因此改变他在进谏前所面临的死亡危险。正是他不惧死亡，所以，才能在死地求生。

说明秦博士不愿趋炎附势的例证，可以从叔孙通的故事中得到印证。《史记·刘敬叔孙通列传》载，秦二世皇帝时，山东陈胜造反，二世召博士诸生问询，博士诸生三十余人皆言无曲折，独叔孙通说盗不足虑。秦二世令御史治博士诸生非所宜言，叔孙通得晋为博士。叔孙通返舍，诸生责问"先生何言之谀也"[2]，即诸生们把"谀"看成是大污点。而叔孙通这样做，只不过是为了躲避眼前之祸，其返舍后马上逃亡本身，就表明了他的心迹。

第三节 焚书坑儒

在20世纪70年代的学术研究中，受政治气候的左右，有所谓儒法斗

---

[1] 马非百著：《秦集史》，北京：中华书局，1982年版，第300页。
[2] （汉）司马迁撰，（宋）裴骃集解，（唐）司马贞索隐，（唐）张守节正义：《史记》，北京：中华书局，1982年第2版，卷九十九第2720-2721页。

争史，在当时的观念中，复古的儒家是反动的，革新的法家是革命的，并以此来概括中国思想史，显然是荒诞的。但是，就秦国而言，以商鞅、李斯为代表的法家，和以博士诸生为代表的儒家，其标榜革新与复古的主张，并以此主张所反映的革新与复古心态的对抗，肯定构成了秦国政治思想斗争的核心。不过，就一般意义来论，法家的革新主张建立在维护中央集权的专制主义理论基点上，具有强烈的反人民的特征，才是真正反动的主张，而儒生们以仁爱为基点的复古主张，关心民生疾苦，是具有积极进步意义的理论，这是我们今天首先应该明确的。

秦始皇统一中国后，踌躇满志，认为自己兴兵诛定暴乱，天下大定，如果继续以秦王为号，名实不副，无以称成功，传后世，下令丞相王绾、御史大夫冯劫、廷尉李斯等妥议帝号。《史记·秦始皇本纪》云：

> 秦初并天下，令丞相、御史曰："异日韩王纳地效玺，请为藩臣，已而倍约，与赵、魏合从畔秦，故兴兵诛之，虏其王。寡人以为善，庶几息兵革。赵王使其相李牧来约盟，故归其质子。已而倍盟，反我太原，故兴兵诛之，得其王。赵公子嘉乃自立为代王，故举兵击灭之。魏王始约服入秦，已而与韩、赵谋袭秦，秦兵吏诛，遂破之。荆王献青阳以西，已而畔约，击我南郡，故发兵诛，得其王，遂定其荆地。燕王昏乱，其太子丹乃阴令荆轲为贼，兵吏诛，灭其国。齐王用后胜计，绝秦使，欲为乱，兵吏诛，虏其王，平齐地。寡人以眇眇之身，兴兵诛暴乱，赖宗庙之灵，六王咸伏其辜，天下大定。今名号不更，无以称成功，传后世。其议帝号。"丞相绾、御史大夫劫、廷尉斯等皆曰："昔者五帝地方千里，其外侯服夷服，诸侯或朝或否，天子不能制。今陛下兴义兵，诛残贼，平定天下，海内为郡县，法令由一统，自上古以来未尝有，五帝所不及。臣等谨与博士议曰：'古有天皇，有地皇，有泰皇，泰皇最贵。'臣等昧死上尊号，王为泰皇，命为制，令为诏，天子自称曰朕。"王曰："去泰，著皇，采上古帝位号，号曰'皇帝'。他如议。"制曰："可！"追尊庄襄王为太上皇。制曰："朕闻太古有号毋谥，中古有号，死而以行为谥。如此，则子议父，臣议君也，甚无谓，朕弗取也。自今以来，除谥法。朕为始皇帝。后世以计数，二世

三世至于万世，传之无穷"。[1]

秦始皇自称皇帝，已经露出了不可一世的面孔，又用齐人邹衍的阴阳五行学说，认为五德推迁，更迭相胜，如火能灭金，即火能胜金，金能克木，即金能胜木，列代鼎革，就是相胜，以为周得火德，秦应称为水德，水能胜火，故秦可代周。自是定为水德，命河名为德水。又因夏正建寅，商正建丑，周正建子，秦应特创一格，与昔不同，乃定制建亥，以十月朔为岁首。衣服旌旄节旗，概令尚黑，取象水色。水主北方，终数为六，故用六为纪数，六寸为符，六尺为步，冠制六寸，舆制六尺。且谓水德为阴，阴道主杀，所以严定刑法，不尚慈惠，一切举措，纯用法律相绳，宁可失入，不可失出。"于是急法，久者不赦"。从此秦人不能有为，动罹法网，赭衣满道，黑狱丛冤。又丞相王绾等伏阙上言，略说诸侯初灭，燕、齐、楚地方辽远，应封子弟为王，遣往镇守，秦始皇令群臣商议。群臣多赞成王绾之言，惟廷尉李斯反对，认为周朝开国，封建同姓子弟，不可胜计，后嗣疏远，互相攻击，视若仇雠，周天子无法禁止，坐致衰亡。"今海内赖陛下神灵一统，皆为郡县，诸子功臣以公赋税重赏赐之，甚足易制。天下无异意，则安宁之术也。置诸侯不便。"秦始皇也认为"天下共苦战斗不休，以有侯王。赖宗庙，天下初定，又复立国，是树兵也，而求其宁息，岂不难哉！廷尉议是"[2]。于是建立三十六郡，后又不断增益，最终可能达到有四十八郡之多[3]。每郡分置守、尉，守掌治郡，尉掌佐守及武备，朝廷设御史监郡，称之为监。每县设令，与郡守、尉同由朝廷简放。守令下有郡佐、县佐，各由守令任用。以下便是乡官，选自民间，堤十里一亭，亭有长；十亭一乡，乡有三老、啬夫、游徼。三老掌教化，啬夫判诉讼，游徼治盗贼。改称百姓为"黔首"。收天下兵器，在咸阳销毁，铸成钟鐻和十二铜人，徙天下豪富十二万户入咸阳，"一法度衡石丈尺。车

---

[1]（汉）司马迁撰，（宋）裴骃集解，（唐）司马贞索隐，（唐）张守节正义：《史记》，北京：中华书局，1982年第2版，卷六第235-236页。
[2]《秦始皇本纪》，见（汉）司马迁撰，（宋）裴骃集解，（唐）司马贞索隐，（唐）张守节正义：《史记》，北京：中华书局，1982年第2版，卷六第238-239页。
[3]《秦郡考》，见王国维著，彭林整理：《观堂集林》，河北：河北教育出版社，2003年版，第271-275页。

同轨。书同文字"[1]。

关于秦国实行郡县制的优点，马非百《秦集史·守令表》总结说，一是"集权"，即权力牢牢掌握在中央的手中；二是"久任"，守、令为父母官，只有任期较长，才可能作出杰出贡献；三是"慎举"，即推荐有连坐之法，《史记·范雎列传》曰："秦之法，任人而所任不善者，以其罪罪之。"[2] 所以范雎虽然为丞相，但是，他所任命的河东守王稽"与诸侯通"，遂称病免相，《战国策·秦策一》及《云梦秦简》[3] 都说范雎因此而被"赐药自死"，其法治精神于此可见一斑；四是"视察"，即中央常常派员视察天下，以监督守、令，而秦始皇在位期间，多次巡行天下，也是检察群下的主要形式。[4]

秦始皇所做这一切，有一个一以贯之的目的，就是为了天下的长久统一和保证中央集权，而且也注意到了思想统一对建立独裁统治有着不可低估的作用，所以，"焚书坑儒"的悲剧就产生了。

秦国焚书坑儒政策的诞生，与李斯密切相关。可以说，是李斯促成了焚书坑儒政策的建立及实施。《史记·秦始皇本纪》曰：

> 丞相李斯曰："五帝不相复，三代不相袭，各以治，非其相反，时变异也。今陛下创大业，建万世之功，固非愚儒所知。且越（指淳于越）言乃三代之事，何足法也？异时诸侯并争，厚招游学。今天下已定，法令出一，百姓当家则力农工，士则学习法令辟禁。今诸生不师今而学古，以非当世，惑乱黔首。丞相臣斯昧死言：古者天下散乱，莫之能一，是以诸侯并作，语皆道古以害今，饰虚言以乱实，人善其所私学，以非上之所建立。今皇帝并有天下，别黑白而定一尊。私学而相与非法教，人闻令下，则各以其学议之，入则心非，出则巷议，夸主以为名，异取以为高，率群下以造谤。如引弗禁，则主势降乎上，党与成乎下。禁之便。臣请史官非秦

---

[1]《秦始皇本纪》，见（汉）司马迁撰，（宋）裴骃集解，（唐）司马贞索隐，（唐）张守节正义：《史记》，北京：中华书局，1982年第2版，卷六第239页。
[2]（汉）司马迁撰，（宋）裴骃集解，（唐）司马贞索隐，（唐）张守节正义：《史记》，北京：中华书局，1982年第2版，卷七十九第2417页。
[3]《云梦秦简》释文（一）《大事记》，《文物》，1976年第6期。
[4] 马非百著：《秦集史》，北京：中华书局，1982年版，第902-904页。

记皆烧之。非博士官所职，天下敢有藏《诗》《书》、百家语者，悉诣守、尉杂烧之。有敢偶语《诗》《书》者弃市，以古非今者族。吏见知不举者与同罪。令下三十日不烧，黥为城旦。所不去者，医药卜筮种树之书。若欲有学法令，以吏为师。"制曰："可。"[1]

又曰：

> 侯生、卢生相与谋曰："始皇为人，天性刚戾自用，起诸侯，并天下，意得欲从，以为自古莫及己。专任狱吏，狱吏得亲幸。博士虽七十人，特备员弗用。丞相诸大臣皆受成事，倚辨于上。上乐以刑杀为威，天下畏罪持禄，莫敢尽忠。上不闻过而日骄，下慑伏谩欺以取容。秦法，不得兼方，不验，辄死。然侯星气者至三百人，皆良士，畏忌讳谀，不敢端言其过。天下之事无小大皆决于上，上至以衡石量书，日夜有呈，不中呈不得休息。贪于权势至如此，未可为求仙药。"于是乃亡去。始皇闻亡，乃大怒曰："吾前收天下书不中用者尽去之。悉召文学方术士甚众，欲以兴太平，方士欲练以求奇药。今闻韩众去不报，徐市等费以巨万计，终不得药，徒奸利相告日闻。卢生等吾尊赐之甚厚，今乃诽谤我，以重吾不德也。诸生在咸阳者，吾使人廉问，或为妖言以乱黔首。"于是使御史悉案问诸生，诸生传相告引，乃自除。犯禁者四百六十余人，皆坑之咸阳，使天下知之，以惩后。益发谪徙边。始皇长子扶苏谏曰："天下初定，远方黔首未集，诸生皆诵法孔子，今上皆重法绳之，臣恐天下不安。唯上察之。"始皇怒，使扶苏北监蒙恬于上郡。[2]

应该说，依照秦始皇的本意，并不是因为几个方士没有得到奇药，而偷偷逃跑，使他蒙受经济损失，才气急败坏，非杀之而后快。其坑儒的真正目的，是所谓"妖言以乱黔首"，"诽谤我，以重吾不德也"，因此，其所

---

[1]（汉）司马迁撰，（宋）裴骃集解，（唐）司马贞索隐，（唐）张守节正义：《史记》，北京：中华书局，1982年第2版，卷六第254-255页。
[2]（汉）司马迁撰，（宋）裴骃集解，（唐）司马贞索隐，（唐）张守节正义：《史记》，北京：中华书局，1982年第2版，卷六第258页。

坑杀，就不仅仅限于方士，而是株连所有儒生，并与焚书的政策联系到了一起。

所谓方士，实即战国时的阴阳家。《史记·封禅书》曰：

> 秦始皇既并天下而帝，或曰："黄帝得土德，黄龙地螾见。夏得木德、青龙止于郊，草木畅茂。殷得金德，银自山溢。周得火德，有赤乌之符。今秦变周，水德之时。昔秦文公出猎，获黑龙，此其水德之瑞。"于是秦更命河曰"德水"，以冬十月为年首，色上黑，度以六为名，音上大吕，事统上法。[1]

此处五德终始的观点，是齐阴阳家邹衍、邹奭所倡导，具有神秘主义特点。而阴阳家们的观点不仅局限于社会变革方面，他们还有求仙之术。秦始皇在做了皇帝以后，深感人生之无常，下大气力求仙问道，方士们成了他长生的寄托。因为方士的身份，在战国时代，属于士的范围，其与儒生并无不同，也正因此，他们在神秘主义的活动内容中，仍然具有士人的是非观，侯生、卢生之不满始皇帝，正是缘于始皇帝背离正道。因此，并不能把方士简单地视为骗子，在方士的观念中，神仙和长生不死之药的存在，应该是无疑的。

焚书坑儒活动，在中国历史上，并不是只发生过一次，而秦始皇也并不是最激烈残酷的一次，但作为中国历史上大规模摧残文明遗产，大手笔残害持不同政见知识分子的第一次政治行动，其后果及对人心理的影响是深远而深刻的，因此，历来受到了正义之士的谴责。始作俑者，其无后乎？报应不爽，天理昭昭。

第四节 李斯

在一个知识分子人人信奉孔子学说的时代，个别人背离传统，标新立异，往往就会显得格外引人注目。秦国自秦孝公至始皇帝，为了统一天下，时刻

---

[1]（汉）司马迁撰，（宋）裴骃集解，（唐）司马贞索隐，（唐）张守节正义：《史记》，北京：中华书局，1982年第2版，卷二十八第1366页。

准备寻觅有打破传统观念的"奇士",商鞅、韩非、李斯皆是一时之选,唯因韩非本人行为方式并未脱离士人风范,因而早夭。商鞅得孝公任用,风光一时,却不能适时变易。唯李斯,乃真小人之伪君子,心术之两端,实为士人败类,但他却是战国末期至秦间秦国文人中最成功的一个,使我们相信专制主义时代政治上的成功总是与人格的卑劣联系在一起。

始皇统一天下后,李斯成了首席谋士。李斯,字通古,楚上蔡人。年轻时,为郡小吏,见吏舍厕中鼠食不洁,近人与犬,常受惊吓,而见仓库中的老鼠,食积粟,居大庑之下,没有人犬之忧,于是感叹说:"人之贤不肖譬如鼠矣,在所自处耳!"为了成为能左右别人命运的人,他拜大儒荀卿为师,学帝王之术,可是,他与荀子"旨趣"截然不同。荀卿议兵,以仁义为本,而李斯却说:"秦四世有胜,兵强海内,威行诸侯,非以仁义为之也。以便从事而已。"[1]其实用主义的心态昭然若揭。学成后,认为楚王不足成事,而六国皆弱,决定投奔秦国。临行,对老师荀卿说:"斯闻得时无怠。今万乘方争时,游者主事。今秦王欲吞天下,称帝而治,此布衣驰骛之时而游说者之秋也。处卑贱之位而计不为者,此禽鹿视肉,人面而能强行者耳。故诟莫大于卑贱,而悲莫甚于穷困。久处卑贱之位,困苦之地,非世而恶利,自托于无为,此非士之情也。故斯将西说秦王矣。"[2]李斯实用主义的心态,憎恶卑贱与穷困,其不遵奉道德,正是"礼崩乐坏"的现实所生产的怪胎。李斯至秦,受吕不韦举荐,侍秦王。及秦王喜韩非,招韩非入秦,李斯与韩非有同窗之谊,担心韩非才能出其右而得秦王任用,使自己丧失已得荣誉地位,与姚贾合谋害韩非,使韩非死于非命。及秦始皇死,赵高抓住李斯贪恋富贵、缺乏道德心倾向,与李斯合谋立胡亥为二世皇帝。李斯为了巩固秦政权,也为了加强自己的势力,竟然丧心病狂地想出了"焚书坑儒"的政策,秦始皇作为一代暴君,对李斯的主张当然心领神会,下令执行。公元前212年,方士侯生、卢生讥议秦始皇"刚戾自用""贪于权势""专任狱吏""博士备员弗用""未可为之求仙药",并相约逃亡。始皇大怒,指责诸生"或为妖言以乱黔首",派御史审问,诸生相举发,牵引四百六十余人,皆坑杀于咸

---

[1] 马非百著:《秦集史》,北京:中华书局,1982年版,第216页。
[2] 马非百著:《秦集史》,北京:中华书局,1982年版,第216页。

阳。《汉书·儒林传》颜师古注引卫宏《诏定古文尚书序》云:"秦既焚书,患苦天下不从所改更法,而诸生到者拜为郎,前后七百人,乃密令冬种瓜于骊山坑谷中温处。瓜实成,诏博士诸生说之,人人不同,乃命就视之。为伏机,诸生贤儒皆至焉,方相难不决,因发机,从上填之以土,皆压,终乃无声。"[1] 如此处心积虑,必出李斯心机无疑。从此以后,文人地位一落千丈,虽博士官仍在,但始皇当初"召文学方术之士"以"兴太平""求奇药"的初衷已改。始皇长子扶苏为人仁厚,劝谏说天下初定,远方黔首未集,诸生皆诵法孔子,今上皆重法绳之,臣恐天下不安。秦始皇不听,并派扶苏至上郡(今陕西榆林东南)为蒙恬监军。

李斯害同学韩非之事,见于《史记·老子韩非列传》。韩非为韩诸公子,"喜刑名法术之学",为人口吃,不善言说,而好著述,"与李斯俱事荀卿,斯自以为不如非"。韩非因见韩之削弱,数以书谏韩王,韩王不听,作《孤愤》《五蠹》等文,"人或传其书至秦"。秦王见《孤愤》《五蠹》之书,言愿见其人,死而无恨,李斯说:"此韩非之所著书也。"于是,秦急攻韩,欲得韩非,韩非遂为韩使秦。李斯、姚贾对秦王说:"韩非,韩之诸公子也。今王欲并诸侯,非终为韩不为秦,此人之情也。今王不用,久留而归之,此自遗患也,不如以过法诛之。"秦王遂下韩非狱,李斯派人送药给韩非,韩非自杀。姚贾之所以诛韩非,缘于韩非曾批评姚贾。[2] 据《史记集解》引《战国策》曰,"秦王封姚贾千户,以为上卿。韩非短之曰:'贾,梁监门子,盗于梁,臣于赵而逐。取世监门子梁大盗赵逐臣与同社稷之计,非所以励群臣也'。"[3]案《战国策·秦策五》曰:"四国为一,将以攻秦。秦王召群臣宾客六十人而问焉,曰:'四国为一,将以图秦,寡人屈于内,而百姓靡于外,为之奈何?'群臣莫对。姚贾对曰:'贾愿出使四国,必绝其谋,而安其兵。'乃资车百乘,金千斤,衣以其衣,冠舞以其剑。姚贾辞行,绝其谋,止其兵,与之为交以报秦。秦王大悦。贾封千户,以为上卿。韩非知之曰:'贾以珍

---

[1](汉)班固撰,(唐)颜师古注:《汉书》,北京:中华书局,1962年版,卷八十八第3592页。
[2](汉)司马迁撰,(宋)裴骃集解,(唐)司马贞索隐,(唐)张守节正义:《史记》,北京:中华书局,1982年第2版,卷六十三第2146-2155页。
[3](汉)司马迁撰,(宋)裴骃集解,(唐)司马贞索隐,(唐)张守节正义:《史记》,北京:中华书局,1982年第2版,卷六十三第2155页。

珠重宝，南使荆、吴，北使燕、代之间三年，四国之交未必合也，而珍珠重宝尽于内。是贾以王之权，国之宝，外自交于诸侯，愿王察之。且梁监门子，尝盗于梁，臣于赵而逐。取世监门子，梁之大盗，赵之逐臣，与同知社稷之计，非所以厉群臣也。'"姚贾则认为"明主不取其污，不听其非，察其为己用"[1]，韩非之言为诽谤，秦王表示赞同，以此姚贾与韩非结怨。

如果说姚贾与韩非之怨隙产生于韩非之"诽谤"的话，李斯与韩非之怨则完全在于李斯的嫉贤妒能。李斯在秦国有人才之望，又积极主动对秦王推荐韩非，似乎并无意于让秦王不知韩非为谁，但这种貌似忠心的推荐背后，却隐藏着杀机。

李斯在沙丘之变中，再次暴露了他的卑鄙心态。《史记·李斯列传》说，始皇三十七年十月，行出游会稽，并海上，北抵琅邪。丞相李斯、中车府令赵高兼行符玺令事，皆从。秦始皇有二十余子，长子扶苏以数直谏皇帝，帝使监兵上郡，蒙恬为将。少子胡亥爱，请从，上许之。余子莫从。其年七月，始皇帝至沙丘，病甚，令赵高为书赐公子扶苏曰："以兵属蒙恬，与丧会咸阳而葬。"书已封，未授使者，始皇崩。书及玺皆在赵高所，独子胡亥、丞相李斯、赵高及幸宦者五六人知始皇崩，余群臣皆莫知也。李斯以为上在外崩，无真太子，故秘之。置始皇居辒辌车中，百官奏事上食如故，宦者辄从辒辌车中可诸奏事。赵高因留所赐扶苏玺书，而谓公子胡亥曰："上崩，无诏封王诸子而独赐长子书。长子至，即立为皇帝，而子无尺寸之地，为之奈何？"胡亥曰："固也。吾闻之，明君知臣，明父知子。父捐命，不封诸子，何可言者！"赵高曰："不然。方今天下之权，存亡在子与高及丞相耳，愿子图之。且夫臣人与见臣于人，制人与见制于人，岂可同日道哉！"胡亥曰："废兄而立弟，是不义也；不奉父诏而畏死，是不孝也；能薄而材谫，强因人之功，是不能也。三者逆德，天下不服，身殆倾危，社稷不血食。"赵高说："臣闻汤、武杀其主，天下称义焉，不为不忠。卫君杀其父，而卫国载其德，孔子著之，不为不孝。夫大行不小谨，盛德不辞让，乡曲各有宜而百官不同功。故顾而忘大，后必有害；狐疑犹豫，后必有悔。断而敢行，鬼神避之，后有成功。愿子遂之！"胡亥喟然叹曰："今大行未发，丧礼未终，岂宜以此事干丞相哉！"赵高曰：

---

[1]（西汉）刘向集录：《战国策》，上海：上海古籍出版社，1985年版，卷七第293-296页。

"时乎时乎,间不及谋!赢粮跃马,唯恐后时。"[1]

在赵高煽动挑唆胡亥发动政变之时,李斯居于关键地位。赵高对胡亥说:"不与丞相谋,恐事不能成,臣请为子与丞相谋之。"赵高找到李斯,对李斯说:"上崩,赐长子书,与丧会咸阳而立为嗣。书未行,今上崩,未有知者也。所赐长子书及符玺皆在胡亥所,定太子在君侯与高之口耳。事将何如?"李斯初听此言,也是颇有点正气的,说:"安得亡国之言!此非人臣所当议也!"赵高曰:"君侯自料能孰与蒙恬?功高孰与蒙恬?谋远不失孰与蒙恬?无怨于天下孰与蒙恬?长子旧而信之孰与蒙恬?"李斯说:"此五者皆不及蒙恬,而君责之何深也?"赵高说:"高固内官之厮役也,幸得以刀笔之文进入秦宫,管事二十余年,未尝见秦免罢丞相功臣有封及二世者也,卒皆以诛亡。皇帝二十余子,皆君之所知。长子刚毅而武勇,信人而奋士,即位必用蒙恬为丞相,君侯终不怀通侯之印于乡里,明矣。高受诏教习胡亥,使学以法事数年矣,未尝见过失。慈仁笃厚,轻财重士,辩于心而讷于口,尽礼敬士,秦之诸子未有及此者,可以为嗣。君计而定之。"李斯说:"君其反位!斯奉主之诏,听天之命,何虑之可定也?"赵高说:"安可危也,危可安也。安危不定,何以贵圣?"李斯说:"斯,上蔡闾巷布衣也,上幸擢为丞相,封为通侯,子孙皆至尊位重禄者,故将以存亡安危属臣也。岂可负哉!夫忠臣不避死而庶几,孝子不勤劳而见危,人臣各守其职而已矣。君其勿复言,将令斯得罪。"赵高说:"盖闻圣人迁徙无常,就变而从时,见末而知本,观指而睹归。物固有之,安得常法哉!方今天下之权命悬于胡亥,高能得志焉。且夫从外制中谓之惑,从下制上谓之贼。故秋霜降者草花落,水摇动者万物作,此必然之效也。君何见之晚?"李斯说:"吾闻晋易太子,三世不安;齐桓兄弟争位,身死为戮;纣杀亲戚,不听谏者,国为丘墟,遂危社稷:三者逆天,宗庙不血食。斯其犹人哉,安足为谋!"赵高说:"上下合同,可以长久;中外若一,事无表里。君听臣之计,即长有封侯,世世称孤,必有乔松之寿,孔墨之智。今释此而不从,祸及子孙,足以为寒心。善者因祸为福,君何处焉?"李斯乃仰天而叹,垂泪太息说:"嗟乎!独遭乱

---

[1](汉)司马迁撰,(宋)裴骃集解,(唐)司马贞索隐,(唐)张守节正义:《史记》,北京:中华书局,1982年第2版,卷八十七第2547-2549页。

世,既以不能死,安托命哉!"于是李斯听从赵高之谋,赵高归报胡亥说:"臣请奉太子之明命以报丞相,丞相斯敢不奉命。"[1]

应该说,李斯也是懂得忠义之道的,所以,对秦始皇的任用也是感激涕零。李斯从上蔡布衣,位至通侯,南面称孤,为宰相,"诸男皆尚秦公主,女悉嫁秦诸公子",荣华富贵一时无二。但是,他贪恋富贵与嫉贤妒能的心态被赵高抓住了,赵高威胁利诱,先是以蒙恬与李斯比较,让李斯自觉不如蒙恬,同时,又不愿失去权力,那就只有采取非常之措施,因此,李斯妥协了。表面上看,李斯的妥协是为赵高所迫,实际上,首先的原因在于这是李斯既不愿让才能胜于自己的蒙恬执政,也不愿失去富贵名禄而作出的必然的、唯一的选择。

李斯决定投靠胡亥、赵高后,假称始皇帝诏丞相,立子胡亥为太子。又假托始皇之名赐书公子扶苏令死,胡亥立为皇帝,赵高为郎中令,李斯因此得仍为宰相。由于贪恋权位,"乃阿二世意,欲求容","刑者相半于道,而死人日成积于市,杀人众者为忠臣",横征暴敛,民不聊生。可惜大权握到赵高之手,赵高阴狠,与李斯不睦,李斯不忍见大权他移,劾赵高,反为赵高所治,被夷三族。[2]

第五节 官吏的教育

秦始皇和李斯等人推行焚书坑儒的目的,是为了建立以吏为师、建立政教合一的价值体系,即把一切人的思想必须统一到保持和维护君主独尊地位的需求上来,所有人必须以君主的价值为价值,以君主的思想为思想,所谓"法后王"。

应该说,秦始皇和李斯的立场是坚定的,手段是强硬的。公子扶苏在秦始皇焚书坑儒以后劝谏秦始皇,认为"天下初定,远方黔首未集,诸生皆

---

[1](汉)司马迁撰,(宋)裴骃集解,(唐)司马贞索隐,(唐)张守节正义:《史记》,北京:中华书局,1982年第2版,卷八十七第2549-2550页。

[2](汉)司马迁撰,(宋)裴骃集解,(唐)司马贞索隐,(唐)张守节正义:《史记》,北京:中华书局,1982年第2版,卷八十七第2551-2562页。

诵法孔子，今上皆重法绳之，臣恐天下不安。唯上察之"。秦始皇对自己极其器重的儿子也不放过，惩罚性地把他驱逐到前线去，这也最终导致了扶苏死于非命，也给李斯、赵高、秦二世一个实施篡位的机会。但似乎秦始皇和李斯并没有完全能在全国实现思想的统一。

1975年湖北省云梦县睡虎地秦墓中出土了大批竹简，据考，睡虎地秦简是战国晚期及秦始皇时期的遗存，经整理，这批竹简文字内容被归纳为十类，其中被定名为《为吏之道》的简文正文主要为韵文，内容主要是记述为官处事的经验，应当是当时官吏学习为官之道的守则。这样一种官员教科书性质的文字，其句式形制与《荀子·成相篇》完全相同，不知道是否与荀子的学生李斯相关。当然，《荀子·成相篇》的韵文形式，可能是战国时期流行的成熟歌诗形式。

《为吏之道》正文内容如下：

> 凡为吏之道，必精絜正直，慎谨坚固，审悉毋私，微密纤察，安静毋苛，审当赏罚。严刚毋暴，廉而毋刖，毋复期胜，毋以忿怒决。宽忠信，和平毋怨，悔过勿重。慈下勿陵，敬上勿犯，听间勿塞。审知民罢，善度民力，劳以率之，正以桥矫之。反赦其身，止欲去愿。中不方，名不章；外不圆，尊贤养孽，原野如廷。断割不刖。怒能喜，乐能哀，智能愚，壮能衰，勇能屈，刚能柔，仁能忍，强良不得。审耳目口，十耳当一目。安乐必戒，毋行可悔。以忠为干，慎前虑后。君子不病也，以其病病也。同能而异。毋穷穷，毋岑岑，毋衰衰。临财见利，不取苟富；临难见死，不取苟免。欲富太甚，贫不可得；欲贵太甚，贱不可得。毋喜富，毋恶贫，正行修身，祸去福存。

> 吏有五善：一曰中信敬上，二曰精廉毋谤，三曰举事审当，四曰喜为善行，五曰恭敬多让。五者毕至，必有大赏。

> 吏有五失：一曰夸以迣，二曰贵以大泰，三曰擅制割，四曰犯上弗知害，五曰贱士而贵货贝。一曰见民倨傲，二曰不安其朝，三曰居官善取，四曰受令不偻，五曰安家室忘官府。一曰不察所亲，不察所亲则怨数至；二曰不智所使，不智所使则以权衡求利；三曰兴事不当，兴事不当则民易指；四曰善言惰行，则士毋所比；

五曰非上，身及于死。

　　戒之戒之，财不可归；谨之谨之，谋不可遗；慎之慎之，言不可追；慕之慕之，食不可赏。怵惕之心，不可不长。以此为人君则鬼，为人臣则忠；为人父则慈，为人子则孝；能审行此，无官不治，无志不彻，为人上则明，为人下则圣。君鬼臣忠，父慈子孝，政之本也；志彻官治，上明下圣，治之纪也。

　　除害兴利，慈爱万姓。毋罪毋罪，毋罪可赦。孤寡穷困，老弱独传，均徭赏罚，傲悍戮暴，根田仞邑，赋敛毋度，城郭官府，门户关龠，除陛甬道，命书时会，事不且须，赏责债在外，千百津桥，囷屋墙垣，沟渠水道，犀角象齿，皮革橐突，久刻职物，仓库禾粟，兵甲工用，楼橹矢阅，枪闉環殳，比臧封印，水火盗贼，金钱羽旌，息子多少，徒隶攻丈，作务员程，老弱癃病，衣食饥寒，稿靳渎，漏屋涂墍，苑囿园池，畜产肥胯，朱珠丹青。临事不敬，倨骄毋人，苛难留民，变民习俗，须身遂过，兴事不时，缓令急征，决狱不正，不精于材，法置以私。

　　处如斋，言如盟，出则敬，毋施当，昭如有光施而喜之，敬而起之，惠以聚之，宽以治之，有严不治。与民有期，安驺而步，毋使民惧。疾而毋諰，简而毋鄙。当务而治，不有可苴。劳有成既，事有几时。治则敬自赖之，施而息之，密而牧之。听其有矢，从而则之，因而征之，将而兴之。虽有高山，鼓而乘之。民之既教，上亦毋骄，孰道毋治，发正乱昭。安而行之，使民望之。道易车利，精而勿致，兴之必疾，夜以接日。观民之诈，罔服必固。地修城固，民心乃宁。百事既成，民心既宁，既毋后忧，从政之经。不时怒，民将姚去。

　　长不行，死毋名；富不施，贫毋告也。贵不敬，失之毋□，君子敬如始。戒之戒之，言不可追；思之思之，谋不可遗；慎之慎之，货不可归。

凡治事，敢为固，谒私图，画局陈棋以为籍。肖人聂心，不敢徒语恐见恶。凡庚人，表以身，民将望表以庚真。表若不正，民心将移乃难亲。操邦柄，慎度量，来者有稽莫敢忘。贤鄙既义溉，禄位有续孰瞖上？邦之急，在体级，掇民之欲政乃立。上毋间陛，下虽善欲独可急？审民能，以赁吏，非以官禄夬助治。不赁其人，及官之瞖岂可悔。申之义，以击畸，欲令之具下勿议。彼邦之倾，下恒巧行而咸故移。将发令，索其政，毋发可异史烦请。令数究瞏，百姓摇贰乃难请。听有方，辨短长，囷造之士久不阳。[1]

为了读者阅读方便，我参考原整理者的文字重新进行了整理，把不常见的字以及明显的通假字都换成了现代汉语的文字，虽然其中有些段落因为断简、残简，或者文字漫漶，现在理解起来有困难。但各个段落结合起来，意思还是很明晰的。秦国用来教育官吏的教科书，其基本思想，仍然体现了孔子及原始儒家的一些基本价值观，有些语句本身就是袭用《礼记》或者《大戴礼记》的内容。同时，这其中也兼有道家的观点。

睡虎地秦简出土《为吏之道》之后，在北京大学收藏的秦代简牍中，也有一篇与睡虎地秦简内容相似的《为吏之道》。另外，岳麓书院秦简有《为吏治官及黔首》，文句也与《为吏之道》相似。由此可见，秦代是非常重视对官吏的教育的。因为秦代打击儒生，要粉碎以孔子思想为核心的传统价值观，各级官吏由中央任命，其实质是皇帝的分身使者，因此，"以吏为师"实际要表达的是皇帝就是真理，因此，各级官吏作为君主的化身，也略等于真理。这些略等于真理的人的行为，直接关系到皇帝作为真理的权威性，因此，教育好各级官吏，就变得非常重要。而如果一味用法家思想去教育各级官吏，法家严而少恩，无教化，去仁爱，残害至亲，伤恩薄厚的毛病就会通过激发各级官吏身上的人性之恶，而被发挥得淋漓尽致。法家否定道义价值和亲情关系以利益驱动的价值观，对于主张法家学说的人本身来说，也是一把双刃剑，这样就可以理解《为吏之道》的逻辑起点，也可以理解秦代各级文官中的价值观了。

---

[1] 参看《睡虎地秦墓竹简》，北京：文物出版社，1990年版，第79-86,165-176页。

第三章 楚汉战争中的文人

秦始皇信奉法家政治,严而少恩,视人民如草芥。及秦始皇死,秦二世皇帝及赵高更是变本加厉,诛杀大臣及众公子,兴阿房宫,用法益深刻。公元前209年7月,陈胜、吴广等九百戍卒奉命开赴渔阳(今北京密云区),遇雨停留在大泽乡(今安徽宿州西南),按照秦法,失期当斩,遂铤而走险,揭竿而起,从此揭开了反暴秦的序幕。不久,项梁、刘邦也率众反秦,公元前207年10月,秦王子婴向刘邦军队投降,秦亡。项羽封建诸侯,重新恢复春秋体制,但刘邦不顾天下的困苦,为了实现皇帝梦,自公元前206年至公元前202年,重开战端,与项羽展开决战,历史上称为楚汉战争。

第一节 积怨而发愤

战国之际，列国争雄，而文士居于非常重要的地位，或为帝王师，或为帝王友，或为帝王臣，其思想既活跃，其才能又得以充分发挥。至秦统一中国，秦始皇帝本欲以文人润色鸿业，不虞秦政刻薄而少恩，好圣贤之道的文人，一改积极变革的立场，期于复古圣贤爱民任贤之道，唯李斯以投机主义的立场，积极推介法家新观念，欲以专制手段钳文人之口，而好古之儒生及方士，不能顺承始皇帝之旨意，遂致死于非命。然秦博士制度之盛，却有六国遗风。及陈胜吴广举义，文人重新回到了战国争雄的时代氛围，以其现实精神，投身于反秦斗争之中，为民请命。秦亡，楚汉战争起，因楚汉皆无暴秦之名，是非遂难明了。楚汉战争时期的文人不辨刘邦、项羽之善否，唯以性格、机遇谋求发展，其情势既类战国时代，文人的心态亦大致相类似。刘邦、项羽集团各集合了一批奇能异知之士，在楚汉战争的大舞台上，上演了一幕幕悲喜剧，使他们的声名与他们的事迹言行一同流芳后世。其事迹及价值观，与其说是汉代文人价值观的元始，毋宁说是战国时代文人价值观的继续。

《汉书·儒林传》曰：

> 及至秦始皇兼天下，燔《诗》《书》，杀术士，六学从此缺矣。陈涉之王也，鲁诸儒持孔氏礼器往归之，于是孔甲为涉博士，卒与俱死。陈涉起匹夫，驱适戍以立号，不满岁而灭亡，其事至微浅，然而搢绅先生负礼器往委质为臣者何也？以秦禁其业，积怨而发愤于陈王也。[1]

秦统一中国后，在李斯的主张下，焚诗书、坑儒生，文人受到空前迫害。及陈涉起义，文人积怨爆发。无奈陈涉不能成大器，不久灭亡，但秦国也随之灭亡。刘邦觊觎皇帝的宝座，秦亡后受封为汉王，却欲行兼并之事，遂发动了楚汉战争。在灭秦之风雨中经过洗礼的文人们，又不得不投身于刘项之争中，一显身手。

---

[1]（汉）班固撰，（唐）颜师古注：《汉书》，北京：中华书局，1962年版，卷八十八第3592页。

楚汉战争的兴起，为这个时代的文人提供了一个扬名立身的好时机。但是，这个时代刚经过暴秦的摧残，文化的价值并未被认同，因此，专事文学的儒生还不能引起楚汉战争的主帅们的关注，甚至时不时还要遭受侮辱。但具有实际应变才能，不恪守圣贤教条的"辩士"却如鱼得水，驰骋于角斗场中。所以说，楚汉战争是策略家的新天地。

楚汉战争的双方主帅皆不通文墨，《史记·项羽本纪》说，"项籍少时，学书不成，去学剑，又不成。项梁怒之。籍曰：'书足以记名姓而已。剑一人敌，不足学，学万人敌。'于是项梁乃教籍兵法，籍大喜，略知其意，又不肯竟学"。[1] 项羽，名籍，项梁为其叔父。又《史记·高祖本纪》云，刘邦"仁而爱人，喜施，意豁如也。常有大度，不事家人生产作业。……好酒及色"[2]，没有向学之经历。但是，在刘邦和项羽集团中，都有一大批文人，而这些文人，其地位颇受尊敬，而其言行价值观，则基本上具有战国纵横家的特点。

《汉书·艺文志》曰：

> 纵横家者流，盖出于行人之官，孔子曰："诵《诗》三百，使于四方，不能专对，虽多亦奚以为？"又曰："使乎，使乎！"言其当权事制宜，受命而不受辞，此其所长也。及邪人为之，则上诈谖而弃其信。[3]

纵横家是随着战国七雄争霸而产生的一些文人集团，合纵者主张联合六国以抗秦，代表人物是苏秦，连横者则主张六国与秦亲善，代表人物为张仪。苏秦、张仪二人皆是鬼谷子的学生，其特长一是善于应变，随时适宜；二是长于论辩；三是多奇谋诡道。如苏秦本来说秦连横，秦惠王不听，因说燕、赵等国合纵。而张仪本来游楚，受侮而入秦。无论是合纵还是连横，他们都能拿出奇妙之策略。至于说辞及谋略之盛，早已闻名于世人。

应该注意到，无论是生活在战国时的策士，还是刘项集团的谋士，其

---

[1]（汉）司马迁撰，（宋）裴骃集解，（唐）司马贞索隐，（唐）张守节正义：《史记》，北京：中华书局，1982年第2版，卷七第296页。
[2]（汉）司马迁撰，（宋）裴骃集解，（唐）司马贞索隐，（唐）张守节正义：《史记》，北京：中华书局，1982年第2版，卷八第342-343页。
[3]（汉）班固撰，（唐）颜师古注：《汉书》，北京：中华书局，1962年版，卷三十第1740页。

学说皆具经世致用之特点，而经世致用的目的，是实现战胜敌人，从而主宰中国的统一大业。

战国时不仅苏秦、张仪具奇辩之智谋，实则是一代文人风气，以学习发挥奇智异能，发挥游说之能为其任务，而自鸣得意。所以，《吕氏春秋·察今》云："天下之学者，多辩言利辞，倒不求其实，务以相毁，以胜为故。"[1]《荀子·非十二子》亦云："假今之时，饰邪说，文奸言，以枭乱天下，欺惑愚众，谲宇嵬琐，使天下混然不知是非治乱之所存者，有人矣。"[2] 此即指当时的风气。

秦统一中国，以为辩士为害国家，加之没有了敌对的武装集团，辩士无所依附。秦亡，楚汉战起，辩士又非常的重要，他们活跃于项羽、刘邦集团中。由于他们去战国未远，有些人本身就可能是战国辩士，所以，重拾纵横捭阖之手段，无疑业务上能驾轻就熟，而品德方面，也直追战国文人的时代精神，《史记·郦生陆贾列传》说陆贾"以客从高祖定天下，名为有口辩士，居左右，常使诸侯"[3]，平原君朱建"为人辩有口，刻廉刚直……行不苟合，义不取容"[4]，即是例证。而时代的混乱，使大部分文人无暇专心钻研于学术，而积极谋取现实功名，成为在楚汉战争的舞台上活跃的文人的普遍价值观。这其中的代表，有项羽阵营的范增，刘邦阵营的张良、陈平、郦食其，韩信的谋士蒯通等人，以及属于独立一派的张耳、陈余等人。

《史记·刘敬叔孙通列传》曰："语曰：'千金之裘，非一狐之腋也；台榭之榱，非一木之枝也；三代之际，非一士之智也'。信哉！夫高祖起微细，定海内，谋计用兵，可谓尽之矣。"[5] 由于刘邦阵营的文士众多，因而计谋层出不穷，固有万世之业。

---

[1]（汉）高诱注：《吕氏春秋》，卷十五第177页，见《诸子集成》，北京：中华书局，2006年第2版。
[2]（清）王先谦著：《荀子集解》，卷三第57页，见《诸子集成》，北京：中华书局，2006年第2版。
[3]（汉）司马迁撰，（宋）裴骃集解，（唐）司马贞索隐，（唐）张守节正义：《史记》，北京：中华书局，1982年第2版，卷九十七第2697页。
[4]（汉）司马迁撰，（宋）裴骃集解，（唐）司马贞索隐，（唐）张守节正义：《史记》，北京：中华书局，1982年第2版，卷九十七第2702页。
[5]（汉）司马迁撰，（宋）裴骃集解，（唐）司马贞索隐，（唐）张守节正义：《史记》，北京：中华书局，1982年第2版，卷九十九第2726页。

第二节 帝者师范增

范增是活跃在战国政治舞台上最年长的辩士，他一方面具有纵横家的奇智异谋，同时，又具有战国文人普遍的自尊意识，所以，他虽作为项羽集团的首席军师，处于人臣之地位，却有亚父之称。《史记·项羽本纪》说项梁起事后，范增以七十岁之身，"好奇计"，往说项梁，曰："陈胜败固当。夫秦灭六国，楚最无罪。自怀王入秦不反，楚人怜之至今，故楚南公曰'楚虽三户，亡秦必楚也'。今陈胜首事，不立楚后而自立，斯势不长。今君起江东，楚蜂午之将皆争附君者，以君世世楚将，为能复立楚之后也。"[1] 项梁听从了范增之言，立牧羊人楚怀王孙心为楚怀王，此时是秦二世二年六月。后项梁战死，楚怀王恐惧，亲督军队，以宋义为上将军，项羽为鲁公，为次将，范增为末将，救赵。宋义按兵不动，项羽杀宋义，楚怀王又以项羽为上将军。项羽作战勇敢，诸侯惧服，而范增遂成为项羽的首席军师，项羽尊为亚父。

沛公刘邦入关，以十万军军霸上，项羽四十万军军新丰鸿门，范增说项羽曰："沛公居山东时，贪于财货，好美姬。今入关，财物无所取，妇女无所幸，此其志不在小。吾令人望其气，皆为龙虎，成五采，此天子气也，急击勿失。"[2] 但不虞楚左尹项伯向刘邦通风报信，使刘邦早有准备，在鸿门宴上，"范增数目项王，举所佩玉玦以示之者三，项王默然不应"。[3] 范增又请项庄舞剑，但项伯翼蔽沛公，范增设计的杀人计划没有实现。

项羽分封诸侯，范增与项王合谋，把刘邦分到了巴、蜀，以实践楚怀王所说谁先入关谁王关中的诺言，刘邦称汉王。公元前 205 年，刘邦与项羽在彭城大战，刘邦兵败。翌年，项羽追刘邦至荥阳，刘邦请和，时为历阳侯的范增说："汉易与耳，今释弗取，后必悔之。"项羽与范增急攻荥阳。刘

---

[1]（汉）司马迁撰，（宋）裴骃集解，（唐）司马贞索隐，（唐）张守节正义：《史记》，北京：中华书局，1982 年第 2 版，卷七第 300 页。
[2]（汉）司马迁撰，（宋）裴骃集解，（唐）司马贞索隐，（唐）张守节正义：《史记》，北京：中华书局，1982 年第 2 版，卷七第 311 页。
[3]（汉）司马迁撰，（宋）裴骃集解，（唐）司马贞索隐，（唐）张守节正义：《史记》，北京：中华书局，1982 年第 2 版，卷七第 312 页。

邦遂用陈平的计谋反间，项羽派使者至汉，刘邦准备了丰盛的食物，做出要请使者食用的样子，但见了使者，假装惊讶说："吾以为亚父使者，乃反项王使者。"于是，把丰盛的食物撤走，换上了不好的食物。使者回去把遭遇告诉项羽，项心怀疑范增与汉有私，稍夺范增之权，范增大怒，说："天下事大定矣，君王自为之，愿赐骸骨归卒伍！"项羽同意了。范增在归家途中，因病去世。[1]

《战国策·燕策一》曰："帝者与师处，王者与友处，霸者与臣处，亡国与役处。"[2]项羽亡国，而其理想在为霸王。范增秉性耿直，虽多智谋，然自尊心极强。因有"亚父"之名义，为项羽前辈，而处谋臣之位置，欲为帝者之师，而项羽之尊重不能持久，最终不欢而散。范增的失落，其根源就在于项羽不是帝者，只不过是个霸王，他连对范增的朋友之信都没有，他所需要的只是臣子而已。

第三节 帝者师张良

相对于项羽，刘邦阵营中的文人更多。《史记·高祖本纪》曰：

> 高祖置酒洛阳南宫，高祖曰："列侯诸将无敢隐朕，皆言其情。吾所以有天下者何？项氏之所以失天下者何？"高起、王陵对曰："陛下慢而侮人，项羽仁而爱人。然陛下使攻城略地，所降下者因以予之，与天下同利也。项羽妒贤嫉能，有功者害之，贤者疑之，战胜而不予人功，得地而不予人利，此所以失天下也。"高祖曰："公知其一，未知其二。夫运筹策帷帐之中，决胜于千里之外，吾不如子房。镇国家，抚百姓，给馈饷，不绝粮道，吾不如萧何。连百万之军，战必胜，攻必取，吾不如韩信。此三者，皆人杰也，吾能用之，此吾所以取天下也。项羽有一范增而不能用，此其所

---

[1]（汉）司马迁撰，（宋）裴骃集解，（唐）司马贞索隐，（唐）张守节正义：《史记》，北京：中华书局，1982年第2版，卷七第325页。

[2]（西汉）刘向集录：《战国策》，上海：上海古籍出版社，1985年版，卷二十九第1064页。

以为我擒也。"[1]

刘邦在这段话中提到的张子房即张良,以及萧何,都可以算是文人。萧何是刘邦故旧,《史记·萧相国世家》说他"以文无害,为沛主吏掾"。及刘邦入咸阳,"诸将皆争走金帛财物之府分之,何独先入收秦丞相御史律令图书藏之。沛公为汉王,以何为丞相,项王与诸侯屠烧咸阳而去。汉王所以具知天下阨塞,户口多少,强弱之处,民所疾苦者,以何俱得秦国书也"。[2]表现出了一个文人所具有的重视文化典章制度的眼光。其才能在治世,其计谋,则鲜有足道者。

据《史记·留侯世家》,张良,韩国人,其先人五世相韩。张良学礼淮阳,东见仓海君,得力士,为铁椎百二十斤。秦始皇东游,张良与客狙击秦始皇于博浪沙中,误中副车,张良遂亡命下邳。在下邳,张良步游圯上,有一衣褐老父,到了张良身旁,把自己的鞋扔到圯下,对张良说:"孺子,下取履!"张良很生气,本欲打这位老人,但见老人年老,强忍愤怒,下取鞋。老人又命张良为自己穿上鞋,张良又长跪为老人穿鞋。老人穿好鞋后,长笑而去,张良非常惊奇老人的行为,看着老人远去。老人走了一里多路,又转回身,说:"孺子可教矣。后五日平明,与我会此。"于是张良跪着允诺。第五天天亮,张良去到那里,老人已先到,老人因张良后到,大怒,又要五天后再见面,五天后鸡鸣,张良就到了,但老人又先到,再次要求五天后见面。第五天,张良夜半就到了,过了一会儿,老人才来。老人送给张良一本书,名《太公兵法》,说:"读此则为王者师矣。后十年兴。十三年孺子见我济北,穀城山下黄石即我矣。"张良遂诵该书。陈涉起兵,张良欲从陈涉,路遇刘邦,刘邦拜张良为厩将。张良说《太公兵法》惟刘邦能用之,张良遂从刘邦。项梁立楚怀王,张良对项梁说:"君已立楚后,而韩诸公子横阳君成贤,可立为王,益树党。"项梁遂令张良找到韩成,立为韩王。刘邦与张良入武关,欲以二万人击峣下军,张良说:"秦兵尚强,未可轻。臣闻其将屠者子,贾

---

[1] (汉)司马迁撰,(宋)裴骃集解,(唐)司马贞索隐,(唐)张守节正义:《史记》,北京:中华书局,1982年第2版,卷七第380-381页。
[2] (汉)司马迁撰,(宋)裴骃集解,(唐)司马贞索隐,(唐)张守节正义:《史记》,北京:中华书局,1982年第2版,卷五十三第2013-2014页。

竖易动以利。愿沛公且留壁，使人先行，为五百人具食，益为张旗帜诸山上，为疑兵，令郦食其持重宝啗秦将。"秦将受贿，愿与刘邦袭秦咸阳，张良却让刘邦击秦军，秦兵大败，秦王子婴遂降。刘邦入秦宫，见宫中宝物美女不计其数，欲居之。张良说："夫秦为无道，故沛公得至此。夫为天下除残贼，宜缟素为资。今始入秦，即安其乐，此所谓'助纣为虐'。"沛公刘邦遂军霸上。项羽至鸿门，欲击刘邦，项伯因在邳下与张良相熟，告诉张良，张良不愿一人离去，说："亡去不义。"于是告诉刘邦，又设计让刘邦与项伯结为婚姻，得项伯庇护，刘邦在鸿门宴安然无恙。项羽封刘邦为汉王，赐金张良，张良送给项伯，请项伯许刘邦王汉中之地。刘邦入汉中，张良为刘邦送行，对刘邦说："王何不烧所过栈道，示天下无还心，以固项王意。"刘邦烧栈道，张良至韩，韩王成因为命张良从刘邦之故，项羽怀疑，不让韩王回韩，张良说项王曰："汉王烧绝栈道，无还心矣。"并把齐王田荣的反书报告给项羽，项羽遂发兵北击齐。

项羽终究不相信韩王，先贬韩王为侯，后项羽杀韩王成。张良逃奔刘邦，此时刘邦已还定三秦，以张良为成信侯。刘邦与项羽战，屡战屡败，遂欲捐关以东等弃之，问谁可与破楚，张良说："九江王黥布，楚枭将，与项王有郄，彭越与齐王田荣反梁地：此两人可急使。而汉王之将韩信可属大事，当一面。即欲捐之，捐之此三人，则楚可破也。"后汉破楚，全赖此三人之力。汉三年，郦食其为解项羽之围，建议效法汤放桀，武王伐纣故事，立六国之后，张良反对，借刘邦正在吃饭的筷子筹划说："昔者汤伐桀而封其后于杞者，度能制桀之死命也。今陛下能制项籍之死命乎？"刘邦说："未能也。"张良说："其不可一也。武王伐纣封其后于宋者，度能得纣之头也。今陛下能得项籍之头乎？"刘邦说："未能也。"张良说："其不可二也。武王入殷，表商容之闾，释箕子之拘，封比干之墓。今陛下能封圣人之墓，表贤者之闾，式智者之门乎？"刘邦说："未能也。"张良说："其不可三也。发钜桥之粟，散鹿台之钱，以赐贫穷，今陛下能散府库以赐贫穷乎？"刘邦说："未能。"张良说："其不可四矣。殷事已毕，偃革为轩，倒置干戈，覆以虎皮，以示天下不复用兵。今陛下能偃武行文，不复用兵乎？"刘邦说："未能也。"张良说："其不可五矣。休马华山之阳，以示无所为。今陛下能休马无所用乎？"刘邦说："未能也。"张良说："其不可六矣。放牛桃林之阴,以示不复输积,今陛下能放牛不复输积乎?"刘邦说:"未能也。"张良说:"其不可七矣。且天下游士离其亲戚,弃坟墓,去故旧,从陛下游者,徒欲日夜望咫尺之地。今复六国,立韩、魏、燕、赵、齐、楚之后,天下游士各归事其主,从其亲戚,反其故旧坟墓,陛下与谁取天下乎?其不可八矣。且夫楚唯无强,六国立者复桡而从之,陛下焉得而臣之?诚用客之谋,陛下事去矣。"刘邦遂不用郦食其之计。[1]

张良不仅具有战国纵横家的游说之能,而且具阴谋家的诡道,以策略家著称。汉四年,韩信破齐欲自立为齐王,《史记·淮阴侯列传》载,韩信使人言汉王曰:"齐伪诈多变,反覆之国也,南边楚,不为假王以镇之,其势不定,愿为假王便。"此时楚围荥阳,刘邦见韩信使者,大怒,骂道:"吾困于此,旦暮望若来佐我,乃欲自立为王。"张良、陈平蹑汉王足,对刘邦耳语说:"汉方不利,宁能禁信之王乎?不如因而立,善遇之,使自为守。不然,变生。"汉王刘邦何等聪明,又骂道:"大丈夫定诸侯,即为真王耳,何以假为!"于是派张良立韩信为王,征韩信兵击楚。[2]汉四年秋,刘、项结约,割鸿沟以西者为汉,鸿沟以东者为楚,中分天下,刘邦欲西归,张良、陈平说:"汉有天下太半,而诸侯皆附之。楚兵罢食尽,此天亡楚之时也。不如因其机而遂取之。今释弗击,此所谓'养虎自遗患'也。"汉王五年,刘邦与韩信、彭越约击楚,韩信、彭越不至,刘邦大败。张良说:"楚兵且破,信、越未有分地,其不至固宜。君王能与共分天下,今可立致也。即不能,事未可知也。君王能自陈以东傅海,尽与韩信;睢阳以北至穀城,以与彭越:使各自为战,则楚易败也。"刘邦听了张良的话,遂有垓下之战,项羽败绩。[3]

汉六年正月,刘邦封功臣,张良虽无战功,但刘邦以张良多谋,功大,让张良自择三万户。张良说:"始臣起下邳,与上会留,此天以臣授陛下,

---

[1] (汉)司马迁撰,(宋)裴骃集解,(唐)司马贞索隐,(唐)张守节正义:《史记》,北京:中华书局,1982年第2版,卷五十五第2033-2041页。
[2] (汉)司马迁撰,(宋)裴骃集解,(唐)司马贞索隐,(唐)张守节正义:《史记》,北京:中华书局,1982年第2版,卷九十二第2621页。
[3]《项羽本纪》,见(汉)司马迁撰,(宋)裴骃集解,(唐)司马贞索隐,(唐)张守节正义:《史记》,北京:中华书局,1982年第2版,卷七第331-332页。

陛下用臣计，幸而时中，臣愿封留足矣，不敢当三万户。"于是张良为留侯。刘邦封功臣二十余人，余人争论不休，没有尽封，刘邦在洛阳南宫，从复道望见诸将往往相与坐沙中语，刘邦奇怪，张良说："陛下不知乎？此谋反耳。"刘邦说："天下属安定，何故反乎？"张良说："陛下起布衣，以此属取天下，今陛下为天子，而所封皆萧、曹故人所亲爱，而所诛者皆生平所仇怨。今军吏计功，以天下不足遍封，此属畏陛下不能尽封，恐又见疑平生过失及诛，故即相聚谋反耳。"张良建议刘邦先封平生最憎恨而诸将皆知的人，刘邦于是封曾多次窘辱过他的雍齿为什方侯，群臣认为雍齿尚得为侯，余人无忧。及刘敬建议高帝都关中，左右大臣多山东人，认为洛阳"东有成皋，西有殽黾，倍河，向伊洛，其固亦足恃"，张良说："洛阳虽有此固，其中小，不过数百里，田地薄，四面受敌，此非用武之国也。夫关中左殽函，右陇蜀，沃野千里，南有巴蜀之饶，北有胡苑之利，阻三面而守，独以一面东制诸侯。诸侯安定，河渭漕挽天下，西给京师；诸侯有变，顺流而下，足以委输，此所谓金城千里，天府之国也。刘敬说是也。"于是，刘邦都关中。[1]

张良原为侠义道，其先人位极人臣，因而其性格中有桀骜不驯的特点。遇刘邦，有知遇之恩，与刘邦似君臣，实朋友，所以，张良并不斤斤于名利地位。及汉统一，好神仙之术，超然物外，所谓功成不居，因此能得帝王之尊重，并得善终。张良自谓："家世相韩，及韩灭，不爱万金之资，为韩报仇强秦，天下振动。今以三寸舌为帝者师，封万户，位列侯，此布衣之极，于良足矣。"[2] 张良心中欲为帝者师，但其表现更像一个臣子，这就使本有帝者胸怀的刘邦对谦逊的张良更增了好感。刘邦其行为虽多无赖，然有帝者之大度，能以尊师之态度，善待张良，师徒相宜，因成事业。

---

[1]《留侯世家》，见（汉）司马迁撰，（宋）裴骃集解，（唐）司马贞索隐，（唐）张守节正义：《史记》，北京：中华书局，1982年第2版，卷五十五第2042-2044页。
[2]《留侯世家》，见（汉）司马迁撰，（宋）裴骃集解，（唐）司马贞索隐，（唐）张守节正义：《史记》，北京：中华书局，1982年第2版，卷五十五第2048页。

第四节 帝者友陈平

在刘邦阵营中,陈平是仅次于张良而受刘邦倚重的谋士。《史记·陈丞相世家》云,陈平"少时家贫,好读书"。陈涉起事,陈平为陈涉部将周市所立魏王咎之太仆,后因受谗,逃亡。归项羽,为信武君,殷王反楚,击降殷王,后刘邦破殷王,项羽欲诛定殷王诸将吏,以儆效尤,陈平亡命刘邦处。受魏无知之荐,见刘邦,并受宴请。食毕,刘邦令不舍,陈平曰:"臣为事来,所言不可以过今日。"于是当日与刘邦语,刘邦大喜,以陈平为都尉,使为参乘,典护军,刘邦诸将哗然,以为"大王一日得楚之亡卒,未知其高下,而即与同载,反使监护军长者"。刘邦听后,"愈益幸平。"后陈平与刘邦伐项羽,不胜,刘邦以陈平为亚将,属于韩王信。绛侯、灌婴等人谗陈平说:"平虽美丈夫,如冠玉耳,其中未必有也。臣闻平居家时,盗其嫂;事魏不容,亡归楚;归楚不中,又亡归汉。今日大王尊官之,令护军。臣闻平受诸将金,金多者得善处,金少者得恶处。平,反覆乱臣也,愿王察之。"刘邦怀疑陈平,问于魏无知,魏无知说:"臣所言者,能也;陛下所问者,行也。今有尾生、孝己之行而无益处于胜负之数,陛下何暇用之乎?楚汉相距,臣进奇谋之士,顾其计诚足以利国家不耳。且盗嫂受金又何足疑乎?"刘邦召见陈平,陈平说:"臣事魏王,魏王不能用臣说,故去事项王。项王不能信人,其所任爱,非诸项即妻之昆弟,虽有奇士不能用,平乃去楚。闻汉王之能用人,故归大王。臣裸身来,不受金无以为资。诚臣计画有可采者,愿大王用之;使无可用者,金具在,请封输官,得请骸骨。"陈平以此说辞,令刘邦冰释,赐陈平金帛,拜护军中尉,尽护诸军。

项羽围刘邦于荥阳,刘邦求和不成,刘邦向陈平请教说:"天下纷纷,何时定乎?"陈平说:"项王为人,恭敬爱人,士之廉节好礼者多归之。至于行功爵邑,重之,士亦以此不附。今大王慢而少礼,士廉节者不来。然大王能饶人以爵邑,士之顽钝嗜利无耻者亦多归汉。诚各去其两短,袭其两长,天下指麾则定矣。然大王恣侮人,不能得廉节之士。顾楚有可乱者,彼项王骨鲠之臣亚父、钟离眛、龙且、周殷之属,不过数人耳。大王诚能出捐数万斤金,行反间,间其君臣,以疑其心,项王为人意忌信谗,必内相诛。汉因举兵而攻之,破楚必矣。"陈平在这里不仅为刘邦设计了反间计,而且,也为我们分析了刘邦、项羽两大阵营文人的差别。项羽出身贵族,重名节,因而所亲近的文人皆廉士。刘邦行迹无赖,因而网罗多无耻之人。然无耻不等于无能,世上无耻者多,廉节者少,所以刘邦的文人多于项羽。廉节者有所为有所不为,无耻者无所不为,所以,项羽终究不是刘邦的对手。

刘邦听从陈平的反间计,给陈平四万斤黄金,不问其出入,陈平离间钟离昧、范增与项羽的关系,又夜出女子二千人荥阳城东门,掩护刘邦从西门逃亡。及韩信自立为齐王,刘邦怒,陈平与张良蹑刘邦足。刘邦统一,有人上书告楚王韩信反。高帝问诸将,诸将云:"亟发兵坑竖子耳。"高帝刘邦默然。刘邦问陈平,陈平自认为刘邦的精兵不如楚,将领无有韩信之能,因而设计以游云梦,骗韩信至陈,韩信被擒。又随高帝攻匈奴,为单于包围,陈平出奇计买通单于阏氏,刘邦得突围。后"凡出六奇计"。[1]

陈平出身微贱,其驰骋辩说,目的在于求取功名富贵,有利则合,无利则去,所谓友也者,所以相有也,不必拘泥于臣节。其行为不检点,虽未必受刘邦之敬重,却是一世重臣。及刘邦将亡,《史记·高祖本纪》载吕后问丞相人选,曰:"陛下百岁后,萧相国即死,令谁代之?"刘邦说:"曹参可。"问其次,刘邦说:"王陵可。然陵少戆,陈平可以助之。陈平智有余,然难以独任……"[2]刘邦于陈平,可谓相知之深,名为君臣,实似友人。

第五节 郦食其与蒯通

郦食其与蒯通是刘邦集团中最有进取精神和进取才能,而无好运的文人。其志向亦如范增、张良、陈平,然命运多舛,故不能实现。

郦食其,陈留高阳人。据《史记·郦生陆贾列传》,郦生"好读书,家贫落魄,无以为衣食业,为里监门吏。然县中贤豪不敢役,县中皆谓之狂生"。陈胜、项梁起,"郦生闻其将皆握龊,好苛礼自用,不能听大度之言,

---

[1] (汉) 司马迁撰,(宋) 裴骃集解,(唐) 司马贞索隐,(唐) 张守节正义:《史记》,北京:中华书局,1982年第2版,卷五十六第2051-2058页。

[2] (汉) 司马迁撰,(宋) 裴骃集解,(唐) 司马贞索隐,(唐) 张守节正义:《史记》,北京:中华书局,1982年第2版,卷八第391-392页。

郦生乃深自藏匿"。后闻刘邦骑士中有其乡人,曰:"吾闻沛公慢而易人,多大略,此真吾所愿从游,莫为我先。若见沛公,谓曰:'臣里中有郦生,年六十余,长八尺,人皆谓之狂生,生自谓我非狂生'。"骑士说:"沛公不好儒,诸客冠儒冠来者,沛公辄解其冠,溲溺其中。与人言,常大骂。未可以儒生说也"。郦生固执地请这位骑士帮他去说。刘邦至高阳,使人召郦生。郦生往见沛公刘邦,刘邦正倨床而令两女子洗足,见郦生不起。郦生入,长揖不拜,说:"足下欲助秦攻诸侯乎?且欲率诸侯破秦也?"沛公刘邦骂道:"竖儒,夫天下同苦秦久矣,故诸侯相率而攻秦,何谓助秦攻诸侯乎?"郦生说:"必聚徒合议兵诛无道秦,不宜倨见长者。"刘邦被郦生批评,遂辍洗,穿衣,请郦生上座。[1]

郦生见刘邦,首先为刘邦讲解六国纵横故事,并说刘邦欲以"纠合之众","散乱之兵","不满万人",而欲抗秦,是"探虎口者也"。因此自愿去说陈留,刘邦引兵追随,最后夺取了陈留。尔后,郦生作为说客,常常驰使说客。

汉三年秋,韩信击齐不下,郦生请刘邦派他去说齐。《史记·郦生陆贾列传》载郦生之游说过程曰:

……郦生说齐王曰:"王知天下之所归乎?"王曰:"不知也。"曰:"王知天下之所归,则齐国可得而有也;若不知天下之所归,即齐国未可得保也。"齐王曰:"天下何所归?"曰:"归汉。"曰:"先生何以言之?"曰:"汉王与项王勠力西面击秦,约先入咸阳者王之。汉王先入咸阳,项王负约不与而王之汉中。项王迁杀义帝,汉王闻之,起蜀汉之兵击三秦,出关而责义帝之处,收天下之兵,立诸侯之后。降城即以侯其将,得赂即以分其士,与天下同其利,豪英贤才皆乐为之用。诸侯之兵四面而至,蜀汉之粟方船而下。项王有倍约之名,杀义帝之负;于人之功无所记,于人之罪无所忘;战胜而不得其赏,拔城而不得其封;非项氏莫得用事;为人刻印,刓而不能授;攻城得赂,积而不能赏。天下畔之,贤才怨之,

---

[1](汉)司马迁撰,(宋)裴骃集解,(唐)司马贞索隐,(唐)张守节正义:《史记》,北京:中华书局,1982年第2版,卷九十七第2691-2692页。

而莫为之用。故天下之士归于汉王，可坐而策也。夫汉王发蜀汉，定三秦；涉西河之外，援上党之兵；下井陉，诛成安君；破北魏，举三十二城；此蚩尤之兵也，非人之力也，天之福也。今已据敖仓之粟，塞成皋之险，守白马之津，杜大行之阪，距蜚狐之口，天下后服者先亡矣。王疾先下汉王，齐国社稷可得而保也；不下汉王，危亡可立而待也。"[1]

郦食其的说辞，完全是战国纵横家的新版。齐王田广听了，如何不信，遂"罢历下兵守战备，与郦生日纵酒"。可惜这时范阳辩士蒯通成了郦食其的灾星。据《史记·淮阴侯列传》载，蒯通对韩信说："将军受诏击齐，而汉独发间使下齐，宁有诏止将军乎？何以得毋行也。且郦生一士，伏轼掉三寸之舌，下齐七十余城，将军将数万众，岁余乃下赵五十余城，为将数岁，反不如一竖儒之功乎？"[2]于是，韩信举兵攻齐，田广以郦生出卖自己，《史记·郦生陆贾列传》载，郦生曰："举大事不细谨，盛德不辞让，而公不为若更言。"[3]齐王遂烹郦生。

郦食其在被韩信出卖以后，并没有怨天尤人，而是从自身找原因。郦食其有能力成就大事，可惜的是他却没有承载大功的资源和能力。在这件事情上，郦食其本来有机会挽救自己的生命，不过，君子求诸己，他认识到自己受刘邦委派游说齐王，却没有洞察韩信的心态，没有把自己的行动和韩信勾连起来，因此，坦然受死，表现出了勇于承担的英雄气概。

蒯通，范阳人。《史记·张耳陈余列传》载，陈涉之将武信君武臣击范阳，蒯通对范阳令说："窃闻公之将死，故吊。虽然，贺公得通而生。"范阳令问为何吊之，回答说："秦法重，足下为范阳令十年矣，杀人之父，孤人之子，断人之足，黥人之首，不可胜数。然而慈父孝子莫敢倳刃公之腹中者，畏秦法耳。今天下大乱，秦法不施，然则慈父孝子且倳刃公之腹中以成其名，此

---

[1]（汉）司马迁撰，（宋）裴骃集解，（唐）司马贞索隐，（唐）张守节正义：《史记》，北京：中华书局，1982年第2版，卷九十七第2695-2696页。
[2]（汉）司马迁撰，（宋）裴骃集解，（唐）司马贞索隐，（唐）张守节正义：《史记》，北京：中华书局，1982年第2版，卷九十二第2620页。
[3]（汉）司马迁撰，（宋）裴骃集解，（唐）司马贞索隐，（唐）张守节正义：《史记》，北京：中华书局，1982年第2版，卷九十七第2696页。

臣之所以吊公也。今诸侯畔秦矣,武信君兵且至,而君坚守范阳,少年皆争杀君,下武信君。君急遣臣见武信君,可转祸为福,在今矣。"蒯通因而得见武臣,武臣听蒯通之言,赐范阳令侯印,"赵地闻之,不战以城下者三十余城",蒯通谓之"传檄而千里定。"[1]

楚汉之争时,蒯通为韩信谋士,曾令韩信攻击齐国,致使郦生被烹。又据《史记·淮阴侯列传》,汉四年,项羽派使者武涉劝韩信反汉与楚联合,三分天下。韩信说:"臣事项王,官不过郎中,位不过执戟,言不听,画不用,故倍楚而归汉。汉王授我上将军印,予我数万众,解衣衣我,推食食我,言听计用,故吾得以至于此。夫人深亲信我,我倍之不祥,虽死不易。幸为信谢项王。"武涉走后,蒯欲为奇策而感动韩信,以相人说韩信曰:"仆尝受相人之术。"韩信问:"先生相人如何?"蒯通说:"贵贱在于骨法,忧喜在于容色,成败在于决断,以此参之,万不失一。"于是相韩信说:"相君之面,不过封侯,又危不安。相君之背,贵乃不可言。"遂建议韩信"参分天下,鼎足而居",结束战争,救民于水火。韩信以刘邦对自己有恩,不听。后数日,蒯通又说韩信,"韩信犹豫不忍倍汉,又自以为功多,汉终不夺我齐,遂谢蒯通。蒯通说不听,已详狂为巫"。后韩信为刘邦所害,临死,韩信说:"吾悔不用蒯通之计,乃为儿女子所诈,岂非天哉!"刘邦下令捉拿蒯通,欲烹之,蒯通说:"臣唯独知韩信,非知陛下也。"刘邦竟放了蒯通。[2]

郦食其与蒯通二人,都欲在乱世选择明主,成就其功业,其心态,亦在于为王者师友,而不欲为臣。性格刚强,不为威势所屈服,可以说是有士节。

第六节 张耳与陈余

张耳和陈余都是大梁人,据《史记·张耳陈余列传》,张耳少时为魏公子无忌客,陈余"好儒术"。陈余年少,父事张耳,"两人相与为刎颈交"。

---

[1]（汉）司马迁撰,（宋）裴骃集解,（唐）司马贞索隐,（唐）张守节正义:《史记》,北京:中华书局,1982年第2版,卷八十九第2574-2575页。
[2]（汉）司马迁撰,（宋）裴骃集解,（唐）司马贞索隐,（唐）张守节正义:《史记》,北京:中华书局,1982年第2版,卷九十七第2623-2629页。

秦灭魏，悬赏捉拿陈余、张耳，两人至陈，变姓名，为里监门。陈涉起义，张耳、陈余谒陈涉，陈涉大喜，然二人反对陈涉自立为王，认为"夫秦为无道，破人国家，灭人社稷，绝人后世，罢百姓之力，尽百姓之财。将军瞋目张胆，出万死不顾一生之计，为天下除残也。今始至陈而王之，示天下私。愿将军毋王，急引兵而西，遣人立六国后，自为树党，为秦益敌也。敌多则力分，与众则兵强。如此野无交兵，县无守城，诛暴秦，据咸阳以令诸侯。诸侯亡而得立，以德服之，如此则帝业成矣。今独王陈，恐天下解也。"陈涉不能听。

陈余见陈涉自立为王，遂请兵略赵地。陈涉以故交武臣为将军，邵骚为护军，张耳、陈余为左右校尉。陈余与张耳游说赵地豪杰，得数万人，而蒯通又以计下赵地。陈余、张耳说武臣自立为赵王，陈余为大将军，张耳为右丞相，邵骚为左丞相。此时，陈余、张耳无疑如赵王之师。陈涉闻之，大怒，欲杀武臣家人，被相国房君劝谏，陈涉贺赵王，并命赵王发兵入关。张耳、陈余却与赵王北略燕地。赵王在出行时被燕军俘获，幸赖一养卒游说得归。时赵王有大将李良还邯郸，路遇赵王姊出饮，以为乃赵王，伏谒道旁，而赵王姊不下车，李良怒，杀赵王姊及赵王武臣、邵骚。陈余、张耳逃脱，陈余败李良，张耳立赵歇为赵王，入巨鹿城，为秦将所围。陈余兵少，不能救，张耳怒。后项羽引兵渡河，破秦军。张耳、陈余相见，张耳责陈余不信，陈余怒，解印绶予张耳，张耳不受，而客怂恿之，张耳遂收受。陈余遂以渔猎为生，由此二人有隙。

秦亡，张耳被封常山王。因陈余不入关，以南皮旁三县封之。陈余怒，及齐王田荣叛楚，陈余与田荣联合，攻常山王，常山王张耳因与刘邦有旧，遂归刘邦。陈余败张耳，迎赵王于代，复为赵王，赵王以陈余为代王。汉二年，刘邦欲与赵击楚，陈余以杀张耳为条件，刘邦觅一似张耳者杀之，陈余出兵，后疑张耳不死，叛汉。三年，韩信破赵，陈余被杀，张耳被立为赵王。

陈余、张耳以清贫相交，及为侯为王，则不共戴天，《史记·张耳陈余列传》曰："张耳、陈余，世传所称贤者，其宾客厮役，莫非天下俊杰，所居国无不取卿相者。然张耳、陈余始居约时，相然信以死，岂顾问哉。及据国争权，卒相灭亡，何乡者相慕用之诚，后相倍之戾也！岂非以势利交哉？

名誉虽高，宾客虽盛，所由殆与太伯、延陵季子异矣。"[1]陈余、张耳在利益面前，不能维持旧日人情，则说明他们不能有推己的胸怀，把友情和利益交织在一起，当自身利益受到威胁的时候，友情放到了另一边。这说明在楚汉大战的风云变化面前，利益驱动对人情的威胁。

---

[1]（汉）司马迁撰，（宋）裴骃集解，（唐）司马贞索隐，（唐）张守节正义：《史记》，北京：中华书局，1982年第2版，卷八十九第2586页。

第四章 汉初文人

刘邦于公元前202年消灭项羽，为皇帝，定都长安，国号曰汉，从此开始了一个前后持续四百年的汉王朝。汉王朝对中国古代社会制度和文化影响深远。同时，汉朝也可能是中国历史上最强大的汉族政权。也正因此，中国人和中国文字、语言的起源和成型远早于汉代，但后代的中国人皆以汉为号。如与胡相区别的汉人、汉字、汉语。这说明不仅中国人自己认同汉代这个标志性的符号，与中国人交往的其他人，也认同『汉』的标志意义。

第一节 汉朝的建立

刘邦执政以后,面临的首要问题是如何建立新的统治秩序,是沿用周天子王道封建之制实行地方自治,还是建立中央集权。刘邦采用了郡国并行,逐步由地方自治向中央集权过渡的策略。项羽分封诸侯的结果,是产生了像他这样的野心家,显然,再行分封,会产生新野心家。但是,对在楚汉战争中结盟的诸侯,又不能不给他们南面为王的权利,否则,他们帮助刘邦打败项羽,功勋卓著,而不但不能领赏,反倒利益受损。所以,刘邦建国之初,也是以天下百姓大封功臣,以满足"攻人""功狗"之私欲。宋人徐天麟《西汉会要》曰:

> 汉兴之初,海内新定,同姓寡少,惩戒亡秦孤立之败,于是剖裂疆土,立二等之爵。功臣侯者百余邑,尊王子弟,大启九国。自雁门以东,尽辽阳,为燕代。常山从南,太行左转,度河、济、渐于海,为齐、赵。穀、泗以往,奄有龟蒙,为梁、楚。东带江、湖,薄会稽,为荆、吴。北界淮濒,略庐、衡,为淮南。波汉之阳,亘九嶷,为长沙。诸侯比境,周币三垂,外接胡、越。天子自有三河、东郡、颍川、南阳,自江陵以西至巴、蜀,北自云中至陇西,与京师内史凡十五郡。公主、列侯颇邑其中。而蕃国大者夸州兼郡,连城数十。宫室百官同治京师,可谓矫枉过其正矣。虽然,高祖创业,日不暇给,孝惠享国又浅,高后女主摄位,而海内晏如,亡狂狡之忧,卒折诸吕之难,成太宗之业者,亦赖之于诸侯也。[1]

秦统一中国,不行封建之制,其宗旨为"患兵革不休","维万世之安",但其失则在国家孤立,"王迹之兴,起于闾巷,合从讨伐,轶于三代,乡秦之禁,适足以资贤者为驱除难耳"[2]。因此,项羽灭秦,"引兵西屠咸阳,

---

[1]（宋）徐天麟:《西汉会要》,北京:中华书局,1955年版,卷五第37页。
[2]《秦楚之际月表》,见（汉）司马迁撰,（宋）裴骃集解,（唐）司马贞索隐,（唐）张守节正义:《史记》,北京:中华书局,1982年第2版,卷十六第760页。

杀秦降王子婴，烧秦宫室，火三月不灭，收其货宝妇女而东"，尊怀王为义帝，又曰："天下初发难时，假立诸侯后以伐秦。然身被坚执锐首事，暴露于野三年，灭秦定天下者，皆将相诸君与籍之力也。义帝虽无功，故当分其地而王之。"[1] 于是，立诸将为侯王，刘邦为汉王，王巴、蜀、关中，都南郑；立秦三降将王关中：章邯为雍王，王咸阳以西，都废丘；司马欣为塞王，王咸阳以东至河，都栎阳；董翳为翟王，王上郡，都高奴。徙魏王豹为西魏王，王河东，都平阳。立申阳为河南王，都洛阳。韩王成都阳翟。司马卬为殷王，王河内，都朝歌。徙赵王歇为代王。立张耳为常山王，王赵地，都襄国。立黥布为九江王，都六。立吴芮为衡山王，都邾。立敖为临江王，都江陵。徙燕王韩广为辽东王。立臧荼为燕王，都蓟。徙齐王田市为胶东王。立田都为齐王，都临菑。立齐王建孙田安为济北王，都博阳。项羽自封为西楚霸王，王九郡，都彭城。

项羽凡立十八王，然又杀韩王成。臧荼杀辽东王田广。田荣击田都，后又杀齐王市，济北王田安，自立为齐王。陈余与田荣联合，驱逐张耳，以赵王歇返赵，而陈余为代王。此时，刘邦暗渡陈仓，灭三秦。[2] 则项羽之封国，实甚无谓。

楚汉战起，刘邦为拉拢诸侯，分封诸侯王不少，及刘邦灭项羽，诸将及将相共尊刘邦为皇帝，刘邦说："吾闻帝贤者有也，空言虚语，非所守也，吾敢当帝位。"群臣皆曰："大王起微细，诛暴逆，平定四海，有功者辄裂地而封为王侯。大王不尊号，皆疑不信。臣等以死守之。"刘邦三让，不得已，说："诸君必以为便，便国家。"[3] 于是，刘邦即皇帝位，徙齐王韩信为楚王，都下邳。彭越为梁王，都定陶。韩王信仍为韩王，衡山王吴芮为长沙王，淮南王黥布、燕王臧荼、赵王张敖仍如故，此七王者，皆为异姓，"何

---

[1]《项羽世家》，见（汉）司马迁撰，（宋）裴骃集解，（唐）司马贞索隐，（唐）张守节正义：《史记》，北京：中华书局，1982年第2版，卷七第315-316页。
[2]《项羽世家》，见（汉）司马迁撰，（宋）裴骃集解，（唐）司马贞索隐，（唐）张守节正义：《史记》，北京：中华书局，1982年第2版，卷七第316-321页。
[3]《高祖本纪》，见（汉）司马迁撰，（宋）裴骃集解，（唐）司马贞索隐，（唐）张守节正义：《史记》，北京：中华书局，1982年第2版，卷八第379页。

者？天下初定，骨肉同姓少，故广强庶孽，以镇抚四海，用承卫天子也"[1]。后刘邦以莫须有之罪，灭异姓王，而立制度，曰："非刘氏而王者，若无功上所不置而侯者，天下共诛之。"[2]

刘邦死后，其子弟为王者，渐有尾大不掉之势。吴楚七国乱后，汉景帝众建诸侯，并取消了诸侯王的行政权，降低了诸侯王属官的俸秩。汉武帝时，实行推恩制，规定诸王侯嫡长子继承王位外，余皆在王国中封侯。又颁布"左官律"及"附益法"，禁止王国的民吏任职于朝廷，限制士人与诸王交游，彻底改变了诸侯王养士的惯例，中央集权制加强了。这种集权政治体制，为汉王朝的延续提供了组织保证。但由于专制政体下政治的险恶，人才的匮乏，特别是作为专制政体核心的皇帝的昏庸，必然带来巨大的社会矛盾，最终，汉王朝被王莽的新朝取代。

对于汉王朝而言，在诛暴秦的群众运动中崛起，在反对暴政的呼声中建立政权，在政治及思想上的复古是必然的选择。

刘邦在暴秦消灭之后兴兵革命，其目的肯定不是为了天下苍生，而是为了自己的帝王梦，因此封建及消灭异姓王，只是刘邦建立社会秩序的一方面。封建的目的，是为安抚统一的功臣；消灭异姓王，则是为了建立刘氏的家天下统治。异姓王的消灭，只是从肉体上消灭威胁汉天下的实力派人物。而广大的人民，其个人力量虽微不足道，然集体的力量则足以排山倒海。关于这一点，刘邦无疑是深有体会的。所以，刘邦在统一伊始，即"命萧何次律令，韩信申军法，张苍定章程，叔孙通制礼仪，陆贾造《新语》"，[3] 一方面总结秦亡国经验，另一方面建立新的统治秩序。在汉王朝建立新秩序的过程中，在暴秦备受摧残的文人起到了举足轻重的作用，是他们为刘邦及其子孙在汉初建立专制秩序提供了指导思想和实践策略。

---

[1]《汉兴以来诸侯王年表》，见（汉）司马迁撰，（宋）裴骃集解，（唐）司马贞索隐，（唐）张守节正义：《史记》，北京：中华书局，1982年第2版，卷十七第802页。
[2]《汉兴以来诸侯王年表》，见（汉）司马迁撰，（宋）裴骃集解，（唐）司马贞索隐，（唐）张守节正义：《史记》，北京：中华书局，1982年第2版，卷十七第801页。
[3]（汉）班固撰，（唐）颜师古注：《汉书》，北京：中华书局，1962年版，卷一第81页。

第二节 娄敬与和亲

娄敬，齐国人。据《史记·刘敬叔孙通列传》，汉五年，娄敬因齐人虞将军见刘邦，曰："陛下都洛阳，岂欲与周室比隆哉？"刘邦曰然，娄敬说："陛下取天下与周室异，周之先自后稷，尧封之邰，积德累善十有余世，公刘避桀居豳。大王以狄伐故，去豳，杖马箠居岐，国人争随之。及文王为西伯，断虞芮之讼，始受命，吕望、伯夷自海滨来归之。武王伐纣，不期而会孟津之上八百诸侯，皆曰纣可伐矣，遂灭殷。成王即位，周公之属傅相焉，乃营成周洛邑，以此为天下之中也，诸侯四方纳贡职，道里均矣，有德则易以王，无德则易以亡。凡居此者，欲令周务以德致人，不欲依阻险，令后世骄奢以虐民也。及周之盛时，天下和洽，四夷乡风，慕义怀德，附离而并事天子，不屯一卒，不战一士，八夷大国之民莫不宾服，效其贡职。及周之衰也，分而为两，天下莫朝，周不能制也。非其德薄也，而形势弱也。今陛下起丰、沛，收卒三千人，以之径往而卷蜀汉，定三秦，与项战荥阳，争成皋之口，大战七十，小战四十，使天下之民肝脑涂地，父子暴骨中野，不可胜数，哭泣之声未绝，伤痍者未起，而欲比隆于成康之时，臣窃以为不侔也。且夫秦地被山带河，四塞以为固，卒然有急，百万之众可具也。因秦之故，资甚美膏腴之地，此所谓天府者也，陛下入关而都之，山东虽乱，秦之故地可全而有也。夫与人斗，不搤其亢，拊其背，未能全其胜也。今陛下入关而都，案秦之故地，此亦搤天下之亢而拊其背也。"[1]

观娄敬之言，以为周以洛阳为东都，称成周，及平王迁都，都成周，缘于周以德治天下，受天下诸侯百姓拥戴，不必依赖于武备，而汉则靠杀伐。说明娄敬不仅审时度势，同时，也具厚古而薄今之价值观。高祖群臣多山东人，不欲西入秦，认为秦二世而亡，未必可以有被山带河四塞之固。后汉高祖刘邦咨询于张良，张良亦支持娄敬，刘邦遂都关中。赐娄敬姓刘，拜郎中，号奉春君。司马迁赞扬刘敬"脱挽辂一说，建万世之安"[2]。及汉七年，韩

---

[1]（汉）司马迁撰，（宋）裴骃集解，（唐）司马贞索隐，（唐）张守节正义：《史记》，北京：中华书局，1982年第2版，卷九十九第2715-2716页。
[2]（汉）司马迁撰，（宋）裴骃集解，（唐）司马贞索隐，（唐）张守节正义：《史记》，北京：中华书局，1982年第2版，卷九十九第2726页。

王信反，刘邦往击，闻匈奴与韩王信联合，派使者十余人往使匈奴，匈奴藏匿壮士及肥牛马，使者只见老弱及羸畜，以为匈奴可击杀。刘邦又派刘敬再使匈奴。刘敬归来后对刘邦说："两国相击，此宜夸矜见所长。今臣往，徒见羸瘠老弱，此必欲见短，伏奇兵以争利。愚以为匈奴不可击也。"刘敬此言一出，刘邦大怒，曰："齐虏，以口舌得官，今乃妄言沮吾军。"于是逮捕刘敬。后刘邦二十万大军为匈奴所围，兵败，赦刘敬，曰："吾不用公言，以困平城。吾皆已斩先使十辈言可击者矣。"封刘敬二千户，为关内侯，号建信侯。[1]

刘邦攻匈奴不利，而韩王信亡入胡。冒顿单于有兵四十万骑，常袭汉北方边境。刘邦问计于刘敬，刘敬建议刘邦用和亲政策，曰："天下初定，士卒罢于兵，未可以武服也。冒顿杀父代立，妻群母，以力为威，未可以仁义说也。独可以计久远子孙为臣耳。"因此，好的办法是"以适长公主妻之，厚奉遗之，彼知汉适女送厚，蛮夷必慕以为阏氏，生子必为太子，代单于。何者？贪汉重币。陛下以岁时汉所余彼所鲜数问遗，因使辩士风谕以礼节。冒顿在，固为子婿；死，则外孙为单于。岂尝闻外孙敢与大父抗礼者哉？兵士可无战以渐臣也"。刘邦以为善，欲嫁长公主吕后不许，刘邦于是以家人子为长公主，派刘敬往和亲。刘敬从匈奴归，认为匈奴距长安七百里，太近，"北近胡寇，东有六国之族，宗强，一旦有变"则刘邦"未得高枕而卧也"。于是建议徙齐诸田，楚昭、屈、景、燕、赵、韩、魏后，及豪杰名家实关中，"无事，可以备胡；诸侯有变，亦足率以东伐，此强本弱末之术也"。刘邦遂令刘敬徙六国贵族等十余万口入关中。[2]

刘敬自汉初统一而见刘邦，建言献策，皆老成持重，高瞻远瞩，求实而有实效，为汉长治久安贡献了力量。特别是和亲政策，虽然殊输体面，又因胡人之亲属关系与中国不同，因此，裙带关系也鲜有实效，但却为汉及后代统治者所常用。

---

[1]（汉）司马迁撰，（宋）裴骃集解，（唐）司马贞索隐，（唐）张守节正义：《史记》，北京：中华书局，1982年第2版，卷九十九第2718页。

[2]（汉）司马迁撰，（宋）裴骃集解，（唐）司马贞索隐，（唐）张守节正义：《史记》，北京：中华书局，1982年第2版，卷九十九第2719-2720页。

第三节 叔孙通与汉朝仪

叔孙通,薛人。《史记·刘敬叔孙通列传》称,秦时,叔孙通以文学为待诏博士。陈胜起,秦二世咨于诸博士,博士认为应发兵击之,二世怒,独叔孙通曰:"诸生言皆非也。夫天下合为一家,毁郡县城,铄其兵,示天下不复用。且明主在其上,法令具于下,使人人奉职,四方辐辏,安敢有反者!此特群盗鼠窃狗盗耳,何足置之齿牙间?郡守尉今捕论,何足忧。"二世听后大喜,下令御史将言反者下吏,言盗者罢之,赐叔孙通帛二十匹,衣一袭,拜为博士。叔孙通返舍,被诸生斥为阿谀,叔孙通说:"公不知也,我几不脱于虎口!"遂亡命薛。足见叔通之机智。后从项梁、义帝,及义帝徙长沙,从项羽。汉二年,降汉王刘邦。汉王以为博士,号稷嗣君。及刘邦为皇帝,去秦仪法,为简易。群臣饮酒争功,醉后妄呼,拔剑击柱,刘邦患之。叔孙通说:"夫儒者难与进取,可与守成。臣愿征鲁诸生,与臣弟子共起朝仪。"刘邦以为难,叔孙通说:"五帝异乐,三王不同礼。礼者,因时世人情为之节文者也。故夏、殷、周之礼所因损益可知者,谓不相复也。臣愿颇采古礼与秦仪杂就之。"刘邦认为可以一试,不过前提是"度吾所能行为之"。[1]

叔孙通有弟子百余人,及降汉,叔孙通不进其子弟,而专进群盗壮士,弟子不满,叔孙通说:"汉王方蒙矢石争天下,诸生宁能斗乎?故先言斩将搴旗之士。诸生且待我,我不忘矣。"及刘邦同意叔孙通制朝仪,叔孙通召鲁诸生三十余人,以及刘邦左右的学者,叔孙通的百余弟子,演习朝仪,并请刘邦观摩,刘邦曰:"吾能为此。"遂令群臣学习。汉七年长乐宫成,诸侯群臣以朝仪入见刘邦,"自诸侯王以下莫不振恐肃敬。至礼毕,复置法酒。诸侍坐殿上皆伏抑首,以尊卑次起上寿。觞九行,谒者言罢酒。御史执法举不如仪者辄引去。竟朝置酒,无敢欢哗失礼者"。刘邦见如此,曰:"吾乃今日知为皇帝之贵也。"拜叔孙通为奉常,赐金五百斤。

叔孙通制仪礼之初,征鲁儒士,有两人不愿行,曰:"公所事者且十

---

[1]（汉）司马迁撰,（宋）裴骃集解,（唐）司马贞索隐,（唐）张守节正义:《史记》,北京:中华书局,1982年第2版,卷九十九第2720-2722页。

主,皆面谀以得亲贵。今天下初定,死者未葬,伤者未起,又欲起礼乐。礼乐所由起,积德百年而后可兴也。吾不忍为公所为。公所为不合古,吾不行。公往矣,无污我!"叔孙通笑曰:"若真鄙儒也,不知时变。"叔孙通与他所谓"鄙儒",代表了两种价值观:一种是趋炎附势的价值观,一种是坚持道义者的价值观。叔孙通可以因时适宜,随时变化,去圣贤之道之实,以周礼之末造与今日之现实结合,虽不免于挂羊头卖狗肉,然可得君主重用。而坚持道义者,不愿苟且取容,因此不为时所重。及叔孙通为奉常,受赏,以五百金尽赐诸生,大家都赞扬说:"叔孙生诚圣人也,知当世之要务。"圣人应能通权达变,但叔孙通之变,与圣人之道相去甚远,可见叔孙通身边的儒生也是俗人。

高祖刘邦欲废太子,时叔孙通为太子太傅,曰:"昔者晋献公以骊姬之故,废太子,立奚齐,晋国乱者数十年,为天下笑。秦以不蚤定扶苏,令赵高得以诈立胡亥,自使灭祀,此陛下所亲见。今太子仁孝,天下皆闻之;吕后与陛下攻苦食啖,其可背哉!陛下必欲废嫡而立少子,臣愿先伏诛,以颈血污地。"刘邦说:"公罢矣,吾直戏耳。"叔孙通曰:"太子天下本,本一摇天下震动,奈何以天下为戏。"如此,叔孙通并不是永远摇摆,见风使舵,在关键问题上,仍有其不可动摇之坚守。

及孝惠皇帝即位,叔孙通为奉常,定宗庙仪法。惠帝朝太后住长乐宫,常警戒,烦民往来,遂筑复道,与刘邦陵寝有碍,叔孙通提出批评,惠帝惧,令"急坏之",叔孙通曰:"人主无过举。今已作,百姓皆知之。今坏此,则示有过举。愿陛下为原庙渭北,衣冠月出游之,益广多宗庙,大孝之本也。"惠帝令立原庙。而惠帝常出游离宫,叔孙通又建议惠帝向宗庙献时鲜水果樱桃,此后,果献成为制度。

叔孙通以因时制宜的策略,为汉王朝最后走上尊儒的道路奠定了基础。《史记·刘敬叔孙通列传》赞扬说:"叔孙通希世度务制礼,进退与时变化,卒为汉家儒宗。'大直若诎,道固委蛇',盖谓是乎?"[1]

---

[1](汉)司马迁撰,(宋)裴骃集解,(唐)司马贞索隐,(唐)张守节正义:《史记》,北京:中华书局,1982年第2版,卷九十九第2726页。

第四节 陆贾与《新语》

《史记·高祖本纪》曰：

> 夏之政忠。忠之敝，小人以野，故殷人承之以敬。敬之敝，小人以鬼，故周人承之以文。文之敝，小人以僿，故救僿莫若以忠。三王之道若循环，终而复始。周秦之间，可谓文敝矣。秦政不改，反酷刑法，岂不缪乎？故汉兴，承敝易变，使人不倦，得天统矣。[1]

生生不息之理在于变，变则通，通则久。但革新有的时候是走向了邪路，秦亡之教训，就在于背离传统。刘邦在暴秦灭亡后仍然兴兵逐鹿，显然没有丝毫怜悯天下苍生的情怀。刘邦建立的制度，仍然是秦朝的中央集权体制，说明刘邦与秦始皇之间，是有血肉联系的。不过，汉朝建国以后，能适时变化，并没有如秦始皇一样，公开推行法家价值观，而是以复古为创新，这无疑是有意义的。这个变化，其始则与陆贾的游说极有关系。

陆贾，楚人，以客卿身份从高祖定天下，有口辩之才，常为使诸侯。曾三寸之舌，说南越王尉他，尉他魋结箕坐见陆贾，陆贾说尉他曰："足下中国人，亲戚昆弟坟墓在真定。今足下反天性，弃冠带，欲以区区之越与天子抗衡为敌国，祸且及身矣。且夫秦失其政，诸侯豪桀并起，唯汉王先入关，据咸阳。项羽背约，自立为西楚霸王，诸侯皆属，可谓至强。然汉王起巴蜀，鞭笞天下，劫略诸侯，遂诛项羽灭之。五年之间，海内平定，此非人力，天之所建也。天子闻君王王南越，不助天下诛暴逆，将相欲移兵而诛王，天子怜百姓新劳苦，故且休之，遣臣授君王印，剖符通使。君王宜郊迎，北面称臣，乃欲以新造未集之越，屈强于此。汉诚闻之，掘烧王先人冢，夷灭宗族，使一偏将将十万众临越，则越杀王降汉，如反覆手耳。"此段说辞，威胁利诱，不输于张仪之说楚怀王。尉他听后，道歉说"居蛮夷中久，殊失礼义"，又问自己与萧何、曹参、韩信谁贤，陆贾曰："王似贤。"又问自己与刘邦谁贤，陆贾说："皇帝起丰沛，讨暴秦，诛强楚，为天下兴利除害，继五帝

---

[1]（汉）司马迁撰，（宋）裴骃集解，（唐）司马贞索隐，（唐）张守节正义：《史记》，北京：中华书局，1982年第2版，卷八第393-394页。

三王之业，统理中国。中国之人以亿计，地方万里，居天下之膏腴，人众车舆，万物殷富，政由一家，自天地剖泮未始有也。今王众不过数十万，皆蛮夷，崎岖山海间，譬若汉一郡，王何乃比于汉！"尉他大笑曰："吾不起中国，故王此。使我居中国，何渠不若汉？"尉他非常喜欢陆贾，留陆贾数月，送礼无数，并受汉之封。归汉，刘邦以为太中大夫。

陆贾好儒术，常称《诗》《书》，刘邦无赖，骂曰："乃公居马上得之，安事《诗》《书》！"陆贾说："居马上得之，宁可以马上治之乎？且汤、武逆取而顺守之，文武并用，长久之术也。昔者吴王夫差、智伯极武而亡；秦任刑法不变，卒灭赵氏。向使秦已并天下，行仁义，法先圣，陛下安得而有之？"刘邦听后，面露惭愧，命陆贾"试为我著秦所以失天下，吾所以得之者何，及古成败之国。"陆贾"乃粗述存亡之征"，著十二篇，"每奏一篇，高帝未尝不称善，左右呼万岁，号其书曰《新语》"。[1]

陆贾《新语》十二篇，其名曰道基、术事、辅政、无力、辨惑、慎微、资质、至德、怀虑、本行、明诚、思务。明弘治年间钱福《新刊新语序》云："其书所论亦正，且多崇俭尚静等语，似亦有启文景萧曹之治者。但无段落条理，如先儒所论贾谊之失，自是当时急于论事，动人主听，不暇精择浑融。观迁谓其每奏一篇，帝辄称善，其称《新语》，又出于他人，可见其随时论奏，非若后世之著述，次第成一家言也。"[2]

《新语》要义，一是推行儒术，二是号召无为，三是经世致用。如《辅政》曰："夫居高者，自处不可以不安；履危者，任杖不可以不固。自处不安则坠，任杖不固则仆，是以圣人居高处上，则以仁义为巢；乘危覆倾，则以贤圣为杖，故高而不坠，危而不仆者"。此言儒家倡言之仁义及贤圣之道的重要性。《无为》曰："夫道莫大于无为，行莫大于谨敬。"此言无为而谨敬的重要性，此近黄老。《资质》曰："质美者以通为贵，才良者以显为能。"[3]通即具经世之奇才，可为"万世之用"，显则为能有机会表现其才能，

---

[1]《郦生陆贾列传》，见（汉）司马迁撰，（宋）裴骃集解，（唐）司马贞索隐，（唐）张守节正义：《史记》，北京：中华书局，1982年第2版，卷九十七第2697-2699页。
[2]（汉）陆贾著：《新语》，《新刊新语序》第1-2页，见《诸子集成》，北京：中华书局，2006年第2版。
[3]（汉）陆贾著：《新语》，第5-11页，见《诸子集成》，北京：中华书局，2006年第2版。

而显名于世。通显实即经世致用。陆贾有此经世致用之价值观，因而其学说杂有儒道，其取舍就在于有用于世。

及汉惠帝即位，以病免。吕太后时，曾鼓动丞相陈平与周勃联合灭诸吕。文帝时，使南越，再说尉他。最后以寿终。

陆贾又著《楚汉春秋》，违背历史事实，过于贬损秦及项羽，《容斋三笔·绛灌》误谓："《楚汉春秋》陆贾所作，皆书当时事，而所言多与史不合。"[1]《隋书·经籍志》曰："陆贾作《楚汉春秋》……其属辞比事，皆不与《春秋》《史记》《汉书》相似，益率尔而作，非史策之正也。"[2] 其如此之不顾《春秋》笔法，大约也是为了"经世致用"的现实目的吧。

---

[1]（宋）洪迈著，鲁同群、刘宏起点校：《容斋随笔》，北京：中国世界语出版社，1995年版，《容斋三笔》卷二第287页。

[2]（唐）魏征等撰：《隋书》，北京：中华书局，1973年版，卷三十三第962页。

第五章 黄老与杂家

法家否定道义价值和亲情关系，提出推行以利益驱动的人际关系原则，违背中国人固有价值观，因此，西汉初期，整合各种思想流派，兼顾周礼文明的黄老之学和杂家就以综合创新的面貌出现了。

第一节 黄老思想与黄老之治

《汉书·艺文志》分战国思想家为九流十家之众，其中有道家一派，主要著作包括《黄帝四经》《老子》《庄子》等。《黄帝四经》一书，为战国时托名黄帝之作，《老子》即《道德经》，成书于战国中晚期，是经多人之手整理，而托名于传说中的人物老子的著作。《黄帝四经》和《道德经》倡导虚柔无为之道。《汉书·艺文志》之言道家"历记成败存亡祸福古今之道，然后知秉要执本，清虚以自守，卑弱以自持，此君人南面之术也。合于尧之克攘，《易》之嗛嗛，一谦而四益，此其所长也"，[1] 说的正是黄老道家。

《汉书·食货志》说汉初形势曰：

> 汉兴，接秦之敝，诸侯并起，民失作业，而大饥馑。凡米石五千，人相食，死者过半。高祖乃令民得卖子，就食蜀汉。天下既定，民亡盖臧，自天子不能具醇驷，而将相或乘牛车。上于是约法省禁，轻田租，什五而税一，量吏禄，度官用，以赋于民。而山川园池市肆租税之人，自天子以至封君汤沐邑，皆各为私奉养，不领于天子之经费。漕转关粟以给中都官，岁不过数十万石。孝惠高后之间，衣食滋殖。[2]

战国动乱数百年，及秦，法治深苛，徭役赋税重，民不得休息。刘邦、项羽等诛暴秦，又为争权夺利，暴师于野径野，生灵涂炭，民不聊生。汉统一之时，经济凋敝，客观要求一个安定、无为的政治环境，黄老思想正是适应了汉初形势的需要，受到了汉初统治者的重视。

黄老思想的无为宗旨，其终极目的是无不为。《黄帝四经》其内容是出于君主统治术总结经验的目的，其思想以政治术为中心，因此，其无为只是表象，其实质是文武并用，刑德兼行，只是要先德后刑，以顺于天，要以卑约守雌的策略实现以柔克刚的目的。《道德经》所倡导的无为，是去智，因为民智多则国难治。千言万语，归结为一个意思与法家思想颇有类似，即

---

[1]（汉）班固撰，（唐）颜师古注：《汉书》，北京：中华书局，1962年版，卷三十第1742页。
[2]（汉）班固撰，（唐）颜师古注：《汉书》，北京：中华书局，1962年版，卷二十四第1127页。

他们的出发点是为君，而不是为民，这不但有别于儒墨之言，也与庄子道家的思想背道而驰。也正因如此，我们很难说黄老之治与暴秦的法家主张有什么本质的差别。

不过，我们也不能因此完全否定黄老之学。黄老思想的无为宗旨，适应了汉初形势的需要，而黄老思想反人民的本质，更利于巩固统治，因此，汉初不是庄子思想流行，而是黄老独擅胜场。黄老著作之多，则意味着门徒之盛行，因此，能使汉初的王公贵胄很容易地寻觅到黄老学者。

汉初尊奉黄老，始自新建，而迄于武帝。刘邦入关，与父老约法三章，曰："杀人者死，伤人及盗抵罪。"[1] 余悉除秦法，实具有无为之精神。张良"欲从赤松子游耳"，"学辟谷，道引轻身"[2] 似神仙，其心里不欲参与世事，亦可说为无为。据《史记·曹相国世家》，汉初，曹参功多，相齐，征齐诸儒生意见。诸儒生人人异端，曹参不知所从。后闻胶西王盖公，善于黄老之言，遂使人厚币请之。盖公为曹参言治道贵清静，民可自定，于是曹参避正堂以为盖公之舍，其治以黄老之术。治齐九年，齐国安定富足，被人视为贤相。及曹参受招入汉，任丞相，对后任齐相曰："以齐狱市为寄，慎勿扰也。"后相曰："治无大于此者乎？"曹参说："不然。夫狱市者，所以并容也，今君扰之，奸人安所容也？吾是以先之。"其意是说，若如秦法之苛刻，则奸人无所隐匿，必生事端。曹参任汉宰相后，于萧何之治，无所更改。重厚长者，而去"欲务声名"，"言文刻深"者，日夜饮酒，不与大臣言治。见人有小过，帮助隐匿，因而丞相府"无事"。惠帝见曹参如此，让曹参之子曹窋出询于乃父，而曹窋被父笞二百。惠帝当面质问，曹参则说，惠帝之贤不及刘邦，而自己也不及萧何，"高帝与萧何定天下，法令既明，今陛下垂拱，参等守职，遵而勿失，不亦可科"。及曹参死，百姓歌曰："萧何为法，顜若画一；曹参代之，守而勿失。载其清静，民以宁一。"司马迁论曰："参为汉相国，清静极言合道。然百姓离秦之酷后，参与休息无为，

---

[1]《高祖本纪》，见（汉）司马迁撰，（宋）裴骃集解，（唐）司马贞索隐，（唐）张守节正义：《史记》，北京：中华书局，1982年第2版，卷八第362页。

[2]《留侯世家》，见（汉）司马迁撰，（宋）裴骃集解，（唐）司马贞索隐，（唐）张守节正义：《史记》，北京：中华书局，1982年第2版，卷五十五第2048页。

故天下俱称其美矣。"[1]可以说，汉初黄老之兴，与其说是信仰理念的推动，毋宁说缘于实用主义的目的。这种实用主义目的，带来了确确实实的繁荣，也影响了当时的文人。

曹参推行的无为而治策略，受到了后人的赞赏，司马迁说："孝惠皇帝、高后之时，黎民得离战国之苦，群臣俱欲休息乎无为。故惠帝垂拱，高后女主称制，政不出户房，天下晏然。刑罚罕用，罪人是希。民务稼穑，衣食滋殖。"[2]《汉书·刑法志》亦云："当孝惠、高后时，百姓新免毒蠚，人欲长幼养老。萧、曹为相，填以无为，从民之欲，而不扰乱，是以衣食滋殖，刑罚用稀。"[3]这都是说无为政治之兴对汉初形势的积极意义。

第二节 藩国分治与大一统

刘邦因抗秦而崛起，秦的暴虐源于推介中央集权制度。因此，这就要求汉朝在制度上和秦有所切割，项羽之所以封建功臣，就是为了让更多的人能参与到抗秦红利的分配中。不过，也正因为项羽封建，才使刘邦有机会拥兵自重，进而发动战争。刘邦建立汉朝以后，在封建和集权的道路上，就面临着平衡各方利益和维护中央集权的矛盾纠结。

西汉建国，首先是大封功臣，不过，刘邦在他活着的时候，就用各种借口，把异姓诸侯王基本歼灭，而以子弟王者甚众。如荆王，王淮东，被淮南王黥布所杀。燕王刘泽，与刘邦同一曾祖，在吕太后时被封琅邪王，后与齐王谋诛诸吕，立文帝，为燕王。吴王刘濞，高祖刘邦兄刘仲之子。刘仲为代王，败于匈奴，被废，其子刘濞从击黥布，被封吴王，王三郡五十三城。楚元王刘交，刘邦亲弟，韩信被废，封为楚王。高祖刘邦八男，吕后生孝惠帝；曹夫人生齐悼惠王刘肥，最长；薄姬生孝文帝，为代王；威夫人生赵隐王刘如

---

[1]《曹相国世家》，见（汉）司马迁撰，（宋）裴骃集解，（唐）司马贞索隐，（唐）张守节正义：《史记》，北京：中华书局，1982年第2版，卷五十五第2028-2031页。
[2]《吕后本纪》，见（汉）司马迁撰，（宋）裴骃集解，（唐）司马贞索隐，（唐）张守节正义：《史记》，北京：中华书局，1982年第2版，卷九第412页。
[3]（汉）班固撰，（唐）颜师古注：《汉书》，北京：中华书局，1962年版，卷二十三第1097页。

意；赵姬生淮南厉王刘长；另有不知名之诸姬生赵幽王刘友，赵共王刘恢，燕灵王刘建。汉初同姓王权势大，如齐悼惠王刘肥，为刘邦微时与情妇曹氏私通所生，有城七十余。《汉书·高五王传》曰："悼惠之王齐，最为大国。以海内初定，子弟少，激秦孤立亡藩辅，故大封同姓，以填天下。时诸侯得自除御史大夫群卿以下众官，如汉朝，汉独为置丞相。自吴楚诛后，稍夺诸侯权，左官附益阿党之法设。其后诸侯唯得衣食租税，贫者或乘牛车。"[1] 从诸侯王的不可一世的时代到逐渐式微，有一个漫长的过程，而文景之世，正是诸侯王不可一世的时代。《汉书·文三王传》说梁孝王"多作兵弩弓数十万，而府库金钱且百巨万，珠玉宝器多于京师"，[2] 即为其中一例。

汉初藩国的强盛，既得益于国家暂时的安定，也得益于黄老无为的思想影响，中央集权统治，在反对暴秦的复古声中，没有很好的借口加以强化，经济发展的成果既体现在中央府库的饱满，也体现在藩国的富庶。而在焚书坑儒的策略被抛进垃圾坑之后，知识分子在反秦中所赢得的地位使他们获得了自由思想的权利，而这一切，也体现在藩国文人集团之中。

随着汉朝经济的发展，国力的增强，物质基础的雄厚，汉初诸侯王效法战国诸王，有养士的习惯。《汉书·贾邹枚路传》说："汉兴，诸侯王皆自治民聘贤，吴王濞招致四方游士，阳与吴严忌、枚乘等俱仕吴，皆以文辩著名。"[3]《汉书·文三王传》曰："孝王，太后少子，爱之，赏赐可胜道。于是孝王……招延四方豪杰，自山东游士莫不至：齐人羊胜、公孙诡、邹阳之属。"[4] 而《汉书·淮南衡山济北王传》载淮南王安"招致宾客方术之士数千人"。[5] 诸侯王养士，其目的在于扩张势力，为伺机登上帝王宝座做准备。

诸侯养士，而士人文名之盛，首推吴王刘濞。《汉书·荆燕吴传》载刘濞被刘邦封以吴王，而命人相之，曰："若状有反相。"刘邦极为后悔，但已拜受印，刘邦遂摸着刘濞的背说："汉后五十年东南有乱，岂若邪？然天下同姓一家，慎无反！"刘濞顿首说："不敢。"孝惠、高祖时，吴王招

---

[1]（汉）班固撰，（唐）颜师古注：《汉书》，北京：中华书局，1962年版，卷三十八第2002页。
[2]（汉）班固撰，（唐）颜师古注：《汉书》，北京：中华书局，1962年版，卷四十七第2208页。
[3]（汉）班固撰，（唐）颜师古注：《汉书》，北京：中华书局，1962年版，卷五十一第2338页。
[4]（汉）班固撰，（唐）颜师古注：《汉书》，北京：中华书局，1962年版，卷四十七第2208页。
[5]（汉）班固撰，（唐）颜师古注：《汉书》，北京：中华书局，1962年版，卷四十四第2145页。

致亡命之徒盗铸钱煮盐。孝文时，吴太子入见，侍皇太子，吴太子师傅皆楚人，轻悍，又素骄，对太子不敬，为太子所杀，归葬吴，吴王曰："天下一宗，死长安即葬长安，何必来葬。"又派人送之长安葬。吴王由此不满，称疾不朝，而京师知其故，常责治吴使。后文帝赦吴使，赐吴王几杖，老不朝。及晁错为太子家令，数言吴可削，文帝不听。及景帝即位，晁错为御史大夫，说上曰："昔高帝初定天下，昆弟少，诸子弱，大封同姓。故孽子悼惠王齐七十二城，庶弟元王王楚四十城，兄子王吴五十余城。封三庶孽，分天下半。今吴王前有太子之隙，诈称病不朝，于古法当诛。文帝不忍，因赐几杖，德至厚也。不改过自新，乃益骄恣，公即山铸钱，煮海为盐，诱天下亡人谋作乱逆。今削之亦反，不削亦反。削之，其反亟，祸小；不削之，其反迟，祸大。"[1] 时楚王、赵王、胶西王皆为削地，于是，吴王联合齐、菑川、胶东、济南、胶西、楚、赵诸王，及景帝命削吴王会稽，豫章二郡，吴王已反，而齐王反悔，守城背约，遂有七国之反。

当吴王谋于胶西王，胶西王群臣曰："诸侯地不能为汉十二，为叛逆以忧太后，非计也。今承一帝，尚云不易，假令事成，两主分争，患乃益生。"[2] 这段话可以看作是胶西王群臣反对分裂，主张统一的价值观的体现。而这种价值观，同样反映在其他藩国群臣的价值观中。《汉书·贾邹枚路传》曰，邹阳，齐人也。汉兴，诸侯王可自聘贤才，邹阳仕吴，"久之，吴王以太子事怨望，称疾不朝，阴有邪谋，阳奏书谏。为其事尚为其事尚隐，恶指斥言，故先引秦为喻，因道胡、越、齐、赵、淮南之难，然后乃致其意"。[3] 邹阳之书曰：

> 臣闻秦倚曲台之宫，悬衡天下，画地而不犯，兵加胡越；至其晚节末路，张耳、陈胜连从兵之据，以叩函谷，咸阳遂危。何则？列郡不相亲，万室不相救也。今胡数涉北河之外，上覆飞鸟，下不见伏菟，斗城不休，救兵不止，死者相随，辇车相属，转粟流输，

---

[1]（汉）班固撰，（唐）颜师古注：《汉书》，北京：中华书局，1962年版，卷三十五第1903-1906页。
[2]（汉）班固撰，（唐）颜师古注：《汉书》，北京：中华书局，1962年版，卷三十五第1908页。
[3]（汉）班固撰，（唐）颜师古注：《汉书》，北京：中华书局，1962年版，卷三十五第1903-1906页。

千里不绝。何则？强赵责于河间，六齐望于惠后，城阳顾于卢博，三淮南之心思坟墓。大王不忧，臣恐救兵之不专，胡马遂进窥于邯郸，越水长沙，还舟青阳。虽使梁并淮阳之兵，下淮东，越广陵，以遏越人之粮，汉亦折西河而下，北守漳水，以辅大国，胡亦益进，越亦益深。此臣之所为大王患也。

臣闻交龙襄首奋翼，则浮云出流，雾雨咸集。圣王底节修德，则游谈之士归义思名。今臣尽智毕议，易精极虑，则无国不可奸；饰固陋之心，则何王之门不可曳长裾乎？然臣所以历数王之朝，背淮千里而自致者，非恶臣国而乐吴民也，窃高下风之行，尤说大王之义。故愿大王之无忽，察听其志。

臣闻鸷鸟累百，不如一鹗。夫全赵之时，武力鼎士祛服丛台之下者一旦成市，而不能止幽王之湛患。淮南连山东之侠，死士盈朝，不能还厉王之西也。然而计议不得，虽诸、贲不能安其位，亦明矣。故愿大王审画而已。

始孝文皇帝据关入立，寒心销志，不明求衣。自立天子之后，使东牟朱虚东褒义父之后，深割婴儿王之。壤子王梁、代，益以淮阳。卒仆济北，囚弟于雍者，岂非象新垣平等哉！今天子新据先帝之遗业，左规山东，右制关中，变权易势，大臣难知。大王弗察，臣恐周鼎复起于汉，新垣过计于朝，则我吴遗嗣，不可期于世矣。高皇帝烧栈道，水章邯，兵不留行，收弊民之倦，东驰函谷，西楚大破。水攻则章邯以亡其城，陆击则荆王以失其地，此皆国家之不几者也。愿大王孰察之。[1]

邹阳历举古今形势，晓之以利害，动之以骨肉之情，实欲说明不谋叛逆顺乎天人，而此正是统一之价值观。邹阳书上，吴王不听，"于是邹阳、枚乘、严忌知吴不可说，皆去之梁，从梁王游"，如此，则枚乘、严忌虽也

---

[1]（汉）班固撰，（唐）颜师古注：《汉书》，北京：中华书局，1962年版，卷五十一第2338-2342页。

为藩臣,实也不欲中国之分裂。

西汉之初,文人居中央或藩国,其一贯的价值观,多批评暴秦,而深慕圣王仁义,欲一改秦之苛政,而为善政。颍川人贾山,曾游于颍阴侯,其出身亦藩臣,后仕文帝朝。《汉书·贾邹枚路传》说贾山"不能为醇儒",即思想中杂有其他。作《至言》,言治乱之道,以秦为喻,认为秦之灭亡,在于骄奢淫侈,多行不义,因此,主张学习文王的"好仁而仁兴,得士而敬之则士用,用之有礼义"。因为贾山自比于忠臣,所以,"其言多激切,善指事意"。而邹阳"为人有智略,忼慨不苟合",与羊胜、公孙诡不合,下狱,狱中谏梁王,言辞激切,认为圣王不应听阿谀之言,孝王不听。及孝王事败,才知邹阳之谋深。[1]

严忌有诗曰《哀时命》,也表现出忠谏价值观,《楚辞章句·哀时命序》曰:"忌哀屈原受性忠负,不遭明君,而遇暗世,斐然作辞,叹而述之,故曰《哀时命》也。"[2]而赋中也多对忠谏的赞颂及愤世嫉俗之言,如曰:"子胥死而成义兮,屈原沉于汨罗。虽体解其不变兮,岂忠信之可化。"[3]又曰:"众比周以肩迫兮,贤者远而隐藏。"[4]凡此之类,都表现出了怀才不遇之感。

枚乘,字叔,淮阴人。《汉书·贾邹枚路传》载,枚乘为吴王濞郎中,"吴王之初怨望谋为逆也,乘奏书谏"。枚乘曰:"父子之道,天性也,忠臣不避重诛以直谏,则事无遗策,功留万世"[5],所以,愿以死进谏,反对吴王濞的造反。及吴王反,汉杀晁错,枚乘又劝谏吴王濞适可而止。吴王俱不听,如此,枚乘也是中央集权、天下统一的倡导者。

在中国文学史上,枚乘以《七发》这篇著作,奠定了他的地位。另外,尚有《梁王菟园赋》及其他几首残赋。《七发》的主题是讽谏,假托吴客与楚太子间的对话来铺陈描写。首先写吴客去探望楚太子的病,吴客认为楚太子的病是由于贪欲过度、享乐无时、荒淫糜烂的宫廷生活造成的,不是寻常

---

[1]（汉）班固撰,（唐）颜师古注:《汉书》,北京:中华书局,1962年版,卷五十一第2327-2353页。
[2] 黄灵庚疏证:《楚辞章句疏证》,北京:中华书局,2007年版,第2650页。
[3] 黄灵庚疏证:《楚辞章句疏证》,北京:中华书局,2007年版,第2668页。
[4] 黄灵庚疏证:《楚辞章句疏证》,北京:中华书局,2007年版,第2692页。
[5]《汉书·贾邹枚路传》班固撰,颜师古注《汉书》卷五十一,中华书局,1962年版。

药石所能医治，只有给太子以启发，改变太子原来的生活习性，才有希望治好太子的病，于是，吴客先以音乐、饮食、车马、游乐、狩猎、观涛启发楚太子，楚太子几乎无动于衷。最后，吴客用"要言妙道"说楚太子曰：

"将为太子奏方术之士，有资略者：若庄周、魏牟、杨朱、墨翟、便蜎、詹何之伦，使之论天下之释微，理万物之是非；孔老览观，孟子持筹而算之，万不失一。此亦天下要言妙道也！太子岂欲闻之乎？"[1]

于是太子据几而起曰："涣乎若一听圣人辩士之言。"[2] 涩然汗出，霍然病已。

此处作者所言吴客奏要言妙道，皆古圣人言，同时又兼众家之言，而太子听此，竟能霍然病已，说明这些"要言妙道"在作者眼中的分量，而这也说明枚乘的观念中，既有崇尚先贤的复古精神，又有综合百家的统一观念。

《文心雕龙·杂文》云："枚乘摛艳，首制《七发》，腴辞云构，夸丽风骇。盖七窍所发，发乎嗜欲，始邪未正，所以戒膏粱之子也。"[3] 这段话既指出了《七发》的主题，同时也指出了其夸丽的艺术特点。赋文学作品，以铺张扬厉为其特征，是纵横家演说风格的延伸，是汉代强盛繁荣及学术自由气氛的折射，而这一特点，在枚乘这里已得到体现。如《七发》之说涛云：

客曰："将以八月之望，与诸侯远方交游兄弟，并往观涛乎广陵之曲江。至则未见涛之形也，徒观水力之所到，则恤然足以骇矣。观其所驾轶者，所擢拔者，所扬汩者，所温汾者，所涤汔者，虽有心略辞给，固未能缕形其所由然也！恍兮忽兮，聊兮栗兮，混汩汩兮。忽兮慌兮，傲兮怳兮，浩瀇瀁兮，慌旷旷兮。秉意乎南山，通望乎东海；虹洞兮苍天，极虑乎崖涘。流揽无穷，归神日母。汩乘流而下降兮，或不知其所止。或纷纭其流折兮，忽缪往而不来；临朱汜而远逝兮，中虚烦而益怠；莫离散而发曙兮，

---

[1]（梁）萧统编，（唐）李善注：《文选》，北京：中华书局，1977年版，卷三十四第484页。
[2]（梁）萧统编，（唐）李善注：《文选》，北京：中华书局，1977年版，卷三十四第484页。
[3] 吴林伯注：《〈文心雕龙〉义疏》，武汉：武汉大学出版社，2002年版，第161页。

内存心而自持。于是澡概胸中，洒练五藏；澹澉手足，颒濯发齿；揄弃恬怠，输写淟浊；分决狐疑，发皇耳目。当是之时，虽有淹病滞疾，犹将伸伛起躄，发瞽披聋，而观望之也！况直眇小烦懑，酲醲病酒之徒哉！故曰："发蒙解惑，不足以言也。"

太子曰："善，然则涛何气哉？"

客曰："不记也。然闻于师曰，似神而非者三：疾雷闻百里。江水逆流，海水上潮。山出内云，日夜不止。衍溢漂疾，波涌而涛起。其始起也，洪淋淋焉，若白鹭之下翔。其少进也，浩浩溰溰，如素车白马帷盖之张。其波涌而云乱，扰扰焉如三军之腾装。其旁作而奔起也。飘飘焉如轻车之勒兵。六驾蛟龙，附从太白；纯驰浩蜺，前后骆驿。颙颙卬卬，椐椐强强，莘莘将将；壁垒重坚，沓杂似军行；訇隐匈磕，轧盘涌裔，原不可当。观其两旁，则滂渤怫郁，暗漠感突，上击下律，有似勇壮之卒，突怒而无畏。蹈壁冲津，穷曲随隈，逾岸出追；遇者死，当者坏。初发乎或围之津涯，荄轸谷分；回翔青篾，衔枚檀柏。弭节伍子之山，通厉骨母之场；凌赤岸，篲扶桑，横奔似雷行。诚奋厥武，如振如怒；沌沌浑浑，状如奔马；混混庵庵，声如雷鼓。发怒庢沓，清升逾跇。侯波奋振，合战于藉藉之口；鸟不及飞，鱼不及回，兽不及走。纷纷翼翼，波涌云乱；荡取南山，背击北岸；覆亏丘陵，平夷西畔。险险戏戏，崩坏陂池，决胜乃罢。浟湙潺湲，披扬流洒，横暴之极，鱼鳖失势；颠倒偃侧，沈沈湲湲，蒲伏连延。神物怪疑，不可胜言。直使人踣焉，洄暗凄怆焉。此天下怪异诡观也！太子能强起观之乎？

太子曰："仆病未能也。"[1]

枚乘《七发》之铺排既是宋玉等人的赋所不及，也非贾谊等人的赋可以望其项背，其声势之浩大，气魄之宏伟，辞章之华美，皆喻示着盛汉的国势所带给文人的影响。枚乘在景帝时，拜弘农都尉，不受，仍仕梁。及武帝即位，应诏赴京，病故途中。

---

[1]（梁）萧统编，（唐）李善注：《文选》，北京：中华书局，1977年版，卷三十四第482-484页。

第三节 贾谊与晁错

《汉书·景帝纪》赞曰:"孔子称'斯民,三代之所以直道而行也',信哉!周秦之敝,网密文峻,而奸轨不胜。汉兴,扫除烦苛,与民休息。至于孝文,加之以恭俭。孝景遵业,五六十载之间,至于移风易俗,黎民醇厚。周云成康,汉言文景,美矣。"[1]此言汉文、景二帝时代政治之善。《汉书·刑法志》云:

> 及孝文即位,躬修玄默,劝趣农桑,减省租赋,而将相皆旧功臣,少文多质,惩恶亡秦之政,论议务在宽厚,耻言人之过失。化行天下,告讦之俗易。吏安其官,民乐其业,畜积岁增,户口浸息。风流笃厚,禁网疏阔。选张释之为廷尉,罪疑者予民,是以刑大省,至于断狱四百,有刑错之风。[2]

无为之政,省刑罚是最重要的一方面。汉文帝以黄老之无为,而使刑罚大省。省刑罚,则可使人民求得自由,无疑合于儒者之仁义。所以,《史记·孝文本纪》曰:"孔子言:'必世然后仁。善人之治国百年,亦可以胜残去杀。'诚哉是言!汉兴,至孝文四十有余载,德至盛也。廪廪乡改正服封禅矣,谦让未成于今。呜呼,岂不仁哉!"[3]《汉书·刑法志》载文帝十三年,齐太仓令淳于公有罪当刑,诏狱逮系长安。淳于公无子,有女五人,其少女缇萦随父至长安,上书文帝曰:"妾父为吏,齐中皆称其廉平,今坐法当刑。妾伤夫死者不可复生,刑者不可复属,虽后欲改过自新,其道亡繇也。妾愿没入为官婢,以赎父刑罪,使得自新。"文帝怜悲其意,下令曰:"制诏御史:盖闻有虞氏之时,画衣冠异章服以为戮,而民弗犯,何治之至也!今法有肉刑三,而奸不止,其咎安在?非乃朕德之薄,而教不明与!吾甚自愧。故夫训道不纯而愚民陷焉。《诗》曰:'恺弟君子,民之父母。'今人有过,教未施而刑已加焉,或欲改行为善,而道亡繇至,朕甚怜之。夫刑至断支体,

---

[1](汉)班固撰,(唐)颜师古注:《汉书》,北京:中华书局,1962年版,卷五第153页。
[2](汉)班固撰,(唐)颜师古注:《汉书》,北京:中华书局,1962年版,卷二十三第1097页。
[3](汉)司马迁撰,(宋)裴骃集解,(唐)司马贞索隐,(唐)张守节正义:《史记》,北京:中华书局,1982年第2版,卷十第437-438页。

刻肌肤,终身不息,何其刑之痛而不德也!岂称为民父母之意哉?其除肉刑,有以易之;及令罪人各以轻重,不亡逃,有年而免。具有令。"[1]

文帝以仁厚之心,下令除肉刑,是对战国以来法律残酷的重大改革,也可以说是向"无为"迈出的重大一步。丞相张苍、御史大夫冯敬等议定去肉刑而改为笞击,"外有轻刑之名,内实杀人",很多受笞击之人,不禁皮肉之苦,多有死亡者。景帝即位,元年、六年先后两次下令,改笞五百为三百,三百为二百,后三百又改为二百,二百改为一百,并要求定箠令,丞相刘舍、御史大夫卫绾经研究,规定"笞者,箠长五尺,其大本一寸,其竹也,末薄半寸,皆平其节。当笞者笞臀。毋得更人,毕一罪乃更人"。笞箠轻巧,而所击在肉厚之臀,又不许更换行刑之人,击一至二百,无生力,所以,"笞者得全"。[2]

文景之无为政治,既有刑法之省,而经济方面之节俭,又为另一方面。《史记·孝文本纪》载:"孝文皇帝从代来,即位二十三年,宫室苑囿狗马服御无所增益,有不便,辄弛以利民。尝欲作露台,召匠计之,直百金。上曰:'百金中民十家之产,吾奉先帝宫室,常恐羞之,何以台为!'上常衣绨衣,所幸慎夫人,令衣不得曳地,帏帐不得文绣,以示敦朴,为天下先。治霸陵皆以瓦器,不得以金银铜锡为饰,不治坟,欲为省,毋烦民。……专务以德化民,是以海内殷富,兴于礼义。"[3]《史记·孝景本纪》则说:"汉兴,孝文施大德,天下怀安。至孝景,不复忧异姓。"[4]文帝、景帝以不可一世之大国帝王,而知俭省,国之风俗,自不至于与俭省之德相去太远。

文景无为之治,其目的在于安民,使国家殷富,因此,无为并不是不为,而是欲通过无为的手段,达到无不为的目的。因此,文、景二帝,一方面鼓励农耕,另外一方面积极谋求强干弱支的策略,欲求天下之安定。而在这种

---

[1] (汉) 班固撰,(唐) 颜师古注:《汉书》,北京:中华书局,1962年版,卷二十三第1097-1098页。

[2] (汉) 班固撰,(唐) 颜师古注:《汉书》,北京:中华书局,1962年版,卷二十三第1099-1100页。

[3] (汉) 司马迁撰,(宋) 裴骃集解,(唐) 司马贞索隐,(唐) 张守节正义:《史记》,北京:中华书局,1982年第2版,卷十第433页。

[4] (汉) 司马迁撰,(宋) 裴骃集解,(唐) 司马贞索隐,(唐) 张守节正义:《史记》,北京:中华书局,1982年第2版,卷十一第449页。

"有为"的活动中，文人起到了重要作用。《汉书·食货志》云，"文帝即位，躬修俭节，思安百生。时民近战国，皆背本趋末"，不事生产，贾谊说上曰："管子曰'仓廪实而知礼节'。民不足而可治者，自古及今，未之尝闻。古之人曰：'一夫不耕，或受之饥；一女不织，或受之寒。'生之有时，而用之亡度，则物力必屈。古之治天下，至纤至悉也，故其畜积足恃。今背本而趋末，食者甚众，是天下之大残也；淫侈之俗，日日以长，是天下之大贼也。"又曰："夫积贮者，天下之大命也。苟粟多而财有余，何为而不成？以攻则取，以守则固，以战则胜。怀敌附远，何招而不至？今殴民而归之农，皆著于本，使天下各食其力，末技游食之民转而缘南畮，则畜积足而人乐其所矣。可以为富安天下，而直为此廪廪也。"文帝听了贾谊的话，开籍田，躬耕以劝百姓。

据《汉书·食货志》载，贾谊论积粟的重要性后，汉文帝时另一位重要的文人晁错上疏，曰："圣王在上而民不冻饥者，非能耕而食之，织而衣之也，为开其资财之道也。故尧、禹有九年之水，汤有七年之旱，而国亡捐瘠者，以畜积多而备先具也。今海内为一，土地人民之众不避汤、禹，加以亡天灾数年之水旱，而畜积未及者，何也？地有遗利，民有余力，生谷之土未尽垦，山泽之利未尽出也，游食之民未尽归农也。"又认为"民贫，则奸邪生。贫生于不足，不足生于不农，不农则不地著，不地著则离乡轻家，民如鸟兽，虽有高城深池，严法重刑，犹不能禁也"，因此，主张"务民于农桑，薄赋敛，广畜积，以实仓廪，备水旱，故民可得而有也"。因为"寒之于农，不待轻暖；饥之于食，不待甘旨；饥寒至身，不顾廉耻"，"虽慈母不能保其子，君安能以有其民哉"。晁错认为珠玉金银等"饥不可食，寒不可衣"但是众人却极力追求，缘于"上用之故也"，其弊端在于"其为物轻微易臧，在于把握，可以周海内而亡饥寒之患。此令臣轻背其主，而民易去其乡，盗贼有所劝，亡逃者得轻资也"。因此，明君应"贵五谷而贱金玉"。并建议"令民入粟受爵"，文帝遂从晁错之言，令民入粟边以取爵位。晁错又奏言"入粟郡县"，并免租税，文帝从之。孝景二年，又命民半出田租，三十而税一。后输粟郡县并可除罪。

由于孝文、孝景实行了贾谊、晁错的建议，因而汉朝经济不但迅速恢复，而且得到大发展。《汉书·食货志》曰："至武帝之初七十年间，国家亡事，非遇水旱，则民人给家足，都鄙廪庾尽满，而府库余财。京师之钱累百巨万贯朽而不可校。太仓之粟陈陈相因，充溢露积于外，腐败不可食。众庶街巷有马，阡陌之间成群，乘牸牝者摈而不得会聚。守闾阎者食粱肉，为吏者长子孙，居官者以为姓号。人人自爱而重犯法，先行谊而黜愧辱焉。"其富庶与文明，是中国历史上所少有的。[1]

贾谊，洛阳人，年十八岁，便以能诵诗属书闻于郡中。据《史记·屈原贾生列传》，文帝时，受廷尉吴公之荐，为博士，时二十余，最年少，而才能为诸生所不及。文帝喜贾谊之才，一岁中，贾谊官至太中大夫。文帝欲使贾谊为公卿，受到朝廷重臣的反对，遂改任长沙王太傅，后转梁怀王太傅。梁怀王为文帝少子，受文帝喜爱，而好书。后怀王骑马时，坠马而死，无后。贾谊自伤死，时年三十三岁。

贾谊曾数上疏，"言诸侯或连数郡，非古之制，可稍削之。文帝不听"。赴长沙，"闻长沙卑湿，自以寿不得长，又以谪去，意不自得。及渡湘水，为赋以吊屈原"，此赋即《吊屈原赋》。及在长沙三年，"有鸮飞入贾生舍，止于坐隅。楚人命鸮曰服。贾生既以适居长沙，长沙卑湿，自以为寿不得长，伤悼之，乃为赋以自广"。此赋即《鹏鸟赋》。[2]

晁错，颍川人。早年学商韩刑名于轵张恢生所，以文学为太常掌故。孝文时，太常遣晁错受《尚书》于秦博士伏生，学成，为太子舍人，门大夫，迁博士。据《汉书·爰盎晁错传》云："错为人峭直刻深。"其思想颇似法术之学，曾上书曰："人主所以尊显功名扬于万世之后者，以知术数也。故人主知所以临制臣下而治其众，则群世畏服矣；知所以听言受事，则不欺蔽矣；知所以安利万民，则海内必从矣；知所以忠孝事上，则臣子之行备矣。"因此，建议以术数教导太子，文帝善之，以晁错为太子家令，受太子喜欢，太子家称晁错为"智囊"。又上书言边事，认为宜择良将，并认为"器械不利，以其卒予敌也；卒不可用，以其将予敌也；将不知兵，以其主予敌也；君不择将，以其国予敌也。"四者，国之至要也。匈奴之长有三，一为其地形奇崛，

---

[1]（汉）班固撰，（唐）颜师古注：《汉书》，北京：中华书局，1962年版，卷二十四第1127-1136页。
[2]（汉）司马迁撰，（宋）裴骃集解，（唐）司马贞索隐，（唐）张守节正义：《史记》，北京：中华书局，1982年第2版，卷八十四第2491-2496页。

中国之马不适应;二为胡马骑射,中国之骑不敌;三为风雨疲劳,中国之兵不敌。但中国之科技文明,技术先进,士卒在平原作战,匈奴之马易乱;匈奴之弓箭不如中国之可以致远;中国之兵器锋利,盔甲坚固,匈奴不胜;中国之矢匈奴无法防御;下马地斗,匈奴之足不敌中国之卒。如此,中国之长有五。加之中国军队人多势众,可以以十敌一。如果以夷制夷,再合以中国士卒,则有"万全"效果。文帝接晁错上书,格外嘉奖,亲自答书。晁错在其中,其对策在百余人中,为高第,故迁大夫。晁错又言"宜削诸侯事,及法令可更定者,书凡三十篇。孝文虽不尽听,然奇其才"。而太子善晁错。及太子即位,是为汉景帝,以晁错为内史,受景帝宠幸,然王公大臣多与晁错为敌。后晁错为御史大夫,"请诸侯之罪过,削其支郡",诸侯大哗,吴、楚七国反,爰盎以七国之反在于晁错,建议杀晁错以平息诸侯愤怒,晁错竟被杀。[1]

  贾谊、晁错二人的学术颇为驳杂,但其根本在于维护中央集权与国家统一,欲重本轻末,欲为术数,欲强干弱支。关心国计民生,则杂全儒法,并兼无为,体现出的是实用主义的立场。如贾谊,尚有庄子道家的痕迹存在。《吊屈原赋》之要点有二,一曰:"侧闻屈原兮,自沉汨罗","遭世罔极","逢时不祥",即认为屈原生逢乱世。又曰"阘茸尊显,谗谀得志","圣贤逆曳兮,方正倒植。世谓伯夷贪兮,谓盗跖廉;莫邪为钝兮,铅刀为铦"。即此乱世的特征是黑白不分。因此,贾谊在赋中表现了第二个意思,即"已矣!国其莫我知兮,独壹郁其谁语?凤漂漂其高逝兮,固自引而远","远所贵圣人之神德兮,远浊世而自藏",主张出世。

  如果说贾谊主张出世,其思想与道家相关,至《鵩鸟赋》,则与道家思想的联系至为密切,如曰:"祸兮福所倚,福兮祸所伏;忧喜聚门兮,吉凶同域","小智自私兮,贱彼贵我;达人大观兮,物无不可","至人遗物兮,独与道俱","真人恬漠兮,独与道息","释智遗形兮,超然自丧"。[2]凡此种种,实际就是庄子思想的翻版。

---

[1]（汉）班固撰,（唐）颜师古注:《汉书》,北京:中华书局,1962年版,卷四十九第2277-2302页。
[2]（汉）司马迁撰,（宋）裴骃集解,（唐）司马贞索隐,（唐）张守节正义:《史记》,北京:中华书局,1982年第2版,卷八十四第2493-2500页。

贾谊尚有阴阳五行学说，《汉书·贾谊传》曰："谊以为汉兴二十余年，天下和洽，宜当改正朔，易服色制度，定官名，兴礼乐。乃草具其仪法，色上黄，数用五，为官名悉更，奏之。"[1] 及刘向编辑贾谊文章，号为《新书》，其新正在于以儒家为主，而兼其他。贾谊、晁错二人思想虽驳杂，但其融合诸家之观点，缘于忧国忧民之价值观，为国家之统一与富强奔走呼喊，为人民之安康富足而驰驱。其文章有实用主义之倾向，华采虽未必胜人，气势却无以复加，足以让人信服。然其不幸，在于不谙文帝、景帝之势力，尚不足以对抗汉室诸侯。文帝之能为皇帝，缘于文帝"仁孝宽厚，太后薄氏谨良"。及晁错削诸侯，其父自颍川见之，曰："上初即位，公为政用事，侵削诸侯，疏人骨肉，口让多怨，公何为也！"晁错曰："固也。不如此，天子不尊，宗庙不安。"其父曰："刘氏安矣，而晁氏危，吾去公归矣！"遂饮药死，曰："吾不忍见祸逮身。"[2] 贾谊、晁错在文帝时皆言削藩，文帝虽赏识其才，却不付诸行动。及吴、楚反，景帝则马上反悔，晁错遂身首异处。不过，晁错之公而忘私，贾谊在梁怀王死后"自伤为傅无状，为哭泣，后岁余，亦死"都表明他们于汉室忠心耿耿及忧国忧民之彻底性。

第四节 刘安及《淮南子》

《汉书·艺文志》说："杂家者流，盖出于议官。兼儒、墨，合名、法，知国体之有此，见王治之无不贯，此其所长也。及荡者为之，则漫羡而无所归心。"[3]《隋书·经籍志》说："杂者，兼儒、墨之道，通众家之意，以见王者之化，无所不冠者也。古者司史历记前言往行，祸福存亡之道。然则杂者，盖出史官之职也。放者为之，不求其本，材少而多学，言非而博，是以杂错漫羡，而无所指归。"[4] 杂家网罗各种思想，虽然反对法家的残暴，却仍然站在为君主集权统治服务的立场上。因此，杂家不能克服道家缺乏人

---

[1]（汉）班固撰，（唐）颜师古注：《汉书》，北京：中华书局，1962年版，卷四十八第2222页。
[2]（汉）班固撰，（唐）颜师古注：《汉书》，北京：中华书局，1962年版，卷四十九第2300页。
[3]（汉）班固撰，（唐）颜师古注：《汉书》，北京：中华书局，1962年版，卷四十八第1742页。
[4]（唐）魏征等撰：《隋书》，北京：中华书局，1973年版，卷三十四第1010页。

文情怀的弊端，又会放大墨家追求一致性而反对多样性可能导致的强权倾向。从根本上说，杂家试图协调不同人的利益诉求，通过综合各家学说来体现出价值观的兼容性，但在根本点上，实际上消解了孔子思想中以人民为本位的宗旨。

杂家出现在战国末期，在西汉初期也很流行，这是与建立统一的中央集权国家的建设过程相一致的。现存杂家著作，以战国商鞅门客魏国人尸佼《尸子》、秦相国吕不韦《吕氏春秋》，以及西汉淮南王刘安的《淮南子》为代表。这些著作的作者都具有特殊的身份，他们意图通过调和各种不同的思想，满足不同利益群体的利益诉求，为中央集权找到理论路径。但任何思想都有自己的逻辑起点，因此，一切调和主义和修正主义最后只能造成社会价值观的混乱和思想线索的杂乱无章。杂家也是如此。因此，刘向、刘歆父子把这种试图融合各家学说的流派称为"杂家"，是非常准确的。

就一般主张而言，杂家和黄老之学有密切关系，司马谈《论六家要旨》就是把道家看作是综合各家思想的一派。因此，有人把《淮南子》纳入道家类，也不能说完全没有道理。也有人把杂家看作是战国末期至秦汉时期的新道家。不过，杂家就是杂家，和道家毕竟是不同的。

据《史记·淮南衡山列传》载，淮南王刘安，淮南厉王长之子。淮南厉王刘长是刘邦少子，其母为赵王张敖美人。刘邦八年，从东垣过赵，赵王献美人，此即刘长母亲。刘长母侍刘邦，有身，赵王敖为刘长母筑外宫。后赵王得罪，其家人被系河内，刘长之母也在其中。刘长之母对吏说明自己怀有高祖之骨肉，吏报告高祖，高祖不听，而厉王母弟赵兼请辟阳侯审食其言于吕后，吕后善妒，而辟阳侯不强争。厉王母生厉王刘长，以高祖不相认故，自杀。高祖得厉王，令厉王从吕后。及淮南王黥布被诛，刘邦封刘长为淮南王，王黥布故地，凡四郡。厉王因以吕后为母，未遇害。及孝文帝即位，淮南王刘长自以为"最亲"，"骄蹇，数不奉法"，及入朝，往见辟阳侯，杀之，曰："臣母不当坐赵事，其时辟阳侯力能得之吕后，弗争，罪一也。赵王如意子母无罪，吕后杀之，辟阳侯弗争，罪二也。吕后王诸吕，欲以危刘氏，辟阳侯弗争，罪三也。臣谨为天下诛贼臣辟阳侯，报母之仇，谨伏阙下请罪。"辟阳侯幸于吕后，在吕后死后，与周勃等重臣结盟，诸吕被诛，而辟阳侯未受牵连。淮南王杀辟阳侯，孝文帝不治。厉王"有材力，力能扛鼎"，与文帝在一起，常称文帝"大兄"，时薄太后及太子诸大臣皆惮之。厉王归国后，"益骄恣，不用汉法，出入称警跸，称制，自为法令，拟于天子"，后坐犯上作乱，当死，文帝不忍其死，废勿王，载以辎车，赴蜀郡严道邛邮。所过郡县，皆不敢发车封。淮南王性暴，自绝其食，死。文帝"令丞相、御史逮考诸县传送淮南王不发封馈侍者，皆弃市"。孝文八年，封淮南王四子为列侯，刘安为阜陵侯。十二年，以城阳王刘喜为淮南王，追尊谥刘长为厉王。十六年，刘喜复王城阳，立淮南王子阜陵侯安为淮南王，安阳侯勃为衡山王，阳周侯赐为庐江王，三分淮南王之地。及吴楚七国反，刘安欲从之，其相曰："大王必欲发兵应吴，臣愿为将。"刘安遂以兵属其相。淮南王相不应吴王，而坚守，景帝则派曲城侯蛊捷救淮南。吴楚乱平，淮南王仍王故地，衡山王徙济北，庐江王徙王衡山。

淮南王刘安与乃父不同，"为人好读书鼓琴，不喜弋猎狗马驰骋"，实是以王者之身，而行文人之事，其目的是"欲以行阴德拊循百姓，流誉天下"。又"时时怨望厉王死，时欲畔逆，未有因也"。武帝建元六年，彗星出，其客预言天下将乱，刘安"心以为上无太子，天下有变，诸侯并争，愈益治器械攻战具，积金钱赂遗郡国诸侯游士奇材。诸辩士为方略者，妄作妖言，谄谀王，王喜，多赐金钱，而谋反滋甚"。后谋泄，淮南王自杀，与其有接触之列侯二千石英豪杰数千人被诛。[1]

《汉书·淮南衡山济北王传》曰："淮南王安……招致宾客方术之士数千人，作为《内书》二十一篇，《外书》甚众，又有《中篇》八卷，言神仙黄白之术，亦二十余万言。时武帝方好艺文，以安属为诸父，辩博善为文辞，甚尊重之。每为报书及赐，常召司马相如等视草乃遣。初，安入朝，献所作《内篇》，新出，上爱秘之。使为《离骚传》。旦受诏，日食时上。又献《颂德》及《长安都国颂》。每宴见，谈说得失及方技赋颂，昏暮然后罢。"[2] 又高诱《淮南子序》曰："初，安为辩达，善属文。……天下方术之士，多往归焉。于是遂与苏飞、李尚、左吴、田由、雷被、毛被、伍被、巫昌等八

---

[1]（汉）司马迁撰，（宋）裴骃集解，（唐）司马贞索隐，（唐）张守节正义：《史记》，北京：中华书局，1982年第2版，卷一百一十八第3075-3097页。
[2]（汉）班固撰，（唐）颜师古注：《汉书》，北京：中华书局，1962年版，卷四十四第2145页。

人,及诸儒大山、小山之徒,共讲道德,总统仁义,而著此书。"[1] 刘安既有王者之尊,又兼爱士,其门客之中,经术驳杂。爱《离骚》,又好黄老。其与门人所著《淮南子》,《汉书·艺文志》归入道家,有内篇二十一篇,外篇三十三篇,颜师古注曰:"内篇论道,外篇杂说。"其政治思想,以"无为"为中心。《主术》曰:

> 夫水浊则鱼噞,政苛则民乱。故夫养虎豹犀象者,为之圈槛,供其嗜欲,适其饥饱,违其怒恚,然而不能终其天年者,形有所劫也。是以上多故则下多诈,上多事则下多态,上烦扰则下不定,上多求则不交争,不直之于本,而事之于末,譬犹扬堁而弭尘,抱薪以救火也。故圣人事省而易治,求寡而易澹,不施而仁,不言而信,不求而得,不为而成,块然保真,抱德推诚,天下从之,如响之应声,景之像形,其所修者本也。刑罚不足以移风,杀戮不足以禁奸,唯神化为贵,至精为神。[2]

又曰:

> 君人之道,处静以修身,俭约以率下;静则下不扰矣,俭则民不怨矣;下扰则政乱,民怨则德薄;政乱则贤者不为谋,德薄则勇者不为死。[3]

又曰:

> 是故君人者,无为而有守也,有为而无好也;有为则谗生,有好则谀起。[4]

刘安以黄老无为之思想建立其政治观,所以,提倡朴素,反对巧伪雕饰。《齐俗》曰:"治国之道,上无苛令,官无烦治,士无伪行,工无淫巧,其事经而不扰,其器完而不饰。乱世则不然,为行者相揭以高,为礼者相矜以

---

[1]（汉）高诱注:《淮南子》,《叙》第1页,见《诸子集成》,北京:中华书局,2006年第2版。
[2]（汉）高诱注:《淮南子》,卷九第128-129页,见《诸子集成》,北京:中华书局,2006年第2版。
[3]（汉）高诱注:《淮南子》,卷九第138页,见《诸子集成》,北京:中华书局,2006年第2版。
[4]（汉）高诱注:《淮南子》,卷九第143页,见《诸子集成》,北京:中华书局,2006年第2版。

伪，车舆极于雕琢，器用逐于刻镂，求货者争难得以为宝，诋文者处烦挠以为慧。争为佹辩，久稽而不诀，无益于治；工为奇器，历岁而后成，不周于用。"又曰："夫雕琢刻镂，伤农事者也；锦绣纂组，害女工者也；农事废，女工伤，则饥之本而寒之原也。"[1]据此可知，刘安所倡导的无为之术，也是出于实用主义的目的。

刘安认为，礼法应因时而变，《氾论》曰："先王之制，不宜则废之；末世之事，善则著之。是故礼乐未始有常也。故圣人制礼乐，而不制于礼乐；治国有常，而利民为本；政教有经，而令行为上；苟利于民，不必法古；苟周于事，不必循旧。夫夏商之衰也，不变法而亡；三代之起也，不相袭而王。故圣人法与时变，礼与俗化；衣服器械，各便其用；法度制令，各因其宜。"[2]这种反古而因时变易的观点，与法家如出一辙。《史记·老子韩非列传》认为法家"原于道德之意"，[3]则黄老之学本与法家同源，所以，刘安参酌今古，借用法家思想，也就不足为奇了。

刘安对儒家思想持有批评态度，认为有人利用仁圣之名，行无廉耻，导致社会混乱，无益于世。《俶真》曰：

> 周室衰而王道废，儒墨乃始列道而议，分徒而讼；于是博学以疑圣，华诬以胁众，弦歌鼓舞，缘饰《诗》《书》，以买名誉于天下，繁登降之礼，饰绂冕之服，聚众不足以极其变，积财不足以赡其费；于是万民乃始慆慆离跂，各欲行其知伪，以求凿枘于世，而错择名处，是故百姓曼衍于淫荒之陂，而失其大宗之本。[4]

又《泰族》曰：

> 当今之世，丑必托善以自为解，邪必蒙正以自为辟，游不论国，仕不择官，行不辟污，曰伊尹之道也；分别争财，亲戚兄弟构怨，

---

[1]（汉）高诱注：《淮南子》，卷十一第185-186页，见《诸子集成》，北京：中华书局，2006年第2版。
[2]（汉）高诱注：《淮南子》，卷十三第213页，见《诸子集成》，北京：中华书局，2006年第2版。
[3]（汉）司马迁撰，（宋）裴骃集解，（唐）司马贞索隐，（唐）张守节正义：《史记》，北京：中华书局，1982年第2版，卷六十三第2156页。
[4]（汉）高诱注：《淮南子》，卷二第28-29页，见《诸子集成》，北京：中华书局，2006年第2版。

骨肉相贼，曰周公之义也；行无廉耻，辱而不死，曰管子之趋也；行货赂，趋势门，立私废公，比周而取容，曰孔子之术也。此使君子小人纷然淆乱，莫知其是非者也。[1]

刘安对儒学不是一味肯定，就必然尊崇百家，因而认为百家之言不可废。《氾论》曰：

百川异源，而皆归于海；百家殊业，而皆务于治。王道缺，而《诗》作；周室废，礼义坏，而《春秋》作。《诗》《春秋》，学之美者也，皆衰世之造也。儒者循之，以教导于世，岂若三代之盛哉？以《诗》《春秋》为古之道而贵之，又有未作《诗》《春秋》之时。夫道其缺也，不若道其全也；诵先王之《诗》《书》，不若闻得其言；闻得其言，不若得其所以言；得其所以言者，言弗能言也；故道可道者，非常道也。[2]

又《齐俗》曰：

故百家之言，指奏相反，其合道一体也。[3]

当武帝之世，以董仲舒为代表的儒者期待社会向善，故而倡导儒术的独尊。而刘安以藩王欲坐大，欲在乱世争雄，倡导无为，使自己能逍遥淮南，与中央争一短长，其非儒，正是适应了他的政治需要。而说百家皆务于治，其合道一体，却未尝没有道理。

作为文人的刘安，其主张虽以无为为中心，其所作所为，并不是"无为"二字所可概括，他积极谋求扩张势力，并伺机造反，是欲有大为，而非无为。所以，刘安并不具有无为的价值观。其无为主张，不过是欲以游说汉武皇帝，并以此邀名取誉，求得自己的生存空间。刘安的价值观，实际是战国时争雄诸侯欲有所作为的价值观，而依附于刘安的文人术士，也可以看作是辩士的余孽。但是，刘安以其《淮南子》，为汉代黄老之治的政治策略在学术上进

---

[1]（汉）高诱注：《淮南子》，卷二十第358页，见《诸子集成》，北京：中华书局，2006年第2版。
[2]（汉）高诱注：《淮南子》，卷十三第213-214页，见《诸子集成》，北京：中华书局，2006年第2版。
[3]（汉）高诱注：《淮南子》，卷十一第179页，见《诸子集成》，北京：中华书局，2006年第2版。

行了理论总结，可以视为汉代黄老之学的集大成之作。

尽管刘安及其《淮南子》所持的观点，与汉初发展大势并不一致，但其中也反映了汉初思想自由，以及在思想上兼容并包的倾向。而藩国文人之盛，也说明随着政局的安定，文人以政事为中心的时代已渐渐远去，而专心于文章之事正成为许多文人的追求。

在文学批评史上，刘安还以其有关《楚辞》的看法，为后人所注目。班固《离骚序》曰："昔在孝武，博览古文，淮南王安叙《离骚传》，以'《国风》好色而不淫，《小雅》怨悱而不乱，若《离骚》者，可谓兼之。蝉蜕浊秽之中，浮游尘埃之外，皭然泥而不滓。推此志，虽与日月争光可也'。斯论似过其真。"[1]刘安把《离骚》与日月相提并论，认为其兼《诗》之风雅，这是自《离骚》产生后对屈原的最高评价。而班固本人并不认为《离骚》及屈原有凌驾于《诗经》和圣人之处，他说："且君子道穷，命矣。故潜龙不见，是而无闷，《关雎》哀周道而不伤，蘧瑗持可怀之智，宁武保如愚之性，咸以全命避害，不受世患。故《大雅》曰：'既明且哲，以保其身。'斯为贵矣。今若屈原露才扬己，竞乎危国群小之间，以离谗贼，然责数怀王，怨恶椒兰，愁神苦思，强非其人，忿怼不容，沉江而死，亦贬洁狂狷景行之士。多称昆仑，冥婚宓妃，虚无之语，皆非法度之政，经义所载。谓之兼《诗》风、雅而与日月争光，过矣。"[2]班固立论，如果说是站在东汉学者普遍具有的宗经征圣的立场上的话，刘安从内容到形式对屈原的崇高评价，表现出生活在西汉初期的淮南王刘安对屈原继承六经传统的肯定。

---

[1]《楚辞章句序跋著录》，见黄灵庚疏证：《楚辞章句疏证》，北京：中华书局，2007年版，第2964-2965页。
[2]《楚辞章句序跋著录》，见黄灵庚疏证：《楚辞章句疏证》，北京：中华书局，2007年版，第2965页。

第六章 儒学复兴

汉朝始建，百业凋敝，至孝惠帝、吕太后，经济开始恢复，而汉文帝喜行节俭，思安百姓，听从贾谊之言，令民趋本背末，开籍田，躬耕以劝百姓。后晁错又建议文帝令民入粟边，六百石爵上造，稍增至四千石为五大夫，万二千石为大庶长，让百姓可以通过纳粮的方式取得社会地位，以建立尊农夫而贱商人的社会风尚。又除民田之租税，令民无租税之困惑。及孝景二年，已除租税十三岁，孝景帝遂令百姓半出田租，三十而税一。经过以上措施，人民安居乐业及汉武帝即位，天下已是一派繁荣景象。

第一节 西汉盛世的来临

西汉盛世,自汉武帝始,经汉昭帝、汉宣帝、汉元帝、汉成帝,至汉哀帝、汉平帝终结,时间跨度一百四十余年,至王莽则天下大乱。盛世的特征,既体现在物质的文明,更体现在精神的进步。汉武帝之后,不但钱粮丰盈,而且法制昌盛,精神文明,国力强大,人民生活安定,社会环境相对宽松,人民的自由度也就相对大。

《汉书·食货志》云:

> 至武帝之初七十年间,国家亡事,非遇水旱,则民人给家足,都鄙廪庾尽满,而府库余财。京师之钱累百巨万,贯朽而不可校。太仓之粟陈陈相因,充溢露积于外,腐败不可食。众庶街巷有马,阡陌之间成群,乘牸牝者摈而不得会聚。守闾阎者食粱肉;为吏者长子孙;居官者以为姓号。人人自爱而重犯法,先行谊而黜愧辱焉。[1]

不过,长达一百余年的盛世,并不是永远安康。《汉书·食货志》曰:"于是罔疏而民富,役财骄溢,或至并兼豪党之徒以武断于乡曲。宗室有土,公卿大夫以下争于奢侈,室庐车服僭上亡限。物盛而衰,因其变也。"[2] 所谓物盛而衰,是一种自然规律。盛汉之际,"罔疏"体现了人民具有的自由。但是,繁荣也带来了骄横奢侈之病,而这种毛病,事实上也影响了汉武帝。据《汉书·食货志》云,汉武帝"外事四夷,内兴功利,役费并兴,而民去本",董仲舒曾上书谏劝,但汉武帝哪里听得进去?繁荣的经济所支撑的强盛国力,已足可以使他一改乃祖乃父的节俭习性,而行铺张扬厉之事,所以"仲舒死后,功费愈甚,天下虚耗,人复相食"。武帝自公元前140年即位,在位五十年。及其晚年,"悔征伐之事,乃封丞相为富民侯",并下诏说:"方今之务,在于力农。"任命赵过为搜粟都尉,采取了开垦田地,加强管

---

[1]（汉）班固撰,（唐）颜师古注:《汉书》,北京:中华书局,1962年版,卷二十四第1135-1136页。

[2]（汉）班固撰,（唐）颜师古注:《汉书》,北京:中华书局,1962年版,卷二十四第1136页。

理和技术投入等方法，使百姓"用力少而得谷多"。到了汉昭帝时，"流民稍还，田野益辟，颇有畜积"，而汉宣帝"用吏多选贤良，百姓安土，岁数丰穰，谷至石五钱，农人少利"，于是宣帝令在边郡筑仓，"谷贱时增其贾而籴，以利农；谷贵时减贾而粜，名曰常平仓。民便之"。汉元帝即位，天下大水，关东尤甚，齐地谷石三百余，民多饿死。"在位诸儒多言盐铁官及北假田官、常平仓可罢，毋与民争利。上从其议，皆罢之。又罢建章、甘泉宫卫、角抵，齐三服官，省禁苑以予贫民，减诸侯王庙卫卒半。又减关中卒五百人，转谷振贷穷乏"。汉成帝时，"天下亡兵革之事，号为安乐，然俗奢侈，不以畜聚为意。永始二年，梁国、平原郡比年伤水灾，人相食，刺史守相坐免"。汉哀即位，"宫室苑囿府库之臧已侈，百姓訾富虽不及文景，然天下户口最盛矣"。平帝时，情势未改。及王莽建新，"因汉承平之来，匈奴称藩，百蛮宾服，舟车所通，尽为臣妾，府库百官之富，天下晏然"。可以说，在王莽即位之初，汉朝仍然是一副盛世模样。[1]

汉朝强盛，也带来了文化的繁荣。《汉书·礼乐志》云："至武帝……乃立乐府，采诗夜诵，有赵、代、秦、楚之讴。以李延年为协律都尉，多举司马相如等数十人造为诗赋。"[2]《汉书·艺文志》云："迄孝武世……建藏书之策，置写书之官，下及诸子传说，皆充秘府。至成帝时，以书颇散亡，使谒者陈农求遗书于天下。诏光禄大夫刘向校经传诸子诗赋，步兵校尉任宏校兵书，太史令尹咸校数术，侍医李柱国校方技。"[3]诗赋文书之盛，自然与秦不可同日而语。这种网罗天下文籍，重视文化事业的行为，既体现了汉朝君臣欲彻底修正暴秦政治的愿望，而经济实力也为文化事业的发展提供了保证。

说明武帝之世炎汉之盛，不能不提到武备。汉高祖、吕后时，对匈奴实行和亲政策，以求苟安。文帝后元六年，匈奴侵上郡、云中，杀掠甚众，虽由周亚夫屯军细柳抵御，匈奴兵退，但两年后，汉景帝即位，仍然派遣御史大夫陶青至代下与匈奴和亲。汉景帝五年，遣公主嫁匈奴单于。汉景帝中

---

[1]（汉）班固撰，（唐）颜师古注：《汉书》，北京：中华书局，1962年版，卷二十四第1137-1143页。

[2]（汉）班固撰，（唐）颜师古注：《汉书》，北京：中华书局，1962年版，卷二十二第1045页。

[3]（汉）班固撰，（唐）颜师古注：《汉书》，北京：中华书局，1962年版，卷三十第1701页。

元二年，匈奴入燕地。汉景帝后元二年，匈奴入雁门，太守冯敬战死。及汉武帝即位，以卫青为大将军，七次率兵出击匈奴，斩捕首虏五万余级，霍去病、李广更是屡立战功。又通西域，击南越，征西羌，击东越，征朝鲜，皆获成功。及汉宣帝时，匈奴大衰，远遁，汉边疆渐趋安定。可以说，至汉武帝时，汉朝才体现出一个强国的军事实力。

第二节 西汉儒学的传播

中国文化兴起于上古，而其精髓，至孔子整理，则有《诗》《书》《礼》《乐》《易》《春秋》，其精神实质，在于维护礼制传统，关心民生，维护君君臣臣父父子子的秩序。但是，到了孔子时代，礼崩而乐坏，政不自天子出。孔子为了纠正社会的衰颓，振兴周朝文明，周游列国，却不免菜色困穷，被人认为是不合时宜。孔子之后，孔子弟子仍然奔走东西，为发扬夫子之文章，前仆后继。儒家，也就是继承孔门传统的学者所代表的哲学流派。《庄子·天下篇》论学术之变迁曰："古之人其备乎，配神明，醇天地，育万物，和天下，泽及百姓。明于本数，系于末度，六通四辟，小大精粗。其运无乎不在，其明而在数度者，旧法世传之史，尚多有之。其在于《诗》《书》《礼》《乐》者，邹鲁之士，搢绅先生多能明之。《诗》以道志，《书》以道事，《礼》以道行，《乐》以道和，《易》以道阴阳，《春秋》以道名分。其数散于天下，而设于中国者，百家之学，时或称而道之。"[1] 此言《诗》《书》《礼》《乐》《易》《春秋》为中国文化之源头。《汉书·艺文志》曰："儒家者流，盖出于司徒之官，助人君顺阴阳明教化者也。游文于六经之中，留意于仁义之际，祖述尧舜，宪章文武，宗师仲尼，以重其言，于道最为高。"[2] 案六经之文，经孔子整理，儒家游文六经，宗师仲尼，表明他们是中国传统文化的继承者。

《史记·儒林列传》云：

---

[1]（清）王先谦著：《庄子集解》，卷八第216页，见《诸子集成》，北京：中华书局，2006年第2版。

[2]（汉）班固撰，（唐）颜师古注：《汉书》，北京：中华书局，1962年版，卷三十第1728页。

自孔子卒后，七十子之徒散游诸侯，大者为师傅卿相，小者友教士大夫，或隐而不见。故子路居卫，子张居陈，澹台子羽居楚，子夏居西河，子贡终于齐。如田子方、段干木、吴起、禽滑釐之属，皆受业于子夏之伦，为王者师。是时独魏文侯好学。后陵迟以至于始皇，天下并争于战国，儒术既绌焉，然齐鲁之间，学者独不废也。于威、宣之际，孟子、荀卿之列，咸遵夫子之业而润色之，以学显于当世。及至秦之季世，焚《诗》《书》，坑术士，六艺从此缺焉。陈涉之王也，而鲁诸儒持孔氏之礼器往归陈王。于是孔甲为陈涉博士，卒与涉俱死。陈涉起匹夫，驱瓦合适戍，旬月以王楚，不满半岁竟灭亡，其事至微浅，然而缙绅先生之徒负孔子礼器往委质为臣者，何也？以秦焚其业，积怨而发愤于陈王也。及高皇帝诛项籍，举兵围鲁，鲁中诸儒尚讲诵习礼乐，弦歌之音不绝，岂非圣人之遗化，好礼乐之国哉？故孔子在陈，曰："归与归与，吾党之小子狂简，斐然成章，不知所以裁之。"夫齐鲁之间于文学，自古以来，其天性也。故汉兴，然后诸儒始得修其经艺，讲习大射乡饮之礼。叔孙通作汉礼仪，因为太常，诸生弟子共定者，咸为选首，于是喟然叹兴于学。然尚有干戈，平定四海，亦未暇遑庠序之事也。孝惠、吕后时，公卿皆武力有功之臣。孝文时颇征用，然孝文帝本好刑名之言。及至孝景，不任儒者，而窦太后又好黄老之术，故诸博士具官待问，未有进者。及今上即位，赵绾、王臧之属明儒学，而上亦乡之，于是招方正贤良文学之士。自是之后，言《诗》于鲁则申培公，于齐则辕固生，于燕则韩太傅。言《尚书》自济南伏生。言《礼》自鲁高堂生。言《易》自菑川田生。言《春秋》于齐鲁自胡毋生，于赵自董仲舒。及窦太后崩，武安侯田蚡为丞相，绌黄老、刑名百家之言，延文学儒者数百人，而公孙弘以《春秋》白衣为天子三公，封以平津侯。天下之学士靡然乡风矣。[1]

　　据《汉书·武帝纪》载，汉武帝建元元年，丞相卫绾奏，"所举贤良，

---

[1]（汉）司马迁撰，（宋）裴骃集解，（唐）司马贞索隐，（唐）张守节正义：《史记》，北京：中华书局，1982年第2版，卷一百二十一第3116-3118页。

或治申、商、韩非、苏秦、张仪之言,乱国政,请皆罢"[1],奏可。自百家之兴,到汉武帝,那些背离仁义传统的新学如法家、纵横家之言,才退出了历史舞台,其原因是随着国家的安定,辩士用不着,而法家之旨,与人民为敌,不利于收买人心。汉武帝当然明白这一点,因此,不再引进法家及辩士。但是,武帝即位之初,窦太后尚执国政,而好黄老,建元二年冬,倡导尊儒的御史大夫赵绾"坐请毋奏事太皇太后,及郎中令王臧皆下狱,自杀。丞相婴,太尉蚡免"[2]。《史记·儒林列传》论其原因,曰:"太皇窦太后好老子言,不说儒术,得赵绾、王臧之过以让上,上因废明堂事,尽下赵绾、王臧吏。后皆自杀。"[3]可见独尊儒术的过程,也是需要用生命来作铺垫的。

又《史记·儒林列传》载,清河王太傅辕固生者,齐人,以治《诗》,在孝景帝时为博士,与黄生争论景帝前。黄生是司马谈的老师,汉初有名的黄老学家。黄生说,"汤、武非受命,乃弑也。"辕固生说:"不然。夫桀、纣虐乱,天下之心皆归汤、武。汤、武与天下之心而诛桀、纣,桀、纣之民不为之使而归汤、武。汤、武不得已而立。非受命为何?"黄生说:"冠虽敝,必加于首;履虽新,必关于足。何者?上下之分也。今桀、纣虽失道,然君上也;汤、武虽圣,臣下也。夫主有失行,臣下不能正言匡过以尊天子,反因过而诛之,代立践南面,非弑而何也?"辕固生说:"必若所云,是高帝代秦即天子之位,非邪?"于是景帝说:"食肉不食马肝,不为不知味。言学者无言汤、武受命,不为愚。"此后学者不再"敢明受命放杀者"。[4]黄生欲攻击儒学,抓住儒家津津乐道的汤武革命的典故,而欲说明儒学之弑上,辕固生欲维护圣人革命的合法性,甚至以刘邦代秦为比,其态度之决绝,于此可窥一斑。

又《史记·儒林列传》载,窦太后好老子书,召辕固生问老子书,辕固生说:"此是家人言耳!"意即家人相与清静无为,不能致用,所谓老生

---

[1](汉)班固撰,(唐)颜师古注:《汉书》,北京:中华书局,1962年版,卷五第156页。
[2](汉)班固撰,(唐)颜师古注:《汉书》,北京:中华书局,1962年版,卷五第157页。
[3](汉)司马迁撰,(宋)裴骃集解,(唐)司马贞索隐,(唐)张守节正义:《史记》,北京:中华书局,1982年第2版,卷一百二十一第3122页。
[4](汉)司马迁撰,(宋)裴骃集解,(唐)司马贞索隐,(唐)张守节正义:《史记》,北京:中华书局,1982年第2版,卷一百二十一第3122-3133页。

常谈。窦太后大怒,曰:"安得司空城旦书乎!"[1] 司空是主管刑徒之官,城旦是汉一种刑名。黄老学者认为儒家学说支离破碎,如法律条文,窦太后之意是说道家难道比不上儒家的那些支离破碎的法律条文吗?因此命辕固生入圈杀猪。景帝了解太后发怒,但辕固生直言无罪,于是给辕固生利刃,下圈杀猪,正中猪心,猪应手而倒,太后才放过了辕固生。

又《史记·汲郑列传》载,汲黯、郑当时好任侠,又好黄老之言,"治官理民,好清静,择丞史而任之","治务在无为而已,弘大体,不拘文法",武帝招文学儒者,汲黯颇不以为意,曰:"陛下内多欲而外施仁义,奈何欲效唐虞之治乎?"[2]汲黯虽为批评武帝而言,然其不欲儒家之治,也昭然若揭。汲黯是汉初有名的直谏大臣,好学,可以说是文士,但其有战国游侠之风,不好儒家的彬彬有礼,确实具代表性。

自汉初及至孝武皇帝,传儒家之学者,仍代代相继。其治学态度严谨,而为官也以廉节自持。《史记·儒林列传》载有治《诗》者,如鲁国人申公,吕太后时,游学长安,与楚王刘郢同师。郢为楚王,令申公傅其太子戊,戊不好学,疾申公。及戊即位,使申公受腐刑。申公深以为耻,归家,终身不出门,并谢绝宾客,教授弟子以《诗》。兰陵人王臧受《诗》,与赵绾同门,接申公见武帝,游说武帝于儒术。及王臧与赵绾自杀,申公免归。其弟子包括临淮太守孔安国、胶西内史周霸、城阳内史夏宽、东海太守砀鲁赐、长沙内史兰陵缪生、胶西中尉徐偃,胶东内史邹人阙门庆忌,"其治官民皆有廉节,称其好学"。言《诗》,则有韩婴,燕人,有《诗》之《内传》《外传》,与齐鲁诗不同,其弟子有淮南贲生。伏生为济南人,治《尚书》,授济南张生及欧阳生,欧阳生教千乘兒宽,兒宽又从孔安国受业,"为人温良,有廉智,自持",后受张汤推介,官至御史大夫。言《礼》,则有鲁高堂生、鲁徐生及其子孙徐延、徐襄,又传及弟子公户满意、桓生、单次、瑕丘萧奋等,《易》则有田何,其先六世受自孔子弟子鲁商瞿。田何传东武人王同子仲,子仲传菑川人杨何。齐人即墨成、广川人孟但、鲁人周霸、莒人衡胡、临菑

---

[1](汉)司马迁撰,(宋)裴骃集解,(唐)司马贞索隐,(唐)张守节正义:《史记》,北京:中华书局,1982年第2版,卷一百二十一第3123页。

[2](汉)司马迁撰,(宋)裴骃集解,(唐)司马贞索隐,(唐)张守节正义:《史记》,北京:中华书局,1982年第2版,卷一百二十一第3105-3106页。

人主父偃,皆受杨何《易》学,官至二千石。董仲舒、公孙弘等则以治《春秋》成名。[1]

第三节 董仲舒与天人感应

董仲舒,广川人。少治《春秋》,孝景时为博士。《汉书·董仲舒传》曰,董仲舒"下帷讲诵,弟子传以久次相授业,或莫见其面。盖三年不窥园,其精如此。进退容止,非礼不行,学士皆师尊之"。[2]董仲舒是汉代儒学宗师。

据《汉书·孝武本纪》曰,孝武帝即位,即诏丞相、御史、列侯、中二千石、诸侯相举贤良方正直言极谏之士。而《汉书·董仲舒传》曰,董仲舒以贤良对策,先后三次,号称"天人三策",认为"国家将有失道之败,而天乃先出灾害以谴告之,不知自省,又出怪异以警惧之,尚不知变,而伤败乃至","道者,所由适于治之路也,仁义礼乐皆其具也","夫人君莫不欲安存而恶危亡,然而政乱国危者甚众,所任者非其人,而所由者非其道,是以政日以仆灭也"。[3]强调天人感应,强调通过仁义以达治道对国家存亡的重要性。

董仲舒建立其理论的基础是《春秋》大义及孔子言论。在天人三策之中,董仲舒屡言《春秋》,曰:"臣谨案《春秋》之中,视前世已行之事,以观天人相与之际,甚可畏也";"臣谨案《春秋》之文,求王道之端,得之于正";"臣谨案《春秋》谓一元之意,一者万物之所从始也,元者辞之所谓大也。谓一为元者,视大始而欲正本也。《春秋》深探其本,而反自贵者始。故为人君者,正心以正朝廷,正朝廷以正百官,正百官以正万民,正万民以正四方。四方正,远近莫敢不壹于正,而亡有邪气奸其间者";"孔子作《春秋》,上揆之天道,下质诸人情,参之于古,考之于今。故《春秋》之所讥,灾害之所加也,《春秋》之所恶,怪异之所施也";"古者修教训之官,务

---

[1](汉)司马迁撰,(宋)裴骃集解,(唐)司马贞索隐,(唐)张守节正义:《史记》,北京:中华书局,1982年第2版,卷一百二十一第3120-3128页。
[2](汉)班固撰,(唐)颜师古注:《汉书》,北京:中华书局,1962年版,卷五十六第2495页。
[3](汉)班固撰,(唐)颜师古注:《汉书》,北京:中华书局,1962年版,卷五十六第2498-2499页。

以德善化民，民已大化之后，天下常亡一人之狱矣。今废而不修，亡以化民，民以故弃行谊而死财利，是以犯法而罪多，一岁之狱以万千数。以此见古之不可不用也，故《春秋》变古则讥之"；"《春秋》大一统者，天地之常经，古今之通谊也。今师异道，人异论，百家殊方，指意不同，是以上亡以持一统；法制数变，下不知所守。臣愚以为诸不在六艺之科孔子之术者，皆绝其道，勿使并进。邪辟之说灭息，然后统纪可一而法度可明，民知所从矣"。[1]董仲舒引述《诗》《书》及孔子之言，也不胜枚举。

综合董仲舒对策意旨，核心是尊孔而复古，由尊孔复古的价值观，引发大一统价值观，即在思想上、政治上的统一，特别是提出罢黜百家，以"六艺"之学及孔子之术为术，可以说是尊孔及复古价值观的最集中体现。天人感应，之说是有神秘主义之嫌，但却是借天道以限制君权。这种神秘主义的落脚点，是认为圣上应以孔子所倡导的仁义政治保持德治传统，以人民为父母，而不是以人民为敌，否则，必受上天惩戒。从此出发点建立其政治学说，不能说其中没有进步的内涵。

孔子思想的核心是仁，而仁的意旨是爱人，欲人忠恕而已，即己所不欲，勿施于人；己欲立而立人，己欲达而达人。具有此仁义之心，必然具有慈悲之行。董仲舒高举孔子的旗识，正可以修补人民因法治之酷而带来的创伤。孔子的最高理想是大道之行的天下为公，《礼记·礼运》所谓"大同"，大同不能实现，则退而求小康，小康以大人世及为礼，但尚信修睦，使民有常，是通往大同的必由之路。大同、小康的共同特点，都是有一个统一的秩序，政出自首长，而非政出多门，因此，人民才不至于左右维谷、无所适从。《春秋》大义，在于尊王攘夷，贬天子，退诸侯，维护礼制秩序，也就是维护周天子的一统天下。天下的统一，是人民安居乐业的前提。从此意义出发，董仲舒从《春秋》中总结出大一统的主题，却并非牵强附会，其追求统一的价值观，与西汉初年的文人墨客并无二致。

孔子思想代表了中国传统文化的精华，其仁义慈悲的胸怀，必然为一切善良的人所拥戴。随着汉王朝统治的巩固，社会的秩序逐渐恢复常态，人

---

[1]（汉）班固撰，（唐）颜师古注：《汉书》，北京：中华书局，1962 年版，卷五十六第 2498-2523 页。

们的善良愿望渐趋旺盛，这就是儒学在汉武帝时必然复兴的原因。

《汉书·董仲舒传》载，董仲舒受诏，"对既毕，天子以仲舒为江都相，事易王"[1]。据《汉书·景十三王传》，江都易王非，程姬所生，"有材气"，"以军功赐天子旗"，"好气力，治宫馆，招四方豪桀，骄奢甚"[2]。及董仲舒为江都相，《汉书·董仲舒传》载，"易王，帝兄，素骄，好勇。仲舒以礼谊匡正，王敬重焉"。刘非问董仲舒说："越王勾践与大夫泄庸、种、蠡谋伐吴，遂灭之。孔子称殷有三仁，寡人亦以为越有三仁。桓公决疑于管仲，寡人决疑于君。"董仲舒回答说："臣愚不足以奉大对。闻昔者鲁君问柳下惠：'吾欲伐齐，何如？'柳下惠曰：'不可。'归而有忧色，曰：'吾闻伐国不问仁人，此言何为至于我哉！'徒见问耳，且犹羞之，况设诈以伐吴虖？由此言之，越本无一仁。夫仁人者，正其谊不谋其利，明其道不计其功，是以仲尼之门，五尺之童羞称五伯，为其先诈力而后仁谊也。苟为诈而已，故不足称于大君子之门也。五伯比于他诸侯为贤，其比三王，犹武夫之与美玉也。"[3] 从这一段话中，我们仍然可以看出董仲舒不仅在理论上尊孔复古，而且在政治实践和对历史人物的评价上，也是推崇古圣贤言论，以仁义为衡量是非的标准。与楚汉战争时的实用主义价值观有很大区别。也就是说，董仲舒更强调原则性，而不注重实用性。这种思想倾向，适应了汉王朝渐趋稳定，社会逐步走上秩序化道路的形势需要。

董仲舒的天人感应理论，是他的治国方略的重要出发点。《汉书·董仲舒传》说，"仲舒治国，以《春秋》灾异之变推阴阳所以错行，故求雨，闭诸阳，纵诸阴，其止雨反是；行之一国，未尝不得所欲"[4]。《春秋繁露》之《郊语》曰："天者，百神之大君也。事天不备，虽百神犹无益也。何以言其然也？祭而地神者，《春秋》讥之。孔子曰：'获罪于天，无所祷也。'是其法也。"[5] 董仲舒敬天，认为天有意志，《阴阳义》曰："天亦有喜怒

---

[1]（汉）班固撰，（唐）颜师古注：《汉书》，北京：中华书局，1962年版，卷五十六第2523页。
[2]（汉）班固撰，（唐）颜师古注：《汉书》，北京：中华书局，1962年版，卷五十三第2414页。
[3]（汉）班固撰，（唐）颜师古注：《汉书》，北京：中华书局，1962年版，卷五十六第2523-2524页。
[4]（汉）班固撰，（唐）颜师古注：《汉书》，北京：中华书局，1962年版，卷五十六第2524页。
[5]（清）苏舆撰，钟哲点校：《春秋繁露义证》，北京：中华书局，1992年版，卷十四第398页。

之气，哀乐之心，与人相副。以类合之，天人一也。春，喜气也，故生；秋，怒气也，故杀；夏，乐气也，故养；冬，哀气也，故藏。四者天人同有之。"[1]因此，董仲舒认为，"有其理而一用之。与天同者大治，与天异者大乱。故为人主之道，莫明于在身之与天同者而用之，使喜怒必当义而出，如寒暑之必当其时乃发也。"[2]《顺命》云："父者，子之天也；天者，父之天也。无天而生，未之有也。天者万物之祖，万物非天不生。独阴不生，独阳不生，阴阳与天地参然后生。"又曰："天子受命于天，诸侯受命于天子，子受命于父，臣妾受命于君，妻受命于夫。诸所受命者，其尊皆天也，虽谓受命于天亦可。天子不能奉天之命，则废而称公。"[3]《玉杯》曰："屈民而伸君，屈君而伸天，《春秋》之大义也。"[4]董仲舒以阴阴灾异之行，推导出社会秩序，强调天命的重要性，灾异作为天命的表现形式，是检验天命实施情况的试金石。《必仁且知》曰："天地之物有不常之变者，谓之异，小者谓之灾。灾常先至而异乃随之。灾者，天之谴也；异者，天之威也。谴之而不知，乃畏之以威。"[5]董仲舒认为，灾异的产生虽表明天有不满，但并不表明天欲改朝换代，而是欲救之也。所以，《必仁且知》曰："国家之失乃始萌芽，而天出灾害以谴告之；谴告之而不知变，乃见怪异以惊骇之；惊骇之尚不知畏恐，其殃咎乃至。以此见天意之仁而不欲陷人也。"[6]

董仲舒发明心得，提出君权神授之主张，《春秋繁露·顺命》曰："德侔天地者，皇天右而子之，号称天子。"[7]即强调天子以其德行受天庇护，同时，又总结出灾异之变实欲以此神秘主义理论，督导君主之向善，在君主的世俗权力上，寻到了一个既抽象又具体的"神"，意图给君权加上笼子。不过，即使是董仲舒的学生，也未必认可其师之学说有可靠性。《汉书·董仲舒传》说："先是辽东高庙、长陵高园殿灾，仲舒居家推说其意，草稿未上，主父

---

[1]（清）苏舆撰，钟哲点校：《春秋繁露义证》，北京：中华书局，1992年版，卷十二第341页。
[2]（清）苏舆撰，钟哲点校：《春秋繁露义证》，北京：中华书局，1992年版，卷十二第341-342页。
[3]（清）苏舆撰，钟哲点校：《春秋繁露义证》，北京：中华书局，1992年版，卷十五第410-413页。
[4]（清）苏舆撰，钟哲点校：《春秋繁露义证》，北京：中华书局，1992年版，卷一第32页。
[5]（清）苏舆撰，钟哲点校：《春秋繁露义证》，北京：中华书局，1992年版，卷八第259页。
[6]（清）苏舆撰，钟哲点校：《春秋繁露义证》，北京：中华书局，1992年版，卷八第259页。
[7]（清）苏舆撰，钟哲点校：《春秋繁露义证》，北京：中华书局，1992年版，卷十五第410页。

偃候仲舒，私见，嫉之，窃其书而奏焉。上召视诸儒，仲舒弟子吕步舒不知其师书，以为大愚。于是下仲舒吏，当死，诏赦之。仲舒遂不敢复言灾异。"[1] 投机分子主偃之所以敢举报董仲舒，就是认为皇帝都有为所欲为的私心，不愿受约束。但汉代的皇帝心胸总是宽广的，董仲舒被赦，既打击了他的自尊，又体现了皇帝的宽容，一举两得。

董仲舒为人廉直，在当世有口碑，因与公孙弘不睦，出为胶西王相。胶西王刘端与江都易王刘非都出自程姬，为汉武帝之兄长。《汉书·景十三王传》说刘端"为人贼戾"，"相二千石至者，奉汉法以治，端辄求其罪告之，亡罪者诈药杀之。所以设诈究变，强足以距谏，知足以饰非。相二千石从王治，则汉绳以法。故胶西小国，而所杀伤二千石甚众"。[2]公孙弘心嫉董仲舒，遂对汉武帝说，"独董仲舒可使相胶西王"[3]，目的是为了置董仲舒于死地。据《汉书·董仲舒传》载，"胶西王闻董仲舒大儒，善待之，仲舒恐久获罪，病免。凡相两国，辄事骄王，正身以率下，数上疏谏争，教令国中，所居而治"。[4]连胶西王、江都王这样的骄王，也不得不善待董仲舒，足见董仲舒人格力量的博大。

《汉书·五行志》云："景、武之世，董仲舒治《公羊春秋》，始推阴阳，为儒者宗。"[5]作为儒学大师，董仲舒著述丰富，《汉书·董仲舒传》说"仲舒所著，皆明经术之意，及上疏条教，凡百二十三篇。而说《春秋》事得失，《闻举》《玉杯》《蕃露》《清明》《竹林》之属，复数十篇，十余万言，皆传于后世"。董仲舒好学，"及去位归居，终不问家产业，以修学著书为事"。董仲舒以其丰富学说，优良人格赢得了尊敬，"仲舒在家，朝廷如有大议，使使者及廷尉张汤就其家而问之，其对皆有明法"。又曰："及仲舒对册，推明孔氏，抑黜百家。立学校之官，州郡举茂材孝廉，皆自仲舒发之。"[6]

---

[1]（汉）班固撰，（唐）颜师古注：《汉书》，北京：中华书局，1962年版，卷五十六第2524页。
[2]（汉）班固撰，（唐）颜师古注：《汉书》，北京：中华书局，1962年版，卷五十三第2418-2419页。
[3]（汉）班固撰，（唐）颜师古注：《汉书》，北京：中华书局，1962年版，卷五十六第2525页。
[4]（汉）班固撰，（唐）颜师古注：《汉书》，北京：中华书局，1962年版，卷五十六第2525页。
[5]（汉）班固撰，（唐）颜师古注：《汉书》，北京：中华书局，1962年版，卷二十七第1317页。
[6]（汉）班固撰，（唐）颜师古注：《汉书》，北京：中华书局，1962年版，卷五十六第2525-2526页。

董仲舒的尊孔及复古价值观，带来了儒学的复兴，并直接导致了儒学独尊地位的建立。

儒学独尊地位的确立，对西汉政治的影响是极其深远的。赵翼《廿二史札记》卷二所举"汉时以经义断事"可以作为证明，赵翼说：

> 汉初法制未备，每有大事，朝臣得援经义以折衷是非。如张汤为廷尉，每决大狱，欲傅古义，乃请博士弟子治《尚书》《春秋》者，补廷尉史，亭疑奏谳；倪宽为廷尉掾，以古义决疑狱，奏辄报可；张敞为京兆尹，每朝廷大议，敞引古今处便宜，公卿皆服是也。今见于各传者：宣帝时，有一男子诣阙，自称卫太子，举朝莫敢发言，京兆尹隽不疑至，即令缚之。或以为是非未可知，不疑曰："昔蒯聩违命出奔，辄拒而不纳，《春秋》是之。卫太子得罪先帝，已为罪人矣。"帝及霍光闻之曰："公卿当用经术明大义者。"匈奴大乱，议者遂欲举兵灭之。萧望之曰："《春秋》，士匄侵齐，闻齐侯卒，引师还，君子善其不伐丧。今宜遣使吊问，则四夷闻之，咸服中国之仁义。"宣帝从之，呼韩邪单于遂内属。朱博、赵玄、傅晏等奏，何武、傅喜虽已罢退，仍宜革爵。彭宣劾奏，博、玄、晏等欲禁锢大臣，以专国权。诏下公卿议。龚胜引叔孙侨如欲专国，谮季孙行父于晋，晋人执囚行父，《春秋》重而书之。今傅晏等职为乱阶，宜治其罪。哀帝乃削晏封户，坐玄罪。哀帝宠董贤，以武库兵送其第，毋将隆奏："《春秋》之谊，家不藏甲，所以抑臣威也。孔子曰：'奚取于三家之堂。'臣请收还武库。"贾捐之与杨兴迎合石显，上书荐显，为显所恶，下狱定谳，引《书》'谗说殄行'，《王制》'顺非而泽'，请论如法。捐之遂弃市，兴减死一等。此皆无成例可援，而引经义以断事者也。援引古义，固不免于附会，后世有一事即有一例，自亦无庸援古证今，第条例过多，竟成一吏胥之天下，而经义尽为虚设耳。[1]

我们且不论以经义断事本身的是非，但以经义断事为时人所认同的事实，便说明经义在时人心目中至高无上的地位。

---

[1]（清）赵翼著，王树民校证：《廿二史札记校证》，北京：中华书局，1984年版，卷二第43页。

第四节 五经的传承

儒学的复兴，其重要体现便是传薪不绝。汉代五经流传甚广，治经者极众多。关于五经的传承，《汉书》所载甚详，足可以了解当日五经学术概貌。

《汉书·儒林传》所载治《易》者众。丁宽，字子襄，梁人。梁项生从田何受《易》，而丁宽为梁项生从者，读《易》精敏，材过项生，遂事田何，受田何器重。学成东归，至洛阳，又从周王孙受古义，号《周氏传》。景帝时，为梁孝王将军拒吴楚，号丁将军。作《易说》三万言，训故举大义而已。

丁宽有弟子砀田王孙，王孙授施雠、孟喜、梁丘贺，所以《易》在汉有施、孟、梁丘之学。

施雠，字长卿，沛人，以童子从王孙受《易》，王孙为博士，从卒业。谦让，常称学废，不教授。梁丘贺为少府，遣子弟就学于雠，并推荐说施雠"结发事师数十年，贺不能及"，诏拜雠为博士。甘露中与五经诸儒论同异于石渠阁，授弟子张禹、琅邪鲁伯。鲁伯为会稽太守，张禹至丞相。张禹授淮阳彭宣、沛戴崇子平，崇为九卿，宣至大司空。鲁伯有徒太山毛莫如少路，官至常山太守，而另一学生琅邪邴丹曼容有清名。因此施家《易》有张、彭之学。

孟喜，字长卿，东海兰陵人。父号曰孟卿，善为《礼》《春秋》，授后苍、疏广，世所传《后氏礼》，《疏氏春秋》，皆出孟卿。孟卿认为《礼》经多，《春秋》繁杂，使孟喜从王孙学《易》。喜好自称誉，得《易》家候阴阳灾变书，诈称受之王孙，为梁丘贺所揭露。而蜀人赵宾治《易》，好小数书，持论巧慧，自称受之孟喜，孟喜遂承认赵宾为其弟子。孟喜举孝廉为郎，曲台署长，后为丞相掾。博士缺，众荐，皇帝听说孟喜不守师法，不用，其弟子白光少子、沛翟牧子兄皆为博士，因此孟氏《易》有翟、孟、白之学。

梁丘贺，字长翁，琅邪诸人，以能心计，为武骑，从太中大夫京房受《易》。京房出为齐郡太守，梁丘贺改从田王孙。宣帝时，闻京房《易》明，召梁丘贺，为郎，善为筮，有应验，为太中大夫，给事中，至少府。为人小心周密，上信重之，年老终官。子临，以说《易》为黄门郎，受到通五经的琅邪王吉欣赏，命子郎中王骏上疏从临受《易》，后临为少府，王骏官至御史大夫。五鹿充宗君孟治《易》，为少府，传梁丘贺之学，有弟子平陵士孙张仲方，沛邓彭祖之夏,齐衡咸长宾。张仲方为博士,官至扬州牧,光禄大夫给事中,彭祖为真定太傅,咸为王莽讲学大夫。因此《易》梁丘之学有士孙、邓、衡之学。

京房尝有学生东海殷嘉、河东姚平、河南乘弘,皆为郎、博士,传灾异之说。另外,费直字长翁,东莱人,治《易》为郎,至单父令,长于卦筮,无章句,只以象象系辞十篇文言解说上正经。高相,沛人,治《易》与费直同时,言阴阳灾异,自言出自丁将军。高相传至子康及兰陵毋将永,高康以明《易》为郎,毋将永至豫章都尉。后高康为王莽诛杀。高费二人之《易》学未立于学官。[1]

汉代《尚书》传自伏生。伏生,济南人,为秦博士。孝文时九十余,晁错从受。伏生有《尚书》二十九篇,教济南张生及欧阳生,张生为博士。

欧阳生,字和伯,千乘人,授倪宽。倪宽又受业孔安国,至御史大夫。宽授欧阳生子,至曾孙高子阳为博士。高孙地余长宾以太子中庶子授太子,后为博士,论石渠。元帝即位,地余侍中,贵幸,至少府。戒其子曰:"我死,官属即送汝财物,慎毋受。汝九卿儒者子孙,以廉洁著,可以自成。"及地余死,官属送礼数百万,其子不受,天子闻而赐钱百万。少子政为王莽讲学大夫。由是《尚书》有欧阳氏之学。

林尊,字长宾,济南人,事欧阳高。为博士,论石渠,后至少府、太子太傅,授平陵平当、梁陈翁生,平当至丞相,翁生至信都太傅。由是欧阳有平、陈之学。翁生授琅邪殷崇、楚国龚胜,殷崇官博士,龚胜为右扶风。平当授九江朱普公文、上党鲍宣,朱普为博士,鲍宣官至隶校尉。

夏侯胜,其先夏侯都尉,从济南张生受《尚书》,传族人始昌,始昌传胜,胜又事同郡蕳卿,蕳卿为倪宽门人。胜传从兄子建,建又事欧阳高。夏侯胜官至长信少府,建至太子太傅。因此《尚书》有大小夏侯之学。

夏侯胜有弟子周堪,字少卿,齐人,任译官令,论于石渠,经为最高,为太子太傅,其同学孔霸为博士,以太中大夫授太子。元帝即位,周堪为光禄大夫,与萧望之并领尚书事,为石显等所谮,免官。望之自杀,元帝擢堪

---

[1]（汉）班固撰,（唐）颜师古注:《汉书》,北京:中华书局,1962年版,卷八十八第3597-3602页。

为光禄勋。周堪有学生牟卿及长安许商长伯，牟卿为博士。孔霸因帝师赐号褒成君，其子孔光从牟卿学，位至丞相。许商善为算，著《五行论历》，四至九卿。有门人沛唐林子高、平陵吴章伟君、重泉王吉少音、齐炔钦幼卿，王莽时林、吉为九卿，钦、章为博士。由此大夏侯有孔、许氏之学。

张山拊，字长宾，平陵人，事小夏侯建，为博士，论石渠，至少府。学生山阳张无故子儒善修章句，为广陵太傅；信都秦恭延君增师法至百万言，为城阳内史；陈留假仓子骄以谒者论石渠，至胶东相；李寻善说灾异，为骑都尉；郑宽中少君有俊才，以博士授太子，成帝即位，赐爵关内侯，食邑八百户，迁光禄大夫，领尚书事，甚尊重。既死，谷永上疏称"郑宽中有颜子之美质，包商、偃之文学，严然总五经之眇论"。宽中有学生东郡赵玄，哀帝时官御史大夫，至大官。张无故有学生沛唐尊，王莽时为太傅，秦恭有学生鲁冯宾，为博士。由是小夏侯有郑、张、秦、假、李氏之学。

孔氏有古文《尚书》，孔安国以今文字读之，增益十余篇。孔安国任谏大夫，授都尉朝，司马迁亦为安国学生。都尉朝授胶东庸生，庸生授清河胡常少子，因明《穀梁春秋》，为博士、部刺史，又传《左氏》。胡常授虢徐敖，徐敖为右扶风掾，又传毛氏《诗》，授王璜、平陵涂恽子真，子真授河南桑钦君长，王莽时皆立为博士。[1]

汉有四家诗，而《毛诗》晚出。

鲁申公少与楚元王刘交从浮丘伯受《诗》，刘郢为楚王，申公为太子戊傅，后因刘戊不礼敬之，归家教授。兰陵王臧从受《诗》，为太子少傅，武帝时一岁至郎中令。代赵绾受《诗》申公，为御史大夫。武帝召申公为太中大夫，时年八十余。后王臧、赵绾因窦太后故，自杀，申公免归。有弟子千余人，其弟子为博士十余人，孔安国至临淮太守，周霸胶东内史，夏宽城阳内史、砀鲁赐东海太守，兰陵缪生长沙内史，徐偃胶西中尉，邹人阙门庆忌胶东内史，其治官民皆有廉节称。其学官弟子行虽不备，而至于大夫、郎、掌故以百数。申公弟子有瑕丘江公和鲁许生、免中徐公，学问最盛，韦贤治《诗》，从江公及许生，兼治《礼》，官至丞相，其子玄成受其父之学，以淮阳中尉

---

[1]《儒林传》，见（汉）班固撰，（唐）颜师古注：《汉书》，北京：中华书局，1962年版，卷八十八第3603-3607页。

论石渠，官也至丞相。韦玄成及其兄子韦赏以《诗》授哀帝，韦赏官至大司马车骑将军。由此《鲁诗》有韦氏之学。王式字翁思，东平新桃人，也是徐公及许生弟子，为昌邑王师。王式有学生山阳张长安幼君、东平唐长宾、沛褚少孙皆为博士，张长安论石渠，官至淮阳中尉，唐生官楚大傅。张长安兄子张游卿学《诗》，为谏大夫，以《诗》授元帝。张游卿门人琅邪王扶为泗水中尉，陈留许晏官博士。王式弟子薛广德以博士论石渠，官至御史大夫，其弟子龚舍官泰山太守。由此《鲁诗》有张、唐、褚氏之学。

齐人辕固孝景时为博士，曾与黄生论汤武革命事，肯定汤武伐桀纣的正确性，又对窦太后非黄老学，官至清河太傅。及武帝时，对公孙弘说：“公孙子，务正学以言，无曲学以阿世。”[1]其弟子以昌邑王大傅夏侯始明最有名。夏侯始明弟子后苍字近君，东海郯人，通《诗》《礼》，为博士，官至少傅，有学生翼奉、萧望之、匡衡，翼奉官谏大夫，萧望之官前将军，匡衡官丞相。匡衡有学生琅邪师丹官大司空，伏理斿君官高密太傅，颍川满昌君都官詹事。满昌学生九江张邯、琅邪皮容皆至大官。由此《齐诗》有翼、匡、师、伏之学。

燕人韩婴孝文帝时任博士，景帝时为常山太傅，作《内传》《外传》解说《诗经》，武帝时韩婴与董仲舒议论，其人精悍，处事分明。又长于《易》，其孙韩商为博士，宣帝时，涿郡韩生亦为其后，司隶校尉盖宽饶本受孟喜《易》，见韩生《易》，又从受之。河内赵子也是韩婴弟子，有学生蔡谊，官至丞相。蔡谊弟子王吉为昌邑王中尉，食子公为博士。食子公有弟子泰山栗丰，王吉有学生淄川长孙顺，栗丰官部刺史，长孙顺官博士。栗丰弟子山阳张就、长孙顺弟子东海发福皆至大官。由此《韩诗》有王、食、长孙之学。

赵人毛公治《诗》，为河间献王博士，授贯长卿，长卿授解延年。延年为阿武令，有弟子徐敖，徐敖授九江陈侠，陈侠曾为王莽讲学大夫。由此习《毛诗》者出自徐敖。

鲁高堂生在汉初传《士礼》十七篇，有弟子徐生，鲁人，孝文时为礼官大夫。其孙徐延、徐襄习之，徐襄为颂大夫，至广陵内史，徐延及徐生弟子公户满意、桓生、单次皆为礼官大夫，徐生另一弟子瑕丘萧奋以《礼》官

---

[1]《儒林传》，见（汉）班固撰，（唐）颜师古注：《汉书》，北京：中华书局，1962年版，卷八十八第3612页。

至淮阳太守。萧奋弟子东海孟卿授后仓、鲁间丘卿,后仓授沛闻人通汉子方、梁戴德延君、戴圣次君、沛庆普孝公,孝公官东平太傅,大戴德为信都太傅,小戴圣以博士论石渠,官至九江太守,通汉以太子舍人论石渠,官至中山中尉。庆普孝公又授鲁夏侯敬、族子庆咸,庆咸官豫章太守。大戴弟子琅邪徐良斿卿,徐良先后为博士、州牧、郡守。小戴有弟子梁桥仁秀卿、杨荣子孙,桥仁官太鸿胪,杨荣官琅邪太守。由此大戴有徐氏之学,小戴有桥、杨氏之学。[1]

齐人胡母生,字子都,以《公羊春秋》为景帝博士,公孙弘曾从受教。弟子兰陵褚大至梁相,温吕步舒至丞相长史,东平嬴公守学不失师法,昭帝时为谏大夫,授东海孟卿、鲁眭孟。眭孟官符节令,坐说灾异,被诛。眭孟有弟子东海下邳人严彭祖,字公子,宣帝时任博士,后官河南、东郡太守,以高第入为左冯翊,迁太子太傅,廉直不事权贵,曰:"凡通经术,固当修行先王之道,何可委曲从俗,苟求富贵乎!"[2] 彭祖授琅邪王中,王中为元帝少府,中授公孙文、东门云,公孙文为东平太傅,东门云官荆州刺史。眭孟弟子颜安乐,字公孙,鲁国薛人,眭孟姊之子,为学精力,官至齐郡太守丞。颜安乐有弟子淮阳泠丰次君、淄川任公,任公官少府,泠丰官淄川太守。贡禹先学于嬴公,后从学眭孟,至御史大夫;疏广事孟卿,官到太子太傅。疏广弟子琅玡筦路官御史中丞,贡禹弟子颍川堂溪惠授泰山冥都,冥都官丞相史。筦路弟子孙宝为大司农。泠丰弟子马宫至大司徒,琅邪左咸官郡守、九卿。由此颜氏有筦、冥之学。

瑕丘江公受《穀梁春秋》及《诗》于申公,子孙俱为博士。后有鲁荣广王孙、皓星二人从学,荣广有弟子沛蔡千秋少君,梁周庆幼君,丁姓子孙。宣帝时,蔡千秋为郎,为宣帝说《穀梁春秋》,擢为谏大夫给事中,后任郎中户将。周庆、丁姓为博士,后丁姓至中山太傅,授楚申章昌曼君,曾任博士,后官长沙太傅。尹更始为《穀梁》议郎,蔡千秋弟子,官谏大夫、长乐户将。其子尹咸及翟方进、琅邪房凤从学,尹咸官大司农,翟方进官丞相。房凤,字

---

[1]《儒林传》,见(汉)班固撰,(唐)颜师古注:《汉书》,北京:中华书局,1962年版,卷八十八第 3608-3615 页。
[2]《儒林传》,见(汉)班固撰,(唐)颜师古注:《汉书》,北京:中华书局,1962年版,卷八十八第 3616 页。

子元，不其人，曾官光禄大夫、五官中郎将，与光禄勋王龚、奉车都尉刘歆侍中，奏立《左氏春秋》，受师丹之劾，王龚出为弘农太守，刘歆为河内太守，房凤为九江太守，后官青州牧。江公弟子有胡常者，授梁萧秉君房，王莽时为讲学大夫。由此，《穀梁春秋》有尹、胡、申章、房氏之学。

胡常弟子黎阳贾护季君，哀帝时为郎，授苍梧陈钦子佚，子佚以《左氏》授王莽，官至将军。刘歆则师从尹咸。而《左氏春秋》，在汉初有北平侯张苍、贾谊、京兆尹张敞、太中大夫刘公子等修习，贾谊授赵贯公，贯公为河间献王博士，子长卿为荡阴令，授清河张禹长子，禹与萧望之同时为御史，后望之为太子太傅，荐张禹，张禹弟子尹更始传翟方进、胡常。由此《左氏春秋》有贾护、刘歆之学。[1]

---

[1]《儒林传》，见（汉）班固撰，（唐）颜师古注：《汉书》，北京：中华书局，1962年版，卷八十八第3615-3620页。

第七章 儒生官僚的操守

尊孔复古成为西汉文人的普遍价值观，当西汉大批以经义见长的文人进入官场，官运亨通，他们是否能贯彻圣人的理想，坚持儒生立场，这是我们需要关注的。在大部分时候，一些文人或者知识分子投身官场以后，会背弃自己的理想而变成一个机会主义者，这个时候，他已经不再是文人或者知识分子了，因为他已经不再保持文人或者知识分子的价值观了。而西汉文人官僚之中的大部分人，都是恪守了儒生立场的。

第一节 圣人的理想政治

要考察西汉文人官僚是否有操守，核心的问题是他们是否坚守了孔子思想，这其中又以把握其终极政治理想最为关键。儒家以修身为起点，以个人品德的养成实现其理想的社会政治模式。其修身的起点是培养仁爱精神，其终极政治理想是实现大同。

孔子思想以"仁"为核心，"仁"是孔子及其弟子愿意用生命捍卫的东西，所以，孔子说："君子无终食之间违仁，造次必于是，颠沛必于是。"[1] 又说："志士仁人，无求生以害仁，有杀身以成仁。"[2] 其得意门生曾子则说："士不可不弘毅，任重而道远。仁以为己任，不亦重乎；死而后已，不亦远乎？"[3] 孔子的弟子问仁，孔子回答说"爱人"，[4] 孔子又说："泛爱众而亲仁"[5]、"君子学道则爱人"[6]。"爱人"就是以善心对待同类，这是养成平等、民主主义品德，能够不剥夺他人自由的基础。孔子为了贯彻"爱人"的原则，提出了"恕"的行动纲领，学生问他"有一言而可终身行之者乎？"孔子回答说："其恕乎！己所不欲，勿施于人。"[7]"恕"作为孔子"一以贯之"之"道"[8] 是实现"仁"的基本途径，实现了"恕"，也就是实践了仁，孔子说："夫

---

[1]《里仁》，（清）刘宝楠著：《论语正义》，卷五第 76 页，见《诸子集成》，北京：中华书局，2006 年第 2 版。

[2]《卫灵公》，（清）刘宝楠著：《论语正义》，卷十八第 337 页，见《诸子集成》，北京：中华书局，2006 年第 2 版。

[3]《泰伯》，（清）刘宝楠著：《论语正义》，卷九第 159-160 页，见《诸子集成》，北京：中华书局，2006 年第 2 版。

[4]《颜渊》，（清）刘宝楠著：《论语正义》，卷十五第 278 页，见《诸子集成》，北京：中华书局，2006 年第 2 版。

[5]《学而》，（清）刘宝楠著：《论语正义》，卷一第 10 页，见《诸子集成》，北京：中华书局，2006 年第 2 版。

[6]《阳货》，（清）刘宝楠著：《论语正义》，卷二十第 369 页，见《诸子集成》，北京：中华书局，2006 年第 2 版。

[7]《卫灵公》，（清）刘宝楠著：《论语正义》，卷十八第 343 页，见《诸子集成》，北京：中华书局，2006 年第 2 版。

[8]《里仁》，（清）刘宝楠著：《论语正义》，卷五第 81 页，见《诸子集成》，北京：中华书局，2006 年第 2 版。

仁者，己欲立而立人，己欲达而达人，能近取譬，可谓仁之方也已。"[1] "己欲立而立人，己欲达而达人"与"己所不欲，勿施于人"是一种行为原则的两个方面，都是"能近取譬"的"恕"，其核心是推己以谅人，即自己不愿意做的事，自己不愿意承受的痛苦，绝不强加于人，自己想实现的愿望，应该让别人也实现，也就是说，要承认他人和自己有同样的平等权利，不驱使他人，不强迫他人——也就是说，要给他人自由的权利。

孔子在强调"爱人"的时候，更多强调的是给他人自由，他说"躬自厚而薄责于人""君子求诸己，小人求诸人"[2]，即对自己严格要求，而对别人宽宏大量。孔子这样做，并不是认为自己对自己不重要，而是他要教导他的学生去治国平天下，治国平天下者只有限制自己的欲望，才能通过自己的身体力行，以模范的行为影响他人，进而创造一个好的道德环境，实现全民的福祉。所以，孔子说："道千乘之国，敬事而信，节用而爱人，使民以时。"[3] "节"就是抑制欲望，"爱人"就是强调统治者与人民平等，"使民以时"就是要给人民更大的自由权利。所以，孔子赞扬原始氏族社会的"无为"，他说："无为而治者，其舜也与! 夫何为哉，恭己正南面而已矣。"[4] "无为"就是不限制人民的自由，让人民自由地生活。

孔子在他生活的时代，充满了对现实的不满，其原因无他，在于孔子把大同世界当作自己理想社会的归宿，当作自己的终极追求，其他只不过是他达到理想彼岸的桥梁。《礼记·礼运》说得最为明白："昔者，仲尼与于蜡宾，事毕，出游于观之上，喟然而叹。仲尼之叹，盖叹鲁也。言偃在侧，曰：'君子何叹？'孔子曰：'大道之行也，与三代之英，丘未之逮也，而有志焉。大道之行也，天下为公。选贤举能，讲信修睦。故人不独亲其亲，不独子其子，使老有所终，壮有所用，幼有所长，矜、寡、孤、独、废、疾

---

[1]《雍也》，（清）刘宝楠著：《论语正义》，卷七第134页，见《诸子集成》，北京：中华书局，2006年第2版。
[2]《卫灵公》，（清）刘宝楠著：《论语正义》，卷十八第340-342页，见《诸子集成》，北京：中华书局，2006年第2版。
[3]《学而》，（清）刘宝楠著：《论语正义》，卷一第7-9页，见《诸子集成》，北京：中华书局，2006年第2版。
[4]《卫灵公》，（清）刘宝楠著：《论语正义》，卷十八第334页，见《诸子集成》，北京：中华书局，2006年第2版。

者皆有所养,男有分,女有归。货恶其弃于地也,不必藏于己;力恶其不出于身也,不必为己。是故谋闭而不兴,盗窃乱贼而不作,故外户而不闭,是谓大同。今大道既隐,天下为家。各亲其亲,各子其子。货力为己。大人世及以为礼,城郭沟池以为固,礼义以为纪,以正君臣,以笃父子,以睦兄弟,以和夫妇,以设制度,以立田里,以贤勇知,以功为己,故谋用是作,而兵由此起。禹、汤、文、武、成王、周公,由此其选也。此六君子者,未有不谨于礼者也,以著其义,以考其信,著有过,刑仁讲让,示民有常,如有不由此者,在势者去,众以为殃,是谓小康。'"[1]孔子心所神往的是人人平等、自由民主的"大同世界","小康"时代虽能谨礼、著义、考信、著过,刑仁讲让,示民以常,已是不得已。

  孔子作为儒家尊崇的圣人,他的主张在战国儒家那里并没有被抛弃,郭店楚简出土的大量孔子至孟子之间的儒家著作,如《唐虞之道》等,皆体现了儒家学者的大同理想。而孟子虽然没有提到"大同世界"的理想,但他所言"王道",就是期望通过"仁政"的积累,让人民自由自主地作出选择,而不是通过暴力强迫人民的意志。为此,孟子强调人性之向善,强调恻隐、羞恶、辞让、是非之心,认为"无恻隐之心,非人也;无羞恶之心,非人也;无辞让之心,非人心;无是非之心,非人也。恻隐之心,仁之端也;羞恶之心,义之端也;辞让之心,礼之端也;是非之心,智之端也"。[2]仁义礼智是人与非人的分水岭,而人皆有仁义礼智之心性,所以,凡人、圣人心性本来是相通的。《孟子·告子上》之所谓"凡同类者,举相似也,何独至于人而疑之?圣人,与我同类者"[3],正指的是凡人、圣人天赋的平等。治国需要"推恩"[4],因为"人皆有所不忍,达之于其所忍,仁也;人皆有所不为,达之于其所为,义也。人能充无欲害人之心,而仁不可胜用也;人能充无穿踰之心,而义不

---

[1](汉)郑玄注,(唐)孔颖达等正义:《礼记正义》,卷二十一,见《十三经注疏》,上海:上海古籍出版社,1997年版,第1413-1414页。
[2]《公孙丑上》,(清)焦循著:《孟子正义》,卷三第138-139页,见《诸子集成》,北京:中华书局,2006年第2版。
[3](清)焦循著:《孟子正义》,卷十一第449页,见《诸子集成》,北京:中华书局,2006年第2版。
[4]《梁惠王上》,(清)焦循著:《孟子正义》,卷一第52页,见《诸子集成》,北京:中华书局,2006年第2版。

可胜用也"[1]。推及政治，就有不忍人之政，即仁政。《孟子·公孙丑上》说："人皆有不忍人之心。先王有不忍人之心，斯有不忍人之政矣。以不忍人之心，行不忍人之政，治天下可运之掌上。"[2] 不忍人之政具有孔子的"恕"的品格。

孟子强调民比国家社稷、君主具有更加重要的地位这个观点，所谓"民为贵，社稷次之，君为轻"[3]，由此民主观念出发，他认为仁政的措施要使"天下之士""天下之商""天下之旅""天下之农""天下之民""皆悦"[4]。君主要"与百姓同之""与民同乐""乐民之乐""忧民之忧""乐以天下，忧以天下"[5]。这种民主观念，其中确实具有现代民主观念的含义，包含有尊重民意、君民平等、爱民忧民之思想。正因此，孟子在对待君主的态度方面，同样表现出了很大的反抗性和民主意识。首先，孟子认为得天下与失天下，在于民心之向背。《孟子·离娄上》说："桀、纣之失天下也，失其民也。失其民者，失其心也。得天下有道，得其民，斯得天下矣。得其民有道，得其心，斯得民矣。得其心有道，所欲与之聚之，所恶勿施尔也。"[6] 对君主的评价，应以民心的向背为根据，民心一旦背离，改朝换代是必然的。所以，孟子认为，汤放桀、武王伐纣不是"以臣弑君"，而是诛一独夫。《孟子·梁惠王下》云："贼仁者谓之贼，贼义者谓之残，残贼之人，谓之一夫。闻诛一夫纣矣，未闻弑君也。"[7] 所以，孟子把杀掉暴君，看作是"为匹夫匹妇复仇"，"救民于水火之中"[8] 的正义之举。《孟子·万章下》分卿为"贵戚之卿"与"异姓之卿"两种，认为贵戚之卿，"君有大过则谏，反覆

---

[1]《尽心下》，（清）焦循著：《孟子正义》，卷十四第592页，见《诸子集成》，北京：中华书局，2006年第2版。
[2]（清）焦循著：《孟子正义》，卷三第138页，见《诸子集成》，北京：中华书局，2006年第2版。
[3]《尽心下》，（清）焦循著：《孟子正义》，卷十四第573页，见《诸子集成》，北京：中华书局，2006年第2版。
[4]《公孙丑上》，（清）焦循著：《孟子正义》，卷三第134-136页，见《诸子集成》，北京：中华书局，2006年第2版。
[5]《梁惠王下》，（清）焦循著：《孟子正义》，卷二第62-83页，见《诸子集成》，北京：中华书局，2006年第2版。
[6]（清）焦循著：《孟子正义》，卷七第295页，见《诸子集成》，北京：中华书局，2006年第2版。
[7]（清）焦循著：《孟子正义》，卷二第86页，见《诸子集成》，北京：中华书局，2006年第2版。
[8]《滕文公下》，（清）焦循著：《孟子正义》，卷六第255-256页，见《诸子集成》，北京：中华书局，2006年第2版。

之而不听,则易位",异姓之卿,"君有过则谏,反覆之而不听,则去"。[1]贵戚之卿其根基深厚,故可动摇君王,行改朝换代之事;异姓之卿,根基单薄,没有能力把暴君赶下台,明智的办法当然是离开君主,保持自己独善的独立性。《孟子·离娄下》说:"君之视臣如手足,则臣视君如腹心;君之视臣如犬马,则臣视君如国人;君之视臣如土芥,则臣视君如寇仇。"[2] 在孟子眼里,君与臣是平等的,君不仁则臣可"不义",臣民既有离开暴君的自由,也有剥夺暴君权利的自由,而且,因为暴君严重限制了人民实现自己的自由权力,剥夺暴君的权力,还人民的自由,具有更加重要的现实意义。

孔子及其后继者总结历史,提出的最高追求实际就是天下为公的"大同",就是选贤举能,这在汉代天人感应的灾异学说中已窥见大概。眭孟等人的受命学说,要求汉天子禅位思想,正是大同学说的精髓所在,王莽最终受禅,是汉儒生们亲自导演的复古价值观的集中表现。由于有了圣人理想政治模式的指引,因此汉儒们做起来,就得心而应手。

第二节 儒生出仕

五经在汉代的传播,依赖儒生们的努力,而五经传播的过程,正体现了儒学的发展。而大量士子投身五经的学习,既反映了儒学独尊地位的确立,也反映了汉代尊经复古精神已深入文人价值观之中,成为文人生活的基本组成部分。而传承五经之人,率皆从政的儒生。

汉武帝之后,儒学独尊伴随着儒生独尊,儒生从黄老之学的压抑中解脱出来,随着公孙弘由博士而宰相,开辟了儒生出仕的新时代。

儒生出仕,并进而执掌国柄,是一场政治革命。在儒生出仕之前,以武人执政,功臣执政,其弊端层出不穷。武人的愚昧野蛮,功臣的骄横跋扈自私,都可能导致政治的黑暗滑稽,而儒生深受圣人教诲,即使其本人行为有妨,但口所言,心所惟,总不能脱离仁义礼智,能近取譬,推己谅人,而

---

[1](清)焦循著:《孟子正义》,卷十一第429-430页,见《诸子集成》,北京:中华书局,2006年第2版。
[2](清)焦循著:《孟子正义》,卷八第322页,见《诸子集成》,北京:中华书局,2006年第2版。

具有恻隐、忍让、是非、恭敬诸胸怀,这是文人政府与军人政府的区别。可以说,儒生的大量出仕,大大地提高了政治的清明程度和文明程度。

儒学的独尊,儒生的独尊,使学习五经成为一种社会大趋势。而学习儒经,首先需要师承,汉代虽有私人转相授受,而拜经学博士为师,则成为最受重视的方法,因为在汉代,几乎所有的著名经学家,都被天子网罗在京师,并加上博士的帽子。而儒生们或为博士,或为博士弟子,甚至在太学、郡国学,也等于踏入了仕宦的门槛。

汉朝初年之博士制度,仍袭秦制,刘邦以叔孙通为博士,号稷嗣君,《史记·孔子世家》说孔襄尝为孝惠帝博士[1]。《后汉书·杨李翟应霍爰徐列传》翟酺言"孝文皇帝始置一经博士"[2],如专治一经的博士张生、晁错为《书》博士,申公、辕固生、韩婴为《诗》博士,胡毋生、董仲舒为《春秋》博士。但文景时除经学博士之外,如鲁人公孙臣,《史记·孝文本纪》说以言五德终始召为博士,则无异是邹衍、邹奭的后学,属阴阳家。《史记·屈原贾生列传》说贾谊颇通诸子百家之书,召为博士。但是,文景之世虽有博士,却不得参与政务,因此,《史记·儒林列传》说诸博士不过"具官待问,未有进者"[3]。汉武帝时,这种情况有了根本性改变,《汉书·武帝纪》说武帝建元五年春,"置五经博士"[4]。即于《诗》《书》《礼》《易》《春秋》五经皆设博士,而此博士之设立,又在丞相卫绾奏请罢乱国政的治申、商、韩非、苏秦、张仪之言的贤良之后,儒学独尊地位得以加强。后又议开博士弟子员,使儒学之传承有了系统性。因此,班固《汉书·儒林传》曰:

> 自武帝立五经博士,开弟子员,设科射策,劝以官禄,讫于元始,百有余年,传业者寖盛,支叶蕃滋,一经说至百余万言,大师众至千余人,盖禄利之路然也。初,《书》唯有欧阳,《礼》后,《易》杨,《春秋》公羊而已。至孝宣世,复立大小夏侯《尚书》,大小戴《礼》,

---

[1](汉)司马迁撰,(宋)裴骃集解,(唐)司马贞索隐,(唐)张守节正义:《史记》,北京:中华书局,1982年第2版,卷四十七第1947页。
[2](宋)范晔撰,(唐)李贤等注:《后汉书》,北京:中华书局,1965年版,卷四十八第1606页。
[3](汉)司马迁撰,(宋)裴骃集解,(唐)司马贞索隐,(唐)张守节正义:《史记》,北京:中华书局,1982年第2版,卷四十七第1947页。
[4](汉)班固撰,(唐)颜师古注:《汉书》,北京:中华书局,1962年版,卷六第159页。

施、孟、梁丘《易》，穀梁《春秋》。至元帝世，复立京氏《易》。平帝时，又立左氏《春秋》、毛《诗》、逸《礼》、古文《尚书》，所以网罗遗失，兼而存之，是在其中矣。[1]

汉博士官属太常，据《汉书·百官公卿表》曰："博士，秦官，掌通古今，秩比六百石，员多至数十人。武帝建元五年初置五经博士，宣帝黄龙元年稍增员十二人。"[2] 武帝时立杨何《易》、欧阳《书》、后苍《礼》、公羊《春秋》，宣帝立施孟《易》、梁丘《易》、大小夏侯《尚书》、穀梁《春秋》、大小戴《礼》，元帝立京氏《易》，平帝又立左氏《春秋》、古文《尚书》、毛《诗》等古文经博士。实际上，到西汉末，博士已不止十二人。

博士弟子始自汉武帝元朔五年，据《汉书·儒林传》，为博士官置弟子五十人，复其身。太常择民年十八以上仪状端正者，补博士弟子。郡国县官有好文学，敬长上，肃政教，顺乡里，出入不悖，所闻，令相长丞属二千石。二千石谨察可者，常与计偕，诣太常，得受业如弟子。一岁皆辄课，能通一艺以上，补文学掌故缺；其高第可以为序中，太常籍奏。即有秀才异等，辄以名闻。其不事学若下材，及不能通一艺，辄罢之，而请诸能称者。以治礼掌故以文学礼义为官，迁留滞。请选择其秩比二千石以上及吏百石通一艺以上补左右内史，大行卒史，比百石以下补郡太守卒史，皆各二人，边郡一人。先用诵多者，不足，择掌故以补中二千石属，文学掌故补郡属，备员。博士员弟子可以通过学习而谋得官职，如张汤请博士弟子治《尚书》《春秋》者补廷尉史。《汉书·儒林传》又载，平帝时，王莽增元士之子得受业如弟子，勿以为员，岁课甲科四十人为郎中，乙科二十人为太子舍人，丙科四十人补文学掌故。博士弟子中，《汉书》所记博士弟子及选举事，如倪宽以郡国选诣博士，受业孔安国；文翁选郡县小吏十余人，遣诣京师，受业博士；终军选为博士弟子，至府受遣；唐生、褚生应博士弟子选，诣博士；山阳侯张当居坐为太常择博士弟子故不以实，完为城旦；《后汉书·伏湛传》则载成帝时，伏湛以父任为博士弟子。

---

[1]（汉）班固撰，（唐）颜师古注：《汉书》，北京：中华书局，1962年版，卷八十八第3620-3621页。

[2]（汉）班固撰，（唐）颜师古注：《汉书》，北京：中华书局，1962年版，卷十九第726页。

汉时，除了博士及博士弟子为儒生之外，太学也聚集了大批儒生。汉武帝兴太学，而《汉书·董仲舒传》云董仲舒对策曰："养士之大者，莫大乎太学；太学者，贤士之所关也，教化之本原也。……臣愿陛下兴太学，置明师，以养天下之士。"[1] 如此，则太学之兴，正是为了贯彻董仲舒独尊儒术的宗旨。

又据《汉书·儒林传》，昭帝时，举贤良文学，增博士弟子员满百人。宣帝末，增倍之。元帝好儒，能通一经者皆复。数年，以用度不足，更为设员千人，郡国置五经百石卒史。成帝末，或言孔子布衣养徒三千人，今天子太学弟子少，于是增弟子员三千。岁余，复如故。平帝时，王莽秉政，增元士之子得受业如弟子，凡百人。《汉书·平帝纪》载，平帝元始三年，立学官，郡国曰学，县、道、邑、侯国曰校，校、学置经师一人。乡曰庠、聚曰序。庠、序置《孝经》师一人。汉代儒生之盛，而郡守等，皆重视儒生，《汉书·何武传》载何武为刺史，行部必先即学官见诸生，诚其诵论，问以得失。《汉书·循吏传》说文翁为蜀郡守，"仁爱好教化。见蜀地辟陋有蛮夷风，文翁欲诱进之，乃选郡县小吏开敏有材者张叔等十余人亲自饬厉，遣诣京师，受业博士，或学律令。减省少府用度，买刀布蜀物，赍计吏以遗博士。数岁，蜀和皆成就还归，文翁以为右职，用次察举，官有至郡守刺史者。又修起学官于成都市中，招下县子弟以为学官弟子，为除更繇，高者以补郡县吏，次为孝弟力田。常选学官僮子，使在便坐受事。每出行县，益人学官诸生明经饬行者与俱，使传教令，出入闺阁。县邑吏民见而荣之，数年，争欲为学官弟子，富人至出钱以求之。繇是大化，蜀地学习京师者比齐鲁焉"。[2]

《汉书·儒林传》曰："汉兴，言《易》自淄川田生；言《书》自济南伏生；言《诗》，于鲁则申培公，于齐则辕固生，燕则韩太傅；言《礼》，则鲁高堂生；言《春秋》，于齐则胡毋生，于赵则董仲舒。及窦太后崩，武安君田蚡为丞相，黜黄老、刑名百家之言，延文学儒者以百数，而公孙弘以治《春秋》为丞相封侯，天下学士靡然乡风矣。弘为学官，悼道之郁滞，乃请曰：

---

[1]（汉）班固撰，（唐）颜师古注：《汉书》，北京：中华书局，1962年版，卷五十六第2512页。
[2]（汉）班固撰，（唐）颜师古注：《汉书》，北京：中华书局，1962年版，卷八十九第3625-3626页。

丞相、御史言：制曰'盖闻导民以礼，风之以乐。婚姻者，居室之大伦也。今礼废乐崩，朕甚愍焉，故详延天下方闻之士，咸登诸朝。其令礼官劝学，讲议洽闻，举遗兴礼，以为在下先。太常议，予博士弟子，崇乡里之化，以厉贤材焉。'谨与太常臧、博士平等议，曰：闻三代之道，乡里有教，夏曰校，殷曰庠，周曰序。其劝善也，显之朝廷；其惩恶也，加之刑罚。故教化之行也，建首善自京师始，繇内及外。今陛下昭至德，开大明，配天地，本人伦，劝学兴礼，崇化厉贤，以风四方，太平之原也。古者政教未洽，不备其礼，请因旧官而兴焉。……制约曰：'可。'自此以来，公卿太夫士吏彬彬多文学之士矣。"[1] 又曰："自鲁商瞿子木受《易》孔子，以授鲁桥庇子庸，子庸授江东馯臂子弓。子弓授燕周丑子家。子家授东武孙虞子乘。子乘授齐田何子装。及秦禁学，《易》为筮卜之书，独不禁，故传受者不绝也。汉兴，田何以齐田徙杜陵，号杜田生，授东武王同子中、雒阳周王孙、丁宽、齐服生，皆著《易传》[2] 数篇。同授淄川杨何，字叔元，元光中征为太中大夫。齐即墨成，至城阳相。广川孟但，为太子门大夫。鲁周霸、莒衡胡、临淄主父偃，皆以《易》至大官。要言《易》者本自田何。"[3]

以治五经而至大官，在汉武帝后，层出不穷。即使某些皇帝，可能并不见得喜欢儒生，但也不得不任用儒生，因为对儒生的器重，已是一个时代人心之所向。

《汉书·五行志》载，昭帝时，泰山有大石自立，上林苑中大柳树断扑地，一朝起立，生枝叶，有虫食其叶，成文字，曰："公孙病已立"，[4] 又昌邑王国社有枯树复生枝叶，儒生眭孟因此认为木阴类，下民象，当有故废之家公孙氏从民间受命为天子，霍光认为此乃妖言惑众，杀了眭孟。后宣帝即位，一方面喜游侠，斗鸡走马，另一方面高材好学，受《诗》于东海澓中翁，学《诗》《论语》《孝经》，慈仁爱人，及即位，崇尚法治，用刑深刻，其子元帝颇有不解，《汉书·元帝纪》载宣帝曰："汉家自有制度，本以霸王道

---

[1]（汉）班固撰，（唐）颜师古注：《汉书》，北京：中华书局，1962年版，卷八十八第3593-3596页。
[2] 此处《易传》当指注《易》之著作，非孔子所作《易传》。
[3]（汉）班固撰，（唐）颜师古注：《汉书》，北京：中华书局，1962年版，卷八十八第3597页。
[4]（汉）班固撰，（唐）颜师古注：《汉书》，北京：中华书局，1962年版，卷二十七第1412页。

杂之，奈何纯任德教，用周政乎？"[1] 又认为儒生"不达时宜，好是古非今，使人眩于名实，不足所守，何足委任"[2]，但他却为儒生眭孟平反，认为眭孟所言公孙氏，正指自己，因为宣帝为故皇太子之孙，被迫流落民间，而灾异之说，正为自己的继位提供了理论依据。所以，自宣帝始，今文经学家凭借着阴阳灾异的威力，而平步青云。至刘歆之后，古文经学家也开辟了广阔的政治前程。

自武帝之后，一方面，儒生可以通过博士之官，广招门生，另一方面，儒生们在明习经典后，踏上仕途，出将入相，取功名易如反掌，而皇帝及太子诸侯王、公卿士大夫也好学儒术，这又反过来鼓励儒生数量的扩张。儒生几乎占据了西汉盛世的政治舞台，由于他们读圣贤书，因而重视名节，廉洁自守，声援正义，西汉的政治便能步上儒家的仁政轨道。赵翼《廿二史札记》肯定汉代君主虽有庸主，而无暴君，正是儒学精神对汉代君主的影响。《汉书·魏相丙吉传》赞曰："近观汉相，高祖开基，萧、曹为冠。孝宣中兴，丙、魏有声。是时黜陟有序，众职修理，公卿多称其位，海内兴于礼让。览其行事，岂虚乎哉！"[3]《汉书·匡张孔马传》曰："自孝武兴学，公孙弘以儒相，其后蔡义、韦贤、玄成、匡衡、张禹、翟方进、孔光、平当、马宫及当子晏，咸以儒宗居宰相位，服儒衣冠，传先王语，其蕴藉可也。然皆持禄保位，被阿谀之讥。彼以古人之迹见绳，乌能胜其任乎！"[4]虽说汉诸丞相生当盛世，劝谏不如古人，但其儒学之高明，甚至作为一家之宗师的学养，对他们正确理解孔子"大同"及"忠恕"的本意，无疑深有帮助。

第三节 西汉儒生大官的操守

孔子在发挥大同主旨的时候，他实际上使用了政治理想的阶段性概念，即由大同退化为小康，由小康再退化为乱世。因此，孔子在进行拯救社会的

---

[1]（汉）班固撰，（唐）颜师古注：《汉书》，北京：中华书局，1962年版，卷九第277页。
[2]（汉）班固撰，（唐）颜师古注：《汉书》，北京：中华书局，1962年版，卷九第277页。
[3]（汉）班固撰，（唐）颜师古注：《汉书》，北京：中华书局，1962年版，卷七十四第3151页。
[4]（汉）班固撰，（唐）颜师古注：《汉书》，北京：中华书局，1962年版，卷八十一第3366页。

活动时，也采取了循序渐进的策略，即由乱世至小康，由小康至大同，时代则是由今至近古，由近古至远古，人物则是由春秋霸主到禹汤文武周公，再到尧舜。因此，汉儒生大官的追求，在平常情况下，则力求作为一个推动圣世到来的谨礼著义的小康人。

以儒生而至大臣，前已举公孙弘、兒宽为例，他们的时代在汉武之世。嗣后，儒生做大官，已成时代大势。《汉书·武五子传》载，戾太子刘据七岁时立为皇太子，诏受《公羊春秋》及《穀梁传》；燕刺王刘旦"博学经书杂说"[1]，其原因在皇帝重视经学。有皇帝之重视，并让子弟从师诵习，儒生做大官，也就顺理成章了。

《汉书·公孙刘田王杨蔡陈郑传》载，司马迁的外孙杨恽读外祖《太史公记》，治《春秋》，好交英俊诸儒，名显朝廷，其父杨敞为丞相，安平侯，而杨恽也封平通侯，后官诸吏光禄勋，轻财好义，"廉洁无私，郎官称公平"。及免官，广治产业，其"伐其行治，又性刻害，好发人阴状，同位有忤己者，必欲害之，以其能高人"，则与公孙弘有相同之毛病。蔡义，河内温人，以明经通《韩诗》，为光禄大夫、给事中，进授昭帝，后官少府，迁御史大夫，丞相，封阳平侯，其任丞相时已八十余，"短小无须眉，貌似老妪，行步俯偻，常两吏扶夹乃能行"，时人以大将军霍光秉政，"置宰相不选贤，苟用可颛制者"，[2]此诸位可谓儒生中利用仁义之人。

但是，对于大部分儒生大官来说，虽不免有缺点，但忠直廉俭仁义总是具备的。

《汉书·杨胡朱梅云传》载，朱云，字游，鲁人，徙平陵。少时通轻侠，借客报仇，长八尺余，容貌甚壮，以勇力闻。至四十岁，变节从博士白子友受《易》，又从萧望之受《论语》，"好倜傥大节，当世以是高之"，后以说《易》博士。因反对石显，与御史中丞陈咸下狱，成帝时，指"今朝廷大臣上不能匡主，下亡以益民，皆尸位素餐"，孔子所谓"鄙夫不可与事君"，"苟患失之，亡所不至"者，以批评帝师丞相安昌侯张禹，几乎被杀，后因

---

[1]（汉）班固撰，（唐）颜师古注：《汉书》，北京：中华书局，1962年版，卷六十三第2741-2751页。

[2]（汉）班固撰，（唐）颜师古注：《汉书》，北京：中华书局，1962年版，卷六十六第2889-2899页。

"旌直臣"的需要,而不受刑。梅福,字子真,九江寿春人,明《尚书》《穀梁春秋》,为郡文学,南昌尉,后去官。成帝时大将军王凤"专势擅朝,而京兆尹王章素忠直,讥刺凤,为凤所诛。王氏浸盛,灾异数见,群下莫敢正言",于是上书,认为成帝"不纳天下之言,又加戮焉……自阳朔以来,天下以言为讳,朝廷尤甚,群臣皆承顺上指,莫有执正"。又建议封孔子之后以为殷后。后以居家"读书养性为事"。云敞,字幼孺,平陵人,通《尚书》。其师吴章与王莽子王宇谋以鬼神事惧莽,事发,王宇、吴章被杀,云敞自劾为吴章弟子,去大司徒掾职,收抱章尸归,棺敛葬之。车骑将军王舜高其志节,表奏以为掾,荐为中郎谏大夫。[1]

《汉书·隽疏于薛平彭传》载,隽不疑,字曼倩,渤海人。治《春秋》,为郡文学,"进退必以礼",名闻州郡,出为青州刺史、京兆尹,"京师吏民敬其威信,每行县录囚徒还,其母辄问不疑:'有所平反,活几何人?'即不疑多有所平反,母喜笑,为饮食语言异于他时;或亡所出,母怒,为之不食。故不疑为吏,严而不残。"大将军霍光欲以女妻之,不肯。疏广,字仲翁,东海兰陵人,"少好学",明《春秋》。宣帝时,为太子太傅,教太子《论语》《孝经》,其兄子疏受,字公子,为少傅。疏受"好礼恭敬,敏而有辞","辞礼闲雅"。后二人俱辞官,人称"贤哉二大夫","或叹息为之下泣"。归家,疏广不治田产,欲"令子孙勤力其中",不教子孙怠惰,以财产与乡党宗族饮酒。于定国,字曼倩,东海郯人,为狱吏,后官御史中丞。昭帝崩,昌邑王即位,行淫乱,于定国上书谏,宣帝立,为光禄大夫,平尚书事,迁水衡都尉、廷尉。于是迎师学《春秋》,"身执经,北面备弟子礼。为人谦恭,尤重经术士,虽卑贱徒步往过,定国皆与钧礼,恩敬甚备,学士咸称焉。其决疑平法,务在哀鳏寡,罪疑从轻,加审慎之心",任廷尉十八年,迁御史大夫,代黄霸为丞相,封西平侯。薛广德,字长卿,沛郡相人,以《鲁诗》教授,受萧望之荐,为博士,论石渠,迁谏大夫,长信少府,御史大夫,"为人温雅有蕴藉,及为三公,直言谏争"。关心民生,劝阻天子"撞亡秦之钟,听郑卫之乐",应"思与百姓同忧乐",后与于定国及大

---

[1](汉)班固撰,(唐)颜师古注:《汉书》,北京:中华书局,1962年版,卷六十七第2912-2928页。

司马车骑将军史高同时辞职归乡。平当,字子思,下邑人,徙平陵,"察廉",以明经为博士,"论议通明",哀帝时,由光禄勋至御史大夫,再至丞相,赐爵关内侯,自以"负素餐之责",不受。其子平晏以明经历位大司徒,封防乡侯。彭宣,字子佩,淮阳阳夏人,治《易》,事张禹,举为博士,迁东平太傅、右扶风、廷尉,出为太原太守,"经明有威重",后任大司农、光禄勋、右将军、大司空,封长平侯。王莽专权,上印绶辞职。[1]

《汉书·王贡两龚鲍传》载,王吉,字子阳,琅邪皋虞人,"少好学明经",曾官云阳令,昌邑中尉,谏昌邑王"好游猎,驱驰国中,动作亡节"。为官"辄谏争,甚得辅弼之义,虽不治民,国中莫不敬重焉"。昌邑王败,与龚遂"以忠直数谏正得减死",后官益州刺史、博士、谏大夫,讽谏必以儒道,所以班固说:"若不吉、贡禹、两龚之属,皆以礼让进退云。"少时东家有枣树垂于王吉庭中,王吉妻子以枣啖王吉,王吉食后知枣乃东家之树,"去妇",东家闻而欲伐树,邻里共阻止,其妻方才未被休。王吉通五经,其子王骏从受驺氏《春秋》《诗》《论语》及梁丘贺《易》,官幽州刺史、司隶校尉、少府、京兆尹、御史大夫,"孝廉","经明行修",妻死,以"德非曾参,子非华、元,亦何敢娶"。王骏子王崇,以父任为郎、刺史、郡守,"治有能名",为御史大夫。王莽时为大司空,封扶贫侯,后辞职。班固云:"自吉至崇,世名清廉。"贡禹,字少翁,琅邪人,"以明经洁行著闻",为博士、凉州刺史。元帝时为谏大夫,上书请天子"深察古道,从其俭者",迁为光禄大夫。辞职,宣帝曰:"朕以生有伯夷之廉,史鱼之直,守经据古,不阿当世,孳孳于民,欲之所寡。"不许,迁长信少府、御史大夫,"数言得失,书十数上",减赋税,宽徭役,令官员之家不得"私贩卖,与民争利,犯者辄免官削爵,不得仕宦。"龚胜,字君宾,龚舍,字君倩,皆楚人,"二人相友,并著名节","少皆好学明经"。龚胜为谏大夫,数上书,"言百姓贫,盗贼多,吏不良,风俗薄,灾异数见,不可不忧。制度泰奢,刑罚泰深,赋敛泰重,宜以俭约先下",后为光禄大夫给事中,劾董贤乱制度等,以清廉正直称。龚舍数不应召,后拜光禄大夫,仍不为官,通五经,以《鲁

---

[1] (汉)班固撰,(唐)颜师古注:《汉书》,北京:中华书局,1962年版,卷七十一第3035-3052页。

诗》教授。鲍宣,字子都,渤海高城人。"好学明经",为谏大夫,豫州牧。"宣每居位,常上书谏争,其言少文而多实。"后谏帝用丁、傅子弟及董贤,"上以宣名儒,优容之",后用鲍宣之言,擢宣为司隶,王莽时系狱自杀。班固又云:"自成帝至王莽时,清名之士,琅邪又有纪逡王思,齐则薛方子容,太原则郇越臣仲、郇相稚宾,沛郡则唐林子高、唐尊伯高,皆以明经饬行显名于世。"[1]

《汉书·韦贤传》载,韦贤,字长孺,鲁国邹人。"贤为人质朴少欲,笃志于学,兼通《礼》《尚书》,以《诗》教授,号称"邹鲁大儒"。历任博士,给事中,授昭帝《诗》,迁光禄大夫詹事,大鸿胪。宣帝即位,爵关内侯,长信少府,代蔡义为丞相,封扶阳侯。地节三年辞职,开辟了丞相退休之先例。其少子韦玄成又以"明经"历位至丞相,时人曰:"遗子黄金满籝,不如一经。"韦玄成,字少翁,"少好学,修父业,尤谦逊下士。出遇知识步行,辄下从者,与载送之,以为常。其接人,贫贱者益加敬,由是名誉日广",后为谏大夫,大河都尉。及韦贤死,玄成之兄韦弘得罪,家人以玄成为嗣,玄成不欲,竟自佯狂。元帝即位,为少府,太子大傅,御史大夫,后代于定国为丞相。[2]

《汉书·魏相丙吉传》载,魏相,字弱翁,济阴定陶人,徙平陵。少学《易》,举贤良,后官茂陵令,河南太守,宣帝时为大司农,御史大夫,后代韦贤为相,封高平侯。魏相"禁止奸邪,豪强畏服",后劾霍光宗族罪恶,"宣帝始亲万机,励精为治,练群臣,核名实,而相总领众职,甚称上意"。魏相"明《易经》,有师法,好观汉故事及便宜章奏,以为古今异制,方今务在奉行故事而已。数条汉兴已来国家便宜行事,及贤臣贾谊、晁错、董仲舒等所言,奏请施行之",认为"时用之宜,惟民终始"。其"为人严毅"。丙吉,字少卿,鲁国人,本为狱法小吏,"后学《诗》《礼》,皆通大义",历官光禄大夫给事中,太子太傅,御史大夫,代魏相为丞相。"为人深厚,不伐善","及居相位,上宽大,好礼让","于官属掾吏,务掩过扬善",

---

[1]（汉）班固撰,（唐）颜师古注:《汉书》,北京:中华书局,1962年版,卷七十二第3058-3095页。

[2]（汉）班固撰,（唐）颜师古注:《汉书》,北京:中华书局,1962年版,卷七十三第3101-3113页。

"知大体"。[1]

《汉书·眭两夏侯京翼李传》载，眭弘，字孟，鲁国蕃人。少好侠，长乃变节，从嬴公受《春秋》，以"明经"为议郎，至符节令。昭帝时，上书请曰："先师董仲舒有言，虽有继体守文之君，不害圣人之受命。汉家尧后，有传国之运。汉帝宜谁差天下[2]，示索贤人，禅以帝位，而退自封百里，如殷周二王后，以承顺天命。"为霍光所杀。夏侯始昌，鲁人，通明五经，以《齐诗》《尚书》教授。时董仲舒、韩婴死，武帝甚重始昌，选以为少子昌邑王太傅。夏侯胜，字长公，少孤，"好学"，从始昌受《尚书》及《洪范五行传》，说灾异，征为博士、光禄大夫。宣帝立，为太后授《尚书》，任长信少府。后认为"武帝虽有攘四夷广土斥境之功，然多杀士众，竭民财力，奢泰亡度，天下虚耗，百姓流离，物故者半。蝗虫大起，赤地数千里，或人民相食，畜积至今未复。亡德泽于民，不宜为立庙乐"，反对宣帝之诏，而丞相长史黄霸不举劾，夏侯胜与黄霸系狱当死，霸欲从受经，夏侯胜辞以罪死，黄霸曰朝闻道夕死可也，遂受夏侯胜之授，"系再更冬，讲论不怠"。后遇大赦，夏侯胜为谏大夫给事中，黄霸为扬州刺史。夏侯胜"为人质朴守正，简易亡威仪"，认为"人臣之谊，宜直言正论，非苟阿意顺指。议已出口，虽死不悔"，对其弟子云："士病不明经术；经术苟明，其取青紫如俯拾地芥耳。学经不明，不如归耕。"夏侯胜后为太子太傅，及其死，太后赐钱二百万，为之素服五日，"以报师傅之恩，儒者以为荣"。京房，字君明，本姓李，推律自定为京氏，东郡顿丘人，治《易》，事梁人焦延寿，后以孝廉为郎，以灾异说天子贬权臣石显，曰："中书令石显，尚书令五鹿君相与合同，巧佞之人也。"后京房外放，石显以京房"非谤政治，归恶天子，诖误诸侯王"，被杀，时年四十一岁。翼奉，字少君，东海下邳人，治《齐诗》，与萧望之、匡衡同师，历官中郎、博士、谏大夫，上书言事，多劝谏，认为"宫室苑囿，奢泰难供，以故民困国虚，亡累年之畜"。李寻，字子长，平陵人，治《尚书》，善说灾异，哀帝时为黄门郎，骑都尉。成帝时甘忠可奏

---

[1]（汉）班固撰，（唐）颜师古注：《汉书》，北京：中华书局，1962年版，卷七十四第3133-3147页。

[2] 颜师古注引孟康曰："谁，问；差，择。问择天下贤人。"见（汉）班固撰，（唐）颜师古注：《汉书》，北京：中华书局，1962年版，卷七十五第3154页。

言"汉家逢天地之大终，当更受命于天"，李寻复以此说哀帝，哀帝遂改号陈圣刘太平皇帝，以建平二年为太初元年。后因无应验，被哀帝斥为"不合时宜"，与解光减死一等，徙敦煌。[1]

《汉书·赵尹韩张两王传》曰，韩延寿，字长公，燕人，徙杜陵，少为郡文学，因父有气节，擢为谏大夫、淮阳太守，"上礼义，好古教化，所至必聘其贤士，以礼侍用，广谋议，纳谏争"，"表孝弟有行，修治学官"，"纳善听谏"。张敞，字子高，本河东平阳人，徙茂陵，治《春秋》出身，后官豫州刺史、山阳太守、胶东相、京兆尹等，"为人敏疾，赏罚分明，见恶辄取"，"以经术自辅，其政颇杂儒雅，往往表贤显善，不醇用诛罚"。王尊，字子赣，涿郡高阳人，少孤，牧羊泽中，"窃学问，能史书"，后事郡文学，治《尚书》《论语》，略通大义。后历县令、刺史、东平相、司隶校尉，曾劾丞相匡衡阿附石显。后任京兆尹等。在东郡太守任上，遇黄河大水，以身塞堤，堤坏，百姓亡命，而京兆尹不走，百姓感动。王章，字仲卿，泰山巨平人，少以文学为官，迁至谏大夫，在朝廷以"直言"有名，成帝时，为司隶校尉、京兆尹，大将军王凤为帝舅，专权，王章虽为王凤所举，却劾奏王凤"不可任用，宜更选忠贤"，为王凤所害。[2]

《汉书·盖诸葛齐郑孙毌将何传》载，盖宽饶，字次公，魏郡人。明经为郡文学，以孝廉为郎，举文正，迁谏大夫。后任卫司马，对士卒爱护备至。至为太中大夫使行风俗，"多所称举贬黜，奉使称意"，擢为司隶校尉，"刺举无所回避"，"为人刚直高节，志在奉公"，工资半付吏民，子步行戍北边。其上书，常引经术，批评"圣道浸废，儒术不行"，后得罪，自杀。诸葛丰，字少季，琅邪人，以明经为郡文学，"名特立刚直"，历侍御史、司隶校尉，"刺举无所避"。郑崇，字子游，少为郡文学史，哀帝时为尚书仆射，"数求见谏争"，谏封祖母傅太后从弟傅商，及用董贤，得罪，死于狱中。孙宝，字子严，颍川鄢陵人，以明经为郡吏，"经明质直"，为议郎，迁谏大夫，刺史，丞相司直，曾劾帝舅红阳侯王立等"怀奸罔上，狡猾不道"。

---

[1]（汉）班固撰，（唐）颜师古注：《汉书》，北京：中华书局，1962年版，卷七十五第3153-3194页。

[2]（汉）班固撰，（唐）颜师古注：《汉书》，北京：中华书局，1962年版，卷七十六第3210-3238页。

后任广汉太守、京兆尹，以称职闻名。在司隶校尉任上，欲案验傅太后杀中山孝王母冯太后事，下狱，后复官。哀帝崩，征为光禄大夫。平帝立，为大司农，反对以周公比王莽，免官。[1]

《汉书·萧望之传》云，萧望之，字长倩，东海兰陵人，徙杜陵。好学，治《齐诗》，事同县后仓近十年，后至太常受业，又事同学白奇博士，又从夏侯胜问《论语》《礼服》，"京师诸儒称述焉"。历官郎、谏大夫、丞相司直、左冯翊等，"经明持重，论议有余，材任宰相"，为左冯翊三年，"京师称之"，迁大鸿胪，反对和亲政策。后代丙吉为御史大夫，迁为太子太傅，为太子授《论语》《礼服》。宣帝临终，以望之、少傅周堪等遗诏辅政，而中书令弘恭、石显久典枢机，与侍中乐陵侯史高等互为表里，萧望之与周堪与之对抗，不敌，自杀。班固曰："萧望之历位将相，籍师傅之恩，可谓亲昵亡间。及至谋泄隙开，谗邪构之，卒为便嬖宦竖所图，哀哉！望之堂堂，折而不挠，身为儒宗，有辅佐之能，近古社稷臣也。"[2]

《汉书·冯奉世传》曰，冯奉世，字子明，上党潞人也，徙杜陵。年三十余，学《春秋》，元帝即位，为执金吾、右将军、光禄勋，有军功。其子四人至大官：冯野王，字君卿，受业博士，通《诗》，历令、守、左冯翊、大鸿胪，"刚强坚固，确然亡欲"，因其姊为元帝昭仪，生子为中山孝王，故不得为三公九卿；冯逡，字子产，通《易》，官至陇西太守，"治行平廉"；冯立，字圣卿，通《春秋》，历官五原、西河、上郡、东海、太原太守，"居职公廉"；冯参，字叔平，通《尚书》，为昭仪冯媛少弟，行为"敕备"，历官太守、谏大夫，封宜乡侯，"性好礼仪，终不改其恒操"，后遭哀帝祖母傅太后之诬陷自杀。班固曰："《诗》称'抑抑威仪，惟德之隅'。宜乡侯参鞠躬履方，择地而行，可谓淑人君子，然卒死于非罪，不能自免，哀哉！谗邪交乱，贞良被害，自古而然。"[3]

---

[1]（汉）班固撰，（唐）颜师古注：《汉书》，北京：中华书局，1962年版，卷七十七第3243-3263页。
[2]（汉）班固撰，（唐）颜师古注：《汉书》，北京：中华书局，1962年版，卷七十八第3271-3292页。
[3]（汉）班固撰，（唐）颜师古注：《汉书》，北京：中华书局，1962年版，卷七十九第3293-3308页。

《汉书·匡张孔马传》曰，匡衡，字稚圭，东海承人。"好学，家贫，庸作以供资用，尤精力过绝人"，"经学精习，说有师道，可观览"，元帝即位，为博士、给事中、光禄大夫、太子少傅、光禄勋、御史大夫，后代韦玄成为丞相，封乐安侯。"衡为少傅数年，数上书陈便宜，及朝廷有政议，傅经以对，言多法义。"成帝即位，"衡上疏戒妃匹，劝经学威仪之则"。后因事免官，其子咸以明经历九卿，家世多为博士。张禹字子文，河内轵人，及壮，至长安学《易》及《论语》，以"经学精习，有师法，可试事"，在宣帝时为博士，元帝时为太子授《论语》，迁为光禄大夫、东平内史。成帝即位，以帝师赐爵关内侯，诸吏光禄大夫，给事中，领尚书事，后代王商为丞相，封安昌侯，"为人谨厚"。其弟子淮阳彭宣至大司空，"为人恭俭有法度"，沛郡戴崇至少府九卿，"恺弟多智"。孔光，字子夏，孔子十四世孙。其祖孔安国、孔延年皆以治《尚书》为武帝博士，其父孔霸为元帝师，"为人谦退，不好权势"，孔光为少子，"经学尤明"，历谏大夫、博士、诸吏光禄大夫领尚书事、光禄勋，"据经法以心所安而对，不希指苟合"，但也"不敢强谏争"，"不结党友，养游说，有求于人"，"有所荐举，唯恐其人之闻知"，迁御史大夫、廷尉、左将军、丞相，封博山侯。哀帝即位，因与傅太后不合，免归，后起为光禄大夫、给事中、御史大夫、大司徒。王莽执政，退为平帝太傅，位四辅，给事中，后为太师。马宫，字游卿，本姓马矢，东海戚人，治《春秋》，历官郎、楚长史、刺史、太守等，代孔光为大司徒、太师。[1]

《汉书·翟方进传》载，翟方进，字子威，汝南上蔡人。其父翟公好学，为郡文学。方进少孤，母织屦以给方进读，经博士受《春秋》，"经学明习"，历郎、博士、刺史，为人宽厚，谦让，"居官不烦苛"，迁为丞相司直、京兆尹、御史大夫、执金吾、丞相，封高陵侯，对后母甚孝，"为相公洁，请托不行郡国"。后自杀。其子方宣"明经笃行"，官太守。方义亦官太守，反对王莽居摄，举兵讨王莽，以刘信为皇帝，兵败被杀。[2]

---

[1]（汉）班固撰，（唐）颜师古注：《汉书》，北京：中华书局，1962年版，卷八十一第3331-3366页。

[2]（汉）班固撰，（唐）颜师古注：《汉书》，北京：中华书局，1962年版，卷八十四第3412-3437页。

《汉书·谷永杜邺传》云，谷永，字子云，长安人，"博学经书"，"数上疏言得失"，擢为光禄大夫，出为安定太守，依附王氏，因事得罪成帝。得王氏之助，免，曾官光禄大夫给事中、大司农，善为灾异之说，前后所上四十余事，"专攻上身与后宫而已"。杜邺，字子夏，本魏郡繁阳人，徙茂陵，少孤，母为张敞女，从舅张吉学问，得其家书。历官郎、主簿、侍御史，哀帝即位，为凉州刺史，"居职宽舒，少威严"。[1]

《汉书·何武王嘉师丹传》云，何武，字君公，蜀郡郫县人。宣帝时，从博士受业，治《易》，历官令、谏大夫、刺史、丞相司直。后免官，再举，官至司隶校尉、京兆尹、御史大夫、大司空，封汜乡侯。"为人仁厚，好进士，将称人之善"，有正直之名。后因与王莽不合，自杀。王嘉，字公仲，平陵人，明经，曾官太中大夫、郡太守、大鸿胪、京兆尹、御史大夫，"治甚有声"，汉哀帝时代平当为丞相，封新甫侯，"为人刚直严毅有威重"，不喜董贤，后因事得罪，不愿自杀，认为"丞相幸得备位三公，奉职负国，当伏刑都市以示万众。丞相岂儿女子邪，何谓咀药而死"。后死于狱中。师丹，字仲公，琅邪东武人，治《诗》，为匡衡弟子，历博士，东平王太傅，以"论议深博，廉正守道"为光禄大夫、丞相司直，后历光禄大夫给事中、少府、光禄勋、侍中。成帝末年为太子太傅，哀帝即位，官左将军领尚书事、大司马，封高乐侯，后徙大司空。哀帝欲以丁、傅、董贤分王氏之权，而师丹多谏争，不合上意，免官。[2]

《汉书·循吏传》载，龚遂，字少卿，山阳南平阳人，以明经为官，任昌邑王郎中令，"为人忠厚，刚毅有大节，内谏争于王，外责傅相，引经义，陈祸福，至于涕泣，蹇蹇亡已。面刺王过，王至掩耳起走，曰：'郎中令善愧人。'及国中皆畏惮焉。"昌邑王败，髡为城旦。宣帝即位后，任渤海太守，有政声，入为水衡都尉。召信臣，字翁卿，九江寿春人，明经，历官令守、谏大夫等，"视民如子，所居见称述"，"为人勤力有方略，好为

---

[1]（汉）班固撰，（唐）颜师古注：《汉书》，北京：中华书局，1962年版，卷八十五第3443-3474页。

[2]（汉）班固撰，（唐）颜师古注：《汉书》，北京：中华书局，1962年版，卷八十六第3481-3508页。

民兴利,务在富之",由太守征为少府。[1]

以上所列,为《汉书》所载以儒生而为大官者的行止,他们的言论必称经典,反映其尊孔复古价值观,而其行为,也大体以正直、直谏、忠臣论,虽各人不免有过失过错,但大节不失。比之武帝时个别利用仁义者,以及汉初之武夫,他们更合于圣人对儒生的要求,其政治主张也更多体现爱民忠君之精神。《汉书》之佞幸、酷吏基本不是儒生,就说明学习儒学本身,通过修身持正,足可以贯彻在齐家治国平天下之实践中。因此,儒学的复兴与儒生出仕,对汉朝政治的影响无疑是积极的。

第四节 公孙弘与儿宽

汉代儒生中,以位次之高,首推公孙弘。公孙弘,菑川薛人。少时为狱吏,有罪,免。家贫,牧豕海上。年四十余,始学《春秋》杂说。据《汉书·公孙弘卜式儿宽传》曰,武帝初即位,公孙弘以六十高龄,以贤良而被征为博士,使匈奴,还报,不合上意,武帝怒,以为无能,公孙弘遂以病免。元光五年,再征贤良文学,菑川人举荐,公孙弘推辞不就,菑川人不许,公孙弘遂至太常,对武帝策曰:

> 臣闻上古尧舜之时,不贵爵赏而民劝善,不重刑罚而民不犯,躬率以正而遇民信也;末世贵爵厚赏而民不劝,深刑重罚而奸不止,其上不正,遇民不信也。夫厚赏重刑未足以劝善而禁非,必信而已矣。是故因能任官,则分职治;去无用之言,则事情得;不作无用之器,即赋敛省;不夺民时,不妨民力,则百姓富;有德者进,无德者退,则朝廷尊;有功者上,无功者下,则群臣逡;罚当罪,则奸邪止;赏当贤,则臣下劝。凡此八者,治之本也。故民者,业之即不争,理得则不怨,有礼则不暴,爱之则亲上,此有天下之急者也。故法不远义,则民服而不离;和不远礼,则民亲而不

---

[1](汉)班固撰,(唐)颜师古注:《汉书》,北京:中华书局,1962年版,卷八十九第3637-3642页。

暴。故法之所罚，义之所去也；和之所赏，礼之所取也。礼义者，民之所服也，而赏罚顺之，则民不犯禁矣。故画衣冠，异章服，而民不犯者，此道素行也。

臣闻之，气同则从，声比则应。今人主和德于上，百姓和合于下，故心和则气和，气和则形和，形和则声和，声和则天地之和应矣。故阴阳和，风雨时，甘露降，五谷登，六畜蕃，嘉禾兴，朱草生，山不童，泽不涸，此和之至也。故形和则无疾，无疾则不夭，故父不丧子，兄不哭弟。德配天地，明并日月，则麟凤至，龟龙在郊，河出图，洛出书，远方之君莫不说义，奉币而来朝，此和之极也。

臣闻之，仁者爱也，义者宜也，礼者所履也，智者术之原也。致利除害，兼爱无私，谓之仁；明是非，立可否，谓之义；进退有度，尊卑有分，谓之礼；擅杀生之柄，通壅塞之涂，权轻重之数，论得失之道，使远近情伪必见于上，谓之术：凡此四者，治之本，道之用也，皆当设施，不可废也。得其要，则天下安乐，法设而不用；不得其术，则主蔽于上，官乱于下。此事之情，属统垂业之本也。

臣闻尧遭鸿水，使禹治之，未闻禹之有水也。若汤之旱，则桀之余烈也。桀纣行恶，受天之罚；禹汤积德，以王天下。因此观之，天德无私亲，顺之和起，逆之害生。此天文地理人事之纪。……[1]

汉武帝策问子大夫曰："天人之道，何所本始？吉凶之效，安所期焉？禹汤水旱，厥咎何由？仁义礼智四者之宜，当安设施？属统垂业，物鬼变化，天命之符，废兴何如？天文地理人事之纪，子大夫习焉。其悉意正义，详具其对，著之于篇，朕将亲览焉，靡有所隐。"[2] 当时对策之人有百余，太常以公孙弘居下，而汉武帝擢为第一，"召入见，容貌甚丽，拜为博士，待诏金马门"[3]。检公孙弘之对策，其核心在于顺乎民心，和于阴阳，仁义礼智，

---

[1]（汉）班固撰，（唐）颜师古注：《汉书》，北京：中华书局，1962年版，卷五十八第2613-2617页。
[2]（汉）班固撰，（唐）颜师古注：《汉书》，北京：中华书局，1962年版，卷五十八第2614页。
[3]（汉）班固撰，（唐）颜师古注：《汉书》，北京：中华书局，1962年版，卷五十八第2617页。

这正是自孔子以来儒家思想的基本内核。公孙弘欲以此治国,其欲改变自秦以来的异端,昭然若揭。

公孙弘在行为处事原则上,也极有特色,《汉书·公孙弘卜式兒宽传》曰:"每朝会议,开陈其端,使人主自择,不肯面折庭争。"[1] 此则异乎任侠风气。"于是上察其行慎厚,辩论有余,习文法吏事,缘饰以儒术,上说之,一岁中至左内史。"[2] 公孙弘与汲黯同时,《汉书·张冯汲郑传》说汲黯好黄老言,"为人性倨,少礼,面折,不能容人之过。合己者善待之,不合者弗能忍见,士亦以此不附焉。然好游侠,任气节,行修洁。其谏,犯主之颜色"[3],与公孙弘之爱好和行为处世原则正相反,然两人也有合作。《汉书·公孙弘卜式兒宽传》说:"弘奏事,有所不可,不肯庭辩。常与主爵都尉汲黯请间,黯先发之,弘推其后,上常说,所言皆听,以此日益亲贵"[4];又"尝与公卿约议,至上前,皆背其约以顺上指",而汲黯不满,当庭诘问公孙弘曰:"齐人多诈而无情,始为与臣等建此议,今皆背之,不忠。"武帝以问公孙弘,公孙弘回答说:"夫知臣者以臣为忠,不知臣者以臣为不忠。"[5] 案孔子虽强调信的重要性,《论语·为政》曰:"人而无信,不知其可。"[6] 但是,《论语·子路》曰:"言必信,行必果,硁硁然小人哉。"[7] 如果一定要把"信"看作是超越仁义礼智的存在,那就大错特错了。一旦信违背了仁义礼智,就应该抛弃信,所以,《孟子·离娄下》曰:"大人者,言不必信,行不必果,惟义所在。"[8]《汉书·公孙弘卜式兒宽传》说公孙弘"为人谈笑多闻,常称以为人主病不广大,人臣病不俭节。养后母孝谨,后母卒,服丧三年"。[9] 及为御史大夫,数谏武帝东置苍海,北筑朔方郡,"以为罢弊中国以奉无用

---

[1](汉)班固撰,(唐)颜师古注:《汉书》,北京:中华书局,1962年版,卷五十八第2618页。
[2](汉)班固撰,(唐)颜师古注:《汉书》,北京:中华书局,1962年版,卷五十八第2618页。
[3](汉)班固撰,(唐)颜师古注:《汉书》,北京:中华书局,1962年版,卷五十第3317页。
[4](汉)班固撰,(唐)颜师古注:《汉书》,北京:中华书局,1962年版,卷五十八第2619页。
[5](汉)班固撰,(唐)颜师古注:《汉书》,北京:中华书局,1962年版,卷五十八第2619页。
[6](清)刘宝楠著:《论语正义》,卷二第37页,见《诸子集成》,北京:中华书局,2006年第2版。
[7](清)刘宝楠著:《论语正义》,卷十六第293页,见《诸子集成》,北京:中华书局,2006年第2版。
[8](清)焦循著:《孟子正义》,卷八第327页,见《诸子集成》,北京:中华书局,2006年第2版。
[9](汉)班固撰,(唐)颜师古注:《汉书》,北京:中华书局,1962年版,卷五十八第2619页。

之地，愿罢之"，则说明公孙弘并非一味阿谀主上，也具有讽谏之勇气，只是更注意守护礼义，维护帝王的尊严而已。

公孙弘在当世，以沽名钓誉而著称，《汉书·公孙弘卜式儿宽传》载，汲黯曰："弘位在三公，奉禄甚多，然为布被，此诈也。"武帝问公孙弘，公孙弘说："有之。夫九卿与臣善者无过黯，然今日庭诘弘，诚中弘之病。夫以三公为布被，诚饰诈欲以钓名。"[1]公孙弘对自己欲通过行为自律以谋求名誉的心态供认不讳。公孙弘于元朔中为宰相，封平津侯，"于是起客馆，开东阁以延贤人，与参谋议。弘身食一肉，脱粟饭，故人宾客仰衣食，奉禄皆以给之，家无所余"，此也含有沽名钓誉之成分，因为公孙弘"其性意忌，外宽内深。诸常与弘有隙，无近远，虽阳与善，后竟报其过。杀主父偃，徙董仲舒胶西，皆弘力也"。[2]

重视名誉，本来是自孔子以来儒生们所树立的传统，但公孙弘的重视名誉，却被人视为沽名钓誉，受人责难，其原因就在于性忌，让人感觉到他的节俭爱才都有虚伪的成分。就这个意义上来说，公孙弘对孔孟之旨并未能深刻领会，并贯彻到行动之中。

《汉书·公孙弘卜式儿宽传》赞曰："公孙弘、卜式、儿宽皆以鸿渐之翼困于燕爵，远迹羊豕之间，非遇其时，焉能致此位乎？是时，汉兴六十余载，海内艾安，府库充实，而四夷未宾，制度多阙。上方欲用文武，求之如弗及，始以蒲轮迎枚生，见主父而叹息。群士慕向，异人并出。卜式拔于刍牧，弘羊擢于贾竖，卫青奋于奴仆，日䃅出于降虏，斯亦曩时版筑饭牛之朋已。汉之得人，于兹为盛，儒雅则公孙弘、董仲舒、儿宽，笃行则石建、石庆，质直则汲黯、卜式，推贤则韩安国、郑当时，定令则赵禹、张汤，文章则司马迁、相如，滑稽则东方朔、枚皋，应对则严助、朱买臣，历数则唐都、洛下闳，协律则李延年，运筹则桑弘羊，奉使则张骞、苏武，将率则卫青、霍去病，受遗则霍光、金日䃅，其余不可胜纪。是以兴造功业，制度遗文，后世莫及。孝宣承统，纂修洪业，亦讲论六艺，招选茂异，而萧望之、梁丘贺、夏侯胜、韦玄成、严彭祖、尹更始以儒术进，刘向、王褒以文章显，

---

[1]（汉）班固撰，（唐）颜师古注：《汉书》，北京：中华书局，1962年版，卷五十八第2620页。
[2]（汉）班固撰，（唐）颜师古注：《汉书》，北京：中华书局，1962年版，卷五十八第2621页。

将相则张安世、赵充国、魏相、丙吉、于定国、杜延年,治民则黄霸、王成、龚遂、郑弘、召信臣、韩延寿、尹翁归、赵广汉、严延年、张敞之属,皆有功迹见述于世。参其名臣,亦其次也。"[1]汉至武帝,经济繁荣,又兼武帝不拘一格任用人才,人才之盛,后代难出其右,而到孝宣皇帝,以儒学任用贤才,也不输于武帝。

兒宽,千乘人,治《尚书》,事欧阳生,以郡国选诣博士,受业孔安国。贫无资用,尝为弟子都养。时行赁作,带经而鉏,休息辄读诵。以射策为掌故,功次补廷尉文学卒吏。为人温良,有廉知自将,善属文,然懦于武,口弗能发明也,被张汤派至北地视畜数年。后为张汤引为奏谳掾,以古法义决疑狱。张汤为御史大夫,兒宽为侍御史,为武帝讲经学,武帝非常喜欢,从问《尚书》一篇。擢为中大夫,迁左内史。兒宽治民,劝农业,理狱讼,卑体下士,务在于得人心;择用仁厚士,推情与下,不求名声,吏民大信爱之。又奏开六辅渠,定水令以广溉田,不多收租税。武帝时司马相如遗书奏言武帝封禅,兒宽对曰:"陛下躬发圣德,统楫群元,宗祀天地,荐礼百神,精神所乡,征兆必报,天地并应,符瑞昭明。其封泰山,禅梁父,昭姓考瑞,帝王之盛节也。然享荐之义,不著于经……"[2]武帝遂自制仪,采儒术以文焉。即封禅,拜兒宽为御史大夫,从东封泰山。

公孙弘和兒宽皆以儒生,侍武帝之世,位列三公,而兒宽之行为举止更有儒者仁义之风,其尊经征圣之价值观比之公孙弘,应属更见彻底。宽在位九年,以称意任职,故久无有所匡谏于上,以官卒。

在兒宽出任御史大夫之际,儒生褚大,时任梁相,通五经,兒宽为博士弟子,褚大为博士。御史大夫缺,征褚大,褚大自以为要出任御史大夫。到洛阳后,听说兒宽任御史大夫,褚大认为兒宽才学不及,故大笑。及见兒宽,与论封禅事,自以为不及,曰:"上诚知人。"[3]此事也反映了儒生们尊敬贤才的优良品质。

---

[1](汉)班固撰,(唐)颜师古注:《汉书》,北京:中华书局,1962年版,卷五十八第26233-2634页。
[2](汉)班固撰,(唐)颜师古注:《汉书》,北京:中华书局,1962年版,卷五十八第2630页。
[3](汉)班固撰,(唐)颜师古注:《汉书》,北京:中华书局,1962年版,卷五十八第2633页。

第八章 辞赋家的使命

诗有六义，其二曰赋，赋是中国古代特有的一种文体形态。汉代尊孔复古，汉自武帝，下及昭、宣、元、成诸帝，皆有儒雅之态，或具雄才，或有雅量，重视文学，皆有可述。而汉赋的兴盛，上有帝王的提倡，下有文人的爱好，其功用又不离抒下情，宣上德，既有讽谏，又尽忠孝，奠定了一个时代的盛况。也是西汉儒学复兴的一个重要部分。

第一节 赋文体的历史使命

赋虽繁荣于汉代，但其产生及作为赋的规范，是汉代以前就确定了的。《汉书·艺文志·诗赋略》，于战国时楚国文人屈原、宋玉、唐勒的作品及大儒荀子的《赋篇》皆称曰"赋"。又曰："传曰：'不歌而诵谓之赋，登高能赋可以为大夫。'言感物造端，材知深美，可与图事，故可以为列大夫也。古者诸侯卿大夫交接邻国，以微言相感，当揖让之时，必称《诗》以喻其志，盖以别贤不肖而观盛衰焉。故孔子曰'不学《诗》，无以言'也。春秋之后，周道浸坏，聘问歌咏不行于列国，学《诗》之士逸在布衣，而贤人失志之赋作矣。大儒孙卿及楚臣屈原离谗忧国，皆作赋以讽，咸有恻隐古诗之义。其后宋玉、唐勒，汉兴枚乘、司马相如，下及扬子云，竞为侈丽闳衍之词，没其风谕之义。是以扬子悔之，曰：诗人之赋丽以则，辞人之赋丽以淫。如孔氏之门人用赋也，则贾谊登堂，相如入室矣，如其不用何！"[1] 赋有诗人之赋和辞人之赋，诗人之赋存在于《诗》三百篇，辞人之赋起源于楚辞产生以后。屈原和荀子虽不在诗人时代，但是，他们的作品之中有古诗人的传统，所以，仍然可以说有诗人之赋的特点，而辞人之赋丽而淫的特点起源于宋玉，至汉代为汉赋的基本特点。

屈原、荀子的作品虽都可以称为赋，但实际上是有区别的。《史记·屈原贾生列传》说："屈原既死之后，楚有宋玉、唐勒、景差之徒者，皆好辞而以赋见称。然皆祖屈原之从容辞令，终莫敢直谏。"[2] 司马迁的这一段话告诉我们在战国后期，楚国存在一个作家群，同时，又区分了"辞"和"赋"二者，并且明白无误地告诉我们，"辞"和"赋"是两个既互相联系，又互相区别的文学体裁，宋玉、唐勒、景差等人喜欢"辞"，而其成名却是"赋"，宋玉等人的文学成就主要应该来赋，他们在政治上虽不能"直谏"，但在艺术上的"从容辞令"，与屈原并无不同。陆机《文赋》说诗赋的不同曰："诗

---

[1]（汉）班固撰，（唐）颜师古注:《汉书》，北京: 中华书局, 1962 年版, 卷三十第 1755-1756 页。
[2]（汉）司马迁撰，（宋）裴骃集解，（唐）司马贞索隐，（唐）张守节正义:《史记》，北京: 中华书局, 1982 年第 2 版, 卷八十四第 2491 页。

缘情而绮靡，赋体物而浏亮。"[1] 缘情是诗的特点，也是屈原创作的楚辞作品的特点，体物则是自荀子、宋玉等人开创的赋体之所长。

西汉赋作家以司马相如声名最光大。司马相如《答盛擥问作赋》论赋曰："合纂组以成文，列锦绣而为质，一经一纬，一宫一商，此作赋之迹也。赋家之心，苞括宇宙，总览人物。"[2]《汉书·扬雄传》载扬雄关于赋的观点曰："赋者，将以风也，必推类而言，极丽靡之辞，闳侈巨衍，竟于使人不能加也。"[3] 又皇甫谧《三都赋序》曰："古人称不歌而诵谓之赋，然则赋也者，所以因物造端，敷弘体理，欲人不能加也。引而申之，故文必极美；触类而长之，故辞必尽丽。然则美丽之文，赋之作也。"[4] 以上诸说论赋，虽然表述各异，但结论都是相通的，即赋应该具有广博的内容，以铺排描写为主，而兼讽谏，通过铺陈排比，达到文采、形式的极其美丽。

赋的美丽之特点，是在战国时代确立了的。而作赋为了讽谏，也是宋玉开辟的传统。第一个大量创作赋文学的作家是宋玉。宋玉的赋见于《昭明文选》和《古文苑》，《昭明文选》载有宋玉《风赋》《高唐赋》《神女赋》《登徒子好色赋》《对楚王问》五篇，《古文苑》有宋玉《笛赋》《大言赋》《小言赋》《讽赋》《钓赋》《舞赋》六篇，其中《对楚王问》虽不名赋，而体制与诸赋类似，应可看作赋。在近代以来，学术界对宋玉赋的著作权多持反对意见，其原因首先是基于认为宋玉时代不应有如宋玉《高唐赋》《神女赋》这样的对问、铺张之形式，这种散体出现应为汉初之事。这种怀疑随着 1972 年银雀山汉墓题为"唐革"的赋篇出现，而变得毫无意义。银雀山汉墓的主人是汉武帝初期的一位将军。《唐革》赋篇虽残缺不全，但其对问的结构方式，铺张形容的艺术风格，散文化的语言句式，不拘一格，与荀赋四言、屈原之用"兮"字语助完全不同。而与《文选》《古文苑》宋玉诸赋相似。这说明宋玉时代，是完全可以写出《高唐赋》《神女赋》一类赋作的。

宋玉诸赋，以客主对问结构的基本形式，铺张排比，写景状物叙事，

---

[1]（梁）萧统编，（唐）李善注：《文选》，北京：中华书局，1977 年版，卷十七第 241 页。
[2]《全汉文》卷二十二，见（清）严可均校辑：《全上古三代秦汉三国六朝文》，北京：中华书局，1958 年版，第 246 页。
[3]（汉）班固撰，（唐）颜师古注：《汉书》，北京：中华书局，1962 年版，卷八十七第 3575 页。
[4]（梁）萧统编，（唐）李善注：《文选》，北京：中华书局，1977 年版，卷四十五第 641 页。

形象生动，词丽而新，色彩缤纷。强调形象的生动、夸张，色彩的鲜明、艳丽，语言的优美、幽默、丰富，场面的宏大、热烈，比喻的优美、绚丽，而其体制则散骚结合，或用韵，或不用韵，音调自由和美，或促迫或和缓，一张一弛，变化自如。语言则随时适宜，惟妙惟肖。句式则长短不一，灵活多变，散句则挥洒自如，对偶已极见工整。《文心雕龙·丽辞》曰："宋玉《神女赋》云：'毛嫱鄣袂，不足程式；西施掩面，比之无色。'此事对之类也。"[1] 足见其对偶之巧。刘熙载《艺概·赋概》曰："赋中骈偶处，语取蔚茂；单行处，语取清瘦。此自宋玉、相如已然。"[2] 正是指出了宋玉赋语言妙用。宋玉赋在文体、语言、音节上的杰出成绩，也是他的赋作华美风格的重要表现。《文心雕龙·杂文》曰："宋玉含才，颇亦负俗，始造对问，以申其志，放怀寥廓，气实使文。"[3] 对问一体，屈原与女媭、巫咸、渔父之对答，已肇其始，而宋玉则以对问为叙述之基本结构方式，使此种体制完全成熟，奠定了后代赋文学，特别是汉大赋的美学追求。而这种对问，实际上是假设问答的虚构。姚鼐《古文辞类纂》指出："《渔父》、宋玉《对楚王》、东方《客难》同类，并是设辞。乃太史公、褚先生、刘子政悉载叙之以为事实，为失其旨已。"[4] 也就是说，如宋玉《对楚王问》之类的假设问答，如同屈原《渔父》、东方朔《答客难》所讲的事情，并不必是曾经发生过的，司马迁《史记·屈原贾生列传》、褚少孙补《史记·滑稽列传》、刘向《新序·杂事》皆引以为史实，显然是没有理解《渔父》《对楚王问》《答客难》的虚构特征。姚鼐的这个意见，成为我们打开宋玉诸赋构思特点的钥匙。以此类推，不仅《对楚王问》是虚构，《风赋》《大言赋》《讽赋》《高唐赋》《神女赋》《登徒子好色赋》《钓赋》等宋玉赋，亦无不是假设回答，虚构情节。而《高唐赋》《神女赋》描写楚王游云梦而同神女，具有浓厚的神话色彩，这又是虚构中的虚构。

宋玉赋包含着极强的讽谏意味，《文心雕龙·谐隐》曰："楚襄宴集，

---

[1] 吴林伯注：《〈文心雕龙〉义疏》，武汉：武汉大学出版社，2002年版，第423页。
[2]（清）刘熙载著，王气中笺注：《艺概笺注》，贵阳：贵州人民出版社，1980年版，卷三第294页。
[3] 吴林伯注：《〈文心雕龙〉义疏》，武汉：武汉大学出版社，2002年版，第161页。
[4]（清）姚鼐：《古文辞类纂》，上海：上海古籍出版社，1998年版。

而宋玉赋《好色》：意在微讽，有足观者。"[1] 实际上不止《登徒子好色赋》意在讽谏，其他赋也无不含讽谏。这种在快乐的游猎场面或幽默对话中的讽谏，不是具体政治的批评，而是宏观的忧患意识的体现。

扬雄《法言·吾子》曰景差、唐勒、宋玉、枚乘之赋"必也淫"，又说"辞胜事则赋"。[2] 诗赋虽然都以美丽为追求，然而诗重"缘情"，赋在"体物"，因此它们的美丽是有差别的。《诗经》作者的"赋"，其特点是美刺，虽然美丽，而不过分。以屈原为代表的《楚辞》作品，除了抒发屈原愤世嫉俗的感情之外，还有妩媚的色彩、艳丽的辞藻、炜烨的意境。景差、唐勒、宋玉及汉代枚乘等人以"辞人"而创作赋文学，已经没有了《诗经》的"诗人"的"赋"风，而他们的性格和经历与屈原没有多少相通之处，所以，他们创作的新型"赋"文学，就只剩下"辞人"的美丽追求了。对于扬雄这样强调文学的功利主义原则的作家来说，的确有"辞胜事"的特点。这样的结果虽然让我们感觉到了赋文学有脱离现实的不足，同时它也说明赋文学作为艺术品，在一定程度上已经摆脱了功利主义的羁绊。

刘熙载《艺概·赋概》说赋的起源原因曰："赋起于情事杂沓，诗不能驭，故为赋以铺陈之，斯于千态万状，层见迭出者，吐无不畅，畅无或竭。"[3] 赋文学产生于表现复杂内容的需要，是比诗更具表现力的一种文学形式，与诗相比，美丽之外，又加铺陈，即不仅抒情，更需叙事、描写。所以，赋文学比之《楚辞》及《诗经》这样的诗文学就更加具有内容的丰富性、表现手段的灵活性和多样性。赋是在战国时代出现的一种富于生命力的文学形式，与《楚辞》相比，赋文学更加朝气蓬勃。宋玉等人在学习《楚辞》等传统的基础上，创为铺陈排比之赋文学，追求美艳之辞藻，华丽之形式，夸张之语言，生动之形象，成为后世赋文学不二之典范。汉赋的程式不出乎宋玉，只是比宋玉的赋更见博大与宏伟而已。赋文学的描写铺陈、假设对问，同时也是中国后代的写景文学，以及叙事文学，包括小说、戏剧等文学的源头之一。

---

[1] 吴林伯注：《〈文心雕龙〉义疏》，武汉：武汉大学出版社，2002年版，第171页。
[2]（汉）扬雄著：《扬子法言》，卷二第4-5页，见《诸子集成》，北京：中华书局，2006年第2版。
[3]（清）刘熙载著，王气中笺注：《艺概笺注》，贵阳：贵州人民出版社，1980年版，卷三第254页。

第二节 主文而谲谏

汉赋的兴盛，正值汉武之世，其原因有二：一是空前的经济繁荣、政治清明、军事强盛、国家统一所带来的文人心态中的自豪感，二是由此自豪感所带来的表现欲。西汉文人没有像战国及楚汉战争时文人们建功立业的机会，而社会的安定，使他们有余暇去仔细雕琢其艺术风格，而赋这种文体，自宋玉等人大力创作后，其艺术手法已趋成熟，而其追求美丽，铺陈排比的书写特点及审美追求，适应了汉朝文人们的审美心态和创作意趣。而汉赋在追求美丽博大宏伟的体式的同时，又具有讽谏之功用，这对于深受儒学传统浸染，而现实之中又无重大政治事件可以批判的西汉盛世文人，可以以防微杜渐的远见，在渲染今日超越一切时代的强盛、富丽、华艳的同时，又能继承自孔子以来所建立的以文学反映现实、批判现实的传统。如果汉赋的讽谏出现在乱世，那样的讽谏就显得无足轻重了。

汉武帝于公元前140年即位，以建元为年号，为中国历史上年号纪年之始。自上任伊始，即下令举贤良方正直言极谏之士，董仲舒上天人三策，丞相卫绾等奏废刑名之学者，又以卫青为太中大夫，重文学之臣，派张骞使西域。元光五年，以公孙弘为博士，翌年，开漕渠，使卫青击匈奴。元朔元年，颁"推恩令"，令诸侯王推私恩分子弟邑，元朔五年，大儒公孙弘为相，卫青为大将军，击匈奴。元封三年，朝鲜降汉。其文治武功，非其先人所可比拟，所以，《汉书·武帝纪》赞曰：

> 汉承百王之弊，高祖拨乱反正，文景务在养民，至于稽古礼文之事，犹多阙焉。孝武初立，卓然罢黜百家，表章六经。遂畴咨海内，举其俊茂，与之立功。兴太学，修郊祀，改正朔，定历数，协音律，作诗乐，建封禅，礼百神，绍周后，号令文章，焕焉可述。后嗣得遵洪业，而有三代之风。如武帝之雄材大略，不改文景之恭俭以济斯民，虽《诗》《书》所称何有加焉！[1]

公元前87年，汉武帝病重，嘱立少子，由霍光行周公之事。武帝之后，

---

[1]（汉）班固撰，（唐）颜师古注：《汉书》，北京：中华书局，1962年版，卷六第212页。

汉昭帝即位，在位十余年，于公元前 74 年死，无嗣。大将军霍光立武帝之孙昌邑哀王之子刘贺为天子，刘贺不遵礼法，二十七日后为霍光所废。立宣帝，即戾太子孙。宣帝于公元前 33 年死，子孝成皇帝立。孝成皇帝于公元前 7 年死。从汉武帝至汉成帝，一百余年，为汉朝历史上最为强盛繁荣的时代。《汉书·昭帝纪》赞曰：

> 昔周成以孺子继统，而有管、蔡四国流言之变。孝昭幼年即位，亦有燕、盖、上官逆乱之谋。成王不疑周公，孝昭委任霍光，各因其时以成名，大矣哉！承孝武奢侈余敝师旅之后，海内虚耗，户口减半，光知时务之要，轻繇薄赋，与民休息。至始元、元凤之间，匈奴和亲，百姓充实。举贤良文学，问民所疾苦，议盐铁而罢榷酤，尊号曰"昭"，不亦宜乎！[1]

又《汉书·宣帝纪》赞曰：

> 孝宣之治，信赏必罚，综核名实，政事文学法理之士咸精其能，至于技巧工匠器械，自元、成间鲜能及之，亦足以知吏称其职，民安其业也。遭值匈奴乖乱，推亡固存，信威北夷，单于慕义，稽首称藩。功光祖宗，业垂后嗣，可谓中兴，侔德殷宗、周宣矣。[2]

又《汉书·元帝纪》赞曰：

> 臣外祖兄弟为元帝侍中[3]，语臣曰元帝多材艺，善史书。鼓琴瑟，吹洞箫，自度曲，被歌声，分刌节度，穷极幼眇。少而好儒，及即位，征用儒生，委之以政，贡、薛、韦、匡迭为宰相。而上牵制文义，优游不断，孝宣之业衰焉。然宽弘尽下，出于恭俭，号令温雅，有古之风烈。[4]

又《汉书·成帝纪》赞曰：

---

[1]（汉）班固撰，（唐）颜师古注：《汉书》，北京：中华书局，1962 年版，卷七第 233 页。
[2]（汉）班固撰，（唐）颜师古注：《汉书》，北京：中华书局，1962 年版，卷八第 275 页。
[3] 据颜师古注引应劭之言，此处臣当指班固父班彪，此本纪为班彪所作。
[4]（汉）班固撰，（唐）颜师古注：《汉书》，北京：中华书局，1962 年版，卷九第 298-299 页。

臣之姑充后宫为婕妤[1]，父子昆弟侍帷幄，数为臣言成帝善修容仪，升车正位，不内顾，不疾言，不亲指，临朝渊嘿，尊严若神，可谓穆穆天子之容者矣！博览古今，容受直辞。公卿称职，奏议可述。遭世承平，上下和睦。然湛于酒色，赵氏乱内，外家擅朝，言之可为于邑。建始以来，王氏始执国命，哀、平短祚，莽遂篡位，盖其威福所由来者渐矣。[2]

可以看出，自武帝以后，文学之盛，已为时代潮流，而儒学的兴盛，至汉元帝更趋巩固。但在儒学及文学之盛的背后，西汉王朝也渐趋衰亡了。

刘勰《文心雕龙·时序》曰："爰自有汉，运接燔书，高祖尚武，戏儒简学；虽礼律草创，《诗》《书》未遑，……施及孝惠，迄于文、景，经术颇兴，而辞人勿用，贾谊抑而邹、枚沈，亦可知也。逮孝武崇儒，润色鸿业，礼乐争辉，辞藻竞骛：柏梁展朝宴之诗，金堤制恤民之咏，征枚乘以蒲轮，申主父以鼎食，擢公孙之对策，叹倪宽之拟奏，买臣负薪而衣锦，相如涤器而被绣。于是史迁、寿王之徒，严、终、枚皋之属，应对固无方，篇章亦不匮，遗风余采，莫与比盛。越昭及宣，实继武绩，驰骋石渠，暇豫文会，集雕篆之轶材，发绮縠之高喻，于是王褒之伦，底禄待诏。自元暨成，降意图籍，美玉屑之谭，清金马之路，子云锐思于千首，子政校雠于六艺，亦已美矣。"[3] 赋是中国文学史上一种特殊的文体，而汉代是以赋的繁荣为文学及文化繁荣的主要标志。汉代的文人爱好作赋，不亚于唐代人之喜欢作诗，至于赋的好坏并不是主要的。班固《两都赋序》说汉代赋作家作品之盛，曰："大汉初定，日不暇给。至于武、宣之世，乃崇礼官，考文章，内设金马石渠之署，外兴乐府协律之事，以兴废继绝，润色鸿业。是以众庶悦豫，福应尤盛。……故言语侍从之臣，若司马相如、虞丘寿王、东方朔、枚皋、王褒、刘向之属，朝夕论思，日月献纳。而公卿大臣御史大夫倪宽、太常孔臧、太中大夫董仲舒、宗正刘德、太子太傅萧望之等，时时间作。或以抒下情而通讽谕，或以宣上德而尽忠孝，雍容揄扬，著于后嗣，抑亦雅颂之亚也。故孝成之世，论

---

[1] 指班彪之姑班婕妤。
[2]（汉）班固撰，（唐）颜师古注：《汉书》，北京：中华书局，1962年版，卷十第330页。
[3] 吴林伯注：《〈文心雕龙〉义疏》，武汉：武汉大学出版社，2002年版，第542页。

而录之,盖奏御者千有余篇,而后大汉之文章,炳焉与三代同风。"[1]

《诗经》有所谓"六诗""六义",其一曰赋,指以铺陈的方法书写,或者也可能包括用铺陈的方法创作的文学作品。而汉代所谓"赋",作为文体,其内涵指用铺陈的方法创作的文学作品。汉代的王公大臣、文人墨客,纷纷作赋,或抒下情,或宣上德,其盛况空前。

汉初传《诗》,有申公、辕固生、韩婴,皆今文诗,立于学官。赵人毛苌传《诗》,为古文,未立学官,然对后世影响至深远。《毛诗序》曰:"情发于声,声成文谓之音。治世之音安以乐,其政和;乱世之音怨以怒,其政乖;亡国之音哀以思,其民困。故正得失,动天地,感鬼神,莫近于诗。先王以是经夫妇,成孝敬,厚人伦,美教化,移风俗。"又曰:"上以风化之,下以风刺上,主文而谲谏,言之者无罪,闻之者足以戒,故曰风。至于王道衰,礼义废,政教失,国异政,家殊俗,而变风变雅作矣。国史明乎得失之迹,伤人伦之废,哀刑政之苛,吟咏情性,以风其上,达于事变而怀其旧俗者也。故变风发乎情,止乎礼义。发乎情,民之性也;止乎礼义,先王之泽也。"[2]有人说,这篇序始自子夏,成于毛公,又有人以为乃东汉卫宏所作[3]。无论作者是谁,这篇序文所表达的文学的"主文而谲谏"的精神,应该早于《毛诗序》成文之前而存在,对西汉赋作家的价值观有着决定性影响。汉武帝设立乐府,就是为了效法古圣贤采诗的传统,《汉书·艺文志》所谓"自孝武立乐府而采歌谣,于是有代赵之讴,秦楚之风,皆感于哀乐,缘事而发,亦可以观风俗,知厚薄云"[4],而乐府之职,兼采诗赋,《汉书·礼乐志》曰:"至武帝定郊祀之礼……乃立乐府,采诗夜诵,有赵、代、秦、楚之讴,以李延年为协律都尉,多举司马相如等数十人造为诗赋,略论律吕,以合八音之调,作十九章之歌。"[5]如司马相如等赋有参与乐府之事,作赋之讽,也就是顺理成章的事情了。

---

[1]（梁）萧统编,（唐）李善注:《文选》,北京:中华书局,1977年版,卷一第21-22页。
[2]（汉）郑玄笺,（唐）孔颖达等正义:《毛诗正义》,卷一,见《十三经注疏》,上海:上海古籍出版社,1997年版,第270-272页。
[3]《诗序》当为作诗者及收集诗者所写,为教授诗旨的教材,孔子以传子夏及弟子,非独《毛诗》之序。
[4]（汉）班固撰,（唐）颜师古注:《汉书》,北京:中华书局,1962年版,卷三十第1756页。
[5]（汉）班固撰,（唐）颜师古注:《汉书》,北京:中华书局,1962年版,卷二十二第1045页。

第八章 辞赋家的使命

西汉赋家创作辞赋，以古诗之创作目的为出发点，因而强调讽谏之旨，同时，又追求艺术的美丽。西汉赋家的第一人应是陆贾，其后则有贾谊、枚乘、司马相如、王褒、扬雄等人。《文心雕龙·诠赋》曰："秦世不文，颇有杂赋。汉初词人，顺流而作，陆贾扣其端，贾谊振其绪，枚、马同其风，王、扬骋其势。皋、朔已下，品物毕图，繁积于宣时，校阅于成世，进御之赋，千有余首，讨其源流，信兴楚而盛汉矣。"[1]《文心雕龙·才略》亦云："汉室陆贾，首发奇采，赋《孟春》而选典诰，其辩之富矣。贾谊才颖，陵轶飞兔，议惬而赋清，岂虚至哉！枚乘之《七发》，邹阳之上书，膏润于笔，气形于言矣。仲舒专儒，子长纯史，而丽缛成文，亦诗人之告哀焉。相如好书，师范屈、宋，洞入夸艳，致名辞宗。然核取精意，理不胜辞，故扬子以为'文丽用寡者长卿'，诚哉是言也。王褒构采，以密巧为致，附声测貌，泠然可观。子云属意，辞人最深，观其涯度幽远，搜选诡丽，而竭才以钻思，故能理赡而辞坚矣。"[2]刘勰论汉代辞赋，独推崇扬雄之深，既在于他的赋极文学之美丽，又是讽谏之意味最深远的。

今存西汉赋家作品，最早为贾谊的《鵩鸟赋》《吊屈原赋》，及见于《古文苑》的《旱云赋》。《鵩鸟赋》言祸福之道以寄托怀才不遇之感；《吊屈原赋》述屈原之遇以批评谗佞；而《旱云赋》以天下之大旱，而认为政治不和，曰："惜稚稼之旱夭兮，离天灾而不遂。窃托咎于在位。独不闻唐虞之积烈兮，与三代之风气。时俗殊而不还兮，恐功久而坏败。何操行之不得兮，政治失中而违节。"[3]则是以天人感应之思想，批评在上位之人的失道。枚乘《七发》谏以"要言妙道"，见于葛洪《西京杂记》。邹阳《酒赋》曰"清者圣明，浊者顽騃"，公孙乘之《月赋》曰"君有礼乐"，"小臣不佞"，路乔如之《鹤赋》曰"赖吾王之广爱，虽禽鸟兮抱恩"，公孙诡之《文鹿赋》曰"来我槐庭，食我槐叶，怀我德声"，"呦呦相召"[4]，又岂是不关政治之言。《古文苑》引刘安《屏风赋》曰"不逢仁人，永为枯木"[5]，也是有为而发。

---

[1] 吴林伯注：《〈文心雕龙〉义疏》，武汉：武汉大学出版社，2002年版，第111页。
[2] 吴林伯注：《〈文心雕龙〉义疏》，武汉：武汉大学出版社，2002年版，第582页。
[3]《旱云赋》，见（宋）章樵注：《古文苑》，《四库丛刊》本。
[4]（晋）葛洪撰：《西京杂记》，北京：中华书局，1985年版。
[5]（宋）章樵注：《古文苑》，《四库丛刊》本。

见于《孔丛子》的孔臧《谏格虎赋》批评下国之君"国政不恤",以格虎为欢,"妨害农业,残夭民命",而下国之君顿首改正;《杨柳赋》曰"赏恭罚慢,事有纲纪","饮不至醉,乐不及荒。威仪抑抑,动合典章",《鸮赋》曰"修德灭邪,化及其邻","庶几中庸,仁义之宅",《蓼虫赋》曰"膏粱之子,岂曰不人。惟非德义,不以为家。安逸无心,如禽兽何?逸必致骄,骄必致亡"[1],都含讽谏时政之意。《汉书·外戚传》录汉武帝《李夫人赋》,悼念李夫人,情真而意切;司马迁的《悲士不遇赋》见于《艺文类聚》,批评世俗之鱼目混珠,黑白颠倒。至于司马相如、扬雄等人之赋,其著作之目的,多为讽谏。

汉赋作家的讽谏,并不是缘于汉朝的政治大坏,相反,是汉朝君主从善如流、从容纳谏的风气所鼓励,也是汉朝复古思想的体现,更是盛世文人对未来的忧患。赵翼《廿二史札记》说"汉诏多惧词",举汉文帝之诏曰"朕以不敏不明,而久临天下,朕甚自愧",汉元帝诏曰"元元大困,盗贼并兴,是皆朕之不明,政有所亏,咎至于此。朕甚自耻,为民父母,若是之薄,谓百姓何"等诏书为例[2];又曰"上书无忌讳",举贾谊《治安策》,谷永奏成帝之言、刘向奏成帝之言为例,如《治安策》曰"若畜乱宿祸,使万年之后,传之老母弱子,将使不宁,不可谓仁",谓文帝早死于太后之前,太子未成人之时也。谷永曰:"至陛下独违道纵欲,轻身妄行,积失君道,不合天意,亦已多矣。为人后嗣,守人功业如此,岂不负哉!"刘向曰:"陛下为人子孙,而令国祚移于外家,降为皂隶,纵不为身,奈宗庙何?"赵翼指出,这样狂悖之言,孝文皇帝、孝成皇帝"受之,不加谴怒,且叹赏之,可谓盛德矣"[3]。因为有汉君主之从善,汉代文人大臣,皆把讽谏看作是尽一份社会责任的光荣职责。

---

[1] 详见王钧林、周海生注:《孔丛子》,北京:中华书局,2009 年版。
[2] (清)赵翼著,王树民校证:《廿二史札记校证》,北京:中华书局,1984 年版,卷二第 42 页。
[3] (清)赵翼著,王树民校证:《廿二史札记校证》,北京:中华书局,1984 年版,卷二第 48 页。

第三节 东方朔

汉武帝时，有一位名为东方朔的辞赋家，他是一位颇有个性的人。他以游戏人生的态度，表达了他讽谏时世的严肃主题，可以说是主文而谲谏的代表。今存《非有先生论》《答客难》，虽不以赋命名，实可看作赋作。另外，东方朔模仿《楚辞》及枚乘的七体，创作了《七谏》，是可以属于骚体赋类的作品。《文心雕龙·杂文》曰："宋玉含才，颇亦负俗，始造对问，以申其志，放怀寥廓，气实使之。……自对问以后，东方朔效而广之，名为《客难》，托古慰志，疏而有辩。"[1] 又《文心雕龙·谐隐》曰："宋玉赋《好色》：意在微讽，有足观者。……东方枚皋，餔糟啜醨，无所匡正，而诋嫚媟弄，故其自称为赋，乃亦俳也。见视如倡，亦有悔矣。"[2] 此说东方朔之文，继承宋玉对问微讽所体现的传统，如《答客难》曰：

客难东方朔曰："苏秦、张仪一当万乘之主，而都卿相之位，泽及后世。今子大夫修先王之术，慕圣人之义，讽诵《诗》《书》、百家之言，不可胜数，著于竹帛，唇腐齿落，服膺而不释，好学乐道之效，明白甚矣；自以智能海内无双，则可谓博闻辩智矣。然悉力尽忠以事圣帝，旷日持久，官不过侍郎，位不过执戟，意者尚有遗行邪？同胞之徒无所容居，其故何也？"

东方先生喟然长息，仰而应之曰："是固非子之所能备也。彼一时也，此一时也，岂可同哉？夫苏秦、张仪之时，周室大坏，诸侯不朝，力政争权，相禽以兵，并为十二国，未有雌雄，得士者强，失士者亡，故谈说行焉。身处尊位，珍宝充内，外有廪仓，泽及后世，子孙长享。今则不然。圣帝流德，天下震慴，诸侯宾服，连四海之外以为带，安于覆盂，动犹运之掌，贤不肖何以异哉？遵天之道，顺地之理，物无不得其所；故绥之则安，动之则苦；尊之则为将，卑之则为虏；抗之则在青云之上，仰之则在深泉之下；用之则为虎，

---

[1] 吴林伯注：《〈文心雕龙〉义疏》，武汉：武汉大学出版社，2002年版，第161-163页。
[2] 吴林伯注：《〈文心雕龙〉义疏》，武汉：武汉大学出版社，2002年版，第171-172页。

不用则为鼠；虽欲尽节效情，安知前后？夫天地之大，士民之众，竭精谈说，并进辐凑者不可胜数。悉力慕之，困于衣食，或失门户。使苏秦、张仪与仆并生于今之世，曾不得掌故，安敢望常侍郎乎！故曰时异事异。虽然，安可以不务修身乎哉！《诗》云：'钟鼓于宫，声闻于外。''鹤鸣于九皋，声闻于天。'苟能修身，何患不荣！太公体行仁义，七十有二乃设用于文、武，得信厥说，封于齐，七百岁而不绝。此士所以日夜孳孳，敏行而不敢怠也。辟若鹡鸰，飞且鸣矣。传曰：'天不为人之恶寒而辍其冬，地不为人之恶险而辍其广，君子不为小人之匈匈而易其行。''天有常度，地有常形，君子有常行；君子道其常，小人计其功。'《诗》云：'礼义之不愆，何恤人之言？'故曰：'水至清则无鱼，人至察则无徒。冕而前旒，所以蔽明；黈纩充耳，所以塞聪。'明有所不见，聪有所不闻，举大德，赦小过，无求备于一人之义也。枉而直之，使自得之；优而柔之，使自求之；揆而度之，使自索之。盖圣人教化如此，欲自得之；自得之，则敏且广矣。今世之处士，魁然无徒，廓然独居，上观许由，下察接舆，计同范蠡，忠合子胥，天下和平，与义相扶，寡耦少徒，固其宜也，子何疑于我哉？若夫燕之用乐毅，秦之任李斯，郦食其之下齐，说行如流，曲从如环，所欲必得，功若丘山，海内定，国家安，是遇其时也，子又何怪之邪！语曰：'以管窥天，以蠡测海，以莛撞钟'，岂能通其条贯，考其文理，发其音声哉！由是观之，譬犹鼱鼩之袭狗，孤豚之咋虎，至则靡耳，何功之有？今以下愚而非处士，虽欲勿困，固不得已，此适足以明其不知权变而终惑于大道也。"[1]

在这篇对问体文章中，东方朔一方面表现出了怀才不遇、生不逢时的失意感慨，同时，又标榜顺时达变的旷达心态，至于文中征引《诗》及强调仁义，是汉初至武帝时复古思想的尊儒价值观的反映。而《非有先生论》说非有先生仕于吴，"进不称往古以厉主意，退不能扬君美以显其功，默然无

---

[1]《东方朔传》，见（汉）班固撰，（唐）颜师古注：《汉书》，北京：中华书局，1962年版，卷六十五第2864-2867页。

言者三年矣",其原因在于"非有明王圣主,孰能听之",其主张则是"深念远虑,引义以正其身,推恩以广其下,本仁祖义,褒有德,禄贤能,诛恶乱,总远方,一统类,美风俗","上不变天性,下夺人伦"。吴王倾听了非有先生的高见,实行圣人之治,"正明堂之朝,齐君臣之位,举贤材,布德惠,施仁义,赏有功;躬节俭,减后宫之费,捐车马之用,放郑声,远佞人,省庖厨,去侈靡;卑宫馆,坏苑囿,填池堑,以予贫民无产业者;开内藏,振贫穷,存耆老,恤孤独;薄赋敛,省刑辟",这样做的结果,是三年之后,"海内晏然,天下大治,阴阳和调,万物咸得其宜;国无灾害之变,民无饥寒之色,家给人足,畜积有余,囹圄空虚;凤凰来集,麒麟在郊,甘露既降,朱草萌牙;远方异俗之人乡风慕义,各奉其职而来朝贺",其效果如此之明显。但是,"治乱之道,存亡之端,若此易见,而君人者莫肯为也",所以,东方朔说:"臣愚窃以为过。"[1]把《答客难》和《非有先生论》结合起来读,就可以清楚地知道,东方朔的怀才不遇之感,实际是批评汉朝皇帝非"明王圣主",其缅怀仁义之道,在于批评汉代帝王之奢靡。其讽谏批判之意蕴,如此昭然若揭。

孔子思想,其中心精神在于经世致用,为民请命,但也不废审时度势、明哲保身的内容,此之谓通权达变。通权达变之思想,既存在于《答客难》中,也存在于《非有先生论》中。非有先生之不称往古,不扬君美,默然无言,就是审乎时人,不作妄言,避免"关龙逢深谏于桀,而王子比干直言于纣"之祸,关龙逢、比干本是"极虑尽忠,闵王泽不下流,而万民骚动,故直言其失,切谏其邪者,将以为君之荣,除主之祸也"。因为他们不明白桀纣之无道,因而有杀身之祸。非有先生明乎?"今则不然",若有直谏之士,"反以为诽谤君之行,无人臣之礼,果纷然伤于身,蒙不辜之名,戮及先人,为天下笑"。[2]这种明智的智慧,是自战国以来文人独立意识的体现。也正因此,东方朔在其骚体赋《七谏》中对屈原提出了批评。

《七谏》分初放、沉江、怨世、怨思、自悲、哀命、谬谏七部分,可

---

[1]《东方朔传》,见(汉)班固撰,(唐)颜师古注:《汉书》,北京:中华书局,1962年版,卷六十五第2868-2872页。
[2]《东方朔传》,见(汉)班固撰,(唐)颜师古注:《汉书》,北京:中华书局,1962年版,卷六十五第2869-2870页。

以说概括了屈原一生行为及观念的主要内容。其曰：

> 平生于国兮，长于原壄。言语讷涩兮，又无强辅。浅智褊能兮，闻见又寡。数言便事兮，见怨门下。王不察其长利兮，卒见弃乎原野。伏念思过兮，无可改者。群众成朋兮，上浸以惑。巧佞在前兮，贤者灭息。尧舜圣已没兮，孰为忠直？……窃怨君之不寤兮，吾独死而后已。[1]

东方朔的中心意思是说屈原虽为楚之"长利"，但其才能不足，地位不高，又有偏激之处，最终招致祸患。案《史记·屈原贾生列传》称述屈原生平经历修养，曰屈原楚人，与楚同姓，任楚怀王左徒，博闻强志，又兼富于政治预见性，明于治乱，娴于辞令[2]，因此，一度受重用。司马迁与东方朔都是博学之士，他们两人关于屈原生平及修养问题，表面看来，意见有对立，仔细推敲，却并不矛盾。司马迁只是说屈原之屈姓，与楚王同宗祖，但屈姓自屈瑕以至于屈原，已历四百岁，比之刘备之于汉献帝，更见疏远，刘备在发达之汉世，尝沦落为手工业者，屈原在荆楚，也未必就有世袭之领地，他无论出生于"中国"，还是出生于"国"，即都城中，都不过是一介草民而已，没有现成的爵禄等待他，他的成长环境也只能是草野之地。也就是说，东方朔之言"平生于国兮，长于原野"，并不与屈原为楚同姓的说法相对立。屈原自述，也证明此一点，《惜诵》之言"忽忘身之贱贫"[3]，《抽思》曰"愿自申而不得"[4]，正是说明出身贫贱，而无坚强后盾。而屈原自己曾经对其言辞能力有过叙述，《怀沙》曰："文质疏内兮，众不知余之异采。材朴委积兮，莫知余之所有。"洪兴祖《楚辞补注》曰："内，旧音讷，讷，木讷也。"[5]屈原言辞木讷，而不能充分地表现其才智异采，表面上看来，确有浅智褊能、言语钝讷、闻见寡少的毛病，但这正体现了他的忠直。孔子说："巧言令色，

---

[1]（宋）洪兴祖撰，白化文等点校：《楚辞补注》，北京：中华书局，1983年版，第236-238页。
[2]（汉）司马迁撰，（宋）裴骃集解，（唐）司马贞索隐，（唐）张守节正义：《史记》，北京：中华书局，1982年第2版，卷八十四第2481页。
[3]（宋）洪兴祖撰，白化文等点校：《楚辞补注》，北京：中华书局，1983年版，第122页。
[4]（宋）洪兴祖撰，白化文等点校：《楚辞补注》，北京：中华书局，1983年版，第139页。
[5]（宋）洪兴祖撰，白化文等点校：《楚辞补注》，北京：中华书局，1983年版，第144页。

鲜矣仁。"[1] 则巧言，不仅不是优点，反是缺点。

屈原曾官"左徒"。而《楚辞·渔父》提到屈原时称为"三闾大夫"。王逸《楚辞章句》曰："屈原与楚同姓，仕于怀王，为三闾大夫。三闾之职，掌王族三姓，曰昭、屈、景。屈原序其谱属，率其贤良，以厉国士。入则与王图议政事，决定嫌疑；出则监察群下，应对诸侯。谋行职修，王甚珍之。"[2] 三闾大夫为管理宗族事务，教育、督导宗族子弟的官员。左徒，依《史记正义》的说法，"盖今左右拾遗之类"。[3] 但是今人郭沫若、姜亮夫等人都认为屈原在楚国当时地位甚高。郭沫若《人民诗人屈原》曰："据司马迁所著的《屈原列传》，说他做过楚怀王的左徒。这左徒的官职是相当高的，在屈原之后有名的春申君是由左徒升为柱国，柱国就是宰相。可见左徒的位置离宰相不会太远。"[4] 姜亮夫《史记·屈原列传疏证》曰："自左徒晋为令尹，则左徒之职甚崇，……惟左徒一名，楚在春秋前无可考，即战国一代，亦仅一春申君为之。细绎《原传》，并参《左传》，余疑即春秋以来之所谓莫敖也。何以言之？按襄十五及二十三年左氏叙楚命官之次，莫敖仅亚令尹。"[5] 俞平伯在《屈原作品撰述》一文，也说左徒"再升上去便可以做楚国的宰相'令尹'了"。[6] 他们的根据是黄歇的经历，以及司马迁关于屈原"入则与王图议国事，以出号令；出则接遇宾客，应对诸侯"的记载。案所谓"入则与王图议国事，以出号令；出则接遇宾客，应对诸侯"之职能，不独副相可行使，上至令尹，下至朝廷负责某一事务之普通大夫，事实上都可与王图议国事，通过与君王协商，而出号令，并受君王委任，接待宾客，出访邻国。《史记·屈原贾生列传》载张仪赴楚，楚怀王不敢杀之，曰："是时屈平既疏，不复在位，使于齐，顾反，谏怀王曰：'何不杀张仪？'怀王悔，追张仪不及。"[7]

---

[1]《学而》，（清）刘宝楠著：《论语正义》，卷一第5页，见《诸子集成》，北京：中华书局，2006年第2版。
[2]（宋）洪兴祖撰，白化文等点校：《楚辞补注》，北京：中华书局，1983年版，第1-2页。
[3]（汉）司马迁撰，（宋）裴骃集解，（唐）司马贞索隐，（唐）张守节正义：《史记》，北京：中华书局，1982年第2版，卷八十四第2481页。
[4] 郭沫若著：《奴隶制时代》，北京：科学出版社，1956年版，第139页。
[5] 姜亮夫著：《楚辞学论文集》，昆明：云南人民出版社，2002年版，第5-6页。
[6] 俞平伯：《屈原作品撰述》，上海：《文汇报》，1953年6月15日。
[7]（汉）司马迁撰，（宋）裴骃集解，（唐）司马贞索隐，（唐）张守节正义：《史记》，北京：中华书局，1982年第2版，卷八十四第2484页。

屈原被疏,无有职位之时,不也在应对诸侯,出使邻邦,图议国事吗？至于《史记·楚世家》曰："以左徒为令尹。"[1]并不能说明左徒即副相,或者可比重臣"莫敖"。司马迁在这里用了"春秋笔法"。据《史记·春申君列传》,黄歇"游学博闻,事楚顷襄王。顷襄王以歇为辩,使于秦"[2],后来说秦昭王,"黄歇受约归楚,楚使歇与太子完入质于秦,秦留之数年"。楚顷襄王病重,设计让太子完"变衣服为楚使者御以出关,而黄歇守舍,常为谢病",后来秦昭王欲令黄歇自杀,秦相应侯曰："歇为人臣,出身以徇其主,太子立,必用歇,故不如无罪而归之,以亲楚"。黄歇冒死为太子完创造了回国继统的机会,太子完为报答黄歇,在顷襄王死后,甫一即位,便特别重用,"以黄歇为相,封为春申君,赐淮北地十二县"[3]。黄歇后来成为炙手可热的人物,楚王贵幸黄歇,"虽兄弟不如也"[4]。黄歇权力增大,野心也不小,竟然以怀有自己骨肉的李园之妹嫁考烈王为王后,生太子幽王,使自己的血脉代替楚氏正统。黄歇以左徒为令尹,并不是左徒之地位显赫,而是黄歇在左徒任上,与考烈王建立了特殊关系。《史记》独不记其他令尹以某职为令尹,而只及"左徒"一职,正强调其违背常规,亲近亲信,而导致黄歇之欺君。"左徒"一职,在史传中仅两见,若其地位确如"副相"之重,必定要参与重大事件的处理,其出现必定频繁。至于以左徒为"莫敖",是一点根据也没有的猜想而已。

东方朔批评屈原才能不足,颇有根据。屈原才能的不足,不是表现在其文学家才能上,而是缘于他处世智慧的欠缺,以及政治才能的短见。

我们清楚,屈原的官职并不能达到尊贵的地位,便容易理解《史记·屈原贾生列传》所载关于屈原造宪令,而上官大夫欲夺的故事了。这个故事中的某些细节可能并不准确,如说上官大夫欲夺草稿。屈原为令,是楚王所指

---

[1]（汉）司马迁撰,（宋）裴骃集解,（唐）司马贞索隐,（唐）张守节正义：《史记》,北京：中华书局,1982年第2版,卷四十第1735页。

[2]（汉）司马迁撰,（宋）裴骃集解,（唐）司马贞索隐,（唐）张守节正义：《史记》,北京：中华书局,1982年第2版,卷七十八第2387页。

[3]（汉）司马迁撰,（宋）裴骃集解,（唐）司马贞索隐,（唐）张守节正义：《史记》,北京：中华书局,1982年第2版,卷七十八第2393-2394页。

[4]（汉）司马迁撰,（宋）裴骃集解,（唐）司马贞索隐,（唐）张守节正义：《史记》,北京：中华书局,1982年第2版,卷七十八第2396页。

示,是楚国上下都知道的事情,上官大夫夺走屈原写就的草稿,目的是什么呢?他总不能把草稿呈交楚王,说是自己造的宪令吧!如果上官大夫在既没有君主的委任,又明知道为令之事由屈原负责的情况下,窃夺屈原手稿,必然要冒被屈原或其他人告发的危险。另外,上官大夫为了一部对自己来说并不意味着功绩的宪令手稿,难道可以像市井小儿一样,当屈原拿出来手稿之后,劈手夺来,落荒而逃吗?上官大夫假若想夺屈原手稿,而且即使想横刀强取,也不可能在未见到草稿以前,便表露出来,要对一位正在走红,"王甚任之"的同列大夫实施威胁,也是很危险的。从情理推测,所谓上官大夫"欲夺之",最多只是屈原的一层心理戒备而已。可能的情况是,上官大夫与屈原同是普通的朝官,楚王命屈原为令,上官大夫欲先睹之,而屈原不让看,所以触犯了上官大夫的自尊。屈原以一个普通朝臣而为令,此事在楚王眼里,不过是对他的一次重用,并不是说屈原之才能独步一时,惟有屈原一人才能造宪令。上官大夫正是看到了这一点,所以才说屈原伐其功。屈原一向自负,自以为自己是高阳苗裔,出生于嘉瑞之时,又有令名,内美外能独步一时,无与伦比,因此,楚王一听上官大夫之谗,立即深信不疑。《离骚》之言"荃不察余之中情兮,反信谗而齌怒"[1],当即指楚王听信此类谗言而言。大约楚王昏庸而骄傲,而屈原却不自知藏隐锋芒,早已使楚王有所不满了。

屈原之时,楚国黑暗,《战国策·中山策》载秦武安君白起伐楚,"拔鄢、郢,焚其庙,东至竟陵"的胜利原因时说:"是时楚王恃其国大,不恤其政,而群臣相妒以功,谄谀用事,良臣斥疏,百姓心离,城池不修,既无良臣,又无守备。故起所以得引兵深入,多倍城邑,发梁焚舟以专民,以掠于郊野,以足军食。当此之时,秦中士卒,以军中为家,将帅为父母,不约而亲,不谋而信,一心同功,死不旋踵。楚人自战其地,咸顾其家,各有散心,莫有斗志,是以能有功也。"[2] 据《史记·六国年表》,白起击楚,拔郢,东至竟陵"以为南郡"[3] 此事在秦昭襄王二十九年,即楚襄王二十一年,公元前278年。又据《史记》《秦本纪》《楚世家》《六国年表》,自楚怀

---

[1](宋)洪兴祖撰,白化文等点校:《楚辞补注》,北京:中华书局,1983年版,第9页。
[2](西汉)刘向集录:《战国策》,上海:上海古籍出版社,1985年版,卷三十三第1187-1188页。
[3](汉)司马迁撰,(宋)裴骃集解,(唐)司马贞索隐,(唐)张守节正义:《史记》,北京:中华书局,1982年第2版,卷十五第742页。

王始，秦与楚多次战争，怀王十一年，即公元前 318 年，楚击秦不胜；怀王十六年，秦相张仪入楚；十七年，即公元前 312 年，秦败楚将屈匄；二十八年，即公元前 301 年，秦、韩、魏、齐败楚将唐昧于重丘；第二年，秦又败襄城，杀景缺。怀王三十年，即公元前 299 年，怀王被扣留于秦，顷襄王即位。顷襄王元年，即公元前 298 年，秦取楚十六城。二年，怀王逃离秦，入赵，赵惠王不敢收留，又欲逃魏，为秦活捉，翌年死。顷襄王十九年，秦攻楚，楚与秦汉北及上庸地；二十年，秦拔鄢、西陵；二十二年，秦又拔楚巫、黔中。这期间楚虽时击魏、齐、燕等国，略有小胜，但与秦战，屡战屡败，其根源在于楚国君臣上下不团结，奸佞当道，忠直被疏。《战国策·楚策》庄辛说楚襄王有"淫逸侈靡，不顾国政"[1]之言。楚国君主昏庸，臣子无能，屈原作为一个有理想的、正直的言语人，胸怀政治抱负，在这种险恶的环境中，靠孤军奋战，显然是不可能有好的结局的。

作为一个成熟的政治家，争取最广泛的同盟，是实施其政治主张的重要策略。政治不仅仅是一种好的主张，而且是一种应用技术，好的主张必须借助高明的策略来实施。屈原的主张虽好，但他不能审时度势，用迂回的策略达到自己的目的，这不能不说是件遗憾的事。

事实上，屈原在楚国，完全有可能找到同盟军。屈原劝阻楚王入秦，以及主张合齐，此二事在《史记·楚世家》中有记载，陈轸说合秦绝齐的利弊道："秦之所为重王者，以王之有齐也。今地未可得而齐交先绝，是楚孤也。夫秦又何重孤国哉，必轻楚矣。且先出地而后绝齐，则秦计不为。先绝齐而后责地，则必见欺于张仪。见欺于张仪，则王必怨之。怨之，是西起秦患，北绝齐交。西起秦患，北绝齐交，则两国之兵必至。"[2] 怀王十六年，秦欲伐齐，而齐楚合纵，秦惠王让张仪游说怀王绝齐，许以归还商於之地六百里，陈轸反对，怀王贪婪不听，甚至派人侮辱齐王，以讨秦之欢心，秦因而与楚合亲，但秦并不与楚商於之地。怀王伐秦报复，反遭大败，先是在丹阳甲士八万被斩，大将军屈匄、裨将军逢侯丑等七十余人被俘。再战又败于蓝田。怀王二十年，

---

[1]（西汉）刘向集录：《战国策》，上海：上海古籍出版社，1985 年版，卷十七第 555 页。
[2]（汉）司马迁撰，（宋）裴骃集解，（唐）司马贞索隐，（唐）张守节正义：《史记》，北京：中华书局，1982 年第 2 版，卷四十第 1723 页。

齐欲与楚合纵，事下群臣，"群臣或言和秦，或曰听齐"，昭雎对楚王说："王虽东取地于越，不足以刷耻；必且取地于秦，而后足以刷耻于诸侯。"楚王遂合齐。怀王三十年，秦请合楚，并请会盟，昭雎说："王毋行，而发兵自守耳。秦虎狼，不可信，有并诸侯之心。"但怀王之子子兰劝行，说："奈何绝秦之欢心。"[1]楚王参加会盟，结果被扣留，最后死在秦国。由此可见，在楚大臣中，是存在抗秦合齐力量的。其中昭雎的观点与《史记·屈原贾生列传》所载屈原之言甚为相似，屈原说："秦虎狼之国，不可信，不如毋行。"[2]《楚世家》不载屈原之言，而采用互见法，大抵是因为屈原的地位不如昭雎，或者昭雎是最先阻止楚王入关的人。如果屈原能团结陈轸、昭雎等人，以为支援，而不是一概打击，情况或许是另外的样子。

东方朔批评屈原的处世智慧，不能说没有道理，而东方朔本人正是借鉴了屈原的悲剧，以一种游戏的人生态度，混迹于汉世，被后人归入"滑稽"一类。《史记·滑稽列传》有褚少孙补东方朔之传，曰："武帝时，齐人有东方生名朔，以好古传书，爱经术，多所博观外家之语。"东方朔不仅好古博学，而且说话便捷。活着的时候，随侍武帝左右，被人目为"狂人"，而自称"如朔等，所谓避世于朝廷间者也。古之人，乃避世于深山中"，武帝也说"令朔在事无为是行者，若等安能及之哉"，对其才智深信不疑。东方朔临死，进谏武帝说："《诗》云：'营营青蝇，止于蕃。恺悌君子，无信谗言。谗言罔极，交乱四国。'愿陛下远巧佞，退谗言。"[3]引《诗·小雅·青蝇》以劝谏汉武帝远巧佞，退谗言，说明他是极有正义感的一位文士。

东方朔列入滑稽传中，并不是因为所言荒唐。司马迁在《史记·滑稽列传》中指出："孔子曰：'六艺于治一也。《礼》以节人，《乐》以发和，《书》以道事，《诗》以达意，《易》以神化，《春秋》以义。'太史公曰：'天道恢恢，岂不大哉，谈言微中，亦可以解纷。'"滑稽的突出特点是"多辩"，

---

[1]（汉）司马迁撰，（宋）裴骃集解，（唐）司马贞索隐，（唐）张守节正义：《史记》，北京：中华书局，1982年第2版，卷四十第1726-1728页。
[2]（汉）司马迁撰，（宋）裴骃集解，（唐）司马贞索隐，（唐）张守节正义：《史记》，北京：中华书局，1982年第2版，卷八十四第2484页。
[3]（汉）司马迁撰，（宋）裴骃集解，（唐）司马贞索隐，（唐）张守节正义：《史记》，北京：中华书局，1982年第2版，卷一百二十六第3205、3208页。

所以司马迁说淳于髡"长不满七尺，滑稽多辩，数使诸侯，未尝屈辱"；记优孟"长八尺，多辩，常以谈笑讽谏"；赞优旃，"善为笑言，然合于大道"。[1]《史记·樗里子甘茂列传》曰："樗里子滑稽多智，秦人号曰'智囊'。"[2]司马贞《史记索隐·滑稽列传》解释"滑稽"说："按：滑，乱也；稽，同也。言辩捷之人言非若是，说是若非，言能乱异同也。"[3]此说据《史记索隐·樗里子茂列传》，系引自邹诞。《索隐》又说："《楚词》云：'将突梯滑稽，如脂如韦。'崔浩云：'滑音骨，滑稽，流酒器也。转注吐酒，终日不已。言出口成章，词不穷竭，若滑稽之吐酒。故扬雄《酒赋》云：'鸱夷滑稽，腹大如壶，尽日盛酒，人复籍沽'是也。'又姚察云：'滑稽犹俳谐也。滑读如字，稽音计也。言谐语滑利，其知计疾出，故云滑稽。'"[4]

《孟子·万章下》曰，有"贵戚之卿"，贵戚之卿，执掌权柄，"君有大过则谏，反覆之而不听，则易位"，异姓之卿无强辅，因而"君有过则谏，反覆之而不听，则去"，[5]孔子之去鲁，正是此种精神，《左传·宣公二年》赵穿弑晋灵公，也是此种精神。当东方朔时代，君无大过，号称盛世，东方朔仍常谏君以节俭之道，仁义之行，其方式是温和的。东方朔自称大隐。藏器待时，是东方朔作为滑稽家聪明的地方。而他大隐隐于朝廷的背后，仍然隐含了批判现实，尊奉儒家传统的复古价值观。所以，《汉书·东方朔传》曰："朔虽诙笑，然时观察颜色，直言切谏，上常用之。自公卿在位，朔皆敖弄，无所为屈。"[6]

汉武帝重视文学之士，当东方朔之时，文人之盛，后世罕有其匹，《汉

---

[1] （汉）司马迁撰，（宋）裴骃集解，（唐）司马贞索隐，（唐）张守节正义：《史记》，北京：中华书局，1982年第2版，卷一百二十六第3197-3202页。

[2] （汉）司马迁撰，（宋）裴骃集解，（唐）司马贞索隐，（唐）张守节正义：《史记》，北京：中华书局，1982年第2版，卷七十一第2307页。

[3] （汉）司马迁撰，（宋）裴骃集解，（唐）司马贞索隐，（唐）张守节正义：《史记》，北京：中华书局，1982年第2版，卷一百二十六第3197页。

[4] （汉）司马迁撰，（宋）裴骃集解，（唐）司马贞索隐，（唐）张守节正义：《史记》，北京：中华书局，1982年第2版，卷一百二十六第3203-3204页。

[5] （清）焦循著：《孟子正义》，卷十一第429-430页，见《诸子集成》，北京：中华书局，2006年第2版。

[6] （汉）班固撰，（唐）颜师古注：《汉书》，北京：中华书局，1962年版，卷六十五第2860页。

书·东方朔传》提到的有公孙弘、儿宽、董仲舒、夏侯始昌、司马相如、吾丘寿王、主父偃、朱买臣、严助、汲黯、胶仓、终军、严安、徐乐、司马迁等，"皆辩知闳达，溢于文辞"[1]，而《汉书·严朱吾丘主父徐严终王贾传》提到的还有枚乘之孙枚皋、严葱奇，以及稍晚的王褒、贾谊之孙贾捐之等，皆有文名，他们也多是辞赋家，在为政及著文方面，都多劝谏之意。而作为辞赋家，司马相如之外，王褒最为有名。

《汉书·严朱吾丘主父徐严终王贾传》曰，王褒，字子渊，蜀人。汉宣帝修武帝故事，讲论六艺群书，召贤才，王褒得与其中，作《圣主得贤臣颂》，欲"抒情素"，认为"竭知附贤者，必建仁策；索人求士者，必树伯迹"，所以，"君人者勤于求贤而逸于得人"，"圣主必待贤臣而弘功业，俊士亦俟明主以显其德"，"世必有圣知之君，而后有贤明之臣"。[2]时宣帝好神仙，而王褒以求贤世讽之，其中寓深意，宣帝以为谏大夫。王褒后侍太子，作《甘泉赋》及《洞箫赋》，又有伤屈原之作《九怀》等。《甘泉赋》已佚，《洞箫赋》描写箫的制作及吹箫，极其生动，如曰：

> 于是乃使夫性昧之宕冥，生不睹天地之体势，暗于白黑之貌形。愤伊郁而酷砭，愍眸子之丧精，寡所舒其思虑兮，专发愤乎音声。故吻吮值夫宫商兮，和纷离其匹溢。形旖旎以顺吹兮，瞋㖒咽以纡郁，气旁迕以飞射兮，驰散涣以逶律。趣从容其勿述兮，骛合遝以诡谲。或浑沌而潺湲兮，猎若枚折；或漫衍而骆驿兮，沛焉竞溢。惏悷密率，掩以绝灭；霠霳睨睫，跳然复出。若乃徐听其曲度兮，廉察其赋歌。啾咇唧而将吟兮，行锽鍒以和啰。风鸿洞而不绝兮，优娆娆以婆娑。翩绵连以牢落兮，漂乍弃而为他。要复遮其蹊径兮，与讴谣乎相和。故听其巨音，则周流泛滥，并包吐含，若慈父之畜子也；其妙声，则清静厌瘱，顺叙卑达，若孝子之事父也，科条譬类，诚应义理。澎濞慷慨，一何壮士；优柔温润，又似君子。故其武声，则若雷霆輘輷，佚豫以沸㥜；其仁声，则若飘风纷披，

---

[1]（汉）班固撰，（唐）颜师古注：《汉书》，北京：中华书局，1962年版，卷六十五第2863页。
[2]（汉）班固撰，（唐）颜师古注：《汉书》，北京：中华书局，1962年版，卷六十四第2821-2828页。

容与而施惠。或杂遝以聚敛兮，或拔擞以奋弃。悲怆恍以恻惋兮，时恬淡以绥肆。被淋洒其靡靡兮，时横溃以阳遂。哀悁悁之可怀兮，良醰醰而有味。[1]

其铺陈排比，文字艰深，一如汉代司马相如、扬雄等人的作品，描写细腻，又富于变化。至于"贪饕者听之而廉隅兮，狼戾者闻之而不悁"等，亦未尝没有教化作用。《九怀》追悯屈原，如曰：

秋风兮萧萧，舒芳兮振条。微霜兮眇眇，病殀兮鸣蜩。玄鸟兮辞归，飞翔兮灵丘。望溪兮滃郁，熊罴兮呴嗥。唐虞兮不存，何故兮久留？临渊兮汪洋，顾林兮忽荒。修余兮袿衣，骑霓兮南上。乘云兮回回，亹亹兮自强。将息兮兰皋，失志兮悠悠。荔蕴兮霉鬻，思君兮无聊。身去兮意存，怆恨兮怀愁。[2]

其文意接近宋玉《九辩》，立意于"失志"，批评"唐虞之不存"，都是有为而发，不可以认为是无病呻吟。其书写，仍然贯彻的是润色鸿业与主文谲谏相结合的主旨。

第四节 司马相如

说汉代文人有润色鸿业的强烈愿望，其主要体现，当然是汉大赋。而讨论汉大赋，就不能不说到司马相如及其《天子游猎之赋》。《天子游猎之赋》，今天的名称是《子虚赋》《上林赋》，或者合称《子虚上林赋》。

西汉赋作家中，以司马相如最为有影响。《汉书·司马相如传》载，司马相如，字长卿，蜀郡成都人。少时好读书，学击剑，名犬子。后慕战国人蔺相如之功业，更名相如。景帝时，为武骑常侍，然好辞赋，遂辞职追随梁孝王，作《子虚赋》。梁孝王死后，相如归家，家贫，因与临邛令王吉相善，王吉请相如来见。相如至临邛，王吉则亲为迎接，司马相如不得已，见卓王孙，并鼓琴。卓王孙女卓文君新寡，好音乐，相如以琴挑逗，又买通文君侍者，

---

[1]（梁）萧统编，（唐）李善注：《文选》，北京：中华书局，1977年版，卷十七第245页。
[2]（宋）洪兴祖撰，白化文等点校：《楚辞补注》，北京：中华书局，1983年版，第275-276页。

文君遂夜奔相如，相如遂与文君私奔成都。卓王孙怒，不欲与文君嫁资。而司马相如家徒四壁立，卓文君遂劝司马相如到临邛，开酒馆，文君当垆，而司马相如"身自著犊鼻裈，与保庸杂作，涤器于市中"[1]，卓王孙无奈，为文君分僮百人，钱百万，并嫁时之衣被财物。司马相如遂与文君归成都，成富人。从此事可见，司马相如并不具有彬彬君子之德，其行为与儒生的持身谨慎有甚大差别。后相如为官尝因受金被免，所以，刘勰《文心雕龙·程器》曰："相如窃妻而受金。"[2] 司马相如之疵，可见司马相如心态之旷达不羁。也正因如此，司马相如才有多元价值观。

汉武帝自己作赋，也喜欢读赋，且极有艺术眼光。司马相如作《子虚赋》，后汉武帝读《子虚赋》，好之，狗监杨得意遂推荐司马相如，司马相如遂作《天子游猎之赋》。《天子游猎之赋》先写楚使子虚使齐，与齐王畋猎，而后拜访乌有先生，亡是公在座。子虚向二人介绍畋猎情况，子虚说，齐王欲夸其车骑之众，而他于是以楚游猎之盛相对。其文曰：

> 楚使子虚使于齐，齐王悉发车骑与使者出田。田罢，子虚过妃乌有先生，亡是公存焉。坐定，乌有先生问曰："今日田乐乎？"子虚曰："乐。""获多乎？"曰："少。""然则何乐？"对曰："仆乐王之欲夸仆以车骑之众，而仆对以云梦之事也。"曰："可得闻乎？"子虚曰："可。王驾车千乘，选徒万骑，田于海滨，列卒满泽，罘网弥山，掩菟辚鹿，射麋格麟，骛于盐浦，割鲜染轮。射中获多，矜而自功，顾谓仆曰：'楚亦有平原广泽游猎之地饶乐若此者乎？楚王之猎孰与寡人？'仆下车对曰：'臣，楚国之鄙人也，幸得宿卫十有余年，时从出游，游于后园，览于有无，然犹未能遍睹也，又乌足以言其外泽乎。'齐王曰：'虽然，略以子之所闻见言之。'仆对曰：'唯唯。'
>
> '臣闻楚有七泽，尝见其一，未睹其余也。臣之所见，盖特

---

[1]（汉）司马迁撰，（宋）裴骃集解，（唐）司马贞索隐，（唐）张守节正义：《史记》，北京：中华书局，1982年第2版，卷一百一十七第2999-3001页。
[2] 吴林伯注：《〈文心雕龙〉义疏》，武汉：武汉大学出版社，2002年版，第634页。

'其小小者耳，名曰云梦。云梦者，方九百里，其中有山焉。其山则盘纡茀郁，隆崇嵂崒；岑崟参差，日月蔽亏；交错纠纷，上干青云；罢池陂陀，下属江河。其土则丹青赭垩，雌黄白坿，锡碧金银，众色炫燿，照烂龙鳞。其石则赤玉玫瑰，琳珉昆吾，瑊玏玄厉，碝石武夫。其东则有蕙圃，衡兰芷若，芎䓖菖蒲，江离蘼芜，诸柘巴且。其南则有平原广泽，登降陁靡，案衍坛曼，缘以大江，限以巫山。其高燥则生葴析苞荔，薛莎青薠。其埤湿则生藏莨蒹葭，东蘠雕胡，莲藕觚卢，菴闾轩于。众物居之，不可胜图。其西则有涌泉清池，激水推移，外发芙蓉菱华，内隐巨石白沙。其中则有神龟蛟鼍，毒冒鳖鼋。其北则有阴林巨树。楩柟豫章，桂椒木兰，檗离朱杨，樝梨楟栗，橘柚芬芳。其上则有宛雏孔鸾，腾远射干。其下则有白虎玄豹，蟃蜒䝙犴。'

'于是乎乃使剸诸之伦，手格此兽。楚王乃驾驯驳之驷，乘雕玉之舆，靡鱼须之桡旃，曳明月之珠旗，建干将之雄戟，左乌号之雕弓，右夏服之劲箭；阳子骖乘，纤阿为御；案节未舒，即陵狡兽，蹴蛩蛩，辚距虚，轶野马，轊騊駼；乘遗风，射游骐，倏眒倩浰，雷动焱至，星流电击，弓不虚发，中必决眦，洞胸达掖，绝乎心系，获若雨兽，掩草蔽地。于是楚王乃弭节徘徊，翱翔容与，览乎阴林，观壮士之暴怒，与猛兽之恐惧，徼受诎，殚睹众物之变态。'

'于是郑女曼姬，被阿缎，揄纻缟，杂纤罗，垂雾縠，襞积褰绉，纡徐委曲郁桡溪谷。衯衯裶裶，扬袘戌削，蜚襳垂髾；扶舆猗靡，翕呷萃蔡，下靡兰蕙，上拂羽盖；错翡翠之葳蕤，缪绕玉绥；眇眇忽忽，若神仙之仿佛。

于是乃群相与獠于蕙圃，媻姗勃窣，上金堤，掩翡翠，射鵕鸃，微矰出，纤缴施，弋白鹄，连驾鹅，双鸧下，玄鹤加。怠而后发，游于清池，浮文鹢，扬旌枻，张翠帷，建羽盖。罔毒冒，钩紫贝，摐金鼓，吹鸣籁，榜人歌，声流喝，水虫骇，波鸿沸，涌泉起，奔扬会，礧石相击，硠硠礚礚，若雷霆之声，闻乎数百里外。将

息獠者,击灵鼓,起烽燧,车案行,骑就队,丽乎淫淫,般乎裔裔。'

'于是楚王乃登阳云之台,泊乎无为,澹乎自持,芍药之和具而后御之。不若大王终日驰骋,曾不下舆,脟割轮焠,自以为娱。臣窃观之,齐殆不如。'于是齐王无以应仆也。"[1]

楚使者为了打击齐王的自豪感,举云梦七泽中的其一,说是其中最小的。云梦九百里,其山、其土、其石、其东、其南、其西、其北、其上、其下、其高燥、其卑湿皆有不可有其二的气概,花草香木,险峻气派,金银珠宝,都透露出美丽非凡。楚王的车骑侍从之华美众盛,美女之温柔娴雅,武士之威武,金鼓歌功颂德声之嘹亮,令人流连忘返。但是楚王并不贪恋其中,而是有以自持,批评齐王的终日驰骋,自以为娱,因此认为齐王之游猎气魄逊于楚王,而又失节俭爱民之道,齐王不应。

乌有先生听后,认为子虚之言大谬,说齐王只是为了让楚使快乐,而非夸耀。又批评楚使不称楚王之厚德,而推云梦之游,奢言淫乐,而显侈靡,是显君恶。又说齐之盛况,非云梦所可以拟,齐王为诸侯,不便言园林之乐,又因子虚为客人,不愿反驳。其文曰:

乌有先生曰:"是何言之过也!足下不远千里,来况齐国,王悉发境内之士,备车骑之众,与使者出田,乃欲戮力致获,以娱左右也,何名为夸哉!问楚地之有无者,愿闻大国之风烈,先生之余论也。今足下不称楚王之德厚,而盛推云梦以为骄,奢言淫乐而显侈靡,窃为足下不取也。必若所言,固非楚国之美也。有而言之,是章君之恶也;无百言之,是害足下之信也。彰君恶,伤私义,二者无一可,而先生行之,必且轻于齐而累于楚矣!且齐东陼巨海,南有琅邪,观乎成山,射乎之罘,浮勃澥,游孟诸。邪与肃慎为邻,右以汤谷为界。秋田乎青丘,彷徨乎海外,吞若云梦者八九,其于胸中曾不带芥。若乃俶傥瑰玮,异方殊类,珍怪鸟兽,万端鳞崪,充牣其中者,不可胜记,禹不能名,离不能计。

---

[1]《司马相如列传》,(汉)班固撰,(唐)颜师古注:《汉书》,北京:中华书局,1962年版,卷五十七第 2534-2544 页。

然在诸侯之位，不敢言游戏之乐，苑囿之大；先生又见客，是以王辞不复，何为无以应哉！"[1]

这个时候，作者安排亡是公出场，批评齐楚之失，认为齐有悖诸侯之礼，尾大不掉。而子虚、乌有不务明君臣之义，争于游戏之乐，苑囿之大，想以奢侈、荒淫互相争胜，不但不能为自己的君主脸上争光，而且还会带来损害。又说，齐楚之事不足观，而天子之上林地理位置优越，有山有水，有鱼有鸟，有珍有宝，有动物植物，其大视之无端，其兽则南北有异，更兼有巍峨富丽的离宫别馆。这些高大的建筑物数以千计，其中不仅富丽堂皇，且有奇珍异宝，奇木异果、奇禽异兽装饰或活动其中，甚至连厨师百官，也都具备，各自一处，不用追随天子左右，天子到何处，即可吃住游戏。

亡是公听然而笑曰："楚则失矣，而齐亦未为得也。夫使诸侯纳贡者，非为财币，所以述职也；封疆画界者，非为守御，所以禁淫也。今齐列为东蕃，而外私肃慎，捐国逾限，越海而田，其于义固未可也。且二君之论，不务明君臣之义，正诸侯之礼，徒事争于游戏之乐，苑囿之大，欲以奢侈相胜，荒淫相越，此不可以扬名发誉，而适足以贬君自损也。"

"且夫齐楚之事又乌足道乎！君未睹夫巨丽也，独不闻天子之上林乎？左苍梧，右西极，丹水更其南，紫渊径其北。终始灞、产，出入泾、渭，酆、镐、潦、潏，纡余委蛇，经营其内，荡荡乎八川分流，相背异态。东西南北，驰骛往来，出乎椒丘之阙，行乎州淤之浦，径乎桂林之中，过乎泱莽之壄。汩乎混流，顺阿而下，赴隘陿之口。触穹石，激堆埼，沸乎暴怒，汹涌澎湃。滭弗宓汩，逼侧泌㴲，横流逆折，转腾潎洌，滂濞沆溉，穹隆云桡，宛潭胶盭；踰波趋浥，涖涖下濑，批岩冲拥，奔扬滞沛，临坻注壑；瀺灂霣队，沈沈隐隐，砰磅訇礚，潏潏淈淈，湁潗鼎沸，驰波跳沫。汩㵲漂疾。悠远长怀，寂漻无声，肆乎永归。然后灏溔潢漾，安翔徐徊；

---

[1]《司马相如列传》，（汉）班固撰，（唐）颜师古注：《汉书》，北京：中华书局，1962年版，卷五十七第2545页。

蜀乎滈滈，东注太湖，衍溢陂池。

"于是蛟龙赤螭，鮔䱜渐离，鰅鳙鰬魠，禺禺魼鰨，揵鳍掉尾，振鳞奋翼，潜处乎深岩。鱼鳖讙声，万物众夥，明月珠子，旳皪江靡，蜀石黄碝，水玉磊砢，磷磷烂烂，采色澔汗，丛积乎其中。鸿鹔鹄鸨，鴐鹅属玉，交精旋目，烦鹜庸渠，箴疵䴋卢，群浮乎其上。泛泛泛滥，随风澹淡，与波摇荡，奄薄水渚，唼喋菁藻，咀嚼菱藕。"

"于是乎崇山矗矗，龙嵸崔巍，深林巨木，崭岩参差。九嵕巀薛，南山峨峨，岩阤甗锜，摧崣崛崎，振溪通谷，蹇产沟渎，谽呀豁閜，阜陵别坞，崴磈嵔廆，丘虚堀礨，隐辚郁壘，登降陁靡，陂池貏豸，沇溶淫鬻，散涣夷陆，亭皋千里，靡不被筑。掩以绿蕙，被以江离，糅以蘪芜，杂以留夷。布结缕，攒戾莎，揭车衡兰，槀本射干，茈薑蘘荷，葴持若荪，鲜支黄砾，蒋芋青薠，布濩闳泽，延曼太原，离靡广衍，应风披靡，吐芳扬烈，郁郁菲菲，众香发越，肸蚃布写，晻薆咇茀。"

"于是乎周览泛观，缜纷轧芴，芒芒恍忽，视之无端，察之无涯。日出东沼，入乎西陂。其南则隆冬生长，涌水跃波；其兽则庸旄貘犛，沈牛麈麋，赤首圜题，穷奇象犀。其北则盛夏含冻裂地，涉冰揭河。其兽则麒麟角端，騊駼橐驼，蛩蛩驒騱，駃騠驴骡。"

"于是乎离宫别馆，弥山跨谷，高廊四注，重坐曲阁，华榱璧珰，辇道纚属；步櫩周流，长途中宿。夷嵕筑堂，累台增成，岩突洞房。俯杳眇而无见，仰攀橑而扪天，奔星更于闺闼，宛虹拖于楯轩。青龙蚴蟉于东箱，象舆婉僤于西清，灵圉燕于闲馆，偓佺之伦暴于南荣，醴泉涌于清室，通川过于中庭。磐石裖崖，嵚岩倚倾，嵯峨𡾰嶪，刻削峥嵘。玫瑰碧琳，珊瑚丛生，珉玉旁唐，玢豳文磷，赤瑕驳荦，杂臿其间，晁采琬琰，和氏出焉。"

"于是乎卢橘夏孰，黄甘橙楱，枇杷橪柿，亭柰厚朴，梬枣杨梅，樱桃蒲陶，隐夫薁棣，荅遝离支，罗乎后宫，列乎北园，貤丘陵，下平原，扬翠叶，扤紫茎，发红华，垂朱荣，煌煌扈扈，照曜巨野。沙棠栎槠，华枫枰栌，留落胥邪，仁频并闾，欃檀木兰，豫章女贞，长千仞，大连抱，夸条直畅，实叶葰楙，攒立丛倚，连卷欐佹，崔错癹骫，坑衡閜砢，垂条扶疏，落英幡纚，纷溶箾蔘，猗柅从风，藰莅芔歙，盖象金石之声，管籥之音。柴池茈虒，旋还乎后宫，杂袭絫辑，被山缘谷，循阪下隰，视之无端，究之亡穷。"

"于是乎玄猿素雌，蜼玃飞蠝，蛭蜩蠗蝚，螹胡縠蛫，栖息乎其间。长啸哀鸣，翩幡互经，夭蟜枝格，偃寋杪颠，隃绝梁，腾殊榛，捷垂条，掉希间，牢落陆离，烂漫远迁。若此者数百千处，娱游往来，宫宿馆舍，庖厨不徙，后宫之移，百官备具。"[1]

有了如此庞大美丽的上林苑，天子遂于秋冬之交前来校猎。天子的车骑俱非凡物。车骑之盛，惊天动地。勇士如云，因此，斩获颇多，填坑满谷，掩平弥泽。校猎结束后，天子又游于颢天之台，听音乐，观美女。音乐雄浑，乐器博大，千人唱万人和，钟千石，虡万石。俳优侏儒为说笑话，以资游戏，美女婀娜，以娱心神。天子当此神魂身心俱醉之际，却忽然醒悟，以为大奢侈，要改弦更张，认为非继始创业之道。要救贫穷，补不足，恤鳏寡，存孤独，出德号，省刑罚，学六艺仁义，效三王五帝。因此，亡是公批评子虚、乌有二人，二人听后，心悦诚服。其文曰：

"于是乎背秋涉冬，天子校猎。乘镂象，六玉虯；拖蜺旌，靡云旗，前皮轩，后道游；孙叔奉辔，卫公参乘，扈从横行，出乎四校之中。鼓严簿，纵猎者，河江为阹，泰山为橹，车骑靁起，殷天动地，先后陆离，离散别追，淫淫裔裔，缘陵流泽，云布雨施。生貔豹，搏豺狼，手熊罴，足野羊；蒙鹖苏，绔白虎，被斑文，跨野马，陵三嵕之危，下碛历之坻，径峻赴险，越壑厉水。推蜚廉，弄解豸，格虾蛤，鋋猛氏；羂要褭，射封豕。箭不苟害，解脰陷脑；弓不虚发，应声而倒。"

---

[1]《司马相如列传》，（汉）班固撰，（唐）颜师古注：《汉书》，北京：中华书局，1962 年版，卷五十七第 2547-2563 页。

"于是乘舆弭节徘徊，翱翔往来，睨部曲之进退，览将帅之变态。然后侵淫促节，倏夐远去，流离轻禽，蹴履狡兽，轊白鹿，捷狡兔。轶赤电，遗光耀，追怪物，出宇宙，弯蕃弱，满白羽，射游枭，栎蜚遽。择肉而后发，先中而命处，弦矢分，艺殪仆。然后扬节而上浮，陵惊风，历骇猋，乘虚亡，与神俱，蔺玄鹤，乱昆鸡，遒孔鸾，促鵔鸃，拂鹥鸟，捎凤凰；捷鹓雏，掩焦明。道尽涂殚，回车而还。消摇乎襄羊，降集乎北纮，率乎直指，掩乎反乡。蹷石关，历封峦，过鳷，望露寒，下棠梨，息宜春，西驰宣曲，濯鹢牛首，登龙台，掩细柳，观士大夫之勤略，钧猎者之所得获。徒车之所阗轥，骑之所蹂若，人之所蹈藉，与其穷极倦，惊憚詟伏，不被创刃而死者，它它藉藉，填坑满谷，掩平弥泽。"

"于是乎游戏懈怠，置酒乎颢天之台，张乐乎胶葛之寓，撞千石之钟，立万石之虡，建翠华之旗，树灵鼍之鼓，奏陶唐氏之舞，听葛天氏之歌，千人倡，万人和，山陵为之震动，川谷为之荡波。巴、渝、宋、蔡，淮南干遮，文成颠歌，族居递奏，金鼓迭起，铿鎗闛鞈，洞心骇耳。荆、吴、郑、卫之声，韶、濩、武、象之乐，阴淫案衍之音，鄢郢缤纷，激楚结风，俳优侏儒，狄鞮之倡，所以娱耳目乐心意者，丽靡烂漫于前，靡曼美色于后。若夫青琴虙妃之徒，绝殊离俗，妖冶闲都，靓妆刻饰，便嬛绰约，柔桡嬛嬛，妩媚孅弱，曳独茧之褕袣，眇阎易以恤削，便姗嫳屑，与世殊服，芬芳沤郁，酷烈淑郁，皓齿粲烂，宜笑的皪，长眉连娟，微睇绵藐，色授魂予，心愉于侧。"

"于是酒中乐酣，天子芒然而思，似若有亡，曰：'嗟乎，此大奢侈！朕以览听余闲，无事弃日，顺天道以杀伐，时休息于此，恐后世靡丽，遂往而不返，非所以为继嗣创业垂统也。'于是乎乃解酒罢猎，而命有司曰：'地可垦辟，悉为农郊，以赡氓隶，隤墙填堑，使山泽之民得至焉。实陂池而勿禁，虚宫馆而勿仞。发仓廪以救贫穷，补不足，恤鳏寡，存孤独。出德号，省刑罚，改制度，易服色，革正朔，与天下为始'。"

"于是历吉日以斋戒，袭朝服，乘法驾，建华旗，鸣玉鸾，游于六艺之囿，驰骛乎仁义之涂，览观《春秋》之林，射《狸首》，兼《驺虞》，弋玄鹤，舞干戚，戴云罕，掩群雅，悲《伐檀》，乐乐胥，修容乎《礼》园，翱翔乎《书》圃，述《易》道，放怪兽，登明堂，坐清庙，次群臣，奏得失，四海之内，靡不受获。于斯之时，天下大说，乡风而听，随流而化，芔然兴道而迁义，刑错而不用，德隆于三皇，功羡于五帝。若此，故猎乃可喜也。若夫终日驰骋，劳神苦形，罢车马之用，抏士卒之精，费府库之财，而无德厚之恩，务在独乐，不顾众庶，忘国家之政，贪雉兔之获，则仁者不繇也。从此观之，齐楚之事，岂不哀哉！地方不过千里，而囿居九百，是草木不得垦辟，而民无所食也。夫以诸侯之细，而乐万乘之所侈，仆恐百姓被其尤也。"

　　于是二子愀然改容，超若自失，逡巡避席曰："鄙人固陋，不知忌讳，乃今日见教，谨受命矣。"[1]

　　这篇赋本名《天子游猎之赋》，而《文选》则一分为二，自"亡是公听然而笑曰"以上为《子虚赋》，以下为《上林赋》。实际这是错误的。《汉书·司马相如传》曰："上读《子虚赋》而善之，曰：'朕独不得与此人同时哉！'得意曰：'臣邑人司马相如自言为此赋。'上惊，乃召问相如。相如曰：'有是。然此乃诸侯之事，未足观，请为《天子游猎之赋》。'上令尚书给笔札，相如以'子虚'，虚言也，为楚称；'乌有先生'者，乌有此事也，为齐难；'亡是公'者，亡是人也，欲明天子之义。故虚借此三人为辞，以推天子诸侯之苑囿。其卒章归之于节俭，因以讽谏，奏之天子，天子大说。"[2] 这段话告诉我们，《子虚赋》是先于《天子游猎之赋》的。《子虚赋》今已不存，恐怕该赋的构思与《天子游猎之赋》有相同处。司马相如作此赋的目的，并不是为了褒扬汉武帝，而是欲"讽谏"。

---

[1]《司马相如列传》，（汉）班固撰，（唐）颜师古注：《汉书》，北京：中华书局，1962年版，卷五十七第2563-2575页。

[2]（汉）班固撰，（唐）颜师古注：《汉书》，北京：中华书局，1962年版，卷五十七第2533页。

分析《天子游猎之赋》的结构，可以看出司马相如的博大气魄，从子虚、乌有、亡是三人对齐、楚及汉天子园林建筑和游猎之盛的铺陈描写，甚至驾驭神怪，可以从一个侧面了解汉代经济之盛，人的心态之张扬，虽然其中不乏夸张的成分。这种博大气魄和名物之美丽，显示了司马相如的自豪心态。身处盛汉，的确有可资自豪处。司马相如以诸侯之义批评齐楚二国，特别是齐国。齐王刘肥本为刘邦私生子，有七十余城，被汉代诸天子视为眼中钉、肉中刺。而论苑囿，也是抑诸侯，扬天子，又说天子知自省，这是尊天子的大一统价值观的反映。司马相如欲武帝之省刑薄赋，赈济孤寡，效三王，学五帝，游乎六艺仁义，这又是自董仲舒以来的尊孔复古价值观。其赋美丽，有气势磅礴的铺排，文句以三字、四字为多，其中多怪物神仙，排列颇为整齐，又有用典、夸张、想象、幻想等，色彩绚丽，音韵优雅，《文心雕龙·夸饰》说司马相如学宋玉之夸饰，"故上林之馆，奔星与宛虹入轩；从禽之盛，飞廉与鹪鹩俱获"[1]，这种夸张虽不为刘勰所欣赏，却正可以说明其华丽之风。司马相如被后代认为是"淫丽"典范，这是汉代所具有的爱奇心态和追求美丽文风的心态的反映。一个有创造性和富足的社会，人们的好奇心态及追求美丽的心态是非常正常的。而通过艺术化的描写，在赞扬苑囿、游猎、宫馆、侍从、美女之盛的同时，安排天子自我觉悟，痛改前非，使天子自我承认其错误，这是司马相如主文而谲谏的价值观。

《西京杂记》引司马相如《答盛擎问作赋》，认为赋应合纂组以成文，列绵绣而为质，赋家之心，则包括宇宙，纵览人物。司马相如以此标准作赋，因而能有气吞山河之势。

司马相如上《天子游猎之赋》，武帝很为欣赏，以司马相如为郎。后数岁，唐蒙通夜郎、僰，多杀巴蜀民，武帝命司马相如责唐蒙，并喻巴蜀人民，遂写《喻巴蜀民檄》，既批评唐蒙发兵兴制，惊惧子弟，忧患长老，又批评巴蜀之寡廉鲜耻，俗不长厚。后拜中郎将，通西南夷。时有人以为通西南夷无用，司马相如作《难蜀父老》之文，以讽天子，其文颇有赋之假设问对之风。司马相如有消渴病，《汉书·司马相如传》说司马相如"与卓氏婚，饶于财。

---

[1] 吴林伯注：《〈文心雕龙〉义疏》，武汉：武汉大学出版社，2002年版，第447页。

故其事宦，未尝肯与公卿国家之事，常称疾闲居，不慕官爵"[1]。这种不慕官爵的价值观，又是自战国以来文人自尊心态及自由价值观的体现。

《史记·太史公自序》曰："《子虚》之事，《大人》赋说，靡丽多夸，然其指风谏，归于无为。"[2]《史记·司马相如列传》曰："相如虽多虚辞滥说，然其要归引之节俭，此与《诗》之风谏何异。"[3]以赋讽谏，是汉代文人的普遍价值观，这既是缘于汉代君主多能自省，不贪暴，也是由于时代氛围尊崇孔子及儒学，深忌暴秦，所以文人墨客能无避讳。据《汉书·司马相如传》，司马相如作《天子游猎之赋》后，尚作《哀秦二世赋》，内曰："持身不谨兮，亡国失势；信谗不寤兮，宗庙灭绝。乌乎！操行之不得，墓芜秽而不修兮，魂亡归而不食。"借秦亡之教训，以古讽今。又"相如见上好仙，因曰：'上林之事未足美也，尚有靡者。臣尝为《大人赋》，未就，请具而奏之。'相如以为列仙之儒居山泽间，形容甚臞，此非帝王之仙意也，乃遂奏《大人赋》"，欲以讽。赋奏，"天子大说，飘飘有陵云气游天地之间意"。又从上至长杨猎，"是时天子方好自击熊豕，驰逐野兽，相如因上疏谏"，内曰："盖明者远见于未萌，而知者避危于无形，祸固多藏于隐微而发于人之所忽者也。故鄙谚曰：'家累千金，坐不垂堂。'此言虽小，可以喻大。臣愿陛下留意幸察。"及死，"其遗札书言封禅事"，欲武帝之效法古圣帝王。[4]

《文选》卷十六录司马相如《长门赋》，赋曰：

> 夫何一佳人兮，步逍遥以自虞。魂踰佚而不反兮，形枯槁而独居。言我朝往而暮来兮，饮食乐而忘人。心慊移而不省故兮，交得意而相亲。伊予志之慢愚兮，怀贞悫之欢心。愿赐问而自进兮，得尚君之玉音。奉虚言而望诚兮，期城南之离宫。修薄具而自设兮，君曾不肯乎幸临。廓独潜而专精兮，天漂漂而疾风。登兰台

---

[1]（汉）班固撰，（唐）颜师古注：《汉书》，北京：中华书局，1962年版，卷五十七第2589页。
[2]（汉）司马迁撰，（宋）裴骃集解，（唐）司马贞索隐，（唐）张守节正义：《史记》，北京：中华书局，1982年第2版，卷一百三十第3317页。
[3]（汉）司马迁撰，（宋）裴骃集解，（唐）司马贞索隐，（唐）张守节正义：《史记》，北京：中华书局，1982年第2版，卷一百一十七第3073页。
[4]（汉）班固撰，（唐）颜师古注：《汉书》，北京：中华书局，1962年版，卷五十七第2589-2600页。

而遥望兮，神恍恍而外淫。浮云郁而四塞兮，天窈窈而昼阴。雷殷殷而响起兮，声象君之车音。飘风回而起闺兮，举帷幄之襜襜。桂树交而相纷兮，芳酷烈之闾闾。孔雀集而相存兮，玄猿啸而长吟。翡翠胁翼而来萃兮，鸾凤翔而北南。心凭噫而不舒兮，邪气壮而攻中。下兰台而周览兮，步从容于深宫。正殿块以造天兮，郁并起而穹崇。间徙倚于东厢兮，观夫靡靡而无穷。挤玉户以撼金铺兮，声噌吰而似钟音。刻木兰以为榱兮，饰文杏以为梁。罗丰茸之游树兮，离楼梧而相撑。施瑰木之欂栌兮，委参差以糠梁。时仿佛以物类兮，象积石之将将。五色炫以相曜兮，烂耀耀而成光。缅错石之瓴甓兮，象瑇瑁之文章。张罗绮之幔帷兮，垂楚组之连网。抚柱楣以从容兮，览曲台之央央。白鹤噭以哀号兮，孤雌跱于枯杨。日黄昏而望绝兮，怅独托于空堂。悬明月以自照兮，徂清夜于洞房。援雅琴以变调兮，奏愁思之不可长。案流徵以却转兮，声幼妙而复扬。贯历览其中操兮，意慷慨而自卬。左右悲而垂泪兮，涕流离而纵横。舒息悒而增欷兮，蹝履起而彷徨。揄长袂以自翳兮，数昔日之愆殃。无面目之可显兮，遂颓思而就床。抟芬若以为枕兮，席荃兰儿茝香。忽寝寐而梦想兮，魄若君之在旁。惕寤觉而无见兮，魂廷廷若有亡。众鸡鸣而愁予兮，起视月之精光。观众星之行列兮，毕昴出于东方。望中庭之蔼蔼兮，若季秋之降霜。夜曼曼其若岁兮，怀郁郁其不可再更。澹偃寒而待曙兮，荒亭亭而复明。妾人窃自悲兮，究年岁而不敢忘。[1]

《长门赋序》云："孝武皇帝陈皇后，时得幸，颇妒，别在长门宫，愁闷悲思。闻蜀郡成都司马相如天下工为文，奉黄金百斤，为相如、文君取酒。因于解悲愁之辞。而相如为文，以悟主上。陈皇后复得亲幸。"[2] 案《汉书·外戚传》曰，孝武陈皇后，长公主嫖之女。嫖为孝文皇帝窦皇后之爱女。其祖父陈婴与项羽俱起反秦，反归汉，封堂邑侯。长公主嫖的丈夫名陈午。

---

[1]（梁）萧统编，（唐）李善注：《文选》，北京：中华书局，1977年版，卷十六第227-229页。
[2]（梁）萧统编，（唐）李善注：《文选》，北京：中华书局，1977年版，卷十六第227页。

武帝为太子，长公主有权势，立女为太子妃。武帝即位，立为皇后，擅宠骄贵，十余年而无子。后闻卫子夫得幸，数欲加害，武帝不满。后又欲以妇人媚道专宠，为武帝所觉察。元光五年，以巫蛊祠祭祝诅被废长门宫，相连及诛者三百余人。《长门赋》是骚体，与《天子游猎之赋》等赋不同，代表了汉赋所承袭的自屈原《楚辞》诸诗的特点。《文心雕龙·辨骚》曰："屈宋逸步，莫之能追。故其叙情怨，则郁伊而易感；述离居，则怆怏而难怀；论山水，则循声而得貌；言节候，则披文而见时。""是以枚、贾追风以入丽，马、扬沿波而得奇，其衣被辞人，非一代也。"[1]《文心雕龙·诠赋》曰："宋玉《风》《钓》，爰锡名号，与诗画境，六义附庸，蔚成大国。遂客主以首引，极声貌以穷文，斯盖别诗之原始，命赋之厥初也。"[2] 又曰："宋发巧谈，实始淫丽。"[3]《文心雕龙·夸饰》曰："自宋玉、景差，夸饰始盛，相如凭我，诡滥愈甚。"[4]《文心雕龙·时序》曰："爰自汉室，迄至成哀，虽世渐百龄，辞人九变，而大抵所归，祖述楚辞，灵均余影，于是乎在。"[5] 刘勰说明了这样一个道理，即汉赋受屈原与宋玉二人的影响。具体而言，凡宋玉之影响，则在客主问答，极广声貌，以诗画境，在于夸饰淫丽。此属于《天子游猎之赋》这样的散体赋。而屈原《离骚》，宋玉《招魂》《九辩》这样的骚体赋，实际属于叙情怨、述离居、论山水、言节候的抒情诗。司马相如《长门赋》就属于这一类，与此前贾谊之《吊屈原赋》《鵩鸟赋》一脉相承。

《长门赋》作为骚体赋，其语言风格接近于《楚辞》体，而作为散赋大家，其中也杂有铺张扬厉的痕迹，在这一点上，又接近于宋玉赋，特别是宋玉的《神女赋》。《长门赋》虽然代替孝武帝陈皇后抒发被弃之后孤独凄凉的心态，在司马相如那里，却未尝不是抒发他怀才不遇，政治上失意的不平。所以，此赋不但可以索隐到陈皇后的哀怨，也可联类而及，作为志士失意的控诉。所以，《长门赋》的讽谏意味同样存在。

---

[1] 吴林伯注：《〈文心雕龙〉义疏》，武汉：武汉大学出版社，2002年版，第72-73页。
[2] 吴林伯注：《〈文心雕龙〉义疏》，武汉：武汉大学出版社，2002年版，第108页。
[3] 吴林伯注：《〈文心雕龙〉义疏》，武汉：武汉大学出版社，2002年版，第115页。
[4] 吴林伯注：《〈文心雕龙〉义疏》，武汉：武汉大学出版社，2002年版，第447页。
[5] 吴林伯注：《〈文心雕龙〉义疏》，武汉：武汉大学出版社，2002年版，第542页。

在汉代赋作家中,扬雄以模拟见长,而司马相如又未尝不具有模拟的心态。其散赋及骚赋,从结构方式、创作目的、审美兴趣、艺术特点诸方面,都有效法屈原、宋玉的辞赋之特点,这既源于屈原、宋玉文章之盛,成为后世不易的教科书,同时也反映了汉初在复古思潮的影响下,辞赋家欲效法《诗经》以来以文学讽谏的现实主义传统,欲匡正时世,恢复古圣贤理想的复古价值观。

第九章 司马迁与《史记》

《史记》原名《太史公书》,司马迁撰,是中国历史上第一部纪传体的通史。司马迁,字子长,汉左冯翊夏阳(今陕西韩城市)人。生活的时代大约在汉景帝、汉武帝之世。

第一节 圣贤发愤

司马迁的父亲为太史令司马谈，曾习天官、《易》及黄老之学，以为"道家使人精神专一，动合无形，赡足万物。其为术也，因阴阳之大顺，采儒墨之善，撮名法之要，与时迁移，应物变化，立俗施事，无所不宜，指约而易操，事少而功多"[1]。《史记·太史公自序》说司马谈将死，命子司马迁效孔子作《春秋》之义，以为"孝始于事亲，中于事君，终于立身。扬名于后世，以显父母，此孝之大者。……幽厉之后，王道缺，礼乐衰，孔子修旧起废，论《诗》《书》，作《春秋》，则学者至今则之。自获麟以来四百有余岁，而诸侯相兼，史记放绝。今汉兴，海内一统，明主贤君忠臣死义之士，余为太史而弗论载，废天下之史文，余甚惧焉，汝其念哉"。司马谈以作文可立身扬名，以及史官的现实使命感激励司马迁，司马迁"俯首流涕"，曰："小子不敏，请悉论先人所次旧闻，弗敢阙。"[2] 嗣后，司马迁开始作《史记》。后虽因李陵投降而受牵连，竟致宫刑，仍含辱忍垢，不废撰述，终于完成了《史记》的创作。

清代历史学家赵翼著《廿二史札记》，论及《史记》，曰："司马迁参酌今古，发凡起例，创为全史，本纪以序帝王，世家以记侯国，十表以系时事，八书以详制度，列传以志人物，然后一代君臣政事，贤否得失，总汇于一编之中。自此例一定，历代作史者遂不能出其范围，信史家之极则也。"[3] 司马迁之《史记》，开纪传体史书体例之先河，既表现出大一统所萌生的博大情怀和创新精神，而其指导思想、价值尺度，无疑具有明显的儒家思想倾向。

《汉书·司马迁传》引司马迁《报任安书》曰："古者富贵而名摩灭，不可胜记，唯俶傥非常之人称焉。盖西伯拘而演《周易》；仲尼厄而作《春秋》；屈原放逐，乃赋《离骚》；左丘失明，厥有《国语》；孙子膑脚，《兵

---

[1]《太史公自序》，见（汉）司马迁撰，（宋）裴骃集解，（唐）司马贞索隐，（唐）张守节正义：《史记》，北京：中华书局，1982年第2版，卷一百三十第3289页。

[2]（汉）司马迁撰，（宋）裴骃集解，（唐）司马贞索隐，（唐）张守节正义：《史记》，北京：中华书局，1982年第2版，卷一百三十第3295页。

[3]《各史例目异同》，见（清）赵翼著，王树民校证：《廿二史札记校证》，北京：中华书局，1984年版，卷一第3页。

法》修列；不韦迁蜀，世传《吕览》；韩非囚秦，《说难》《孤愤》。《诗》三百篇，大抵圣贤发愤之所为作也。此人皆意有所郁结，不得通其道，故述往事，思来者。及如左丘明无目，孙子断足，终不可用，退论书策以舒其愤，思垂空文以自见。仆窃不逊，近自托于无能之辞，网罗天下放失旧闻，考之行事，稽其成败兴坏之理。凡百三十篇，亦欲以究天人之际，通古今之变，成一家之言。"[1]《文选》选该文，曰："稽其成败兴坏之纪，上计轩辕，下至于兹，为十表，本纪十二，书八章，世家三十，列传七十，凡百三十篇……"[2] 在这里，司马迁明确指出他欲以圣贤发愤作文的故事，作《史记》此"空文"自见，以成名后世，成为俶傥非常之人。同时，以"究天下之际，通古今之变"的原则为价值标准，以"成一家之言"为创作目标，即通过对轩辕至武帝这一段中国历史的记录，在《史记》中，表现出对人世社会成败兴衰规律的把握，总结历史经验，提出自己的看法。并以此扬名立身，建不朽之盛名。

第二节 成一家之言

《史记·太史公自序》曰："网罗天下放失旧闻，王迹所兴，原始察终，见盛观衰，论考之行事，略推三代，录秦汉，上记轩辕，下至于兹，著十二本纪，即科条之矣。并时异世，年差不明，作十表。礼乐损益，律历改易，兵权山川鬼神，天人之际，承敝通变，作八书。二十八宿环北辰，三十辐共一毂，运行无穷，辅拂股肱之臣配焉，忠信行道，以奉主上，作三十世家。扶义俶傥，不令己失时，立功名于天下，作七十列传。凡百三十篇，五十二万六千五百字，为《太史公书》，序略，以拾遗补艺，成一家之言，厥协六经异传，整齐百家杂语，藏之名山，副在京师，俟后世圣人君子。"《索隐》曰："迁言以所撰取协于六经异传诸家之说耳，谦不敢比经义也。"又曰："以俟后圣君子，此语出自《公羊传》，言夫子制《春秋》以俟后圣

---

[1]（汉）班固撰，（唐）颜师古注：《汉书》，北京：中华书局，1962年版，卷六十二第2735页。
[2]（梁）萧统编，（唐）李善注：《文选》，北京：中华书局，1977年版，卷四十一第581页。

君子，亦有乐乎此也。"司马迁撰《史记》，欲上追孔子作《春秋》，为六经拾遗补阙，通过历史的检讨来弘扬儒家经典，犹"如子夏《易传》、毛公《诗》及韩婴《外传》、伏生《尚书大传》之流者也"。[1] 显然，司马迁是有意要上追六经，就此而言，与汉学诸儒殊途同归。

《史记·太史公自序》说："先人有言：'自周公卒五百岁而生孔子。孔子卒后至今五百岁，有能绍明世，正《易传》，继《春秋》，本《诗》《书》《礼》《乐》之际？'意在斯乎！意在斯乎！小子何敢让焉。"又说，上大夫壶遂曰："昔孔子何为而作《春秋》哉？"太史公曰："余闻董生曰：'周道衰废，孔子为鲁司寇，诸侯害之，大夫雍之，孔子知言之不用，道之不行也，是非二百四十二年之中，以为天下仪表，贬天子，退诸侯，讨大夫，以达王事而已矣。'子曰：'我欲载之空言，不如见之于行事之深切著名也。'"又曰："夫《春秋》，上明三王之道，下辨人事之纪，别嫌疑，明是非，定犹豫，善善恶恶，贤贤贱不肖，存亡国，继绝世，补敝起废，王道之大者也。"[2] 司马迁自以为自己是当代孔子，又认为形而上的"空言"，不如自己通过对历史事件的评说深切著名。明王道，辨人事，即是究天人际遇，通古今之变化；所谓是非历史，为天下仪表，别嫌疑，明是非，定犹豫，善善恶恶，存亡继绝，补敝起废，以明王道，整齐百家，便是成"一家之言"。而此一家之言，显然是继承孔子思想的儒家传统的一家之言。司马迁《史记》，本纪、世家、表、书、列传广大悉备，如书又有礼、乐、律、历、天官、封禅、河渠、平准之分，表明他"拾遗补艺……厥协六经异传"之决心，实意欲成为周公、孔子那样的集大成者。

司马迁在《史记》创作中，特别重视讽谏，其发愤著书，即是欲通过抒发愤懑以匡正时代。《史记·屈原贾生列传》称赞屈原之谏，而说宋玉等人"终莫敢直谏"，《史书·司马相如列传》称赞司马相如有与《诗》之风谏无异之处，这可以说是司马迁效法古圣贤如孔子著《春秋》之义的具体实践。

---

[1]（汉）司马迁撰，（宋）裴骃集解，（唐）司马贞索隐，（唐）张守节正义：《史记》，北京：中华书局，1982年第2版，卷一百三十第3319-3321页。
[2]（汉）司马迁撰，（宋）裴骃集解，（唐）司马贞索隐，（唐）张守节正义：《史记》，北京：中华书局，1982年第2版，卷一百三十第3296-3297页。

我们明白了司马迁"究天人之际，通古今之变，成一家之言"，是欲体现大圣孔子的思想传统，便可以知道司马迁的创作，在"参酌今古"之时，必以儒家学说为权衡。当然，既然要究天与人，通古与今，在资料的采撷方面，则应具有最普遍的视野，也是不待言的。而这种普遍的视野，是其所处时代的大一统心价值观的体现。

《史记·太史公自序》曰："迁生龙门，耕牧河山之阳。年十岁则诵古文。二十而南游江、淮，上会稽，探禹穴，窥九疑，浮于沅、湘，北涉汶、泗，讲业齐、鲁之都，观孔子之遗风，乡射邹、峄；戹困鄱、薛、彭城，过梁、楚以归。"[1]《汉书·司马迁传》赞曰："司马迁据《左氏》《国语》，采《世本》《战国策》，述《楚汉春秋》，接其后事，讫于大汉。其言秦汉，详矣。至于采经摭传，分散数家之事，甚多疏略，或有抵梧。亦其涉猎者广博，贯穿经传，驰骋古今，上下数千载间，斯以勤矣。"[2]司马迁出生在一个史官世家，而又会心深远，博学多识，经过对人文景观的观摩，再领会经传及史书记载，并乃父之史料，可以在任太史令后，"绅史记石室金匮之书"，"悉论先人所次旧闻"。[3]

司马迁不仅取材他所能见到的古代书籍所记载的历史资料，而且从古代典籍中找到了他创作全史的体例依据。《梁书·刘杳传》引桓谭《新论》曰："太史《三代世表》，旁行邪上，并效《周谱》。以此而推，当起周代。"[4]《周谱》即《世本》。《文心雕龙·史传》曰："子长继志，甄序帝绩。比尧称典，则位杂中贤；法孔题经，则文非元圣，故取式《吕览》，通号曰纪。"[5]《史通·书志》曰："夫刑法、礼乐、风土、山川，求诸文籍，出于《三礼》，及班、马著史，别裁书志。考其所记，多效《礼经》。"[6]《史通·世家》曰："司马迁之记诸国也，其编次之体，与本纪不殊。盖欲抑彼诸侯，异乎天子，

---

[1]（汉）司马迁撰，（宋）裴骃集解，（唐）司马贞索隐，（唐）张守节正义：《史记》，北京：中华书局，1982年第2版，卷一百三十第3293页。

[2]（汉）班固撰，（唐）颜师古注：《汉书》，北京：中华书局，1962年版，卷六十二第2737页。

[3]《太史公自序》，见（汉）司马迁撰，（宋）裴骃集解，（唐）司马贞索隐，（唐）张守节正义：《史记》，北京：中华书局，1982年第2版，卷一百三十第3295-3296页。

[4]（唐）姚思廉撰：《梁书》，北京：中华书局，1973年版，卷五十第716页。

[5]吴林伯注：《〈文心雕龙〉义疏》，武汉：武汉大学出版社，2002年版，第183页。

[6]（唐）刘知几撰，黄寿成校点：《史通》，沈阳：辽宁教育出版社，1997年版，卷三第15页。

故假以他称，名为世家。"[1]《史通·列传》曰："夫纪传之兴，肇于《史》《汉》。盖纪者，编年也；传者，列事也。编年者，历帝王之岁月，犹《春秋》之经；列事者，录人臣之行状，犹《春秋》之传。《春秋》则传以解经，《史》《汉》则传以释纪。寻兹例草创，始自子长，而朴略犹存，区分未尽。如项王宜传，而以本纪为名。"[2] 郑樵《通志·总序》曰："志之大原，起于《尔雅》。司马迁曰书，班固曰志。"[3]《文史通义·亳州志掌故例议上》曰："司马迁氏绍法《春秋》，著为十二本纪，其年表列传，次第为篇，足以备其事之本末，而于典章制度，所以经纬人伦，纲维世宙之具，别为八书，以讨论之。班氏广为十志，后史因之，互有损益，遂为史家一定法矣。昔韩宣子见《易象》《春秋》，以谓周礼在鲁；左氏综记《春秋》，多称《礼经》，《书志》之原，盖出官《礼》，《天官》未改天文，《平准》未改食货，犹存《汉书》一二名义，可想见也。郑樵乃云'志之大原，出于《尔雅》'，非其质矣。然迁、固书志，采取纲领，讨论大凡，使诵习者可以推验一朝梗概，得与纪传互相发明，足矣。至于名物器数，以谓别有专书，不求全备，犹左氏之数典征文，不必具《周官》之纤悉也。司马《礼书》末云，'俎豆之事，则有司存'，其他抑可知矣。"又曰："夫班马书志，当其创始，略存诸子之遗，《管子》《吕览》《鸿烈》诸家，所述天文地圆官图乐制之篇，采掇制数，运以心裁，勒成一家之言，其所仿也。马班岂不知名数器物，不容忽略，盖谓各有成书，不容于一家之言，曲折求备耳。"[4] 清人洪饴孙曰："夫《春秋》为编年，《世本》为纪传，太史公述《世本》以成《史记》，纪传不自《史记》始也。"[5]《史记》熔五体于一炉，这无疑是首创，而具体而微，五体却必然是史官文化的结晶，是历代史官智慧的总结。我们承认五体是司马迁使之具形、完整、条理，但绝不可抹煞前人的权舆之功绩。可以看出，在史料、体例的取舍方面，司马迁虽以儒家经传为主线，却也表现出一个科学的史学家忠实历史的态度。正是在资料和体例上的广泛吸取，才能使他"究

---

[1]（唐）刘知几撰，黄寿成校点：《史通》，沈阳：辽宁教育出版社，1997年版，卷二第10-11页。
[2]（唐）刘知几撰，黄寿成校点：《史通》，沈阳：辽宁教育出版社，1997年版，卷二第11-12页。
[3]（宋）郑樵撰，王树民点校：《通志二十略》，北京：中华书局，1995年版，《通志总序》第5页。
[4]（清）章学诚著，吴琦等校点：《文史通义》，长沙：岳麓书社，1993年版，卷七第287-288页。
[5]（清）洪饴孙：《史目表序》，北京：京都官书局，1899年版。

天人之际，通古今之变"的结论更科学，"一家之言"更成熟。因而才有"通史"的气概。

第三节 神秘与理性

天命人事，古今社会变化之规律，是古代哲人所关心的命题，先秦著述，无不探讨社会及人的问题，孔子之言天命人事社会发展，对后世文士影响更大，曰："五十而知天命"[1]，"殷因于夏礼，所损益可知也；周因于殷礼，所损益可知也。其或继周者，虽百世可知也"[2]，"天生德于予"[3]，"天之将丧斯文也"[4]，"未能事人，焉能事鬼"，"未知生，焉知死"[5]，"不怨天，不尤人"[6]，"君子有三畏：畏天命，畏大人，畏圣人之言。小人不知天命而不畏也，狎大人，侮圣人之言"[7]，"天何言哉，四时行焉，百物生焉，天何言哉"[8]，"不知命，无以为君子也"[9]，《论语·子罕》曰："子

---

[1]《为政》，（清）刘宝楠著：《论语正义》，卷二第23页，见《诸子集成》，北京：中华书局，2006年第2版。
[2]《为政》，（清）刘宝楠著：《论语正义》，卷二第39页，见《诸子集成》，北京：中华书局，2006年第2版。
[3]《述而》，（清）刘宝楠著：《论语正义》，卷八第147页，见《诸子集成》，北京：中华书局，2006年第2版。
[4]《子罕》，（清）刘宝楠著：《论语正义》，卷十第176页，见《诸子集成》，北京：中华书局，2006年第2版。
[5]《先进》，（清）刘宝楠著：《论语正义》，卷十一第243页，见《诸子集成》，北京：中华书局，2006年第2版。
[6]《宪问》，（清）刘宝楠著：《论语正义》，卷十四第321页，见《诸子集成》，北京：中华书局，2006年第2版。
[7]《季氏》，（清）刘宝楠著：《论语正义》，卷十九第359-360页，见《诸子集成》，北京：中华书局，2006年第2版。
[8]《阳货》，（清）刘宝楠著：《论语正义》，卷二十第379页，见《诸子集成》，北京：中华书局，2006年第2版。
[9]《尧曰》，（清）刘宝楠著：《论语正义》，卷二十三第419页，见《诸子集成》，北京：中华书局，2006年第2版。

罕言利与命与仁。"[1]《论语·述而》曰:"子不语怪力乱神。"[2]孔子承认天命,此天命实含"造物"与自然规律的双重意义。孔子承认社会发展有规律可寻,又对神怪之说持怀疑态度,这代表了他的时代直观认识可能达到的境界。

司马谈《论六家要旨》曰:"凡人所生者神也,所托者形也。神大用则竭,形大劳则敝,形神离则死。死者不可复生,离者不可复反,故圣人重之。由是观之,神者生之本也,形者生之具也。""夫阴阳四时,八位、十二度、二十四节,各有教令,顺之者昌,逆之者不死则亡,未必然也,故曰'使人拘而多畏'。夫春生夏长,秋收冬藏,此天道之大经也,弗顺则无以为天下纲纪,故曰:'四时之大顺,不可失也。'"[3]《史记集解》引张晏曰:"八位,八卦位也。十二度,十二次也。二十四节,就中气也。各有禁忌,谓日月了。"[4]司马谈的承认天道自然规律,关于人之死生,见解也很实在,司马谈的观点影响到了司马迁。同时,司马迁又受董仲舒的影响很大。

《史记·太史公自序》曰"星气之书,多杂禨祥,不经,推其文,考其应,不殊。比集论其行事,验于轨度以次,作《天官书》第五。"[5]《史记·天官书》曰:"自初生民以来,世主曷尝不历日月星辰?及至五家、三代,绍而明之,内冠带,外夷狄,分中国为十有二州,仰则观象于天,俯则法类于地,天则有日月,地则有阴阳。天有五星,地有五行。天则有列宿,地则有州域,三光者,阴阳之精,气本在地,而圣人统理之。幽厉以往,尚矣。所见天变,皆国殊窟穴,家占物怪,以合时应,其文图籍禨祥不法。是以孔子论六经,纪异而说不书。至天道命,不传;传其人,不待告;告非其人,虽

---

[1] (清)刘宝楠著:《论语正义》,卷十第172页,见《诸子集成》,北京:中华书局,2006年第2版。

[2] (清)刘宝楠著:《论语正义》,卷八第146页,见《诸子集成》,北京:中华书局,2006年第2版。

[3]《太史公自序》,见(汉)司马迁撰,(宋)裴骃集解,(唐)司马贞索隐,(唐)张守节正义:《史记》,北京:中华书局,1982年第2版,卷一百三十第3290-3292页。

[4]《太史公自序集解》,见(汉)司马迁撰,(宋)裴骃集解,(唐)司马贞索隐,(唐)张守节正义:《史记》,北京:中华书局,1982年第2版,卷一百三十第3290页。

[5]《太史公自序》,见(汉)司马迁撰,(宋)裴骃集解,(唐)司马贞索隐,(唐)张守节正义:《史记》,北京:中华书局,1982年第2版,卷一百三十第3206页。

言不著。"又曰："夫天运，三十岁一小变，百年中变，五百载大变；三大变一纪，三纪而大备，此其大数也。为国者必贵三五，上下各千岁，然后天人之际续备。""汉之兴，五星聚于东井……"[1] 凡此，与董仲舒倡言《春秋》灾异，天人感应之说颇为相通。

司马迁在相信天道人事之际遇时是谨慎的。《史记·儒林列传》记董仲舒以《春秋》灾异之变推阴阳所以错行，故求雨闭诸阳，纵诸阴，其止雨反是，认为"行之一国，未尝不得所欲。"[2]《史记·六国年表》曰："论秦之德义不如鲁卫之暴戾者，量秦之兵不如三晋之强也，然卒并天下，非必险固便形势利也，盖若天所助焉。"[3] 这是明言天人感应，天有意志。但《史记·伯夷列传》曰："或曰：'天道无亲，常与善人。'若伯夷、叔齐，可谓善人者非邪？积仁洁行如此而饿死！且七十之徒，仲尼独荐颜渊为好学。然回也屡空，糟糠不厌，而卒蚤夭。天之报施善人，其何如哉？盗蹠日杀不辜，肝人之肉，暴戾恣睢，聚党数千人横行天下，竟以寿终。是遵何德哉？此其尤大彰明较著者也。若至近世，操行不轨，专犯忌讳，而终身逸乐，富厚累世不绝。或择地而蹈之，时然后出言，行不由径，非公正不发愤，而遇祸灾者，不可胜数也。余甚惑焉，倘所谓天道，是邪非邪？"[4] 这里已对天道的公平性产生了怀疑。《史记·项羽本纪》曰："及羽背关怀楚，放逐义帝而自立，怨王侯叛己，难矣。自矜功伐，奋其私智而不师古，谓霸王之业，欲以力征经营天下，五年卒亡其国，身死东城，尚不觉悟而不自责，过矣，乃引'天亡我，非用兵之罪也'，岂不谬哉！"[5] 这则是通过实事求是的分析，指出项羽不信不义不忠不仁而致灭亡，与天道无关。那么，天的作用并不是

---

[1]（汉）司马迁撰，（宋）裴骃集解，（唐）司马贞索隐，（唐）张守节正义：《史记》，北京：中华书局，1982年第2版，卷二十七第1342-1348页。
[2]（汉）司马迁撰，（宋）裴骃集解，（唐）司马贞索隐，（唐）张守节正义：《史记》，北京：中华书局，1982年第2版，卷一百二十一第3128页。
[3]（汉）司马迁撰，（宋）裴骃集解，（唐）司马贞索隐，（唐）张守节正义：《史记》，北京：中华书局，1982年第2版，卷十五第685页。
[4]（汉）司马迁撰，（宋）裴骃集解，（唐）司马贞索隐，（唐）张守节正义：《史记》，北京：中华书局，1982年第2版，卷六十一第2124-2125页。
[5]（汉）司马迁撰，（宋）裴骃集解，（唐）司马贞索隐，（唐）张守节正义：《史记》，北京：中华书局，1982年第2版，卷七第339页。

无处不在的。

在社会发展观方面，司马迁通过对历史的考察，得出了较具理性品格的观点。《史记·秦始皇本纪》引贾谊《过秦论》，充分肯定秦统一中国，顺应民心期望结束战乱的功绩，但在统一之后，废王道，立私权，"禁文书而酷刑法，先诈力而后仁义，以暴虐为天下始"，不知统一之战与统一之后之守的差异，而不达时变，竟至于亡，曰："善哉乎贾生推言之也！"又曰："秦之积衰，天下土崩瓦解，虽有周旦之材，无所复陈其巧，而以责一日之孤，误哉！俗传秦始皇起罪恶，胡亥极，得其理矣。复责小子，云秦地可全，所谓不通时变者也。"[1]《史记·六国年表》曰："秦取天下多暴，然世异变，成功大……学者牵于所闻，见秦在帝位日浅，不察其终始，因举而笑之，不敢道，此与以耳食无异。悲夫！"[2]对法家人物商鞅、吴起在打击旧贵族时采取的措施，陈涉、项羽在反秦运动中的功绩，也都有充分的肯定。但是，我们也应注意，无论是信天命，还是怀疑天命，乃至反对不经之图符，谴责暴秦，拥护统一，赞赏陈、项，皆是以儒学为尺度的，即维护《春秋》大一统，维护王道，反对暴虐，却是确定无疑的。

第四节 文人侠客

战国辩士有独立而自尊的地位，其行为便有一种侠气，这种特点，在汉武之世，仍隐隐然存在，如汲黯、郑当时等，便以任侠为其性格特征，而司马迁也未尝不具此特点。司马迁用其如椽之笔，秉笔直书，以书作剑，是一位文人侠客。

任侠者，以侠义高自标榜，司马迁在记叙历史人物时，于任侠之习，往往褒赞有加，体现出了战国任侠的影响。

司马迁论人，重视德行。而此德行，有所谓仁智义勇，赞扬激于义理，

---

[1]（汉）司马迁撰，（宋）裴骃集解，（唐）司马贞索隐，（唐）张守节正义：《史记》，北京：中华书局，1982年第2版，卷六第276-293页。

[2]（汉）司马迁撰，（宋）裴骃集解，（唐）司马贞索隐，（唐）张守节正义：《史记》，北京：中华书局，1982年第2版，卷十五第686页。

重于泰山之死，《报任安书》曰："仆闻之，修身者智之府也，爱施者仁之端也，取予者义之符也，耻辱者勇之决也，立名者，行之极也。士有此五者，然后可以托于世，而列君子之林矣。"又曰："人固有一死，死有重于泰山，或轻于鸿毛，用之所趋异也"，"夫人情莫不贪生恶死，念亲戚，顾妻子，至激于义理者不然，乃有所不得已也。"[1]《史记·货殖列传》曰："天下熙熙，皆为利来；天下攘攘，皆为利往。"[2]又曰："富者，人之情性，所不学而俱欲者也。"[3]司马迁承认人的物欲，但却希望能以义取舍，舍身欲而行大义，这就是侠气。《论语·泰伯》曰："仁以为己任。"[4]《论语·宪问》曰："仁者必有勇。"[5]又曰："子曰：'君子道者三，我无能焉，仁者不忧，知者不惑，勇者不惧。'子贡曰：'夫子自道也。'"[6]又曰，"见利思义"，"义然后取"。[7]《论语·卫灵公》曰："君子疾没世而名不称焉。"[8]仁义智勇名，正是夫子所重，而司迁用以为评品人物的标准，是者扬之，非者抑之，是所谓善善恶恶，贤贤贱不肖。《史记·廉颇蔺相如列传》曰："知死必勇，非死者难也，处死者难。方蔺相如引璧睨柱，及叱秦王左右，势不过诛，然士或怯懦，而不敢发。相如一奋其气，威信敌国，退而让颇，名重

---

[1]《司马迁传》，见（汉）班固撰，（唐）颜师古注：《汉书》，北京：中华书局，1962年版，卷六十二第2727-2733页。

[2]（汉）司马迁撰，（宋）裴骃集解，（唐）司马贞索隐，（唐）张守节正义：《史记》，北京：中华书局，1982年第2版，卷一百二十九第3256页。

[3]（汉）司马迁撰，（宋）裴骃集解，（唐）司马贞索隐，（唐）张守节正义：《史记》，北京：中华书局，1982年第2版，卷一百二十九第3271页。

[4]（清）刘宝楠著：《论语正义》，卷九第160页，见《诸子集成》，北京：中华书局，2006年第2版。

[5]（清）刘宝楠著：《论语正义》，卷十七第301页，见《诸子集成》，北京：中华书局，2006年第2版。

[6]（清）刘宝楠著：《论语正义》，卷十七第319页，见《诸子集成》，北京：中华书局，2006年第2版。

[7]（清）刘宝楠著：《论语正义》，卷十七第308页，见《诸子集成》，北京：中华书局，2006年第2版。

[8]（清）刘宝楠著：《论语正义》，卷十八第342页，见《诸子集成》，北京：中华书局，2006年第2版。

太山，其处智勇，可谓兼之矣。"[1]《史记·苏秦列传》曰："夫苏秦起闾阎，连六国从亲，此其智有过人者。吾故列其行事，次其时序，毋令独蒙恶声焉。"[2]《史记·魏公子列传》曰："公子为人仁而下士，士无贤不肖皆谦而礼交之，不敢以其富贵骄士。士以此方数千里争往归之，致食客三千人。当是时，诸侯以公子贤，多客，不敢加兵谋魏十余年。"[3]《史记·韩长孺列传》曰："余与壶遂定律历，观韩长孺之义，壶遂之深中隐厚，世之言梁多长者，不虚哉！壶遂官至詹事，天子方倚以为汉相，会遂卒。不然，壶遂之内廉修行，斯鞠躬君子也。"[4]《史记·李将军列传》曰："《传》曰：'其身正，不令而行；其身不正，虽令不从。'其李将军之谓也？余睹李将军悛悛如鄙人，口不能道辞。及死之日，天下知与不知，皆为尽哀。彼其忠实心诚信于士大夫也？谚曰：'桃李不言，下自成蹊。'此言虽小，可以谕大也。"[5]《史记·儒林列传》盛赞董仲舒"进退容止，非礼不行"，"为人廉直"。[6]《史记·刺客列传》盛赞曹沫、聂政、聂荣、荆轲等慷慨有义，重乎名誉，曰："此其义或成或不成，然其立意较然，不欺其志，名垂后世，岂妄也哉！"[7]《史记·鲁仲连邹阳列传》曰："鲁连其指意虽不合大义，然余多其在布衣之位，荡然肆志，不诎于诸侯，谈说于当世，折卿相之权。邹阳辞虽不逊，然其比物连类，有足悲者，亦可谓抗直不挠矣，吾是以附之列传焉。"[8]

---

[1]（汉）司马迁撰，（宋）裴骃集解，（唐）司马贞索隐，（唐）张守节正义：《史记》，北京：中华书局，1982年第2版，卷八十一第2451-2452页。
[2]（汉）司马迁撰，（宋）裴骃集解，（唐）司马贞索隐，（唐）张守节正义：《史记》，北京：中华书局，1982年第2版，卷六十九第2277页。
[3]（汉）司马迁撰，（宋）裴骃集解，（唐）司马贞索隐，（唐）张守节正义：《史记》，北京：中华书局，1982年第2版，卷七十七第2377页。
[4]（汉）司马迁撰，（宋）裴骃集解，（唐）司马贞索隐，（唐）张守节正义：《史记》，北京：中华书局，1982年第2版，卷一百八第2865页。
[5]（汉）司马迁撰，（宋）裴骃集解，（唐）司马贞索隐，（唐）张守节正义：《史记》，北京：中华书局，1982年第2版，卷一百九第2878页。
[6]（汉）司马迁撰，（宋）裴骃集解，（唐）司马贞索隐，（唐）张守节正义：《史记》，北京：中华书局，1982年第2版，卷八十六第2538页。
[7]（汉）司马迁撰，（宋）裴骃集解，（唐）司马贞索隐，（唐）张守节正义：《史记》，北京：中华书局，1982年第2版，卷一百二十一第3127-3128页。
[8]（汉）司马迁撰，（宋）裴骃集解，（唐）司马贞索隐，（唐）张守节正义：《史记》，北京：中华书局，1982年第2版，卷八十三第2479页。

司马迁论人，见有一可取，便赞不绝口。特别是不重小节重大义之行为，殊应称道。《史记·伍子胥列传》曰："向令伍子胥从奢俱死，何异蝼蚁，弃小义，雪大耻，名垂于后世，悲夫！方子胥窘于江上，道乞食，志岂尝须臾忘郢邪？故隐忍就功名，非烈丈夫孰能致此哉？"[1] 这种议论，使我们联想起孔子评价管仲的言论，《论语·宪问》曰："子路曰：'桓公杀公子纠，召忽死之，管仲不死。'曰：'未仁乎？'子曰：'桓公九合诸侯，不以兵车，管仲之力也。如其仁，如其仁。'""子贡曰：'管仲非仁者与！桓公杀公子纠，不能死，又相之。'子曰：'管仲相桓公，霸诸侯，一匡天下，民到于今受其赐。微管仲，吾其被发左衽矣。岂若匹夫匹妇之为谅也，自经于沟渎，而莫之知也'。"[2]

司马迁对行为不合于仁智勇义名之人，也提出了批评，《史记·平原君列传》曰："平原君，翩翩浊世之佳公子也，然未睹大体。鄙语曰：'利令智昏'，平原君贪冯亭邪说，使赵陷长平兵四十余万众，邯郸几亡。"[3]《史记·魏其武安侯列传》曰："魏其诚不知时变，灌夫无术而不逊，两人相翼，乃成祸乱。"[4]《史记·酷吏列传》对杜周之"从谀"，"上所欲挤者，因而陷之；上所欲释者，久系待问而微见其冤状"[5]，批评是严厉的。《史记·李斯列传》曰："李斯以闾阎历诸侯，入事秦，因以瑕衅，以辅始皇，卒成帝业，斯为三公，可谓尊用矣。斯知六艺之归，不务明政以补主上之缺，持爵禄之重，阿顺苟合，严威酷刑，听高邪说，废嫡立庶。诸侯已畔，斯乃欲谏争，不亦末乎！人皆以斯极忠而被五刑死，察其本，乃与俗议之异。"[6]《史

---

[1]（汉）司马迁撰，（宋）裴骃集解，（唐）司马贞索隐，（唐）张守节正义：《史记》，北京：中华书局，1982年第2版，卷六十六第2183页。
[2]（清）刘宝楠著：《论语正义》，卷十七第311-315页，见《诸子集成》，北京：中华书局，2006年第2版。
[3]（汉）司马迁撰，（宋）裴骃集解，（唐）司马贞索隐，（唐）张守节正义：《史记》，北京：中华书局，1982年第2版，卷七十六第2376页。
[4]（汉）司马迁撰，（宋）裴骃集解，（唐）司马贞索隐，（唐）张守节正义：《史记》，北京：中华书局，1982年第2版，卷一百七第2856页。
[5]（汉）司马迁撰，（宋）裴骃集解，（唐）司马贞索隐，（唐）张守节正义：《史记》，北京：中华书局，1982年第2版，卷一百二十二第3153-3154页。
[6]（汉）司马迁撰，（宋）裴骃集解，（唐）司马贞索隐，（唐）张守节正义：《史记》，北京：中华书局，1982年第2版，卷八十七第2563页。

记·汲郑列传》通过对汲黯、郑当时遭遇的观察，盛叹下邽翟公之言"一死一生，乃知交情。一贫一富，乃知交态。一贵一贱，交情乃见"[1]的势利人生观，《史记·游侠列传》曰："由此观之，'窃钩者诛，窃国者侯，侯之门，仁义存'，非虚言也。"[2]对世俗之唯势思维，充满了愤慨。

司马迁贯彻儒家标准，又论人不避尊贵，特别表现在对汉高祖刘邦的描写之中。司马迁肯定刘邦举义的功绩，但通过《史记》的《项羽本纪》《淮阴侯列传》《留侯世家》《萧相国世家》等文，充分地说明了刘邦虚伪、狡诈、怯懦、流氓无赖的面貌。在《封禅书》等文中，也揭露了汉武帝好仙术的可笑行为。这种不以成败论英雄，不为尊者讳的书写态度，本身也表现出了蕴藏在作者身上的"勇"与"义"的任侠品质。

第五节 儒家本位立场

《史记》之言，虽有称引如《道德经》等非儒家经典之义，其《史记·屈原贾生列传》说："余读《离骚》《天问》《招魂》《哀郢》，悲其志。适长沙，观屈原所自沉渊，未尝不垂涕，想见其为人。及见贾生吊之，又怪屈原以彼其材，游诸侯，何国不容，而自令若是。读《鵩鸟赋》，同死生，轻去就，又爽然自失矣。"[3]在对屈原的评价中，也流露了庄子道家的思想，司马谈《论六家要旨》也确实崇道而抑儒，但这并不代表司马迁之"一家之言"背离儒学。掌握某一个人的思想，必须把握主流，而儒学本身，也是有丰富内涵、发展变化的，我们不能因"八派"之儒各有不同，而否定他们非儒家。同样不能因为一部历史著作的丰富内容而指为"杂"家。但扬雄《法言》却正相反，《重黎》曰"实录"，《问神》曰"杂乎杂"，《君子》曰

---

[1]（汉）司马迁撰，（宋）裴骃集解，（唐）司马贞索隐，（唐）张守节正义：《史记》，北京：中华书局，1982年第2版，卷一百二十第3113-3114页。
[2]（汉）司马迁撰，（宋）裴骃集解，（唐）司马贞索隐，（唐）张守节正义：《史记》，北京：中华书局，1982年第2版，卷一百二十四第3182页。
[3]（汉）司马迁撰，（宋）裴骃集解，（唐）司马贞索隐，（唐）张守节正义：《史记》，北京：中华书局，1982年第2版，卷八十四第2503页。

"多爱不忍"，"爱奇也"，"圣人将有取焉"。[1]《汉书·扬雄传》引扬雄曰："太史公记六国，历楚汉，记麟止，不与圣人同，是非颇谬于经。"[2] 扬雄影响汉代学术之大，使他的论点成为班氏父子评论司马迁的依据。《汉书·司马迁传》说司马迁其是非颇谬于圣人，"论大道则先黄老而后六经，序游侠则退处士而进奸雄，述货殖则崇势利而羞贱贫"，又云："然自刘向、扬雄博极群书，皆称迁有良史之材，服其善序事理，辨而不华，质而不俚，其文质，其事核，不虚美，不隐恶，故谓之实录"。[3]类似的说法，也见于《后汉书·班彪传》。一方面表明司马迁的心态中，的确有好奇心态，有黄老思想，以及对战国纵横辩士的经世致用学说的赞赏，但另一方面，这种赞赏绝不是《史记》的主流。

《文史通义·史德》曰："史迁百三十篇，《报任安书》所谓'究天人之际，通古今之变，成一家之言，'自序以谓'绍名世，正《易传》，本《诗》《书》《礼》《乐》之际'，其本旨也。所云发愤著书，不过叙述穷愁而假以为辞耳。后人泥于发愤之说，遂谓百三十篇，皆为怨诽所激发，王允亦斥其言为谤书。于是后世论文，以史迁为讥谤之能事，以微文为史职之大权，或从羡慕而仿效为之；是直以乱臣贼子之居心，而妄附《春秋》之笔削，不亦悖乎？今观迁所著书，如《封禅》之惑于鬼神，《平准》之算及商贩，孝武之秕政也。后世观于相如之文，桓宽之论，何尝待史迁而后著哉？《游侠》《货殖》诸篇，不能无所感慨，贤者好奇，亦洵有之。余皆经纬古今，折衷六艺，何尝敢于讪上哉？……夫《骚》与《史》，千古之至文也。其文所以至者，皆抗怀于三代之英，而经纬乎天人之际者也。所遇皆穷，固不能无感慨；而不学无识者流，且谓诽君谤主，不妨尊为文辞之宗焉，大义何由得明，心术何由得正乎？"又曰："骚与《史》，皆深于《诗》者也。言婉多风，皆不背于名教，而桔于文者不辨也。"[4]刘熙载《艺概·文概》曰："'末世争利，维彼奔义'，太史公于叙《伯夷列传》发之。而《史记》全书重义之旨，亦不异是。书中言利处，寓贬于褒，班固讥其'崇势利而羞贫贱'，宜后人之

---

[1] 详见（汉）扬雄著：《扬子法言》，见《诸子集成》，北京：中华书局，2006年第2版。
[2]（汉）班固撰，（唐）颜师古注：《汉书》，北京：中华书局，1962年版，卷八十七第3580页。
[3]（汉）班固撰，（唐）颜师古注：《汉书》，北京：中华书局，1962年版，卷六十二第2738页。
[4]（清）章学诚著，吴琦等校点：《文史通义》，长沙：岳麓书社，1993年版，卷三第68-69页。

复讥固与！"[1] 章学诚与刘熙载之言，亦足以回答班固之论了。

司马迁《史记》，入孔子于"世家"之中，《太史公自序》曰："周室既衰，诸侯恣行，仲尼悼礼废乐崩，追修经术，以达王道，匡乱世反之于正，见其文辞，为天下制仪法，重六艺之统纪于后世。作《孔子世家》第十七。"[2]《孔子世家》曰："太史公曰：《诗》有之：'高山仰止，景行行止。'虽不能至，然心乡往之。余读孔氏书，想见其为人。适鲁，观仲尼庙堂车服礼器，诸生以时习礼其家，余祗回留之不能去云。天下君王至于贤人众矣，当时则荣，没则已焉。孔子布衣，传十余世，学者宗之。自天子王侯，中国言六艺者折中于夫子，可谓至圣矣。"[3] 司马迁最尊孔子，既是感怀于孔子的学说，更是慑于孔子的人格力量。章炳麟《儒家之利病》曰："《汉书·艺文志》云：'儒家议论多而成功少'。惟孔子及七十子则不然。春秋以后，儒家分为二宗，一曰孟子，二曰荀子。大氐经学之士多宗荀，理学之士多宗孟。然始儒者能综合之，故兼有修身、齐家、治国、平天下之功。"又曰："孔子之门甚广大，非皆儒也，故云'夫子之门，何其杂也'。子贡纵横家，子路任侠之士而又兼兵家。然儒家之有权谋者，亦仍本乎道家，……即尚论周公，岂非儒家之首，然其用太公主兵，足征以任权谋矣。太公，道家也，然其所使权谋，皆露而不隐，范蠡、陈平即其流亚。"[4] 夫子学说，以仁义为主，兼有其余，其弟子有德行、言语、政事、文学等类，各有不同。《论语·述而》曰："子以四教，文、行、忠、信。"[5] 又曰："舍之则藏"，"必也临事而惧，好谋而成者也"，"富而可求也，虽执鞭之士，吾亦为之，如不可求，从吾所好"，"子之所慎：斋，战，疾"。[6] 岂非深博者也。司马迁自以为承孔子道，

---

[1]（清）刘熙载著，王气中笺注：《艺概笺注》，贵阳：贵州人民出版社，1980年版，卷一第33页。
[2]（汉）司马迁撰，（宋）裴骃集解，（唐）司马贞索隐，（唐）张守节正义：《史记》，北京：中华书局，1982年第2版，卷一百三十第3310页。
[3]（汉）司马迁撰，（宋）裴骃集解，（唐）司马贞索隐，（唐）张守节正义：《史记》，北京：中华书局，1982年第2版，卷四十七第1947页。
[4] 章太炎著：《章太炎讲国学》，长春：吉林人民出版社，2008年版，第66-68页。
[5]（清）刘宝楠著：《论语正义》，卷八第147页，见《诸子集成》，北京：中华书局，2006年第2版。
[6]（清）刘宝楠著：《论语正义》，卷八第140-141页，见《诸子集成》，北京：中华书局，2006年第2版。

《史记·孟子荀卿列传》批评孟子曰"迂远而阔于事情也"[1]，便是要恢复孔子仁智义勇行并重的传统。

司马迁以史学家的责任心，上追儒家圣贤著《春秋》之大义，以孔子之是非为是非，同时，又能够把自己的身世之感融入笔端，使其笔下的人物形象栩栩如生，文章感情充沛，表现出对艺术美的追求，以及盛世文人的磅礴气势，为历代文士学子所称道。苏辙《上枢密韩太尉书》曰："太史公行天下，周览四海名山大川，与燕、赵间豪俊交游，故其文疏荡，颇有奇气，……其气充乎其中而溢乎其貌，动乎其言而见乎其文，而不自知也。"[2]洪迈称读《史记》，"未尝不惊呼击节，不自知其所以然。……重沓熟复，如骏马下驻千丈坡，其文势正尔。风行于上而水波，真天下之至文也"[3]。刘熙载曰："在马则夹叙夹议，于诸法已不移而具"；"太史公文，精神气血，无所不具"；"太史公文，疏与密皆诣其极"；"《史记》叙事，文外无穷。虽一溪一壑，皆与长江大河相若"[4]。汪琬《答陈霭公论文书》曰："司马迁作《史记》，则托诸游侠、货殖、聂政、荆卿轻生慕义之徒，以寄其感激情愤懑者，皆是也。"[5]金圣叹《读第五才子书法》曰："如《史记》，须是太史公一肚皮宿怨发挥出来。所以他于《游侠》《货殖传》，特地着精神，乃至其余诸传记中，凡遇挥金杀人之事，他便啧啧赏叹不置。一部《史记》，只是'缓急人所时有'六个字，是他一生著书旨意。"[6]茅坤《与蔡白石太守论文书》曰："读游侠传即欲轻生，读屈原、贾谊传即欲流涕，读庄周、鲁仲连传即欲遗世，读李广传即欲斗力，读石建传即欲俯躬，读信陵、平原君传即欲好

---

[1]（汉）司马迁撰，（宋）裴骃集解，（唐）司马贞索隐，（唐）张守节正义：《史记》，北京：中华书局，1982年第2版，卷七十四第2343页。
[2] 陈宏天、高秀芳点校：《苏辙集》，北京：中华书局，1990年版，卷二十二第381页。
[3]《史记简妙处》，见（宋）洪迈著，鲁同群、刘宏起点校：《容斋随笔》，北京：中国世界语出版社，1995年版，《容斋五笔》卷五第564-565页。
[4]《文概》，见（清）刘熙载著，王气中笺注：《艺概笺注》，贵阳：贵州人民出版社，1980年版，卷一第32-35页。
[5]（清）汪琬著，李圣华笺校：《汪琬全集笺校》，北京：人民文学出版社，2010年版，卷十九第481页。
[6] 朱一玄、刘毓忱编：《水浒传资料汇编》，天津：南开大学出版社，2012年版，第218页。

士。"[1]《史记》之思想表现出的进步性和正义感,以及现实主义的创作宗旨,典型化的叙事描写笔法,立意之奇深,文风之雄雅健绝、超丽疏越,其影响早已超出史学范畴,罗惇曧《文学源流》曰:"司马迁以史材挺出,上接麟经,岂徒兼综三长,实已文凌百代。"[2]鲁迅先生在《汉文学史纲要》中,明确地肯定《史记》之"不拘于史法,不囿于字句,发于情,肆于心而为文",并继承章学诚以《史》《骚》连类的说法,称《史记》"固不失为史家之绝唱,无韵之《离骚》矣"。[3]此种评价,皆不失为中肯之论。

---

[1] 见(明)茅坤:《茅鹿门先生文集》,上海:上海古籍出版社,1995年版。
[2] 郭绍虞、罗根泽主编,舒芜、陈迩冬、周绍良等编选:《中国近代文论选》,北京:人民文学出版社,1959年版,第621页。
[3] 鲁迅著:《汉文学史纲要》,北京:人民文学出版社,1973年版,第59页。

第十章 扬雄与刘向父子

在两汉众多的文人中，扬雄和刘向、刘歆父子是非常特殊的三位文人，他们三人处于西汉末到新朝的过渡时期，亲自见证了西汉的衰落和王莽的崛起，同时，他们又都是非常著名的学者，在思想上和学术上代表了汉代的高度。扬雄在王莽那里看到了复兴周礼的希望，而刘向、刘歆父子作为西汉皇室成员，在西汉至东汉的鼎革之际，其表现也非常具有超越性。

第一节 扬雄的身世经历

我们说扬雄和刘向、刘歆父子在西汉文人中有特殊性，这其中扬雄可能是更特殊的一位文人了。

扬雄的特殊性既表现在客观方面，又表现在主观方面，具体而言，大体有如下四端：其一，就其生活时代而言，他是承上启下，承先启后的跨"世纪"人物。扬雄生于汉宣帝甘露元年，即公元前 53 年，卒于新朝天凤五年，即公元 18 年，享年七十一岁，经汉朝宣帝、元帝、成帝、哀帝、平帝、孺子婴及新朝王莽，凡二朝七帝。其二，扬雄是一位具有多方面成就，而且在当时及以后都有深远影响的文人。他是文学家、文学理论家，又是历史学家、哲学家、思想家、语言学家、文字学家。他的学术活动，几乎包括了当时的文人可能涉及的所有领域。其三，扬雄不仅仅是一个文人，而且是出仕的官员，并长期居京华，与当时的风云人物都有一些联系，而又能保持文人本色。其四，他的文人生涯所表现出的价值观可以划分为非常明显的两阶段，前阶段是西汉文人价值观的延续，后期是东汉文人价值观的发端。

作为一位有独特价值观的文人，其生活经历必然充分显示出了他那独特的特点，扬雄正是这样一位文人。

青年时期的扬雄，其价值观以好学为主干，而好学之价值观，又是与好古密切相联系的。

扬雄，字子云，蜀郡成都人。《汉书·扬雄传》称扬雄年七十一，"天凤五年卒"[1]，周寿昌《汉书注校补》因此推断"雄生适当甘露元年戊辰"[2]，甘露元年为汉宣帝即位第二十一年。

扬雄在《反离骚》一文中自叙身世，曰："有周世之蝉嫣兮，或鼻祖于汾隅，灵宗初谍伯乔兮，流于末之扬侯。淑周楚之丰烈兮，超既离乎皇波。"[3]《汉书·扬雄传》引扬雄自序之文说扬雄"其先出自有周伯侨者，以支庶初食采于晋之扬，因氏焉，不知伯侨周何别也。扬在河、汾之间，周衰而扬氏或称

---

[1]（汉）班固撰，（唐）颜师古注：《汉书》，北京：中华书局，1962 年版，卷八十七第 3585 页。
[2]（清）周寿昌撰：《汉书注校补》，上海：商务印书馆，1937 年版。
[3]（汉）班固撰，（唐）颜师古注：《汉书》，北京：中华书局，1962 年版，卷八十七第 3516 页。

侯,号曰扬侯。会晋六卿争权,韩、魏、赵兴而范、中行、智伯弊,当是时,逼扬侯,扬侯逃于楚巫山,因家焉。楚汉之兴也,扬氏溯江上,处巴江州,而扬季官至庐江太守。汉元鼎间避仇复溯江上,处岷山之阳曰郫,有田一廛,有宅一区,世世以农桑为业。自季至雄,五世而传一子,故雄亡它扬于蜀"[1],据此知扬雄乃周天子旁系后裔。扬雄自叙其身世,使他与郁郁乎文哉之周有了牵连。

"扬"与"杨"在古代虽可通用,但清学者如段玉裁、王念孙、朱骏声皆主扬雄从"杨"之说。段玉裁、王念孙认为扬雄自述身世,作"杨"而不作"扬",朱骏声《说文通训定声》称"扬"为"杨"之误,以《汉书·扬雄传》以"杨"为"扬",是因扬雄好奇,特自标异。朱氏认为,《反离骚》自序世系,当即《左传》杨食我之后。[2]魏杨德祖也有"修家子云,老不晓事"之说。徐复观先生著《两汉思想史》,有《扬雄论究》一节,力主从"扬"不从"杨",认为"在西周时代,扬字实更有势力。以从木的杨字为姓,至西汉而始大行,可能在古典上本为从手的扬字,被人于不经意中改为从木的杨字。"[3]徐氏指出,《古籀补》仅收《石鼓》及《古钵文》各一个从木的杨字,《古籀补补》仅收《古匋》一个从木的杨字,而上述两书分别收有二十四个和五个从手的扬字,《金文编》收有六十三个从手的杨字,殷墟文字中也收有两个。又《左传·襄公二十九年》曰:"虞郭焦滑霍扬韩卫,皆姬姓也。"该处"扬",唐《开成石经》曾刻为"杨",后改正。又《左传·昭公二十八年》有"晋杀祁盈及杨食我",据阮元《校勘记》称,《开成石经》的杨字木旁模糊。大约是勒改"杨"为"扬",毛谊父《六经正误》称"扬字作杨误"。另外,徐氏所见中唐刻本《文心雕龙》残卷的《辨骚》《诠赋》《铭箴》《谏碑》《哀吊》《杂文》,北宋景祐本《汉书》,胡刻宋淳熙本重雕《文选》,宋理宗端平乙未朱熹孙刻《楚辞集注楚辞后语》卷二,四部丛刊本六臣注《文选》、宋刊本《资治通鉴》等三十八书,皆以手旁为扬雄之姓。大概扬氏一族,本来人丁兴旺,晋三分之时,扬氏大部分被杀,余部亡命巫山,扬雄之祖五世单传,自然无旁系,扬雄二子夭亡,

---

[1]（汉）班固撰,（唐）颜师古注:《汉书》,北京:中华书局,1962年版,卷八十七第3513页。
[2]（清）朱骏声撰:《说文通训定声》,武汉:武汉市古籍书店,1983年版,第881页。
[3]徐复观著:《两汉思想史（第二卷）》,上海:华东师范大学出版社,2001年版,第274页。

扬氏便从此无后。

《周礼·地官·遂人》载："夫一廛，田百晦。"[1]"廛"指一夫之居，"晦"为"畮"本字。《说文解字》曰："六尺为步，步百为晦。"[2]《周礼·地官·大司徒》曰："不易之地，家百晦。"[3]百晦之地是小康水平所必备。成都平原土地肥沃，气候湿润，适合于农作物的生长。当时的耕作工具与今日中国农村的手工操作工具差不多，百晦之地，单传之家生活当不成问题。《韵会》曰："区者，小室之名。"[4]颜师古注《汉书·胡建传》称"区"若今"小庵屋之类"。[5]《汉书·文帝纪》云："孝文皇帝即位二十三年，宫室苑囿车骑服御无所增益，有不便，辄弛以利民。尝欲作露台，召匠计之，直百金。上曰：'百金，中人十家之产也，吾奉先帝宫室，常恐羞之，何以台为！'"[6]扬雄自序之文称家产不过"十金"，但已是中等产业了。

扬雄晚年《答刘歆书》，言及为郎之岁，自奏"少不得学"云云，可能指未睹石室秘籍，另外也有自谦之意。扬雄自序之文称"少而好学，不为章句，训诂通而已，博览无所不见。为人简易佚荡，口吃不能剧谈，默而好深湛之思，清静亡为，少耆欲，不汲汲于富贵，不戚戚于贫贱，不修廉隅以徼名当世。家产不过十金，乏无儋石之储，晏如也。自有大度，非圣哲之书不好也；非其意，虽富贵不事也"，又"顾尝好辞赋"。[7]无疑，扬雄不善治理家业，但祖上之荫已足以生生，因此提供了他就学的机会。扬雄学习的方法通拓，学习的范围广阔，与"一经说至百余万言"[8]的风气是不同的。

---

[1]（汉）郑玄注，（唐）贾公彦疏：《周礼注疏》，卷十五，见《十三经注疏》，上海：上海古籍出版社，1997年版，第740页。

[2]（汉）许慎撰，（清）段玉裁注：《说文解字注》，上海：上海古籍出版社，1988年第2版，第695页。

[3]（汉）郑玄注，（唐）贾公彦疏：《周礼注疏》，卷十，见《十三经注疏》，上海：上海古籍出版社，1997年版，第705页。

[4]（元）黄公绍、熊忠著，宁忌浮整理：《古今韵会举要》，北京：中华书局，2000年版。

[5]（汉）班固撰，（唐）颜师古注：《汉书》，北京：中华书局，1962年版，卷六十七第2911页。

[6]（汉）班固撰，（唐）颜师古注：《汉书》，北京：中华书局，1962年版，卷四第134页。

[7]（汉）班固撰，（唐）颜师古注：《汉书》，北京：中华书局，1962年版，卷八十七第3514页。

[8]《儒林传》，见（汉）班固撰，（唐）颜师古注：《汉书》，北京：中华书局，1962年版，卷八十八第3620页。指当时儒生说经而言。

扬雄学习的对象包括经史子集，这为他多方面的造诣打下了良好的基础。

《汉书·王贡两龚鲍传》云："蜀有严均平……杨雄少时从游学"[1]，严均平为蜀名士，隐而不仕。《汉书·地理志下》称司马相如之后，蜀有王褒、严遵、扬雄之徒，"文章冠天下"[2]。颜师古以为严遵即严均平。一说严遵本姓庄，班固避汉明帝刘庄讳，遂改"庄"为"严"。扬雄日后至长安"数为朝廷在位者称君平德"，君平即均平。扬雄还提到与他有外家牵连之亲的林闾翁孺，也曾为扬雄之师。扬雄《答刘歆书》曰："尝闻先代輶轩之使，奏籍之书，皆藏于周秦之室。及其破也，遗弃无见之者。独蜀人有严君平，临邛林闾翁孺者，深好训诂，犹见輶轩之使所奏言。翁孺与雄外家牵连之亲。又君平过误，有以私遇少而与雄也。君平财有千言耳，翁孺梗概之法略有。翁孺往数岁死，妇蜀郡掌氏子，无子而去。"[3]据此知，扬雄方言学的启蒙者为严遵与翁孺二人。

《汉书·扬雄传》引扬雄自序之文云，扬雄尝"怪屈原文过相如，而不容，作《离骚》，自投江而死，悲其文，读之未尝不流涕也。以为君子得时则大行，不得时则龙蛇，遇不遇命也，何必湛身哉！乃作书，往往摭《离骚》文而反之，自岷山投诸江流以吊屈原，名曰《反离骚》，又旁《离骚》作重一篇，名曰《广骚》；又旁《惜诵》以下至《怀沙》一卷，名曰《畔牢愁》"[4]。岷山是扬雄的故乡，《反离骚》有"汉十世之阳朔兮，招摇纪于周正"[5]一句。汉从高祖起，经惠帝、吕后、文帝、景帝、武帝、昭帝、宣帝、元帝、成帝、哀帝、平帝共十二世，成帝即位八年，因外戚、母后弄权，所谓"阴盛阳微"，成帝慨然改元阳朔，"欲阳之苏息也"[6]，是为公元前24年，扬雄此时已三十岁了。

扬雄《答刘歆书》云："而雄始能草文，先作《县邸铭》《玉佴颂》《阶

---

[1]（汉）班固撰，（唐）颜师古注：《汉书》，北京：中华书局，1962年版，卷七十二第3056页。
[2]（汉）班固撰，（唐）颜师古注：《汉书》，北京：中华书局，1962年版，卷二十八第1645页。
[3]《全汉文》卷五十二，见（清）严可均校辑：《全上古三代秦汉三国六朝文》，北京：中华书局，1958年版，第411页。
[4]（汉）班固撰，（唐）颜师古注：《汉书》，北京：中华书局，1962年版，卷八十七第3515页。
[5]（汉）班固撰，（唐）颜师古注：《汉书》，北京：中华书局，1962年版，卷八十七第3516页。
[6]颜师古引应劭注，见（汉）班固撰，（唐）颜师古注：《汉书》，北京：中华书局，1962年版，卷十第311页。

阆铭》及《成都城四隅铭》。"[1] 显然，这几篇文章当作于三十岁前。《古文苑》和《艺文类聚》有《蜀都赋》，其风格近司马相如，也是他早期赋作。早期的四种著作，还应包括《蜀王本纪》。

扬雄的家世，以及单传之旁支，都使他不会产生飞扬跋扈之气概。所以，他选择了清静无为之态度。在他早期，身上就兼有儒道两家之印记，同时，又具有兼容并包之胸怀，既是武帝以后儒学一统，而黄老之学不复有强权支持，遂融入儒学精髓之中的历史变迁，也有盛汉气象和大一统价值观在学术上折射的威风。但其主体，仍然是好古乐道的儒生习惯。

《汉书·扬雄传》扬雄自序之文称，"孝成帝时，客有荐雄文似相如者，上方郊祠甘泉泰畤、汾阴后土，以求继嗣，召雄待诏承明之庭。"[2] 据《汉书·成帝纪》载，成帝继承帝位后，于建始元年罢甘泉、汾阴祠；二年春正月，罢雍五畤。[3] 又据《汉书·郊祀志》载，汉成帝虽有丽人充后宫，但俱不生子，遂于永始三年冬三十庚辰，以无子嗣故，令皇太后诏有司，复甘泉泰畤、汾阴后土如故，及雍五畤、陈宝祠在陈仓者，"天子复亲郊礼如前"。[4] 永始三年是公元前14年，该年扬雄已届四十。扬雄出仕以后，积极以文学干预社会，欲发挥其现实使命感。

《汉书·扬雄传》又指出："初，雄年四十余，自蜀来至游京师，大司马车骑将军王音奇其文雅，召以为门下吏，荐雄待诏，岁余，奏《羽猎赋》，除为郎，给事黄门。"[5] 扬雄《答刘歆书》曰："雄始能草文，先作《县邸铭》《玉佴颂》《阶闼铭》及《成都城四隅铭》，蜀人有杨庄者，为郎，诵之于成帝，成帝好之，以为似相如，雄以此得外见。"[6]

有人以为，《汉书》所谓王音荐雄待诏，实应为王商或王根荐雄。因

---

[1]《全汉文》卷五十二，见（清）严可均校辑：《全上古三代秦汉三国六朝文》，北京：中华书局，1958年版，第411页。
[2]（汉）班固撰，（唐）颜师古注：《汉书》，北京：中华书局，1962年版，卷八十七第3522页。
[3]（汉）班固撰，（唐）颜师古注：《汉书》，北京：中华书局，1962年版，卷十第304-305页。
[4]（汉）班固撰，（唐）颜师古注：《汉书》，北京：中华书局，1962年版，卷二十五第1259页。
[5]（汉）班固撰，（唐）颜师古注：《汉书》，北京：中华书局，1962年版，卷八十七第3583页。
[6]《全汉文》卷五十二，见（清）严可均校辑：《全上古三代秦汉三国六朝文》，北京：中华书局，1958年版，第411页。

为永始二年正月己丑王音死了[1]。扬雄尚未达四十岁，因此，还不在长安。永始二年丁酉王商为大司马卫将军，"音"与"根"音近。《汉书注校补》却力主"四"乃"三"之误，因为古"四"写为"卌"，与"三"仅一笔之差。我们很难相信班固父子会记错大司马的姓名，相比之下，周寿昌《汉书注校补》的说法似乎较近情理。

汉成帝于声色之外，也颇好运动，每畋猎，皆欲效法武皇帝，率领一班文人墨客奏兴。扬雄待诏承明之庭，积数十年之才，挖空心思想表现一下爱国因而也是爱皇帝的幽情，积极地创制"弘丽温雅"的皇皇巨赋，即《甘泉赋》《河东赋》《羽猎赋》《长杨赋》。

《汉书·扬雄传》扬雄自序之文载，扬雄受王音之荐，待诏黄门之时，正值成帝求继嗣而复甘泉泰畤、汾阴后土，即永始三年冬。"正月，从上甘泉，还奏《甘泉赋》以风。"[2]即永始三年冬以后的一年作了《甘泉赋》。"其三月"，从上幸河东，作《河东赋》，"其十二月"，从上羽猎，而作《羽猎赋》，"明年"作《长杨赋》。据《汉书·成帝本纪》载，成帝羽猎事在元延二年，扬雄作《羽猎赋》的时间应是元延二年十二月，该年是公元前11年，是年扬雄四十三岁。《河东赋》和《羽猎赋》也应作于是年。《长杨赋》则应作于元延三年。

李善注《文选》，在《甘泉赋》注下引桓谭《新论》云："雄作《甘泉赋》一首，梦肠出，收而内之，明日遂卒。"[3]《太平御览》卷五八七引《新论》曰："予少时见扬子云丽文高论，不量年少，猥欲逮及，业作小赋，用思太剧，而立感动发病。子云亦言，成帝上甘泉，诏使作赋，为之卒，暴倦卧，梦其五脏出地，以手收之，觉大少气，病一岁余"。[4]扬雄因作赋而得病，但此病并不至于影响起居。这年三月，曾从上幸河东，作《河东赋》等以讽。

《汉书·陈遵传》载，"先是黄门郎扬雄作《酒箴》以讽谏成帝，其

---

[1]（汉）班固撰，（唐）颜师古注：《汉书》，北京：中华书局，1962年版，卷十第321页。
[2]（汉）班固撰，（唐）颜师古注：《汉书》，北京：中华书局，1962年版，卷八十七第3522页。
[3]（梁）萧统编，（唐）李善注：《文选》，北京：中华书局，1977年版，卷七第111页。
[4]（宋）李昉等撰：《太平御览》，北京：中华书局，1960年版，卷五八七第2646页。

文为酒客难法度士，譬之于物。"[1]《酒箴》在《太平御览》中作《酒赋》，《北堂书钞》作《都酒赋》。这首赋当作于授黄门郎之后和辍不为赋之前，扬雄于元延二年十二月以后才得授黄门郎，元延三年以后以赋无益讽谏，再不作赋，如此，《酒赋》只能作于元延三年。

《汉书·赵充国传》云："初，充国以功德与霍光等列，画未央宫。成帝时，西羌尝有警，上思将帅之臣，追美充国，乃召黄门郎杨雄即充国画而颂之。"[2]此即《全汉文》所录《赵充国颂》。《汉书·成帝本纪》未载西羌警事，不过，此事当在扬雄拜侍郎以后，成帝驾崩之前，即元延三年到绥和二年四月之前，即公元前 10 年至公元前 7 年。班固在《汉书》的《西域传》和《段会宗传》中曾记元延三年段会宗平定乌孙内乱事，那么《赵充国颂》很可能就是元延三年所作，当时"汉欲以兵讨之而未能"，只好采取妥协的方法解决问题。

扬雄从四川到长安，经过较长时间的奔波，以一个毫无背景之人，最后蒙皇帝召见，侍从，其创作勤奋，立意则在讽谏，体现了他欲求润色鸿业的现实使命感。

扬雄出仕后写了大量赋作，意欲劝谏帝王，干预政治，不果，晚年遂改而垂文。

扬雄《答刘歆书》曰："雄为郎之岁，自奏少不得学，而心好沉博绝丽之文，愿不受三岁之奉，且休脱直事之繇，得肆心广意，以自克就，有诏可不夺奉，令尚书赐笔墨钱六万，得观书于石室。如是后一岁，作《绣补灵节龙骨之铭》，诗三章，成帝好之，遂得尽意。"[3]扬雄观书石室当在元延三年以后，作铭与诗应是元延四年或绥和元年的事。

绥和二年四月丙午，定陶王即皇帝位，是为哀帝。第二年改元建平，一年后，听从待诏夏贺良言赤精子之谶，改元太初，汉帝自称"陈圣刘太平皇帝"，以振兴汉运。不久，又复建平号。此时，谶纬之说很得人心，扬雄

---

[1]《游侠列传》，见（汉）班固撰，（唐）颜师古注：《汉书》，北京：中华书局，1962 年版，卷九十二第 3712 页。

[2]《赵充国辛庆忌传》，见（汉）班固撰，（唐）颜师古注：《汉书》，北京：中华书局，1962 年版，卷六十九第 2994 页。

[3]《全汉文》卷五十二，见（清）严可均校辑：《全上古三代秦汉三国六朝文》，北京：中华书局，1958 年版，第 411 页。

也深信因应之事。《汉书·五行志》载，哀帝建平二年四月乙亥朔，御史大夫朱博为丞相，少府赵玄为御史大夫，临延登受策，有大声如钟鸣，殿中郎吏、陛者皆闻焉。上以此事问黄门郎扬雄及李寻，扬雄以为"鼓妖，听失之象也。朱博为人强毅多权谋，宜将不宜相，恐有凶恶亟极之怒"。[1] 八月，朱博、赵玄坐为奸谋，博自杀，玄减死论。扬雄之论朱博，虽起于谶纬，却根据理性立论，也不能说是虚伪之言。建平二年已是公元前5年，该年扬雄已四十九岁了。

《汉书·扬雄传》扬雄自序之文称，"哀帝时丁、傅、董贤用事……时雄方草《太玄》，有以自守，泊如也。或嘲雄以玄尚白，而雄解之，号曰《解嘲》"，又"客有难《玄》大深，众人之不好也，雄解之，号曰《解难》"。[2] 按丁、傅、董贤用事在建平与元寿年间，建平共四年。《汉书·百官公卿表》载，建平元年四月丁酉侍中光禄大夫傅喜为大司马，二年丁丑免，阳安侯丁明出任大司马卫将军，元寿元年更为大司马骠骑将军，特进孔乡侯傅晏为大司马卫将军，二年十二月侍中驸马都尉董贤为大司马卫将军，同年哀帝崩，董贤、董恭、傅晏先后免官。据此推测，《太玄》当作于建平元年至元寿二年之间，即公元前6年至公元前1年。《解嘲》《解难》也应作于《太玄》著成之后。《全汉文》尚有《太玄赋》一篇，言《太玄》大意，应与《解嘲》《解难》著作的时代相仿佛。

《法言·问神》尝谓："育而不苗者，吾家之童乌乎！九龄而与我《玄》文。"[3] 据此知，扬雄作《太玄》时，受到了他的天才的儿子的启发。据宋人袁文《瓮牖闲评》指出："《步里客谈》谓童下合有一点，盖子云之意，叹其子童蒙而早夭，古曰'乌乎'，是即'呜呼'二字，后世乃谓子云之子名乌，苏东坡、张芸叟诸公莫能辨之，观东坡在惠州，其子遯之死也，有诗云：'苗而不秀岂其天，不使童乌与我《玄》。'芸叟以公奴终亡，有诗云：

---

[1]（汉）班固撰，（唐）颜师古注：《汉书》，北京：中华书局，1962年版，卷二十七第1429页。
[2]（汉）班固撰，（唐）颜师古注：《汉书》，北京：中华书局，1962年版，卷八十七第3565-3575页。
[3]（汉）扬雄著：《扬子法言》，卷五第14-15页，见《诸子集成》，北京：中华书局，2006年第2版。

'学语仅能追骥子，草《玄》安敢望童乌！'是亦以'乌'为子云之子也。"[1]《左传·襄公三十年》云："乌乎！必有此夫。"清阮元校勘记云《石经》宋本、淳熙本"乎"作"呼"，《释文》作"呜呼"。[2]

《汉书·匈奴传》载，"建平四年，单于上书愿朝五年。时哀帝被疾，或言匈奴从上游来厌人，自黄龙、竟宁时，单于朝中国辄有大故。……未发，黄门郎扬雄上书谏。……书奏，天子寤焉，召还匈奴使者，更报单于书而许之。赐雄帛五十匹，黄金十斤。……元寿二年，单于来朝"[3]。建平五年即元寿元年，是公元前2年，扬雄时年五十二岁。奏书收在《全汉文》中，称为《上书谏勿许单于朝》，从此谏书，可以窥见扬雄远见卓识之一斑。

《汉书·扬雄传》称，"雄见诸子各以其知舛驰，大氐诋訾圣人，即为怪迂，析辩诡辞，以挠世事，虽小辩，终破大道而或众，使溺于所闻而不自知其非也。及太史公记六国，历楚汉……常用法应之，撰以为十三卷，像《论语》，号曰《法言》"[4]。案《法言·孝至》曰："汉偿二百一十载而中天，其庶矣乎。"[5]高祖于公元前206年建汉，至公元4年，即孝平皇帝元始四年，凡二百十载，则《法言》成书，当不早于是年。

《论衡·佚文》尝谓，"扬子云作《法言》，蜀富人赍钱千万，愿载于书，子云不听"[6]。此时扬雄甚贫。据《太平御览》卷五五六引《新论》曰："扬子云为郎居长安，素贫，比岁亡其两男，哀痛之，皆持归葬于蜀，以此困乏。"[7]想必扬雄归川葬子之时，得遇蜀富人，而这个时候，扬雄正在作《法言》。《太平御览》引桓谭《新论》曰，扬雄"达圣道，明于死生，不下季札，然而慕恋死子，不能以义割恩，自令多费而致困贫"[8]。扬雄缺少足以左右感情的

---

[1]（宋）袁文注，李伟国校：《甕牖闲评 考古质疑》，北京：中华书局，2007年版。
[2]（晋）杜预注，（唐）孔颖达等正义：《春秋左传正义》，卷四十，见《十三经注疏》，上海：上海古籍出版社，1997年版，第2012页。
[3]（汉）班固撰，（唐）颜师古注：《汉书》，北京：中华书局，1962年版，卷九十四第3812-3817页。
[4]（汉）班固撰，（唐）颜师古注：《汉书》，北京：中华书局，1962年版，卷八十七第3580页。
[5]（汉）扬雄著：《扬子法言》，卷十三第43页，见《诸子集成》，北京：中华书局，2006年第2版。
[6]（汉）王充著：《论衡》，第202页，见《诸子集成》，北京：中华书局，2006年第2版。
[7]（宋）李昉等撰：《太平御览》，北京：中华书局，1960年版，卷五五六第2514页。
[8]（宋）李昉等撰：《太平御览》，北京：中华书局，1960年版，卷五五六第2514页。

理智，作为情绪性的艺术家，承受不了死去二子的痛苦，遂耗费巨资，长途跋涉，蜀富人了解了扬雄的窘境，遂有载名之请。扬子云拒绝了唾手可得的十万钱，在凄凉和孤独中离开了四川。自此后，扬雄家族在四川断了香火。

《汉书·扬雄传赞》称扬雄以为"史篇莫善于《仓颉》，作《训纂》"[1]。《汉书·艺文志》曰："至元始中，征天下通小学者以百数，各令记字于庭中。扬雄取其有用者以作《训纂篇》，顺续《苍颉》，又易《苍颉》中重复之字，凡八十九章。"[2]《说文解字序》曰："孝平时，征礼[3]等百余人，令说文字未央廷中，以礼为小学元士，黄门侍郎杨雄采以作《训纂篇》。"[4]按《汉书·平帝》云元始五年，天子"征天子通知逸经、古记、天文、历算、钟律、小学、史篇、方术、本草及以五经、《论语》《孝经》《尔雅》教授者，在所为驾一封轺传，遣诣京师。至者数千人。"[5]如此，扬雄作《训纂篇》，应在元始五年。

《全汉文》有刘歆《与扬雄书从取方言》，其中谓："属闻子云独采集先代绝言，异国殊语，以为十五卷，……今圣朝留心典诰，发精于殊语，欲以验考四方之事，不劳戎马高车之使，坐知徭俗。"[6]扬雄《答刘歆书》也说，记方言殊语，"二十七岁于今矣"，又云"言列于汉籍，诚雄心所绝极"[7]，然须宽限时日，才能脱稿，那么写《方言》贯彻了扬雄近半生的时光。或许建平五年的小学大会对于扬雄《方言》的完成起过促进作用。扬雄还说，"雄为郎之岁，……得观书于石室"[8]。那么，刘歆从取《方言》已是新朝扬雄任诸吏中散大夫之时。《西京杂记》卷三载："扬子云好事，常怀铅提

---

[1]（汉）班固撰，（唐）颜师古注：《汉书》，北京：中华书局，1962年版，卷八十七第3583页。
[2]（汉）班固撰，（唐）颜师古注：《汉书》，北京：中华书局，1962年版，卷三十第1721页。
[3] 礼指爰礼。
[4]（汉）许慎著：《说文解字序》，中共中央高级党校中国历史专业学习参考资料，1963年版，第5页。
[5]（汉）班固撰，（唐）颜师古注：《汉书》，北京：中华书局，1962年版，卷十二第359页。
[6]《全汉文》卷四十，见（清）严可均校辑：《全上古三代秦汉三国六朝文》，北京：中华书局，1958年版，第349页。
[7]《全汉文》卷五十二，见（清）严可均校辑：《全上古三代秦汉三国六朝文》，北京：中华书局，1958年版，第411页。
[8]《全汉文》卷五十二，见（清）严可均校辑：《全上古三代秦汉三国六朝文》，北京：中华书局，1958年版，第411页。

桀,从诸计吏,访殊方绝域四方之语,以为裨补《輶轩》所载,亦洪意也。"[1]

汉末,应劭《风俗通义序》称,周秦常以八月遣輶轩之使,求异代方言,还奏籍之,藏于秘室,及秦朝灭亡,遗弃脱漏,无见之者,蜀人严均平有千余言,林闾翁孺才有梗概之法,扬雄好之,天下孝廉卫卒交会,周章质问,以次注续,二十七年,尔乃治正,凡九千字。今本《方言》则有一万二千九百余字,共十三卷。又《隋书·经籍志》称《方言》为十三卷。

据《汉书·王莽传》载,元始四年,即公元4年,王莽曾奏立《乐经》。《汉书·艺文志》载扬雄所序三十八篇,有乐四篇,是否为立《乐经》而作,不得而知。《全汉文》有《琴清英》一首,似是琴论,不知与乐四篇有何关系。元始五年,王莽又奏正十二州名、分界,扬雄于此时作十二州箴。《全汉文》有二十五官箴,虽与王莽改制后的官员设置不同,但可能受王莽改制的影响,先行为王莽改制张目。

孝平皇帝归天之后,孺子婴居摄,有符命称汉德已尽,公元9年,王莽建立新朝,称始建国元年,该年扬雄已六十二岁。汉亡后,遂有续《史记》者,《后汉书·班彪传》谓:"武帝时,司马迁著《史记》,太初以后,阙而不录,后好事者颇或缀集时事,然多鄙俗,不足以踵继其书。"章怀注曰:"好事者谓扬雄、刘歆、阳城衡、褚少孙、史孝山之徒也。"[2] 王充《论衡·须颂》指出:"司马子长纪黄帝以至孝武,扬子云录宣帝以至哀平。"[3] 可见扬雄续《史记》在新朝。刘知几《史通·辨职》有"精勤不懈若扬子云"[4]之语,若指扬雄之续《史记》,则意味扬雄所续《史记》必博闻多识,惜其亡佚!刘歆续书,凡一百卷,晋葛洪《西京杂记》后跋称曾藏于他家,采以为《西京杂记》,以补《汉书》之不足,则扬雄续书,也定有异于班固《汉书》者。

王莽始建国元年,拜卿大夫侍中尚书官,扬雄得为"诸吏中散大夫"。始建国三年,曾随扬雄学奇字的刘歆之子刘棻因献符命被王莽投诸四裔,治狱事使者欲收扬雄,扬雄自忖难免囚禁之苦,从皇家图书馆天禄阁跳下,未

---

[1] (晋) 葛洪撰:《西京杂记》,北京:中华书局,1985年版,卷三第16页。
[2] (宋) 范晔撰,(唐) 李贤等注:《后汉书》,北京:中华书局,1965年版,卷四十第1324-1325页。
[3] (汉) 王充著:《论衡》,第198页,见《诸子集成》,北京:中华书局,2006年第2版。
[4] (唐) 刘知几撰,黄寿成校点:《史通》,沈阳:辽宁教育出版社,1997年版,卷十第84页。

死，得王莽解免。可能正是这次外伤诱发了这位老人的病变，不久，因病重不能视事免大夫职。扬雄穷极潦倒，无酒无肉，遂作《逐贫赋》，控诉贫之贪鄙。有好事者载酒肉，从扬雄之后，执弟子礼，扬雄遂以教授弟子为生。

大约在始建国五年前，扬雄复大夫职，二月癸丑汉孝元皇后崩，王莽诏扬雄作《元后诔》。又因自入新后，多蒙王莽照拂，遂作《剧秦美新》，对王莽托古改制，礼贤下士，尊师重教，躬勉勤奋多有推崇之意。《剧秦美新》自称患颠眴病，时有将亡之惧。

《全汉文》尚辑有《核灵赋》和《难盖天八事》。前者言"太易之始，太初之先"，"自今推古，至于元气始化"[1]云云，似有周人易学思想，与《太玄》较近，疑作于《太玄》著作的前后。《难盖天八一》见于《隋书·天文志》，有关符命谶纬，疑为王莽代汉前后所作。

天凤五年，扬雄七十一岁，与世长辞。子早夭，弟子侯芭负土作坟，葬扬雄于安陵阪上，号曰"玄冢"，并守孝三年。大司空王邑、纳言严尤闻扬雄之死，谓桓谭曰："子常称扬雄书，岂能传于后世乎？"桓谭称："必传。顾君与谭不及见也。凡人贱近而贵远，亲见扬子云禄位容貌不能动人，故轻其书。"[2]

《艺文类聚·冢墓》有《扬雄家牒》一篇，载："子云以天凤五年卒，葬安陵阪上，所厚沛郡桓君山，平陵如子礼，弟子巨鹿侯芭，共为治丧。诸公遣世子、朝臣郎吏行使者会送，桓君山为敛赗，起祠茔……"[3]若此记载可靠，扬雄之死，曾引起一时关注。

终扬雄一生，虽曾在宦海浮沉，但他仍是一位书生，保持了一个文人的本色。他在人生的各个阶段，不论境遇如何，都以文章为务。而晚年尤甚。通过其晚年著述可以看出，他不仅以著述自命，而且，其学术领域实有综括前人，独追孔子的气概。其学术领域的丰富性，也与这种气概密不可分。

---

[1]《全汉文》卷五十二，见（清）严可均校辑：《全上古三代秦汉三国六朝文》，北京：中华书局，1958年版，第408页。

[2]（汉）班固撰，（唐）颜师古注：《汉书》，北京：中华书局，1962年版，卷八十七第3585页。

[3]（唐）欧阳询撰，汪绍楹校：《艺文类聚》，北京：中华书局，1965年版，卷四十第731页。

第二节 《剧秦美新》与圣人革命

《文选》卷四八"符命"录扬雄《剧秦美新》一篇，因该文关系对扬雄思想行为之把握，千百年来，歧见纷呈。要而言之，或以为伪托，或以为非伪托。而以为非伪托者，也存在两种对立观点，一种认为剧秦以美新，暗寓讥刺之意；一种以为美新以谄媚，有失节之嫌。莫衷一是，准的无依，有必要进行详细的讨论。

《汉书·扬雄传》曰，扬雄"年七十一，天凤五年卒"[1]，据此知扬雄生当西汉宣帝甘露元年，经汉、新二朝，宣、元、成、哀、平、孺子婴、王莽七帝。见于《艺文类聚·冢墓》的《扬雄家牒》，除指出扬雄于天凤五年去世之外，还称扬雄死后葬于安陵阪上，所厚沛郡桓君山、平陵如子礼、弟子巨鹿侯芭，共为治丧，诸公遣世子、朝臣郎吏行事者会送，桓君山为敛赙起祠茔，侯芭负土作坟，号曰玄冢。应该说，以上记载不会有问题，但李善《文选》注于《甘泉赋》下引桓谭《新论》曰："雄作《甘泉赋》一首，始成，梦肠出，收而内之，明日遂卒。"[2]若此说成立，扬雄在汉成帝时已死，自不及作《剧秦美新》。但班固称《汉书·扬雄传》"赞"以前皆扬雄"自序之文"，而自序云"哀帝时"，当作于平帝之世，并云《甘泉赋》后，先后作《河东赋》《羽猎赋》《长杨赋》《太玄》《法言》《解嘲》《解难》。扬雄上《羽猎赋》，"除为郎，给事黄门"[3]，《汉书·赵充国传》和《汉书·陈遵传》言及"黄门侍郎"扬雄作《赵充国颂》及《酒箴》。《汉书·五行志》载哀帝建平二年四月乙亥朔，扬雄对灾异问。《汉书·匈奴传》载建平五年扬雄上书谏勿许单于朝。许慎《说文解字序》称孝平皇帝时，征礼等百余人，令说文字未央廷中，黄门侍郎扬雄采以作《训纂篇》。[4]《汉书·艺文志》曰至元始中，征天下通小学者以百数，各令记字于庭中，扬雄取其有

---

[1]（汉）班固撰，（唐）颜师古注：《汉书》，北京：中华书局，1962年版，卷八十七第3585页。
[2]（梁）萧统编，（唐）李善注：《文选》，北京：中华书局，1977年版，卷七第111页。
[3]（汉）班固撰，（唐）颜师古注：《汉书》，北京：中华书局，1962年版，卷八十七第3583页。
[4]（汉）许慎著：《说文解字序》，中共中央高级党校中国历史专业学习参考资料，1963年版，第5页。

用者以作《训纂篇》，顺续《苍颉》，又易《苍颉》中重复之字，凡八十九章。[1]据《汉书·平帝本纪》，此事当在元始五年。《后汉书·班彪传》称汉有好事者续《史记》，章怀注曰好事者谓扬雄等。王充《论衡·须颂》曰扬子云录宣帝以至哀平。[2]《汉书·扬雄传》称莽即位，"雄复不侯，以耆老久次转为大夫"[3]。又载，因刘棻事恐株连，跳天禄阁自杀未遂，为王莽所解脱，市井妇孺曰："惟寂寞，自投阁；爰清静，作符命。"[4]以讥诮扬雄，此事当在始建国三年。据《汉书·孝元皇后传》，始建国五年，扬雄曾受命作《元皇后诔》。以上信史，足证扬雄悲欢离合不当死于成帝时。按《太平御览》卷五八七引《新论》曰桓谭少时见扬子云之丽文高论，扬子云亦言，成帝时，赵昭仪方大幸，每上甘泉，诏令作赋，为之卒暴，思虑精苦，赋成遂困倦小卧，梦其五脏出在地，以手收而内之。及觉，病喘悸，大少气，病一岁。据此知"卒"当为"卒暴"之误。

　　大抵前贤以为扬雄夭亡于成帝时之说不可信，遂有人以《剧秦美新》为谷永或刘棻手笔，谷永字子云，刘棻为扬雄弟子，二人皆依附王党，按全祖望《鲒埼亭集外编》卷四十《扬子云生卒考》指出"或又以谷永亦字子云，欲以《美新》之文嫁之，不知谷死于王根之世，不及见禅代。或又以刘棻当之，然总莫之征也。"[5]据《汉书·谷永传》，王根荐谷永任大司农岁余，因病免，数月后死于家。据《汉书·百官公卿表》，谷永免官在绥和元年，距王莽建新尚有十数年。又《汉书·王莽传》载，刘棻父子因符命得宠，刘棻为侍中东通灵将，五司大夫隆威侯，后因事被放幽州。若刘棻得志时，美新何须假借；放于幽州后，假借又有何用？朱珔《文选集释》辨曰："《汉书》不载此文，正以其媚新室，故削之耳，而《典引序》明言之，尤为确证。张氏《胶言》，尚引余氏《管城硕记》及诸说，谓是后人诬笔。试思所谓后人，当在何时？若雄以前死，而莽之时托为此文，将献之莽乎？抑特欲污雄而为此，

---

[1]（汉）班固撰，（唐）颜师古注：《汉书》，北京：中华书局，1962年版，卷三十第1721页。
[2]（汉）王充著：《论衡》，第198页，见《诸子集成》，北京：中华书局，2006年第2版。
[3]（汉）班固撰，（唐）颜师古注：《汉书》，北京：中华书局，1962年版，卷八十七第3583页。
[4]（汉）班固撰，（唐）颜师古注：《汉书》，北京：中华书局，1962年版，卷八十七第3584页。
[5]（清）全祖望撰，（清）钱大昕校注：《全祖望集汇集校》，上海：上海古籍出版社，2000年版。

以私传之乎？王莽不久夷灭，光武已立，岂有又作颂新之文者乎？"[1]班固《典引序》曰："扬雄《美新》，典而亡实。"足见《汉书》不录《剧秦美新》，并非不承认该文出自扬雄手笔。朱琦认为，昭明题《剧秦美新》入"符命"，只是一家之言，并非旧称"行命"，"况孟坚《典引》系奏御之作，何得援人所伪托者与相如《封禅》并称。……且雄作《元后诔》，哀思文母，而盛赞宰衡，中云'火德将灭，惟后于斯，天之所坏，人不敢支'，又云'历世运移，属在圣新'，又云'汉祖承命，赤传于黄，摄帝受禅，立为真皇'，直言莽当代汉，则其为《美新》，更何以解？诸说欲曲为开脱，未免失实"。[2]这是说从《元后诔》到《剧秦美新》，是顺理成章的事。

《剧秦美新》的序言导引情本，称曰："诸吏中散大夫臣雄稽首再拜，上封事皇帝陛下，臣雄经术浅薄，行能无异，数蒙渥恩，拔擢伦比，与群贤并，愧无以称职。臣伏惟陛下以至圣之德，龙兴登庸，钦明尚古，作民父母，为天下主。执粹清之道，镜照四海，听聆风谷，博览广包，参天贰地，兼交神明。配五帝，冠三王，开辟以来，未之闻也。臣诚乐昭著新德，光之罔极，往时司马相如作《封禅》一篇，以彰汉氏之休，臣常有颠眴病，恐一旦先犬马填沟壑，所怀不章，长恨黄泉，敢竭肝胆，写腹心，作《剧秦美新》一篇，虽未究万分之一，亦臣之极思也。"[3]其中明言书写动机在感恩图报，仿司马相如，而彰新之美，所谓"昭著新德"。班固《典引序》曰："司马相如洿行无节，但有浮华之辞，不周于用，至于疾病而遗忠，主上求取其书，竟得颂述功德，言封禅事，忠臣效也。"又曰："窃作《典引》一篇，虽不足雍容明盛万分之一，犹启发愤满，觉悟童蒙，光扬大汉，轶声前代，然后退入沟壑，死而不朽。"[4]《剧秦美新》之写作，也当在扬雄晚年，《昭明文选》李善注引贾逵《国语》注曰："眩，惑也，眴与眩古字通。"[5]唐张铣注曰：

---

[1]（清）朱兰坡：《文选集释》，民国十七年（1928）上海受古书店中一书局据同治十二年朱氏家刻本影印刊行之影印本。
[2]（清）朱兰坡：《文选集释》，民国十七年（1928）上海受古书店中一书局据同治十二年朱氏家刻本影印刊行之影印本。
[3]《全汉文》卷五十三，见（清）严可均校辑：《全上古三代秦汉三国六朝文》，北京：中华书局，1958年版，第415页。
[4]（梁）萧统编，（唐）李善注：《文选》，北京：中华书局，1977年版，卷四十八第682页。
[5]（梁）萧统编，（唐）李善注：《文选》，北京：中华书局，1977年版，卷四十八第679页。

"颠眴，谓风疾也。"大致颠眩病之症有头眩是不会错的，偶尔清醒，可以作文，临死哀鸣，颂美当世，故曰遗忠之事。

李充《翰林论》曰："扬子论秦之剧，称新之美，此乃计其胜负，比其优劣之义。"[1]刘勰《文心雕龙·封禅》曰："观《剧秦》为文，影写长卿，诡言遁词，故兼包神怪。"[2]李、刘之言，概括而言，是说扬雄以秦与新对比，以显示新之美，但却含有以新拟秦，虚意美新之意，这种说法，无疑是忽视了王莽及其僚属如刘歆等人的学识。《汉书·扬雄传》赞言刘歆与雄为友，足见扬雄对王莽的亲信并不厌恶。又《剧秦美新》自"臣雄稽首再拜以闻曰"以下，简叙历史，自权舆天地，至羲皇、唐虞、成周，才"厥有云者"，"仲尼不遭用，而《春秋》困斯发，言神明所祚，兆民所托，罔不云道德仁义礼智"，但历史发展常有匪夷所思之事，"独秦屈起西戎，郊荒岐雍之疆，因襄、文、宣、灵之僭迹，立基孝公，茂惠文，奋昭、庄，至政破纵擅衡，并吞六国，遂称乎始皇。盛从鞅、仪、韦、斯之邪政，驰骛起、翦、恬、贲之用兵，划灭古文，刮语烧书，弛礼崩乐，塗民耳目，遂欲流唐飘虞，涤殷荡周，燋除仲尼之篇籍，自勒功业，改制度轨量，咸稽之于秦纪。是以耆儒硕老，抱其书而远逊；礼官博士，卷其舌而不谈。来仪之鸟，肉角之兽，狙犷而不臻；甘露嘉醴，景曜浸潭之瑞潜；大茀经贯，巨狄鬼信之妖发。神歇灵绎，海水群飞，二世而亡，何其剧与？"[3]尽管扬雄对秦统一中国，以及法家、纵横家的思想之认识尚值得商榷，但批判秦倒行逆施，毁灭人类优秀文化遗产，招致天怒人怨，却是正确的。扬雄宗经征圣，《太玄》《法言》，无不倡导仁义道德礼智，《法言·先知》曰："君子为国，张其纲纪，议其教化。导之以仁，则下不相贼；莅之以廉，则下不相盗；临之以正，则下不相诈；修之以礼义，则下多德让，此君子所当学也。如有犯法，则司狱在。"若不遵从先王之正道德治，"如纲不纲，纪不纪，虽有罗网，恶得一目而正诸"。[4]法家重威势而轻教化，正是二世剧亡的原因。《剧秦美新》曰："帝王之道，

---

[1]（梁）萧统编，（唐）李善注：《文选》，北京：中华书局，1977年版，卷四十八第678页。
[2]吴林伯注：《〈文心雕龙〉义疏》，武汉：武汉大学出版社，2002年版，第252页。
[3]《全汉文》卷五十三，见（清）严可均校辑：《全上古三代秦汉三国六朝文》，北京：中华书局，1958年版，第415页。
[4]（汉）扬雄著：《扬子法言》，卷九第26页，见《诸子集成》，北京：中华书局，2006年第2版。

兢兢乎不可离己,夫能贞而明之者穷祥瑞,回而昧之者极妖怨。"秦因不正不明,故祥瑞不至,邪回暗昧,妖怨丛生。"上览古在昔,有凭应而尚缺,焉坏彻而能全,故若古者称尧舜,威侮者陷桀纣,况尽泛扫前圣数千载功业,专用己之私,而能享佑者哉。"[1]如果我们通达到可以把天人感应看作政治善恶的象征,《剧秦美新》的"神怪"之表象实含蕴了中肯而进步的意见,桀纣之行,不得天之庇佑,实因触犯众怒,被取而代之,正是人心所向,天道必然。秦正是步了桀纣之后尘。

对于汉王朝,扬雄也有微词,《剧秦美新》指出:"会汉祖龙腾丰沛……而帝天下,擿秦政惨酷尤烦者,应时而蠲,如儒林刑辟历纪图典之用稍增焉,秦余制度,项氏爵号,虽违古而犹袭之,是以帝典阙而不补,王纲弛而未张,道极数殚,暗忽不还。"[2]作于汉哀帝建平年间的《解嘲》也称:"当今县令不请士,君守不迎师,群卿不揖客,将相不俯眉;言奇者见疑,行殊者得辟,是以欲谈者宛舌而固声,欲行者拟足而投迹。"[3]《解嘲》的批评可以作为《剧秦美新》的注释与补充。

但是,扬雄为什么不剧汉以美新呢?一则,如上所引,汉毕竟对秦有所蠲减增益,另一方面,新汉是禅让关系,如三代故事,《汉书·王莽传》载,王莽封孺子婴为定安公,"永为新室宾";立汉祖宗之庙,"与周后并,行其正朔、服色";以孝平皇后为定安太后,黄皇室主。甄寻称符命欲以黄皇室主为妻,王莽怒曰:"黄皇室主天下母,此何谓也!"王莽代立时,流涕歔欷,执孺子婴之手,称"昔周公摄位,终得复子明辟,今予独迫皇天威命,不得如意","哀叹良久"。[4]《汉书·元后传》云,王莽尊孝元王皇后为"新室文母太皇太后"[5]。王皇后崩,"立庙于长安,新室世世献祭","莽为太后服丧三年"。[6]又《汉书·王

---

[1]《全汉文》卷五十三,见(清)严可均校辑:《全上古三代秦汉三国六朝文》,北京:中华书局,1958年版,第415页。
[2]《全汉文》卷五十三,见(清)严可均校辑:《全上古三代秦汉三国六朝文》,北京:中华书局,1958年版,第415页。
[3](汉)班固撰,(唐)颜师古注:《汉书》,北京:中华书局,1962年版,卷八十七第3570页。
[4](汉)班固撰,(唐)颜师古注:《汉书》,北京:中华书局,1962年版,卷九十九第4099-4123页。
[5](汉)班固撰,(唐)颜师古注:《汉书》,北京:中华书局,1962年版,卷九十八第4033页。
[6](汉)班固撰,(唐)颜师古注:《汉书》,北京:中华书局,1962年版,卷九十九第4132页。

莽传》载，王莽曰："予之皇始祖考虞帝受嬗于唐，汉氏初祖唐帝，世有传国之象，予复亲受金策于汉高皇帝之灵。惟思褒厚前代，何有忘时？汉氏祖宗有七，以礼立庙于定安国。其园寝庙在京师者，勿罢，祠荐如故。予以秋九月亲入汉氏高、元、成、平之庙。诸刘更属籍京兆大尹，勿解其复，各终厥身。州牧数存问，勿令有侵冤。"[1] 在其他场合，王莽对汉虽有批评，但并不完全否定，对秦，却颇为激烈。称："秦为无道，厚赋税以自供奉，罢民力以极欲，坏圣制，废井田，是以兼并起，贪鄙生……"[2] 扬雄在对待秦、汉的态度方面，与王莽是一致的。

扬雄作《元后诔》，曰："汉成既终，胤嗣匪生。哀帝承祚，惟离典经。尚是言异，大命俄颠。厥年夭陨，大终不盈。"元皇后选宰衡王莽以救困厄，"博选大智，新都宰衡。明圣作佐，与图国艰，以度厄运"，"穆穆明明，昭事上帝。弘汉祖考，夙夜匪懈。兴灭继绝，博立侯王。亲睦庶族，昭穆序明。帝致支属，靡有遗荒，咸被祚庆。冀以金火，赤仍有央。勉进大圣，上下兼该，群祥众瑞，正我黄来。火德将灭，惟后于斯，天之所坏，人不敢支。哀平夭折，百姓分离，祖宗之衍，终其不全。天命有托，谪在于前，属遭不造，荣极而迁。皇天眷命，黄虞之孙。历世运移，属在圣新。代于汉刘，受祚于天。汉祖受命，赤传于黄，摄帝受禅，立为真皇。允受厥中，以安黎众"[3]。刘邦水德，后正为土德，再潜移为火德。尚赤。以金木水火土五行相生相克之说，虞后裔王莽，为黄帝苗裔，黄虞二帝皆为土德，尚黄，水灭火，王莽受禅，则取相生，火生土，王莽以土代火，正是上应苍天，下适苍生。

汉自昭帝起，便有移德之说。春秋学家眭弘以泰山大石自立，及上林苑一枯柳再生之异事，以为将有天子自民间出，游说昭帝访贤禅让。成帝时甘忠可称汉可再受天命，哀帝时，夏贺良再倡甘忠可之说，竟导致哀帝改称陈圣刘太平皇帝，其后，禅让之对象渐归于王莽，《诗·大雅·文王》曰："侯服于周，天命靡常。"[4] 孔子作《春秋》，"至于哀之十四而一代毕"，

---

[1]（汉）班固撰，（唐）颜师古注：《汉书》，北京：中华书局，1962年版，卷九十九第4108页。
[2]（汉）班固撰，（唐）颜师古注：《汉书》，北京：中华书局，1962年版，卷九十九第4110页。
[3]《全汉文》卷五十四，见（清）严可均校辑：《全上古三代秦汉三国六朝文》，北京：中华书局，1958年版，第421页。
[4]（汉）郑玄笺，（唐）孔颖达等正义：《毛诗正义》，卷十六，见《十三经注疏》，上海：上海古籍出版社，1997年版，第505页。

哀帝六年，平帝五年，至孺子婴三年，"亦哀之十四年"，"赤世计尽，终不可强济"，"今百姓咸言皇天革汉而立新，废刘而兴王"。[1]王莽代汉，既合圣贤故事，又顺民心。《法言·修身》云："圣人乐天知命，乐天则不勤，知命则无忧"。[2]一个熟谙历史发展规律，尊经征圣的学子，自然会有顺应时势的认识，《剧秦美新》正体现了他真实之思想，非可以"诡言遁词"目之。

《汉书·扬雄传》赞曰："初，雄年四十余……除为郎，给事黄门，与王莽、刘歆并。……当成、哀、平间，莽、贤（董贤）皆为三公，权倾人主，所荐莫不拔擢，而雄三世不徙官。及莽篡位，谈说之士用符命称功德获封爵者甚众，雄复不侯，以耆老久次转为大夫，恬于势力乃如是。"又曰："莽诛丰父子，投菜四裔，辞所连及，便收不请。时雄校书天禄阁上，治狱使者来，欲收雄，雄恐不能自免，乃从阁上自投下，几死。莽闻之曰：'雄素不与事，何故在此？'间请问其故，乃刘棻尝从雄学作奇字，雄不知情。有诏勿问。"[3]扬雄与王莽虽无私人交情，但王莽却了解扬雄恬淡的性格，而《汉书·元后传》曰："莽诏大夫扬雄作诔。"[4]又足见王莽对扬雄文采之器重。扬雄"实好古而乐道，其意俗求文章成名于后世"[5]，王莽正是了解扬雄这一点，虽未有高官显爵赠与，却授以诸吏中散大夫之顾问官[6]，不能不说有知遇之明。扬雄虽非谄事王莽，但对王莽的赞许却很明确，《法言·孝至》曰："周公以来，未有汉公之懿也，勤劳则过于阿衡。汉兴二百一十载而中天，其庶矣乎！辟雍以本之，校学以教之，礼乐以容之，舆服以表之。复其井刑，免人役，唐矣夫。"[7]平帝元始四年为汉兴二百十年，这时王莽尚未代汉，然扬

---

[1]《王莽传》，见（汉）班固撰，（唐）颜师古注：《汉书》，北京：中华书局，1962年版，卷九十九第4109页。
[2]（汉）扬雄著：《扬子法言》，卷三第7页，见《诸子集成》，北京：中华书局，2006年第2版。
[3]（汉）班固撰，（唐）颜师古注：《汉书》，北京：中华书局，1962年版，卷八十七第3583-3584页。
[4]（汉）班固撰，（唐）颜师古注：《汉书》，北京：中华书局，1962年版，卷九十八第4035页。
[5]（汉）班固撰，（唐）颜师古注：《汉书》，北京：中华书局，1962年版，卷八十七第3583页。
[6]《汉书·百官公卿表》曰："诸吏得举步，散骑并乘舆车。"又据《通典·职官》，中散大夫可参与议论政事，是一种无固定名额的顾问官。
[7]（汉）扬雄著：《扬子法言》，卷十三第42页，见《诸子集成》，北京：中华书局，2006年第2版。

雄之褒扬却与即位后无二致。

王船山《读通鉴论》卷五指出："以全盛无缺之天下，未浃岁而迁，何其速也！上有暗主而未即亡，故桓、灵相踵而不绝；下有权奸而未即亡，故曹操终于魏王，……唯至于天下之风俗波流簧鼓而不可遏，国家之势，乃如大堤之决，不终旦溃以无余。故莽之篡如是其速者，合天下奉之以篡。"又曰："莽之初起，人即仰之矣，折于丁、傅，而讼之者满公车矣。"[1] 检《汉书·王莽传》，王莽父早死，孤贫，折节为恭俭，"受《礼经》，师事沛郡陈参，勤身博学，被服如儒生．事母及寡嫂，养孤兄子，行甚敕备。又外交英俊，内事诸父，曲有礼意"，后因叔父王凤一力举荐，从黄门侍郎任起，有贤名，"宿卫谨敕。爵位益尊，节操愈谦"。尊敬师长，轻财仗义，呵护少小，并因劾太后姊子淳于长而有忠直之名。哀帝即位，反对为定陶傅太后及哀帝母丁姬上尊号，遣就国。王莽在当时可谓孝悌、友于、忠敬、节俭、廉正。其子因杀奴而自杀，其妇俭朴如仆妇。因而"在位更推荐之，游者为之谈说"，"在国三岁，吏上书冤讼莽者以百数"。班固指出，"莽色厉而言方，欲有所为，微见风采，党与承其指意而显奏之，莽稽首涕泣，固推让焉，上以惑太后，下用示信于众庶"。[2] 设使班固不带有攻击王莽的倾向性，那么王莽的所作所为一定能激起如扬雄等人对三代大同天下为公理想的向往，而衷心拥护王莽之代汉了。因为扬雄是不可能知道王莽的阴谋的。

《汉书·王莽传》指出，王莽执政之时，"奏起明堂、辟雍、灵台，为学者筑舍万区，作市、常满仓，制度甚盛。立《乐经》，益博士员，经各五人，征天下通一艺教授十一人以上，及有逸《礼》、古《书》《毛诗》《周官》《尔雅》、天文、图谶、钟律、月令、兵法、史篇文字，通知其意者，皆诣公年。网罗天下异能之士，至者前后千数，皆令记说廷中，将令正乖缪，壹异说云。"[3] 王莽遵教化，而百姓如唐尧之民，"市无二贾，官无狱讼，邑无盗贼，野无饥民，道不拾遗，男女异路之制"，庶几可期。并"北化匈奴，东致海外，南怀黄支"，遣使疏通西方，"以经义正十二州名分界"，

---

[1]（清）王夫之著：《读通鉴论》，北京：中华书局，1975年版，卷五第299-300页。
[2] 详见《王莽传》，（汉）班固撰，（唐）颜师古注：《汉书》，北京：中华书局，1962年版，卷九十九。
[3]（汉）班固撰，（唐）颜师古注：《汉书》，北京：中华书局，1962年版，卷九十九第4069页。

以合《尧典》，平帝疾，作策以请命泰畤，"戴璧秉圭，愿以身代"，宛然周公。及即位，仿古改官员，封黄帝等后裔，以彰圣贤。认为井田制"国给民富颂声作"，秦坏制度，"强者规田以千数，弱者曾无立锥之地，又置奴婢之市，与牛马同兰，制于民臣，颛断其命。奸虐之人因缘为利，至略卖人妻子，逆天心，悖人伦，缪于'天地之性人为贵'之义"，而有汉虽三十税一，由于更赋及豪民侵陵，"实什税五也。父子夫妇终年耕耘，所得不足以自存"，导致贫富悬殊，社会不安。遂推行井田，并设六筦之令。"专念稽古之事"，[1]期改良社会弊端，以复唐尧虞舜三代之治。《法言·问道》曰："法者，谓唐虞成周之法也。"[2]《法言·先知》曰："什一，天下之正也。多则桀，寡则貊；井田之田，田也；肉刑之刑，刑也。田也者，与众田之；刑也者，与众弃之。"[3]扬雄的政治理想，正是王莽所身体力行的。

《剧秦美新》先以圣贤理想，对秦及汉提出批评，而其重心，在于美新，其曰："逮至大新受命，上帝还资，后土顾怀，玄符灵契，黄瑞涌出，澶浮沕潏，川流海渟，云动风偃，雾集雨散，诞弥八圻，上陈天庭，震声日景，炎光飞响，盈塞天渊之间，必有不可辞让云尔。"新受天命，不得已代汉，"于是乃奉若天命，穷宠极崇，与天剖神符，地合灵契，创亿兆，规万世，奇伟倜傥谲诡，天祭地事，其异物殊怪，存乎五威将帅，班乎天下者，四十有八章。登假皇穹，铺衍下土，非新其畴离之。卓哉煌煌，真天子之表也。"[4]《汉书·王莽传》载，始建国元年秋，"遣五威将王奇等十二人班符命四十二篇于天下"[5]，符命是新禅立的天命的物化形态。《剧秦美新》说王莽"委心积意，储思垂务，旁作穆穆，明旦不寐，勤勤恳恳者，非秦之为与。夫不勤勤，则前人不当；不恳恳，则觉德不恺。是以发秘府，览书林，遥集乎文雅之囿，翱翔乎礼乐之场，胤殷周之失业，绍唐虞之绝风，懿律嘉量，金科玉条，神

---

[1] 详见《王莽传》，（汉）班固撰，（唐）颜师古注：《汉书》，北京：中华书局，1962年版，卷九十九。

[2]（汉）扬雄著：《扬子法言》，卷五第12页，见《诸子集成》，北京：中华书局，2006年第2版。

[3]（汉）扬雄著：《扬子法言》，卷九第27页，见《诸子集成》，北京：中华书局，2006年第2版。

[4]《全汉文》卷五十三，见（清）严可均校辑：《全上古三代秦汉三国六朝文》，北京：中华书局，1958年版，第415-416页。

[5]（汉）班固撰，（唐）颜师古注：《汉书》，北京：中华书局，1962年版，卷九十九第4112页。

卦灵兆，古文毕发，焕炳照曜，靡不宣臻。式轾轩旌旗以示之，扬和鸾肆夏以节之，施黼黻衮冕以昭之，正嫁娶送终以尊之，亲九族淑贤以穆之。夫改定神祇，上仪也；钦修百祀，咸秩也；明堂雍台，壮观也；九庙长寿，极孝也；制成六经，洪业也；北怀单于，广德也。若复五爵，度三壤，经井田，免人役，匡马法，恢崇祇庸烁德懿和之风，广彼搢绅讲习言谏箴诵之塗，振鹭之声充庭，鸿鸾之党渐阶，俾前圣之绪，布濩流衍而不韫鞠。郁郁乎焕哉！天人之事盛矣，鬼神之望允塞"。[1]有了如上事迹，"帝典阙者已补，王纲驰者已张，炳炳麟麟，岂不懿哉"。在扬雄眼里，三皇五帝之事业如在目前，岂可不如故事，遂劝王莽巡四民，迄四岳，增封泰山，禅梁父，完成"受命者之典业也"。

《剧秦美新》虽美新，劝王莽封禅，宗旨与《封禅文》《典引》同。而美新主要在于颂赞王莽，但立论之根基在于爱民、勤政，发扬圣贤传统，这是进步的。虽及符命、神怪，不过是用以证明王莽顺天应人的证据而已。其与《封禅文》所似颇多。刘勰《文心雕龙·封禅》指出："观相如《封禅》，蔚为唱首，尔其表权舆，序皇王，炳玄符，镜鸿业，驱前古于当今之下，腾休明于列圣之上，歌之以祯瑞，赞之以介丘，绝笔兹文，固维新之作也。"[2]扬雄仿以作《剧秦美新》，结构相类，严谨而前后呼应，排比铺陈，气势雄伟，颇有大赋之风，而双声叠韵，互文对仗，又是骈文权舆，典雅庄重，为后世法。《文心雕龙·封禅》论《剧秦美新》曰："骨掣靡密，辞贯圆通，自称极思，无遗力矣。"[3]《典引序》曰："相如《封禅》，靡而不典；杨雄《美新》，典而亡实，然皆游扬后世，垂为旧式。"[4]"亡实"自是班固对王莽的偏见所致，而《美新》在东汉尚为"旧式"，足见其影响。

颜之推《颜氏家训·文章》曰："德败《美新》。"[5]以为扬雄作《剧秦美新》为一生大污点。至宋，曾巩曰："雄遭王莽之际，有所不得去，又

---

[1]《全汉文》卷五十三，见（清）严可均校辑：《全上古三代秦汉三国六朝文》，北京：中华书局，1958年版，第416页。
[2]吴林伯注：《〈文心雕龙〉义疏》，武汉：武汉大学出版社，2002年版，第252页。
[3]吴林伯注：《〈文心雕龙〉义疏》，武汉：武汉大学出版社，2002年版，第252页。
[4]（梁）萧统编，（唐）李善注：《文选》，北京：中华书局，1977年版，卷四十八第682页。
[5]王利器撰：《颜氏家训集解（增补本）》，北京：中华书局，1993年版，卷四第237页。

不必死，辱于仕莽而就之，固所谓明夷也。然雄之言著于书，行著于史者，可得而考。不去非怀禄也，不死非畏死也，辱于仕莽而就之，非无耻也。在我者亦彼之所不能易也，故吾以谓与箕子合。"又曰："至于《美新》之文，则非可已而不已者也。若可已而不已，则乡里自好者不为也，况若雄者乎？且较其轻重，辱于仕莽为重矣。雄不得已而已，则于其轻者，其得已哉！箕子者至辱于囚奴而就之，则于《美新》，安知其不为？而为之亦岂有累哉？'不曰坚乎，磨而不磷；不曰白乎？涅而不淄'，顾在我者如何耳。若此者，孔子所不能免，故于南子，非所欲见也；于阳虎，非所钦敬也。见所不见，敬所不敬，此《法言》所谓诎身所以伸道者也，然则非雄所以自见者欤？"[1]王安石指出："扬雄亦用心于内，不求于外，不修廉隅以徼名当世。……扬雄者，自孟轲以来未有及之者，……扬雄之仕，合于孔子"无不可"之义，奈何欲非之乎？"[2]曾、王之说，比之颜之推，以及以扬雄为"莽大夫"的朱熹，是进步多了，但仍未脱出封建伦理原则。扬雄所处之时代，异乎内忧外患的六朝及宋，汉人尊崇三代禅让制度，了解家天下之非理，因而鼓吹顺应天意，不必为一家一姓之家天下而牺牲百姓利益。汉至成帝以后，皇帝多平庸，是所谓衰世，王莽代汉，如尧舜禹之禅让，符合社会发展之规律。王莽声誉鹊起，缘于其品性才能胜汉哀、平、孺子婴多多，又与扬雄理想吻合，扬雄自然举手拥护。扬雄作《剧秦美新》，正说明早期儒家思想家继承孔子诛一独夫、孟轲贵戚之卿可以推翻昏君之意见，在君臣观念和社会革命立场上的进步性和民主性的体现。由此可见，《剧秦美新》不是扬雄一生之污点，而是他进步思想的体现。

第三节 尊孔与不遇立场

扬雄是汉代复古主义的旗手，他的贡献，在于力图纠正自董仲舒以来今文经学家的神秘主义理论，虽然他本人也发表过天人相应的观点，也与符命

---

[1]《答王深父论扬雄书》，见（宋）曾巩撰，陈杏珍、晁继周点校：《曾巩集》，北京：中华书局，1984年版，卷十六第265-266页。
[2]《答龚深父书》，见李之亮注译：《王安石集》，郑州：中州古籍出版社，2010年版，第202页。

有所牵连，但他本人所著《法言》《太玄》，无疑却体现了恢复儒学理性传统的愿望，欲把儒学从与阴阳五行学说结合的泥潭中拯救出来。

扬雄的思想，主要表现在《法言》和《太玄》之中。《法言》及《太玄》，不仅贯彻了儒家思想的价值观，而且认为以孔子为代表的儒家思想，是唯一正确的思想，而《法言》《太玄》也是模仿《论语》与《易经》这两部儒家重要经典结撰而成。在《法言》的《吾子》《问神》《寡见》《君子》《五百》诸篇中，他叨叨不休，不嫌辞费地告诉我们，圣人是人之模范，是后代宪章的楷式，圣人在则征诸圣人，圣人逝则从其言，圣人之书是纯粹的正道作品，是不杂不异、久而不渝的教条，是人们至于圣道的门径。他认为五经皆有为而发，或谈天，或说事，或立体，或明理，或言志，而且至辩，明白而易懂，又是至大至深的。圣人的文章以事为主，"事辞称"而"文质班班"[1]，内外表里相一致。圣人作文，为情而造，䐃中彪外，不加雕饰，心画心声而已。趣深、理微、数博、辞约、章成，深谙世事万物之规律，典雅渊懿，文而不繁，华而副实，因此，"万物纷错则悬诸天，众言淆乱则折诸圣"，"好书而不要诸仲尼，书肆也；好说而不要诸仲尼，说铃也"[2]，"书不经，非书也；言不经，非言也。言书不经，多多赘矣"[3]，一切创作都必须"事之为尚"，"足言足容"[4]。《法言·寡见》曰："惟五经为辩，说天者莫辩乎《易》，说事者莫辩乎《书》，说体者莫辩乎《礼》，说志者莫辩乎《诗》，说理者莫辩乎《春秋》，舍斯，辩亦小矣。"[5]《法言·问神》曰："大哉，天地之为万物郭，五经之为众说郭。"[6]《法言·吾子》曰："舍舟航而济乎渎者末矣，

---

[1]（汉）扬雄撰，（宋）司马光集注，刘韶军点校：《太玄集注》，北京：中华书局，1998年版，卷四第97页。
[2]《吾子》，（汉）扬雄著：《扬子法言》，卷二第6页，见《诸子集成》，北京：中华书局，2006年第2版。
[3]《问神》，（汉）扬雄著：《扬子法言》，卷五14页，见《诸子集成》，北京：中华书局，2006年第2版。
[4]《吾子》，（汉）扬雄著：《扬子法言》，卷二第5页，见《诸子集成》，北京：中华书局，2006年第2版。
[5]（汉）扬雄著：《扬子法言》，卷七第19页，见《诸子集成》，北京：中华书局，2006年第2版。
[6]（汉）扬雄著：《扬子法言》，卷五第14页，见《诸子集成》，北京：中华书局，2006年第2版。

舍五经而济乎道者末矣。"[1]所有这些言论，都是扬雄宗经征圣的纲领，而其行动，则是仿《论语》作《法言》，仿《周易》作《太玄》。并以儒家学说规范世人，《法言·渊骞》曰："世称东方生之盛也。言不纯师，行不纯表，其流风遗书，蔑如也"[2]。其论司马相如与司马迁，则说："文丽用寡，长卿也；多爱不忍，子长也；仲尼多爱，爱义也；子长多爱，爱奇也"[3]。扬雄把人生道路分为正道与它道两种，认为"适尧舜文王者为正道，非尧舜文王者为它道，君子正而不它"[4]。在扬雄看来，孔子继承自尧舜文王以来的正道，今人只有遵从圣人的教诲，才能无往而不成功。

扬雄倡导的尊经征圣观可以理解为一种圣人崇拜价值观，而之所以崇拜圣人，并不是缘于盲目，而是缘于对美好的追求，扬雄在仿作《法言》《太玄》的同时，也仿作司马相如的赋和屈原的辞，乃至于仿《仓颉》作《训纂》。扬雄在仿作时，并不是对被仿者没有批评，唯对圣人，却顶礼膜拜，实在是因为圣人完美的人格，以及六经精辟的论述，使扬雄乃至扬雄前后的儒生心折，这也是孔子及其学说，就是到了今天，其价值仍在不断放射光芒的原因。

《汉书·扬雄传》说扬雄创作《反离骚》的动机，在于扬雄认为"君子得时则大行，不得时则龙蛇，遇不遇命也，何必湛身哉"[5]。《法言·吾子》曰："或问屈原智乎？曰：如玉如莹，爰变丹青，如其智，如其智。"李轨注曰："夫智者达天命，审行废，如玉如莹，磨而不磷。今屈原放逐，感激爰变，虽有文采，丹青之伦尔。"[6]其意都是说明屈原不知穷达变化之规律，无有顺世隐晦的智慧。《反离骚》云："素初贮厥丽服兮，何文肆而质蘿！资娪娃之珍髢兮，鬻九戎而索赖"，"灵修既信椒、兰之唼佞兮，吾累忽焉而不蚤睹""知众嫭之嫉妒兮，何必飇累之蛾眉？懿神龙之渊潜，俟庆云而将举，亡春风之被离兮，

---

[1]（汉）扬雄著：《扬子法言》，卷二第5页，见《诸子集成》，北京：中华书局，2006年第2版。
[2]（汉）扬雄著：《扬子法言》，卷十一第35页，见《诸子集成》，北京：中华书局，2006年第2版。
[3]《君子》，（汉）扬雄著：《扬子法言》，卷十二第38页，见《诸子集成》，北京：中华书局，2006年第2版。
[4]《问道》，（汉）扬雄著：《扬子法言》，卷四第9页，见《诸子集成》，北京：中华书局，2006年第2版。
[5]（汉）班固撰，（唐）颜师古注：《汉书》，北京：中华书局，1962年版，卷八十七第3515页。
[6]（汉）扬雄著：《扬子法言》，卷二第5页，见《诸子集成》，北京：中华书局，2006年第2版。

孰焉知龙之所处"[1]。扬雄感慨屈原虽积修饰之美，其文辞肆放，而其行为方式却存在机械狭隘倾向，其以此仕楚，亦犹资美女之发卖于九戎而求其利，必无所得。又不能预见子椒、子兰的阴谋，明知众人嫉妒，却又扬其蛾眉，授人口实，而自取其祸。扬雄认为，处乱世应知天命时运，为龙为蛇，隐而不仕，但屈原反其道而行之，认不清其时代"惟天轨之不辟兮，何纯絜而离纷！纷累以其湠涩兮，暗累以其缤纷"[2]的混乱特征，勉强出仕，是不明智的。又屈原发现了楚王昏庸，多变，听信小人之言，不辨忠奸，颠倒是非黑白的特点，又明知群小嫉妒，却还要炫耀个人才华和抱负，因而招致更大的祸害。屈原不能如凤翔蓬莱，龙潜深渊一般高举深藏，是不明白明哲保身之道。扬雄把屈原的遭遇与专制社会的社会本质结合起来，他说道：

> 夫圣哲之不遭兮，固时命之所有；虽增欷以于邑兮，吾恐灵修之不累改。昔仲尼之去鲁兮，斐斐迟迟而周迈，终回复于旧都兮，何必湘渊与涛濑！溷渔父之铺歠兮，絜沐浴之振衣，弃由、聃之所珍兮，蹠彭咸之所遗！[3]

扬雄认为圣哲不遇，是有普遍性的社会现象。假若你处在昏君乱相之乱世，纵使你如何地怨愤愁苦，涕泣悲伤，如《楚辞·卜居》之"心迷意惑"[4]，如《楚辞·渔父》之"忧愁叹吟，仪容变易"[5]，强谏力争，昏庸君主也不会因此而回心转意，醒悟悔改的。扬雄还举出了孔子、许由、老聃等圣贤处世的典范，许由、老聃"二人守道，不为时俗所污，然保已全身，无残辱之丑"[6]，孔子更是积极进取与处乱世的真正智慧的集大成者，他爱旧邦，去旧邦，迟迟而行，而终老之时，又重归故里，表现出对故土的深深眷恋，但并不因无遇而自杀。

---

[1]《扬雄传》，见（汉）班固撰，（唐）颜师古注：《汉书》，北京：中华书局，1962年版，卷八十七第3516-3518页。
[2]（汉）班固撰，（唐）颜师古注：《汉书》，北京：中华书局，1962年版，卷八十七第3516页。
[3]（汉）班固撰，（唐）颜师古注：《汉书》，北京：中华书局，1962年版，卷八十七第3521页。
[4]（宋）洪兴祖撰，白化文等点校：《楚辞补注》，北京：中华书局，1983年版，第176页。
[5]（宋）洪兴祖撰，白化文等点校：《楚辞补注》，北京：中华书局，1983年版，第179页。
[6] 颜师古注，见（汉）班固撰，（唐）颜师古注：《汉书》，北京：中华书局，1962年版，卷八十七第3522页。

扬雄对屈原的批评，实际是以孔子的行为为价值尺度的。《史记·太史公自序》引董仲舒之言曰，孔子当天下大乱，个人处境不善之时，以深切著明的行事，作《春秋》，"上明三王之道，下辨人事之纪，别嫌疑，明是非，定犹豫，善善恶恶，贤贤贱不肖，存亡国，继绝世，补敝起废，王道之大者也"[1]。孔子作《春秋》体现出一种对社会的神圣使命感，与屈原之作《离骚》，其机缘动机很接近。孔子周游列国，百折不回，欲力挽狂澜，却处处碰壁。当"太山坏乎，梁柱摧乎，哲人萎乎"之际，知天命之不至，感叹曰："天丧予。"曰："吾道穷矣。"曰："莫知我夫。"涕泣不已，但却能"不怨天，不尤人"，"不病人之不己知"，而知所已[2]。孔子曾对颜回说："用之则行，舍之则藏，惟我与尔有是夫！"又对子路说："暴虎冯河，死而无悔者，吾不与也，必也，临事而惧，好谋而成者也。"说伯夷、叔齐曰"古之贤人也"，"求仁而得仁，又何怨"。又曰："不义而富且贵，于我如浮云。"[3]孔子主张生存的智慧，严格要求自己，而通达地恕人，己所不为，则不施于人[4]。赞扬管仲说："桓公九合诸侯，不以兵车，管仲之力也。""管仲相桓公，霸诸侯，一匡天下，民到于今受其赐，微管仲，吾其被发左衽矣。岂若夫匹夫匹妇之为谅也，自经于沟渎，而莫之知也。"[5]管仲不死，有利

---

[1]（汉）司马迁撰，（宋）裴骃集解，（唐）司马贞索隐，（唐）张守节正义：《史记》，北京：中华书局，1982年第2版，卷一百三十第3297页。
[2]《史记·孔子世家》曰："鲁哀公十四年春，狩大野，叔孙氏车子鉏商获兽，以为不祥。仲尼视之，曰：'麟也。'取之。曰：'河不出图，雒不出书，吾已矣夫！'颜渊死，孔子曰：'天丧予！'及西狩见麟，曰：'吾道穷矣！'喟然叹曰：'莫知我夫！'子贡曰：'何为莫知子？'子曰：'不怨天，不尤人，不学而上达，知我者其天乎！'"又曰："明岁，子路死于卫。孔子病，子贡请见。孔子方负杖逍遥于门，曰：'赐，汝来何其晚也？'孔子因叹，歌曰：'太山坏乎！梁柱摧乎！哲人萎乎！'因以涕下。"《论语·卫灵公》曰："君子病无能焉，不病人之不己知也。"
[3]详见《述而》，见（清）刘宝楠著：《论语正义》，卷八，《诸子集成》，北京：中华书局，2006年第2版。
[4]《论语·雍也》曰："夫仁者，己欲立而立人，己欲达而达人。能近取譬，可谓仁之言也已。"《论语·颜渊》曰："己所不欲，勿施于人，在邦无怨，在家无怨。"《论语·卫灵公》曰："子贡问曰：'有一言而可以终身行之者乎？'子曰：'其恕乎！己所不欲，勿施于人。'"见（清）刘宝楠著：《论语正义》，《诸子集成》，北京：中华书局，2006年第2版。
[5]《宪问》，见（清）刘宝楠著：《论语正义》，卷十七第311-315页，《诸子集成》，北京：中华书局，2006年第2版。

于众生，这便是其价值所在，人之生命可贵[1]，岂可以死而无悔？孔子知其不可为而为之，但决不在乱世求不义富贵，所以赞扬学生南容说："邦有道，不废；邦无道，免于刑戮。"而以其兄之女妻南容。[2]《论语·泰伯》更是详细地阐述了孔子的处世智慧，孔子说："笃信好学，守死善道，危邦不入，乱邦不居，天下有道则见，无道则隐。邦有道，贫且贱焉，耻也；邦无道，富且贵焉，耻也。""不在其位，不谋其政。""巍巍乎舜、禹之有天下也，而不与焉。"[3]《论语·卫灵公》孔子曰："直哉史鱼，邦有道如矢，邦无道如矢。君子哉蘧伯玉，邦有道则仕，邦无道则可卷而怀之。""君子求诸己，小人求诸人。""君子矜而不争，群而不党。""道不同，不相为谋。"[4]《论语·述而》孔子曰："君子坦荡荡，小人长戚戚。"[5]《论语·子路》孔子曰："君子泰而不骄，小人骄而不泰。"[6]《论语·颜渊》孔子曰："君子不忧不惧。"[7]孔子处世，首先要判断身在治世，还是身在乱世，治世则仕，乱世则隐，不入危邦，不伐己功，如舜、禹之有天下。不争不党，矜持自尊而团结群众，可与言则言，不可与言则不言[8]，道不同则不共谋。保持坦荡之胸怀，因而可以不忧不惧。孔子教导其弟子子夏为"君子儒"，而不为"小人儒"[9]，

---

[1]《论语·乡党》曰："厩焚，子退朝，曰：'伤人乎？'不问马。"见（清）刘宝楠著：《论语正义》，卷十一第76页，《诸子集成》，北京：中华书局，2006年第2版。
[2]《公冶长》，见（清）刘宝楠著：《论语正义》，卷六第87页，《诸子集成》，北京：中华书局，2006年第2版。
[3]（清）刘宝楠著：《论语正义》，卷九第163-165页，见《诸子集成》，北京：中华书局，2006年第2版。
[4]详见（清）刘宝楠著：《论语正义》，卷十八页，见《诸子集成》，北京：中华书局，2006年第2版。
[5]（清）刘宝楠著：《论语正义》，卷八第153页，见《诸子集成》，北京：中华书局，2006年第2版。
[6]（清）刘宝楠著：《论语正义》，卷十六第298页，见《诸子集成》，北京：中华书局，2006年第2版。
[7]（清）刘宝楠著：《论语正义》，卷十五第264页，见《诸子集成》，北京：中华书局，2006年第2版。
[8]《论语·卫灵公》曰："子曰：'可与言而不与言，失人；不可与言而与之言，失言。知者不失人，亦不失言。'"（清）刘宝楠著：《论语正义》，卷十八第336页，见《诸子集成》，北京：中华书局，2006年第2版。
[9]《雍也》，见（清）刘宝楠著：《论语正义》，卷七第122页，《诸子集成》，北京：中华书局，2006年第2版。

仰之弥高，钻之弥坚，其处乱世，守死善道，无疑便是君子儒的榜样。

与圣人孔子的行为相比较，屈原身处乱世，不欲明哲保身，与时抑扬而好修为常，自负其能；欲以忠贞立世，不愿与世俗同流合污，甚至以自杀来证明其清白，反圣人之所为，实不足以称"君子"，而几近"小人儒"。

我们应该注意到，扬雄对屈原的批评，既贯彻着实践孔子的人生智慧的动机，同时，也受到了道家出世思想的影响，所以，在扬雄对待屈原的思想中，实包含了儒道互补，出世与处世结合的处世价值观。由于这种处世价值观善于根据社会的变化，及时调整其策略，而不必受世俗之累，却也保持了决不与邪恶势力合作的正人立场，不汲汲于富贵名利，不津津于穷达之变，因而是非常通达的人生观。

第四节 扬雄的辞赋家责任

扬雄赋作，以四大赋最能代表其风格，四大赋创作的动机，扬雄则说得非常明确，就是要以赋讽谏，《汉书·扬雄传》说四赋创作缘起云："孝成帝时，客有荐雄文似相如者，上方郊祠甘泉泰畤、汾阴后土，以求继嗣，召雄待诏承明之庭。正月，从上甘泉，还奏《甘泉赋》以风"；"其三月，将祭后土，上乃帅群臣横大河……迹殷周之虚，眇然以思唐虞之风。雄以为临川羡鱼不如归而结网，还，上《河东赋》以劝"；"昔者禹任益虞而上下和，草木茂；成汤好田而天下用足；文王囿百里，民以为尚小；齐宣王囿四十里，民以为大：裕民之与夺民也。武帝广开上林，……游观侈靡，穷极妙丽。虽颇割其三垂以赡齐民，然至羽猎田车戎马器械储偫禁御所营，尚泰奢丽夸诩，非尧、舜、成汤、文王三驱之意也。又恐后世复修前好，不折中以泉台，故聊因《校猎赋》以风"；"明年，上将大夸胡人以多禽兽，秋，命右扶风发民入南山……纵禽兽其中，令胡人手搏之，自取其获，上亲临观焉。是时，农民不得收敛。雄从至射熊馆，还，上《长杨赋》，聊因笔墨之成文章，故籍翰林以为主人，子墨为客卿以风"。[1]

---

[1] 详见《扬雄传》，（汉）班固撰，（唐）颜师古注：《汉书》，北京：中华书局，1962年版，卷八十七。

在扬雄四赋之中，始终贯彻着讽谏的深刻含义，而与司马相如多"虚辞滥说"大有不同，因此，《文心雕龙》多次批评辞人之夸毗，却认为"子云沉寂，故子隐而味深"[1]，"子云属意，辞人最深，观其涯度幽远，搜选诡丽，而竭才以钻思，故能理赡而辞坚矣"[2]。扬雄赋既继承了自司马相如以来的宏伟体势、美丽辞采，又比司马相如有更多的现实精神，请看扬雄的《长杨赋》：

子墨客卿问于翰林主人曰："盖闻圣主之养民也，仁霑而恩洽，动不为身。今年猎长杨，先命右扶风，左太华而右褒斜，椓巀辪而为弋，纡南山以为罝，罗千乘于林莽，列万骑于山隅；帅军踤陼，锡戎获胡。搤熊羆，拕豪猪，木雍枪纍，以为储胥，此天下之穷览极观也。虽然，亦颇扰于农民，三旬有余，其廑至矣，而功不图，恐不识者，外之则以为娱乐之游，内之则不以为干豆之事，岂为民乎哉！且人君以玄默为神，澹泊为德，今乐远出以露威灵，数摇动以罷车甲，本非人主之急务也，蒙窃惑焉。"翰林主人曰："吁，谓之兹邪？若客，所谓知其一未睹其二，见其外不识其内者也。仆尝倦谈，不能一二其详，请略举凡，而客自览其切焉。"客曰："唯，唯。"

主人曰："昔有强秦，封豕其土，窫窳其民，凿齿之徒相与摩牙而争之。豪俊麋沸云扰，群黎为之不康。于是上帝眷顾高祖，高祖奉命，顺斗极，运天关，横巨海，票昆仑，提剑而叱之，所过麾城撕邑，下将降旗，一日之战，不可殚记。当此之勤，头蓬不暇梳，饥不及餐，鞮鍪生虮虱，介胄被霑汗，以为万姓请命乎皇天。乃展民之所诎，振民之所乏，规亿载，恢帝业，七年之间而天下密如也。逮至圣文，随风乘流，方垂意于至宁。躬服节俭，绨衣不敝，革鞜不穿，大夏不居，木器无文。于是后宫贱瑇瑁而疏珠玑，却翡翠之饰，除雕琢之巧，恶丽靡而不近，斥芬芳而不御，

---

[1]《体性》，见吴林伯注：《〈文心雕龙〉义疏》，武汉：武汉大学出版社，2002年版，第319页。
[2]《才略》，见吴林伯注：《〈文心雕龙〉义疏》，武汉：武汉大学出版社，2002年版，第582页。

抑止丝竹晏衍之乐，憎闻郑卫幼眇之声。是以玉衡正而太阶平也。其后熏鬻作虐，东夷横畔，羌戎睚眦，闽越相乱，遐萌为之不安，中国蒙被其难。于是圣武勃怒，爰整其旅，乃命票、卫，汾沄沸渭，云合电发，猋腾波流，机骇蜂轶，疾如奔星，击如震霆，砰轒辒，破穹庐，脑沙幕，髓余吾。遂猎乎王廷。驱橐它，烧熐蠡，分挐单于，磔裂属国，夷坑谷，拔卤莽，刊山石，蹂石舆厮，系累老弱，冘鋋瘢者，金镞淫夷者，数十万人。皆稽颡树颔，扶服蛾（蚁）伏，二十余年矣，尚不敢惕息。夫天兵四临，幽都先加；四戈邪指，南越相夷；靡节西征，羌僰东驰。是以遐方疏俗，殊领绝党之域，自上仁所不化，茂德所不绥，莫不蹻足抗首，请献厥珍，使海内澹然，永亡边场面之灾，金革之患。今朝廷纯仁，遵道显义，并包书林，圣风云靡；英华沈浮，洋溢八区，普天所覆，莫不沾濡；士有不谈王道者则樵夫笑之。故意者以为事罔隆而不杀，物靡盛而不亏，故平不肆险，安不忘危。乃时以有年出兵，整舆竦戎，振师五柞，习马长杨，简力狡兽，校武票禽。乃萃然登南山，瞰乌弋，西厌月窟，东霆日域。又恐后代迷于一时之事，常以此取国家之大务，淫荒田猎，陵夷而不御也，是以车不安轫，日未靡旗，从者仿佛，骫属而还；亦所以奉太宗之烈，遵文武之度，复三王之田，反五帝之虞；使农不辍耰，工不下机，婚姻以时，男女莫违；出恺弟，行简易，矜劬劳，休力役；见百年，存孤弱，帅与之同苦乐。然后陈钟鼓之乐，鸣鞀磬之和，建碣磍之虡，拮隔鸣球，掉八列之舞；酌允铄，肴乐胥，听庙中之雍雍，受神人之福祐；歌投颂，吹合雅。其勤若此，故真神之所劳也。方将俟元符，以禅梁甫之基，增泰山之高，延光于将来，比荣乎往号，岂徒欲淫览浮观，驰骋秔稻之地，周流梨栗之林，蹂践刍荛，夸诩众庶，盛狄獯之收，多麋鹿之获哉！且盲不见咫尺，而离娄烛千里之隔。客徒爱胡人之获我禽兽，曾不知我亦已获其王侯。"

言未卒，墨客降席再拜稽首曰："大哉体乎！允非小人之所能及也。乃今日发矇，廓然已昭矣。"[1]

应该说，扬雄在气势、铺排上，比司马相如要节俭许多，而其遣词造句，始终不离节俭爱民之主线，足见其心态之中，因为炎汉强盛所产生的自豪感已多为现实的忧患感所取代。扬雄由"心好沉博绝丽之文"[2]到心多忧患，经过了一个认识的飞跃，《汉书·扬雄传》说："雄以为赋者，将以风也，必推类而言，极丽靡之辞，闳侈巨衍，竞于使人不能加也。既乃归之于正，然览者已过矣。往时武帝好神仙，相如上《大人赋》，欲以风，帝反缥缥有陵云之志，繇是言之，赋劝而不止，明矣，又颇似俳优淳于髡、优孟之徒，非法度所存，贤人君子诗赋之正也，于是辍不复为。"[3]《法言·吾子》云："或问吾子少而好赋？曰：然。童子雕虫篆刻。俄而曰：壮夫不为也。或曰：赋可以讽乎？曰：讽乎？讽则已，不已，吾恐不免于劝也。……或问：景差、唐勒、宋玉、枚乘之赋也益乎？曰：必也淫。淫则夸何？曰：诗人之赋丽以则，辞人之赋丽以淫。如孔氏之门用赋也，则贾谊升堂，相如入室矣，如其不用何。"[4]概括扬雄的意思，在于赋文学无益讽谏，起不到原来预想的政治作用，没有实证效果，因而是无用，是没有价值的。扬雄的结论虽然偏激，对文学的作用的强调也太过实用主义，但这也正反映了他的忧患心态。

晚年的扬雄，在发表了赋无益讽谏的观点以后，却仍然没有放弃作赋，只是这时的赋，更多地表现出遁世和游戏的特点。如《太玄赋》《逐贫赋》《酒赋》《解嘲》《解难》等，无不如此。《太玄赋》基本上是扬雄《太玄》的思想提纲，赋曰："观大易之损益兮，览老氏之倚伏，省忧喜之共门兮，察吉凶之同域。"[5]这节文字所表现的体验是他晚期赋作的基本感受，《逐贫赋》有感于贫富不均的现实，要逐贫他往，不果，只好相与游息，安贫知

---

[1]（汉）班固撰，（唐）颜师古注：《汉书》，北京：中华书局，1962年版，卷八十七第3558-3565页。

[2]《答刘歆书》，《全汉文》卷五十二，见（清）严可均校辑：《全上古三代秦汉三国六朝文》，北京：中华书局，1958年版，第411页。

[3]（汉）班固撰，（唐）颜师古注：《汉书》，北京：中华书局，1962年版，卷八十七第3575页。

[4]（汉）扬雄著：《扬子法言》，卷二第4页，见《诸子集成》，北京：中华书局，2006年第2版。

[5]《全汉文》卷五十二，见（清）严可均校辑：《全上古三代秦汉三国六朝文》，北京：中华书局，1958年版，第408页。

命,其与《酒赋》,都具有游戏之幽默。《解嘲》曰:"客徒欲朱丹吾毂,不知一跌将赤吾之族也。"[1]《解难》曰:"老聃有遗言,贵知我者希。"[2] 扬雄深感难见容于世,故退而著述。这一时期的赋中,在《反离骚》中所表现的出世和保身哲学又重新占据了主导地位,但仔细体会,《太玄赋》诸作,显然与《反离骚》有别,《反离骚》之通脱,只是通脱的立论而已;而《太玄赋》诸作是建立在深沉的失望和幻灭的基础上带着血与泪的通脱。《反离骚》中,扬雄对自己一生在仕途上的作为并不绝望,而是充满着希望的,因此才有游长安之举。《太玄赋》里,希望早已成为虚妄,也就是说,他的济世之志早已绝望。因为他在出仕之前对社会的认识亦很全面,早已明白穷达之道,济世无望之时,并不是一蹶不振,而是泰然处之,无可无不可。不过,我们透过扬雄的悲愤和无奈,不也发现了他那浸染着忧国忧民忧时忧事的忧患吗!

第五节 刘向与刘歆

刘向是汉皇室成员。汉高祖同父少弟名刘交,字游,好书,多才艺,年轻时曾与鲁穆生、白生、申公俱受诗于浮丘伯,浮丘伯是荀子的门人。秦始皇焚书坑儒,始别老师。汉六年,刘邦废楚王韩信,以楚国一分为二,以其从父兄刘贾为荆王,以刘交为楚王,王薛郡、东海、彭城三十六县,史称楚元王。据《汉书·楚元王传》,元王至楚,以穆生、白生、申公为中大夫。高后时,浮丘伯在长安,元王遣子郢客与申公俱卒业。文帝时,闻申公为《诗》最精,以为博士。元王好《诗经》,诸子皆读《诗经》,申公为《诗经》作传,称为《鲁诗》。元王也为《诗》作传,称为《元王诗》。

高后时,元王子郢客任宗正,封上邳侯。元王去世后,文帝因元王太子辟非先故,故以郢客嗣位,史称夷王。申公为汉博士,后失官,随郢客归楚,任中大夫。文帝尊宠元王,元王之子封爵与皇子同,景帝即位,封元王

---

[1](汉)班固撰,(唐)颜师古注:《汉书》,北京:中华书局,1962年版,卷八十七第3567页。
[2](汉)班固撰,(唐)颜师古注:《汉书》,北京:中华书局,1962年版,卷八十七第3578页。

宠子五人：刘礼为平陆侯，刘富为休侯，刘岁为沈犹侯，刘执为宛朐侯，刘调为棘兵侯。

元王生时，敬礼申公等，而穆生不嗜酒，元王每置酒，常为穆生设醴。夷王崩，子刘戊嗣位，也仍为穆生设醴，后忘设。穆生退曰："可以逝矣！醴酒不设，王之意怠，不去，楚人将钳我于市。"称疾卧。申公、白生强劝穆生体念先王之德，勿以今王小失礼节为意，穆生说："先王之所以礼吾三人者，为道之存故也；今而忽之，是忘道也。忘道之人，胡可与久处，岂为区区之礼哉！"穆生并引《易》之言"知几其神乎！几者动之微，吉凶之先见者也。君子见几而作，不俟终日"为理论根据。

刘戊参与吴楚之乱，自杀，景帝遂以宗正平陆侯刘礼为楚王，尔后，父死子嗣，经安王刘道、襄王刘注、节王刘纯，刘纯死后，子刘延寿嗣位。宣帝时，刘延寿谋与武帝子广陵王刘胥篡位，不成，自杀。国遂除。

休侯刘富曾谏刘戊，吴楚乱时，坐免侯，后帝闻其劝谏，改封红侯。刘富有子名刘辟疆，字少卿，好读《诗》，能属文。武帝时，以宗室子随二千石论议，冠诸宗室，清静少欲，常以书自娱，不肯仕。昭帝时霍去病之弟霍光执政任用宗室，刘辟疆为光禄大夫，守长乐卫尉，时年八十，后徙为宗正，数日卒。有子刘德，字路叔，修黄老之术，有智略。少时武帝赞其为"千里驹"，昭帝时为宗正丞，刘辟疆为宗正，改任大鸿胪丞，迁太中大夫，后再为宗正。后因与霍光与立宣帝，赐爵关内侯，以亲亲行谨厚封为阳城侯。

刘德为人宽厚，好施生，每行京兆尹事，多所平反罪人。家产过百万，用以赈济兄弟宾客。又不欲趋炎附势，妻死，霍光欲以女妻之，刘德不敢娶，以防满盈。刘向正是刘德之子。

刘向出生于宗室之家，而且家中世代任宗正官，主管宗室事务，应该说是宗室中最受重用的了。刘向家中又有重视文学，尊敬文学之士的传统，这些无疑对刘向父子深有影响。

刘向，字子政，本名刘更生。生于公元前77年。即汉昭帝元凤四年。十二岁，任辇郎。二十岁时，因为"行修"而受到特别提拔，任谏大夫。这时，汉宣帝学习汉武帝的故事，选择名儒俊才置左右，刘向因通达能属文辞，与王褒、张子侨等并进对，献赋颂凡数十篇。宣帝好神仙方术，淮南王刘安有《鸿宝》《苑秘书》，藏于枕中，书中讲到神仙使鬼物造金之术，以及邹衍的重道延命方，刘德在汉武帝时治淮南王狱，得其书，刘向自小诵读，以为奇，献于宣帝，言黄金可成，皇帝令刘向试验，花费甚多，而其方不验。刘向因此获罪，以铸伪黄金当死，其兄阳城侯刘安民上书入其封国之半赎其罪，宣帝也以刘向其才难得，减死。正好当时新立《穀梁春秋》，遂让刘向从受《穀梁春秋》，讲论五经于石渠阁。后拜郎中，给事黄门，迁散骑、谏大夫，给事中。元帝时，太傅萧望之为前将军，少傅周堪为诸吏光禄大夫，皆领尚书事，受尊任。二人重刘向宗室忠直，明经有行，提拔为散骑宗正给事中，与侍中金敞拾遗于左右。四人同心辅政，为权贵所谮，周堪、刘向下狱，萧望之免官。后因天灾，元帝受震动，赐萧望之关内侯，征周堪、刘向，但中书宦官弘恭及石显等弄权，萧望之等受排挤，刘向使其外亲上书。书奏，弘恭、石显等怀疑为刘向所为，请考奸诈，果然，遂下刘向狱，劾刘向前为九卿，坐与萧望之、周堪谋排外戚侍中，毁离亲戚，欲专权。为臣不忠，幸不受诛，又蒙恩征用，不悔前过，而教人以灾异言变事，诬罔不道，坐免为庶人。望之自杀，天子甚悼恨之，遂以周堪为光禄勋，周堪弟子张猛为光禄大夫给事中，大见信任，而弘恭、石显屡屡谮毁，刘向又上书批评谗奸之人，谗奸之人更加怀恨，而周堪、张猛因灾异左迁。后三岁余，孝宣帝庙有灾，日蚀，元帝遂责问灾异在周堪、张猛者，并说周堪"资质淑茂，道术通明，论议正直，秉心有常，发愤悃愊，信有忧国之心。以不能阿尊事贵，孤特寡助，抑厌遂退，卒不克明"，遂拜周堪为光禄大夫，秩中二千石，领尚书事，张猛为太中大夫给事中。然石显主管尚书事，周堪无缘见元帝，又患疾暗，不能言而卒，张猛为石显所害，自杀于公车。刘向非常悲伤，遂著《疾谗》《摘要》《救危》《世颂》等八篇，依兴古事，悼己及同类。遂废十余年不用。

汉成帝即位，石显等人伏诛，刘向重新获得任用，改名向。刘向因故九卿，召拜中郎，使领护三辅都水，迁光禄大夫。时王凤因为太后兄长的缘故，专权，兄弟七人皆封列侯。而当时天多灾异，刘向认为乃外戚贵盛，王凤兄弟用事之故。成帝精于《诗》《书》，喜观古文，遂诏刘向领校中五经秘书。刘向见《尚书·洪范》，箕子为武王陈五行阴阳休咎之应，于是收集上古以来历春秋六国至秦汉符瑞灾异之记，推迹行事，连传祸福，著其占验，此类相从，凡十一篇，名曰《洪范五行传论》。汉成帝虽知刘向之心意，却也对王氏兄弟无可奈何。后营昌陵，数年不成，复还归延陵，制度泰奢，刘向上书，说以节俭之道，成帝虽感慨刘向之言，却无机会实行其政。又时奢靡，皇后、婕妤起微贱，逾礼制，刘向以为王教由内及外，自近者始，所以采取《诗》《书》所载贤妃贞妇，兴国显家可法则，以及孽嬖乱亡者，序次为《列女传》，以戒天子。又采传记行事，著《新序》《说苑》凡五十篇奏之。数上疏言得失，陈法戒。成帝虽不能用，但嘉其言。时上无继嗣，政出王氏，刘向又上书极谏。书奏，天子召见，叹息悲伤其意，以刘向为中垒校尉。

刘向为成帝所重，虽时时召见，然受制于母党，终不能使为九卿，年七十二，卒，时当公元前6年，为汉孝哀皇帝刘欣建平元年。

综观刘向一生，其人生价值的核心是"忠直"，即一心一意地做正确的事情。尽管这个事情似乎是在维护汉王朝的统治，防止乱臣贼子结党营私，谋权篡位。刘向的理论基础来自孔子及儒家思想，其实现其忠直的价值观的手段则是劝谏与著书。

《汉书·楚元王传》云"向为人简易无威仪，廉靖乐道，不交接世俗，专积思于经术，昼诵书传，夜观星宿，或不寐达旦"，"向每召见，数言公族者国之枝叶，枝叶落则本根无所庇荫，方今同姓疏远，母党专政，禄去公室，权在外家，非所以强汉宗，卑私门，保守社稷，安固后嗣也"，"向自见得信于上，故常显讼宗室，讥刺王氏及在位大臣，其言多痛切，发于至诚"。刘向自己也曾对陈汤说："灾异如此，而外家日盛，共渐必危刘氏。吾幸得姓末属，累世蒙汉厚恩，身为宗室遗老，历事三主。上以我先帝旧臣，每进见常见优礼，吾而不言，孰当言者？"[1] 可以看出，刘向具忠贞之质，以维护汉室为己任，一生因直言而受权臣谗忌，屡屡入狱，而不思改，与战国时楚宗室屈原颇有相类，其编定《楚辞》，并仿作《九叹》，在模拟之中，颇显身世之感。如《愍命》云：

> 昔皇考之嘉志兮，喜登能而亮贤。情纯洁而罔薉兮，姿盛质而无愆。放佞人与谄谀兮，斥谗夫与便嬖。亲忠正之悃诚兮，招贞良与明智。心溶溶其不可量兮，情澹澹其若渊。回邪辟而不能入兮，诚愿藏而不可迁。逐下袟于后堂兮，迎宓妃于伊雒。刺谗

---

[1]（汉）班固撰，（唐）颜师古注：《汉书》，北京：中华书局，1962年版，卷三十六第1957-1966页。

贼于中廇兮,选吕管于榛薄。丛林之下无怨士兮,江河之畔无隐夫。三苗之徒以放逐兮,伊皋之伦以充庐。今反表以为里兮,颠裳以为衣。戚宋万于两楹兮,废周邵于遐夷。却骐骥以转运兮,腾驴骡以驰逐。蔡女黜而出帷兮,戎妇入而采绣服。庆忌囚于阱室兮,陈不占战而赴围。……折芳枝与琼华兮,树枳棘与薪柴。掘荃蕙与射干兮,耘藜藿与蘘荷。惜今世其何殊兮,远近思而不同。或沈沦其无所达兮,或清激其无所通。哀余生之不当兮,独蒙毒而逢尤。虽謇謇以申志兮,君乖差而屏之。诚惜芳之菲菲兮,反以兹为腐也。怀椒聊之蔎蔎兮,乃逢纷以罹诟也!

叹曰:嘉皇既殁,终不返兮。山中幽险,郢路远兮。谗人諓諓,孰可诉兮。征夫罔极,谁可语兮!行吟累欷,声喟喟兮。怀忧含戚,何侘傺兮![1]

其批判谗人之旨,与屈原《离骚》何其相似。王逸《楚辞章句》云:"向以博古敏达,典校经书,辩章旧文,追念屈原忠信之节,故作《九叹》。叹者,伤也,息也。言屈原放在山泽,犹伤念君,叹息无已,所谓赞贤以辅志,骋词以曜德者也。"[2]其作《新序》《说苑》《列女传》,以及《疾谗》《摘要》《救危》及《世颂》八篇,皆贯彻着与《九叹》同样的忠君之旨。

刘向在维护汉朝王室利益的时候,往往借助于灾异之说。灾异之说,自董仲舒的天命谴告说而与儒家传统联系在一起。《说苑·谈丛》云:"为善者天报以福,为不善者天报以祸。"[3]正因有此看法,他在进谏之际,把灾异与社会的善恶联系在一起。对于刘向来说他是真的相信灾异的存在,而他与萧望之等人的遭际,也往往与灾异有关,因为灾异的理论,已经构成了汉代文人价值观中的一个组成部分,而今天看似荒诞的推理,与《春秋》之言灾异有关,如《春秋》言鲁文公十四年"秋七月,有星孛入于北斗",而

---

[1](宋)洪兴祖撰,白化文等点校:《楚辞补注》,北京:中华书局,1983年版,第302-306页。
[2](宋)洪兴祖撰,白化文等点校:《楚辞补注》,北京:中华书局,1983年版,第282页。
[3](汉)刘向撰,向宗鲁校证:《说苑校证》,北京:中华书局,1987年版,卷十六第393页。

《左传》引周内史叔服之言曰:"不出七年,宋、齐、晋之君皆将死乱。"[1]后三年宋昭公被弑,五年齐懿公被弑,七年晋灵公被弑。这样的记载,被董仲舒、京房、刘向、刘歆等人注意,《汉书·五行志下》载,董仲舒以为"孛者,恶气之所生也。谓之孛者,言其孛孛有所妨蔽,暗乱不明之貌也。北斗,大国象。后齐、宋、鲁、莒、晋皆弑君",即彗星侵入北斗,为必然之乱象,而刘向也认为"君臣乱于朝,政令亏于外,则上浊三光之精,五星赢缩,变色逆行,甚则为孛。北斗,人君象;孛星,乱臣类,篡杀之表也"。[2]刘向在《鸿范传》中也说:"孛入于北斗,邪乱之臣将弑其君。"[3]也就是说,如彗星入于北斗这样的天象,绝不仅仅是一种自然现象,而是社会现象的反映。阴阳灾异的理论,为西汉经学家所乐道,易学家孟喜、京房即以阴阳灾异解《易》,而哀帝、平帝时谶纬的流行,与灾异的神秘主义色彩是联系在一起的。

刘向的灾异学说,体现了盛汉至汉衰时期,笼罩在文人眼中的神秘主义心态。他们耳闻汉室之强,又预见了汉世之衰,汉强盛时不见有真正的圣人,而汉衰之世则儒学昌明,然外戚母后奸佞之人明主无可奈何,岂非天意。刘向眼见如此,心急如焚,《汉书·楚元王传》载其上书,劾弘恭石显等,云"前弘恭奏望之等狱决,三月,地大震。恭移病出,后复视事,天阴雨雪。由是言之,地动殆为恭等",又云春秋"二百四十二年之间,日食三十六,地震五,山陵崩陁二,彗星三见,夜常星不见,夜中星陨如雨一,火灾十四。长狄入三国,五石陨坠,六鹢退飞,多麋,有蜮、蜚,鸜鹆来巢者,皆一见。昼冥晦,雨木冰,李梅冬实。七月霜降,草木不死。八月杀菽,大雨雹。雨雪雷霆失序相乘。水、旱、饥、蝝、螽、螟螽午并起。当是时,祸乱辄应,弑君三十六,亡国五十二,诸侯奔走,不得保其社稷者,不可胜数也",周室也在众多灾异的验证下,不能复兴,所以刘向得出结论说:"由此观之,和气致祥,乖气致异;祥多者其国安,异众者其国危,天地之常经,

---

[1](晋)杜预注,(唐)孔颖达等正义:《春秋左传正义》,卷十九下,见《十三经注疏》,上海:上海古籍出版社,1997年版,第1853页。
[2](汉)班固撰,(唐)颜师古注:《汉书》,北京:中华书局,1962年版,卷二十七第1511页。
[3]《彗星犯北斗》,见(唐)瞿昙悉达编,李克和校点:《开元占经》,长沙:岳麓书社,1994年版,卷九十第972页。

古今之通义也。"[1] 刘向以灾异之说，批评当世，其态度极其激烈，其目的却并不离润色鸿业与维护一统的原则。

刘歆，字子骏，少以通《诗》《书》能属文召见汉成帝，待诏宦者署，为黄门郎。河平年间，受诏与父刘向领校秘书，讲六艺传记，诸子、诗赋、数术、方技无所不究。刘向死后，任中垒校尉。哀帝即位，王莽荐刘歆宗室有才行，为侍中太中大夫，迁骑都尉、奉车光禄大夫，贵幸，复领校五经，完成其父未竟事业，刘歆最终完成《七略》，今收在《汉书·艺文志》。

刘歆始治《易》，后其父习《穀梁春秋》，刘歆校秘书，见古文《春秋左氏传》，大好之，而丞相史尹咸能治《左氏春秋》，刘歆常从尹咸及丞相翟方进受，质问大义。《左氏春秋》多古字古言，学者传训诂而已，刘歆治《左氏春秋》，引传文以解经，转相发明，使《左氏春秋》的义理章句大备。《汉书·楚元王传》说他"亦湛靖有谋，父子俱好古，博见强志，过绝于人。"刘歆认为左丘明好恶与圣人同，亲见夫子，而公羊、谷梁在七十子后，传闻之与亲见之，其详略不同，所以以此难刘向，而刘向则仍持谷梁之说。刘歆亲贵后，欲立《左氏春秋》《毛诗》《逸礼》《古文尚书》于学官，哀帝令刘歆与五经博士辩论，诸博士或不置对，刘歆遂移书太常博士，认为今文博士们涉嫌"专己守残，党同门，妒道真"，其言辞甚切，而诸儒怨恨，名儒光禄大夫龚胜因此深自罪责，而儒者师丹为大司空，大怒，奏刘歆改乱旧章，非毁先帝所立，而哀帝以为"歆欲广道术，亦何以为非毁哉"，虽不获罪，但是得罪执政大臣。哀帝崩，王莽执政，任刘歆为右曹太中大夫，迁中垒校尉，羲和，京兆尹，使治明堂辟雍，封红休侯，典儒林史卜之官，考定律历，著《三统历谱》。[2]

西汉之时，经学理论具有指导意义，昭帝元凤三年，即公元前78年，《春秋》学家睢弘借泰山大石自立的奇迹，根据董仲舒的受命说，劝昭帝禅位贤人，昭帝大怒，杀睢弘。宣帝神爵二年，即公元前60年，司隶校尉盖宽饶又根据韩氏《易传》，请宣帝学五帝的官天下，气运虽尽，但可再受命，哀

---

[1]（汉）班固撰，（唐）颜师古注：《汉书》，北京：中华书局，1962年版，卷三十六第1931-1941页。
[2]（汉）班固撰，（唐）颜师古注：《汉书》，北京：中华书局，1962年版，卷三十六第1967-1972页。

帝曾一度改元改制，这说明汉代时儒生们对孔子的大同理想和禅让学说深信不疑。这正是汉代儒生尊孔复古价值观的体现。王莽在西汉末，以复古的旗帜，圣人的雅行，忠臣的节操，赢得一时颂赞，被视为周公再世。及王莽进毒酒，十四岁的平帝崩，孺子婴为皇太子，而王莽居摄，安众侯刘崇讨伐，兵败。居摄二年，东郡太守翟义立严乡侯刘信为天子，移檄郡国，后兵败。三年，广饶侯刘京等献符命，云王莽应即位于当真皇帝，王莽遂改居摄三年为初始元年。期门郎张充等六人谋劫王莽，立楚王，事泄被杀。又有梓潼人哀章无行，作符命言王莽当建国为真天子，王莽遂建新，是为公元8年12月，王莽遂以十二月朔为始建国元年正月之朔，时刘歆改名刘秀，被任为国师，为四辅，居上公之位。

　　刘歆以汉宗室，而投靠王莽，并为王莽篡汉提供理论依据和舆论保证，其原因既有他本人与王莽的友情因素，更重要的还在于他对儒学思想的尊崇，以及对灾异学说的迷信。《汉书·五行志上》云："汉兴，承秦灭学之后，景、武之世，董仲舒治《公羊春秋》，始推阴阳，为儒者宗。宣、元之后，刘向治《穀梁春秋》，数其祸福，传以《洪范》，与仲舒错。至向子歆治《左氏传》，其《春秋》意亦已乖矣；言《五行传》，又颇不同。是以揽仲舒，别向、歆，传载眭孟、夏侯胜、京房、谷永、李寻之徒所陈行事，讫于王莽，举十二世，以传《春秋》，著于篇。"[1] 自仲舒昌明灾异，刘向、刘歆及其同道后学，言灾异不绝，而互相差异，特别是具有叛逆精神的刘歆，往往与乃父不同，然皆自觉祖述《易》《春秋》，奠定了五行灾异学说丰富而又互相乖舛的理论体系，而这个理论体系既影响到这些儒生的价值观，也影响到社会的更迭。其间虽有不信符命如刘崇、翟义、张充者，却也摆脱不了失败的命运。

　　刘歆在哀帝时，得罪执政大臣，求为三河守，又因宗室不当守三河，故徙五原，作《遂初赋》，刘勰《文心雕龙·事类》称该赋"历叙于纪传"，其内容大抵借叙事描写以抒情，其赋云：

　　　　昔遂初之显禄兮，遭阊阖之开通。蹑三台而上征兮，入北辰
　　之紫宫。备列宿于钩陈兮，拥大常之枢极。总六龙于驷房兮，奉

---

[1]（汉）班固撰，（唐）颜师古注：《汉书》，北京：中华书局，1962年版，卷二十七第1317页。

华盖于帝侧。惟太阶之侈阔兮，机衡为之难运。惧魁杓之前后兮，遂隆集于河滨。遭阳侯之丰沛兮，乘素波以聊戾。得玄武之嘉兆兮，守五原之烽燧。二乘驾而既俟，仆夫期而在涂。……舞双驷以优游兮，济黎侯之旧居。心涤荡以慕远兮，回高都而北征。剧强秦之暴虐兮，吊赵括于长平。好周文之嘉德兮，躲尊贤而下士。鹜驷马而观风兮，庆辛甲于长子。哀衰周之失权兮，数辱而莫扶。执孙蒯于屯留兮，救王师于途吾。过下虒而叹息兮，悲平公之作台。背宗周而不恤兮，苟偷乐而惰怠。枝叶落而不省兮，公族阒其无人。日不夔而俞甚兮，政委弃于家门。载约屦而正朝服兮，降皮弁以为履。宝砾石于庙堂兮，面隋和而不眠。始建衰而造乱兮，公室由此遂卑。怜后君之寄寓兮，喈靖公之铜鞮。越侯田而长驱兮，释叔向之飞患。悦善人之有救兮，劳祁奚于太原。何叔子之好直兮，为群邪之所恶，赖祁子之一言兮，几不免乎徂落。双美不必为偶兮，时有差而不相及。虽韫宝而求贾兮，嗟千载其焉合？昔仲尼之淑圣兮，竟隘穷乎蔡陈。彼屈原之贞专兮，卒放沉于湘渊。何方直之难容兮，柳下黜而三辱。蘧瑗抑而再奔兮，岂材知之不足。扬蛾眉而见妒兮，固丑女之情也。曲木恶直绳兮，亦小人之诚也。以夫子之博观兮，何此道这必然。空下时而瞕世兮，自命己之取患。悲积习之生常兮，固明智之所别。叔群既在皂隶兮，六卿兴而为桀。荀寅肆而颛恣兮，吉射叛而擅兵。憎人臣之若兹兮，责赵鞅于晋阳。轶中国之都邑兮，登句注以陵厉。历雁门而入云中兮，超绝辙而远逝。济临沃而遥思兮，垂意乎边都。野萧条以寥廓兮，陵谷错以盘纡。飘寂寥以荒眇兮，沙埃起之杳冥。回风育其飘忽兮，回飑飑之泠泠。薄涸冻之凝滞兮，茀溪谷之清凉。漂积雪之皑皑兮，涉凝露之降霜。扬雹霰之复陆兮，慨原泉之凌阴。激流澌之漻泪兮，窥九渊之潜淋。飑悽怆以惨怛兮，㦎风漻以冽寒。兽望浪以穴窜兮，鸟胁翼之浚浚。山萧瑟以鹍鸣兮，树木坏而哇吟。地坼裂而愤忽急兮，石捌破之岩岩。天烈烈以厉高兮，廖垮窗以臬窣。雁邕邕以迟迟兮，野鹳鸣而嘈嘈。望亭隧之瞰瞰兮，飞旗帜之翩翩。回百里之无家兮，路修远而绵绵。于是勒障塞而固守兮，奋武灵之精诚。摅赵奢之策虑兮,威谋完乎金城。外折冲以无虞兮,内抚民以永宁。既邕容以自得兮,唯惕惧于笁寒。攸潜温之玄室兮,涤浊秽于太清。反情素于寂漠兮,居华体之冥冥。玩书琴以条畅兮,考性命之变态。运四时而览阴阳兮,总万物之珍怪。虽穷天地之极变兮,曾何足乎留意。长恬淡以欢娱兮,固圣贤之所喜。乱曰:处幽潜德,含圣神兮。抱奇内光,自得真兮。宠幸浮寄,奇无常兮。寄之去留,亦何伤兮。大人之度,品物齐兮。舍位之过,忽若遗兮。求位得位,固其常兮。守信保己,比老彭兮。[1]

刘歆历叙自己由侍从之臣出守三河,又徙五原,以及晋地故事和五原风景,感叹晋自翦公室而导致亡国,借古以喻今,为汉室的江山社稷叹息,其中虽杂有出世之想,但拳拳之心,与刘向并无不同。设使刘歆不及王莽之变,或与王莽没有朋友之情,知遇之恩,其行径如何,又未可知。

---

[1]《全汉文》卷四十,见(清)严可均校辑:《全上古三代秦汉三国六朝文》,北京:中华书局,1958年版,第345-346页。

第十一章 鼎革与谶纬

王莽代汉，表面上看是一个新的利益集团的崛起，但对于处于西汉末期的文人来说，是尊孔复古，实现从「天下为家」向「天下为公」过渡的一次政治实践。因此说，西汉后期包括扬雄、刘歆等人对王莽的赞扬，可能并不是屈服于权势，更多的是他们在王莽身上，看到了德治的影子。而随着王莽的失败，又开始了一个新的时代。

第一节 新朝的兴亡

新朝的建立者为王莽，字巨君，汉元皇后王政君弟之子。据《汉书·元后传》，元皇后王政君父名王禁，为廷尉史，"有大志，不修廉隅，好酒色，多娶傍妻，凡有四女八男。"[1] 王政君先许一人家，未婚夫死，后东平王欲聘为姬，未入，东平王也死了，卜者因此言王政君"当大贵，不可言"[2]。年十八，入掖庭为家人子。及皇太子司马良娣死，王政君入太子宫，得御幸，生成帝。王政君在汉成帝即位后，经哀、平之世，大权在握，极尽照顾其娘家叔侄之责任，《汉书·外戚传》说其"家凡十侯，五大司马，外戚莫盛焉"[3]，气焰之旺盛，即使是皇帝亲弟，也未必可以匹敌。王莽正是在王政君的提携下，一步步地登上了权力最高峰。如此说来，王政君克夫之命，不是虚言，最终使汉祚潜移。王莽代汉没有王政君，是绝不可能的。

王政君入宫为公元前51年，即汉宣帝甘露三年。公元前33年汉元帝崩，汉成帝刘骜即位，以长舅王凤为大司马大将军，领尚书事辅政，王氏开始掌权。王氏掌权后，骄横跋扈，逾越制度，但王政君常以绝嗣威胁成帝，成帝也就无由限制。公元前27年，即汉成帝河平二年，成帝同日封诸舅王谭、王商、王立、王根、王逢时为列侯，五人同日封，故世称"五侯"。此前，王政君之父早已被封阳平侯，王凤嗣爵，王政君同母两人，即王凤、王崇，王崇也早已得封安成侯，食邑万户。王莽之父王曼早死，不得封。王政君甚至想让成帝封其母改嫁后所生之子苟参，成帝以"非正也"拒绝，苟参遂任侍中水衡都尉，王氏子弟也皆为卿大夫侍中诸曹，《汉书·元后传》云王氏家族"分据势官满朝廷"，"大将军凤用事，上遂谦让无所颛，左右常荐光禄大夫刘向少子歆通达有异材。上召见歆，诵读诗赋，甚说之，欲以为中常侍，召取衣冠。临当拜，左右皆曰未晓大将军，上曰：'此小事，何须关大将军？'左右叩头争之。上于是语凤，凤以为不可。乃止。其见惮如此。"[4]

---

[1]（汉）班固撰，（唐）颜师古注：《汉书》，北京：中华书局，1962年版，卷九十八第4015页。
[2]（汉）班固撰，（唐）颜师古注：《汉书》，北京：中华书局，1962年版，卷九十八第4015页。
[3]（汉）班固撰，（唐）颜师古注：《汉书》，北京：中华书局，1962年版，卷九十七第3973页。
[4]（汉）班固撰，（唐）颜师古注：《汉书》，北京：中华书局，1962年版，卷九十八第4018-4019页。

王凤奸佞，与亲弟王崇不合，而爱王音。公元前22年，即汉成帝阳朔三年，大司马大将军王凤死，而王音以大司马车骑将军辅政。

王莽最终虽是得王政君的提携，但把他推荐给王政君的，却是将死的王凤。《汉书·王莽传》曰，莽群兄弟皆将军五侯子，乘时侈靡，以舆马声色佚游相高，莽独孤贫，因折节为恭俭。受《礼经》，从沛郡陈参学习，"勤身博学，被服如儒生。事母及寡嫂，养孤兄子，行甚敕备。又外交英俊，内事诸父，曲有礼意"[1]。特别是犹如太上皇帝一般的王凤病重，王莽侍疾，亲尝药，乱首垢面，不解衣带连月，所以，王凤在死前把王莽嘱托给王政君和他的弟弟们，王莽得拜黄门郎，迁射声校尉。王商上书，表示愿意分户邑封王莽，长乐少府戴崇、侍中金涉、胡骑校尉箕闳、上谷都尉阳并、中郎陈汤等当世名士也举荐王莽，于是，公元前16年，即汉成帝永始元年，王莽受封新都侯，官迁骑都尉，光禄大夫侍中。永始二年，大司马车骑将军王音死，王商以大司马卫将军辅政。元延元年，即公元前12年，王商死，王根以大司马骠骑将军辅政。

王莽在任侍中后，宿卫谨敕，"爵位益尊，节操愈谦"[2]，广散财物，交结名士，其声誉隆洽。及公元前8年，王根因病不能视事，遂荐王莽为大司马辅政。王莽在大司马任上，克己不倦，愈为俭约，母病公卿列侯遣夫人问疾，莽妻迎之，衣不曳地，布蔽膝，见之者以为僮使，问知其夫人，皆惊。翌年，成帝崩，哀帝即位，因不满王氏太盛，罢王莽。此时汉王朝已危机四伏，公元前3年，即哀帝建平四年，名儒谏大夫鲍宣上书痛陈时政阙失，言民有七亡：阴阳不和，水旱为灾；县官重责更赋租税；贪吏依公，受取不已；豪强大姓蚕食无厌；苛吏徭役失农桑时；部落鼓鸣，男女遮列；盗贼劫掠，取民财物。七亡之外，又有七死：酷吏殴杀；治狱深刻；冤陷无辜；盗贼横发；怨仇相残；岁恶饥饿；时气疾疫。要求治天下者应以天下心为心，不得自专快意，天下乃皇天之天下，官爵乃天下之官爵。国内形势如此，哀帝也极想改弦更张，公元前5年改元太初，号"陈圣刘太平皇帝"，又多次征询孝悌惇厚，能直言，通政事可亲民者，但傅晏、丁明、董贤等居大将军大司马等尊位，却有尸位

---

[1]（汉）班固撰，（唐）颜师古注：《汉书》，北京：中华书局，1962年版，卷九十九第4039页。
[2]（汉）班固撰，（唐）颜师古注：《汉书》，北京：中华书局，1962年版，卷九十八第4040页。

素餐之嫌。公元前 1 年，即汉哀帝元寿二年，哀帝死，《汉书·王莽传》云太皇太后王政君"即日驾之未央宫收取玺绶，遣使者驰召莽。诏尚书，诸发兵符节，百官奏事，中黄门、期门兵皆属莽"[1]。董贤自杀。太皇太后王政君以王莽为大司马领尚书事，以元帝庶孙中山王为嗣，孝成皇后、孝哀皇后废为庶人，自杀。中山王时年九岁，有疾，王政君临朝听政。王莽内有王政君撑腰，于是排斥异己，"附顺者拔擢，忤恨者诛灭"，"色厉而言方，欲有所为，微见风采，党与承其指意而显奏之，莽稽首涕泣，固推让焉，上以惑太后，下用示信于众庶"。汉孝平皇帝元始元年，即公元 1 年，王莽上尊号曰"安汉公"，王莽上书固让者四，而后受。太后下诏曰："自今以来，唯封爵乃以闻，他事安汉公平决。"设四辅，以大司农为羲和，封周公及孔子后为列侯，追谥孔子为褒成宣尼公。元始二年，郡国大旱、蝗，王莽上书愿出钱百万，献田三十顷；元始三年，太皇太后诏纳安汉公女为国母，厚予聘礼，王莽多分贫困。又奏立制度、郡、县、乡立学官，设经师。王莽子王宇与其师吴章反对王政君及王莽隔绝平帝与其舅卫氏关系，事觉，王宇下狱死，卫氏支属被灭，吴章腰斩，并诛及元帝之妹敬武公主，王莽之叔红阳侯王立，名臣何琥、鲍宣等，坐死数百人。元始四年，王莽加号宰衡，取周公太宰，伊尹阿衡之合，刻"宰衡太傅大司马印"，位上公。又奏立明堂、辟雍、灵台，为学者筑舍万区，立《乐经》，益博士员，经各五人。征天下通一经教授十一人以上及有《逸礼》、古书、天文、图谶、钟律、月令、兵法、史籀文字，通知其意者，皆诣公车，前后至者以千数。元始五年，征天下通晓逸经、古记、天文、历算、钟律、小学、《史篇》、方术、《本草》及以五经、《论语》《孝经》《尔雅》教授者，遣诣京师，至者数千人。王莽加九锡，即车马、衣服、乐器、朱户、纳陛、武贲、鈇鉞、弓矢、秬鬯，以为殊礼宠异王莽。同年，王莽以毒酒害平帝，平帝时年十四岁。太皇太后为了使自己和王莽继续执政，诏以宣帝玄孙刘婴为嗣，王莽居摄践阼，如周公故事，称"假皇帝"，臣民谓之"摄皇帝"，刘婴时年二岁，号孺子。公元 6 年，即居摄元年，安众侯刘崇起兵反莽，翌年，东郡太守翟义，槐里人赵明、霍鸿皆举反，不久被败。王莽更造货币。公元 8 年，即居摄三年，王莽并依周制置公侯伯子男

---

[1]（汉）班固撰，（唐）颜师古注：《汉书》，北京：中华书局，1962 年版，卷九十八第 4044 页。

五等爵，改居摄三年为初始元年，同年，梓潼人哀章造"王莽为真天子"铜匮，王莽即天子位，定国号曰新，改元为始建国元年。刘婴废为安定公，封万户，地方百里，王莽亲执孺子手，流涕唏嘘，曰："昔周公摄位，终得复子明辟，今予独迫皇天威命，不得如意。"哀叹良久。中傅将孺子下殿，北面而称臣，百僚陪位，莫不感动。封拜四辅、三公、四将；更作小钱；改制，田宅奴婢不得卖买，行五均、赊贷、六筦之法，禁吏民为符命。公元14年，改元天凤元年，以《周官》《王制》之文，改易官名地名，分合郡县，总为万国。至此，王莽完成了代汉的全部步骤，并依照尊孔复古的原则，恢复周礼。

王莽代汉后，内忧外患并未消除，始建国三年，将军严尤劝谏不用兵，以节约民力，王莽不听。始建国四年，为缓和矛盾，令王田及奴婢可私下买卖。天凤元年，益州反；二年，五原、代郡反；四年，瓜田仪、吕母、绿林军等反；五年，樊崇、刁子都反。公元20年，王莽改元地皇，立黄帝庙等；地皇二年，秦丰、女子迟昭平聚众反；三年，樊崇兵朱眉，称赤眉军，平林兵起，刘縯、刘秀兄弟起兵；四年，立刘秀族兄刘玄为皇帝，昆阳之战爆发，刘秀大胜王莽军队，刘玄杀刘縯。刘歆、董忠谋劫王莽降汉，事泄，国师刘歆自杀，大司马董忠坐斩；隗嚣、公孙述、刘望等起兵。汉军入长安，王莽逃入未央宫渐台，兵败被杀，新亡。[1]

第二节 东汉皇帝的更迭

东汉的开国者为刘秀。据《后汉书·光武帝纪》，刘秀，字文叔，南阳蔡阳人，高祖刘邦九世孙，为汉景帝之子长沙定王刘发之后。早孤，性勤于稼穑。新天凤中，至长安，受《尚书》，略通大义。新朝末年，天下大乱，其兄刘縯宾客劫人，刘秀避难新野，卖谷于宛，受宛人李通蛊惑，以图谶云"刘氏复起，李氏为辅"，起兵于宛，时年二十八岁。公元23年，刘玄为皇帝，建号更始，妒杀刘縯，时刘秀昆阳大捷，不自伐昆阳之功，并不为兄服丧，"饮食言笑如平常"，得封破虏大将军，封武信侯。后为司隶校尉，修复北

---

[1] 详见《王莽传》，（汉）班固撰，（唐）颜师古注：《汉书》，北京：中华书局，1962年版，卷九十九。

都洛阳。刘玄至洛阳,刘秀以破虏将军行大司马事,徇河北,黜陟能否,平遣囚徒,除王莽苛政,复汉官名,《后汉书·光武帝纪》称"吏人喜悦,争持牛酒迎劳"。[1]

刘秀为人,仁慈而具深谋,所谓"刘将军平生见小敌怯,今见大敌勇,甚可怪也,且复居前"[2],其英勇就在于此,与其兄刘縯好侠不同。更始二年,刘玄迁都长安,委政赵萌,立刘秀为萧王,令罢兵,刘秀不应征。更始三年,刘秀称帝于鄗(今河北柏乡),建元建武,同年定都洛阳,史称东汉。而更始皇帝刘玄因赤眉军攻入长安,降赤眉,先封畏威侯,后封长沙王,同年被杀。建武二年,刘秀封功臣为列侯。同年,大司马吴汉、大司徒邓禹等节节胜利,光武皇帝刘秀亲率军破五校,汉中王刘嘉大破赤眉十八万,降汉。光武帝以冯异代邓禹,对冯异说:"今之征伐,非必略地屠城,要在平定安集之耳。诸将非不健斗,然好掳掠。卿本能御吏士,念自修敕,无为郡县所苦。"[3]建武三年,赤眉兵败,刘盆子降汉,冯异平定关中,吴汉破苏茂,大将军耿弇破延岑部将邓仲况,征南大将军岑彭破秦丰。建武四年,邓禹破延岑。其后数年,刘秀及其部将不断征讨,平定国内动乱,并进击匈奴等外藩。至建武十三年,即公元37年,基本平定国内割据势力,疆域恢复到西汉的规模。此后,汉光武帝刘秀把主要精力由武备转向治民,为恢复生产,发展经济,重兴传统文化而日夜操劳。

汉光武帝刘秀在位三十三年,建武中元二年,即公元57年死,时年六十二岁。子孝明皇帝刘庄即位,刘庄即东海王刘阳,曾封东海公,于建武十九年与皇太子刘强易位。汉明帝永平十二年,王景、王吴治河,使河、汴分流。时比年丰收,粟斛三十。永平十八年明帝死,太子刘炟即位,此为孝章皇帝。该年京师及兖、豫、徐三州大旱,诏勿收三州田租。翌年正月,又诏二千石劝农桑,慎选举,顺时令,理冤狱。章帝元和二年,即公元85年,诏民有产子者免三岁算赋,怀妊者赐胎养谷,人三斛,免其夫一岁算赋。元和三年,令常山、魏郡、清河、巨鹿、平原、东平等六郡国守相,以闲田赋

---

[1] (宋)范晔撰,(唐)李贤等注:《后汉书》,北京:中华书局,1965年版,卷一第1-10页。
[2] (宋)范晔撰,(唐)李贤等注:《后汉书》,北京:中华书局,1965年版,卷一第8页。
[3] (宋)范晔撰,(唐)李贤等注:《后汉书》,北京:中华书局,1965年版,卷十七第645页。

与贫民垦辟，以尽地力。汉章帝章和二年，即公元88年，皇帝死。太子刘肇嗣位，是为和帝，时年十岁，窦太后临朝，章帝遗诏罢国盐铁之禁，纵民煮铸。明帝、章帝、和帝时，班超、窦宪等人，击匈奴及西域有功，然窦宪为人骄纵，《后汉书·窦融列传》载，章帝建初八年，即公元83年，窦宪恃宫掖声势，以贱值请夺沁水公主园田，公主为明帝女，窦宪为今上外戚，故公主不敢与争，后为章帝发觉，大怒，责窦宪云："深思前过，夺主田园时，何异赵高指鹿为马？久念使人惊怖。昔永平中，常令阴党、阴博、邓叠三人更相纠察，故诸豪戚莫敢犯法者，而诏书切切，犹以舅氏田宅为言。今贵主尚见枉夺，何况小人哉！国家弃宪如孤雏腐鼠耳。"[1]窦宪因此大惧，皇后为窦宪女弟，为"毁服深谢"。和帝即位，太后临朝，窦宪以侍中身份，内干机密，出宣诰命，其弟窦笃为虎贲中郎将，窦笃弟窦景、窦瑰并中常侍，兄弟皆处亲要之地，加以窦太后之故，权过天子。其父窦勋早岁被诛，窦宪"性果急，睚眦之怨莫不报复"，遂杀曾考劾其父的谒者韩纡子，以首祭父。又杀齐殇王子都乡侯，而归罪都乡侯刘畅之弟利刚侯，事发，太后闭窦宪于内宫。永元元年，即公元89年，窦宪破匈奴于稽落山，三年，又破匈奴于金微山，令班固刻石作铭。窦宪挟战胜之威，威权震朝廷，被拜大将军，封武阳侯，食邑二万户，公卿希旨，奏宪位次太傅下，三公上。而窦笃为卫尉，窦景、窦瑰皆侍中，为奉车、驸马都尉，四家竞修第宅，穷极工匠。笃封郾侯，景封汝阳侯，瑰封夏阳侯，各六千户。窦宪在朝中培植爪牙，尚书仆射郅寿、乐恢并以忤意，相继自杀，其兄弟数人"侵陵小人，强夺财物，篡取罪人，妻略妇女"，一时"商贾闭塞，如避寇雠。有司畏懦，莫敢举奏"[2]。永元四年，即公元92年，和帝因中常侍钩盾令郑众，谨敏有心机，不事豪党，遂与郑众定议诛窦宪。诏执金吾、五校尉勒兵屯卫南、北宫，闭城门，收捕窦宪死党邓叠、郭璜、邓磊、郭举，下狱诛，窦氏四兄弟皆遣就国，窦宪、窦笃、窦景自杀。和帝以宦者郑众为大长秋，参与政事，东汉在皇帝与外戚的斗争中开始起用宦官执政。

永元十七年，即公元105年，和帝死，少子刘隆出生尚百余日，即位，

---

[1]（宋）范晔撰，（唐）李贤等注：《后汉书》，北京：中华书局，1965年版，卷二十三第812页。
[2]（宋）范晔撰，（唐）李贤等注：《后汉书》，北京：中华书局，1965年版，卷二十三第819页。

此即孝殇皇帝，邓皇后为太后，临朝。翌年，殇帝死，清河王子刘祜嗣位，此即孝安皇帝，邓太后仍临朝。延光四年，即公元125年，安帝死，皇后阎氏确定迎北乡侯刘懿嗣位，是为少帝。同年少帝死，中常侍孙程等拥立废太子济阴王刘保，此即孝顺皇帝，孙程等皆封列侯，宦官权势从此日盛。建康元年，即公元144年，顺帝死。太子刘炳嗣位，此即孝冲皇帝，皇太后梁氏临朝称制。翌年，冲帝死。大将军梁冀与太后定策立渤海王刘鸿之子刘缵为皇帝，此即孝质皇帝，时年八岁。翌年，梁冀鸩杀质帝，缘于质帝曾说梁冀曰："此跋扈将军也。"[1] 梁冀立蠡吾侯刘志为帝，此即汉孝桓皇帝。梁冀因与李固不合，先令梁皇后免太尉李固，梁冀杀李固，以及前太尉杜乔。延熹二年，即公元159年，因大将军梁冀专擅威柄，凶恣日积，秉政十九年，以私憾杀人至众。威行内外，天子拱手，桓帝密诏宦官单超、徐璜、具瑗、左悺、唐衡等五人定议诛梁冀，梁冀及妻孙寿宗亲皆弃市，诸依附者如太尉、司徒、司空官皆免为庶人，单超等五人因功皆封县侯，宦官益横。延熹九年，宦官大捕"党人"，翌年禁锢党人。永康元年，即公元167年，桓帝死，皇后窦氏临朝，定策立解渎亭侯刘宏，是为孝灵皇帝。汉灵帝光和七年，即公元184年，黄巾军起义。汉灵帝中平六年，即公元189年，灵帝死，皇子刘辩嗣位。尊皇后曰太后，太后临朝，宦官杀大将军何进，袁绍诛宦官，董卓废少帝为弘农王，立陈留王刘协，是为孝献皇帝。翌年，即献帝初平元年，董卓迁都长安。初平三年，即公元192年，王允诛董卓。建安元年，即公元196年，曹操迁帝于许，三国时代开始。

第三节 东汉的改革

新朝的建立，缘于人们对西汉王朝的失望，新朝的灭亡，也与人们对王莽的不满密切相关。东汉王朝在军事上战胜了新朝以及广大军阀势力以后，仍然需要用切实可行的经济、政治政策来确立其存在的合理性。

据《汉书·王莽传》，王莽始建国元年，下诏揭露西汉社会之弊曰："强

---

[1]《梁统列传》，见（宋）范晔撰，（唐）李贤等注：《后汉书》，北京：中华书局，1965年版，卷三十四第1179页。

者规田以千数,弱者曾无立锥之居。又置奴婢之市,与牛马同栏,制于民臣,颛断其命。奸虐之人因缘为利,至略卖人妻子,逆天心,悖人伦,缪于'天地之性人为贵'之义。"因此,他宣布"今更名天下田曰'王田',奴婢曰私属,皆不得买卖。其男口不盈八,而田过一井者,分余田予九族邻里乡党。故无田,今当受田者,如制度。敢有非井田圣制,无法惑众者,投诸四裔"[1]。作为一个改革家,王莽欲通过复古改革,以实现人民的安居和社会的公平,可惜最终没有取得预期的效果,反倒成为王莽被推翻的理由。其推广五均、赊贷、六筦之法,目的在于实现市场运行的宏观控制,节制商人对农民的过度盘剥,制止高利贷者的猖獗活动,防止物价的上下动荡。可是,这样政策的初衷既实行不了,其弊端就充分地暴露了。这样一来,王莽就不再是周公再世了,而成了妖人。《汉书·王莽传》赞曰:

> 王莽始起外戚,折节力行,以要名誉,宗族称孝,师友归仁。及其居位辅政,成、哀之际,勤劳国家,直道而行,动见称述。岂所谓"在家必闻,在国必闻","色取仁而行违"者邪?莽既不仁而有佞邪之材,又乘四父历世之权,遭汉中微,国统三绝,而太后寿考为之宗主,故得肆其奸慝,以成篡盗之祸。推是言之,亦天时,非人力之致矣。及其窃位南面,处非所据,颠覆之势险于桀纣,而莽晏然自以黄、虞复出也。乃始恣睢,奋其威诈,滔天虐民,穷凶极恶,毒流诸夏,乱延蛮貊,犹未足逞其欲焉。是以四海之内,嚣然丧其乐生之心,中外愤怨,远近俱发,城池不守,支体分裂,遂令天下城邑为虚,丘垅发掘,害遍生民,辜及朽骨,自书传所载乱臣贼子无道之人,考其祸败,未有如莽之甚者也。昔秦燔《诗》《书》以立私议,莽诵六艺以文奸言,同归殊途,俱用灭亡,皆炕龙绝气,非命之运,紫色蛙声,余分闰位,圣王之驱除云尔![2]

如果排除班固所持立场对王莽的不利影响,从班固对王莽的评价中,我们仍然可以发现一个奇怪的现象,即王莽建立新朝,是受到大家极力拥戴

---

[1](汉)班固撰,(唐)颜师古注:《汉书》,北京:中华书局,1962年版,卷九十九第4110-4111页。

[2](汉)班固撰,(唐)颜师古注:《汉书》,北京:中华书局,1962年版,卷九十九第4194页。

的，而其败亡，似乎也是大势所趋。同样一个王莽，在建新十余年中，其个人声誉发生如此大的变化，真是让人难以置信。

西汉末期，汉王朝的政权在繁荣的表象下，掩盖了许多矛盾，由于汉儒生们对天人感应学说的信服，以及对大同禅让理想的追求，使他们倾向于拥戴一位接受天命的贤人，王莽以王氏强势家族代言人的身份登场，而本身又兼有儒生身份，好学、朴素、谦逊、大公无私、正直勇敢的品德，使他兼具了仁义礼智信温良恭俭让的政治修养与个人素质，因此，全国各地拥戴之声不绝，由周公而圣王也就顺理成章了。但是，王莽改制的矛头是指向有钱阶层，因此，导致豪强的反对，也就是顺理成章的事了。

新朝末年爆发的造反运动，虽然解决了政权问题，但是，西汉社会的矛盾并没有从根本上解决，解决经济方面的贫富分化，土地兼并，仍然是摆在新的统治者面前的主要任务。

刘秀在平定国内不同武装力量后，采取了一系列政策以鼓励经济发展。《后汉书·刘隆列传》及《后汉书·光武帝纪》载度田事件，即为其一。建武十五年，以天下垦田顷亩多不实，又户口、年纪互有增减，下诏州郡检核。而刺史、太守多为诈巧，苟以度田为名，聚民田中，并度庐屋、里落，民遮道啼呼，而有些官吏优饶豪右，侵刻羸弱。时诸郡多遣使奏事，光武帝见陈留吏奏牍上有字，视之，上云"颍川、弘农可问，河南、南阳不可问"[1]，光武问其缘故，而吏不敢对，时光武帝第四子东海公刘阳年十二岁，在幄幕后言曰："河南帝城，多近臣，南阳帝乡，多近亲，田宅逾制，不可为准"[2]。光武令虎贲将诘问吏，果如此，遂遣谒者考实二千石长吏阿枉不平者，大司徒欧阳歙因任汝南太守时度田不实，下狱死。翌年，河南尹张伋及诸郡守十余人，皆坐度田不实，下狱死。而当时郡国大姓及兵长群盗处处并起，攻劫在所，害杀长吏，郡县追讨，到则解散，去复屯结，青、徐、幽、冀四州尤盛，于是，皇帝诏令为乱者相斩除，徙其魁帅于他郡，赋田受禀，使安生业，度田事件始得平息。建武十六年，复行五铢钱。

---

[1]《朱景王杜马刘傅坚马列传》，见（宋）范晔撰，（唐）李贤等注：《后汉书》，北京：中华书局，1965年版，卷二十二第780-781页。

[2]《朱景王杜马刘傅坚马列传》，见（宋）范晔撰，（唐）李贤等注：《后汉书》，北京：中华书局，1965年版，卷二十二第781页。

刘秀欲通过度田的方式，以改变豪强地主的割据状态，收到了一定效果，特别是把各地大姓兵长迁移他乡，削弱了他们的势力。明帝、章帝、和帝时，经济不断发展，皇帝又常下诏令以苑囿、郡国公田与贫民耕种，给贫民种粮，并免租赋，在一定程度上缓和了贫民生计之艰难。但是，由于豪强地主势力的强大，东汉王朝经济的繁荣，财富的积累，则更多滞留在豪强地主手中，国库则并不及西汉之殷实。

东汉初年，大封功臣，但东汉功臣并不具有行政方面的权力，刘秀不给功臣军权政权，只给他们爵位，又禁止外戚参政，马援有大功勋，却因与皇帝有亲戚关系，不得列入云台二十八将之中。明帝时，外戚有阴、邓，明帝让他们互相纠察，而梁松、窦穆以公主驸马的身份，因请托郡县，干乱政治而被诛，窦宪在章帝时被切责，也是东汉遏制外戚的一贯策略。光武皇帝还严防蕃王坐大，二十八年，下令收捕诸王宾客，牵连而死者以千数。明帝时，楚王刘英结交方士，作符瑞图书，被迫自杀，株连及外戚、诸侯、豪强、官吏数以千计，系狱者数千人。在中央政府，太尉、司徒、司空三公并无实权，而权力掌握在官阶并不高的尚书台手中，尚书台有令、仆射及六曹尚书。而宫内官职，改西汉时委任士人为委任宦官，以便于皇帝的直接控制。对于地方政权，光武帝裁并四百多县，吏职减去十分之九，边塞的亭侯吏卒也陆续罢省了。废除了内郡的地方兵，裁撤郡都尉，其职权归之太守，使军权统一于中央。这些措施都加强了中央集权的力量。

第四节 谶纬与谶纬批判

谶纬分为谶与纬两个部分，《说文解字》曰："谶，验也。"段玉裁《说文解字注》说，《文选》《鹏鸟赋》《魏都赋》注引文有"有征验之书，河洛所出书曰谶"[1]之文。纬是相对于经而言的，《释名》曰："纬，围也，反覆围绕以成经也。"[2]顾颉刚论谶纬的联系说："这两种在名称上好像不同，

---

[1]（汉）许慎撰，（清）段玉裁注：《说文解字注》，上海：上海古籍出版社，1988年第2版，第90页。
[2]（东汉）刘熙撰，（清）毕沅疏证，王先谦补：《释名疏证补》，北京：中华书局，2008年版，卷六第211页。

其实内容并没有什么大分别。实在说来,不过谶是先起之名,纬是后起的罢了。"[1] 顾颉刚的观点实际上并不准确。虽说谶、纬就本质上都有神秘主义倾向,但其产生的目的并不是一回事。谶是预言性质的,目的虽然是为了改朝换代,但却有强化君权的作用。纬是附会经书的,目的在尊崇孔子。汉代以后的皇帝虽然表面上尊崇孔子,但汉代儒生尊孔的目的是为了限制君主的胡作非为,而孔子思想归根结底是人民本位的。

谶假托神灵以预言未来,纬以神秘主义附会经书,其兴起当在西汉之末,郑樵《通志·艺文略一》曰:"谶纬之学,起于前汉。及王莽好符命,光武以图谶兴,遂盛行于世。"[2]

谶纬的繁荣在新及东汉。东汉初年,谶纬共有八十一篇之多,而《易》《诗》《书》《礼》《乐》《春秋》《孝经》皆有纬,号称七纬。东汉的儒生甚至以七纬为内学,以五经为外学。谶纬的内容有的解经,有的述史,还有关天文、地理、历法者,其内容不离阴阳五行神怪,荒诞不经,适合于人们穿凿附会,作任意之解,而王莽代汉,刘秀光复,都或多或少借助了谶纬之力。《后汉书·光武帝纪》载,光武避吏新野,宛人李通以图谶说光武曰:"刘氏复起,李氏为辅。"[3] 又曰,光武帝将为皇帝,此时,他原先在长安时的同舍生强华自关中奉《赤伏符》来,曰:"刘秀发兵捕不道,四夷云集龙斗野,四七之际火为主。"[4] 刘秀见有符命,因此即天子位。《后汉书·朱浮列传》载,朱浮为太仆,曾讲图谶;《后汉书·贾逵列传》载贾逵亦附会谶纬。《廿二史札记·光武信谶书》曰:

> 谶纬起于西汉之末。张衡著论曰,汉以来并无谶书。刘向父子领校秘书,尚无谶录,则知起于哀、平之际也。按《樊英传》有《河》《洛》七纬,章怀注曰:"《易纬》,《稽览图》《乾凿度》《坤灵图》《通卦验》《是类谋》《辨终备》也;《书纬》,《璇玑钤》《考灵耀》《刑德放》《帝命验》《运期授》也,《诗

---

[1] 顾颉刚撰:《秦汉的方士与儒生》,上海:上海古籍出版社,2005年版,第92页。
[2] (宋)郑樵撰,王树民点校:《通志二十略》,北京:中华书局,1995年版,第1478页。
[3] (宋)范晔撰,(唐)李贤等注:《后汉书》,北京:中华书局,1965年版,卷一第2页。
[4] (宋)范晔撰,(唐)李贤等注:《后汉书》,北京:中华书局,1965年版,卷一第21页。

纬》,《推度灾》《氾历枢》《含神雾》也;《礼纬》,《含文嘉》《稽命征》《斗威仪》也;《乐纬》,《动声仪》《稽耀嘉》《叶图征》也;《孝经纬》,《援神契》《钩命决》也;《春秋纬》,《演孔图》《元命苞》《文耀钩》《运斗枢》《感精符》《合诚图》《考异邮》《保乾图》《汉含孳》《佑助期》《握诚图》《潜潭巴》《说题辞》也。此等本属不经,然是时实有征验不爽者。杨春卿善图谶,临死戒其子统曰:"吾绛衣中有祖传秘记,为汉家用。"哀帝建平中,有方士夏贺良上言赤精子之谶,汉家历运中衰,当再授命,故改号曰太初元将元年,称陈圣刘太平皇帝。其后果篡于王莽,而光武中兴。又光武微时,与邓晨在宛,有蔡少公者学谶,云刘秀当为天子。或曰:"是国师公刘秀耶?"光武戏曰:"安知非仆。"西门君惠曰:"刘氏当复兴,国师姓名是也。"李通素闻其父说谶云,刘氏复兴,李氏为辅,故通与光武深相结。其后破王郎,降铜马,群臣方劝进,适有旧同学强华者,自长安奉《赤伏符》来,曰:"刘秀发兵捕不道,四夷云集龙斗野,四七之际火为主。"群臣以为受命之符,乃即位于鄗南。是谶记所说寔于光武有征,故光武犹笃信其术,甚至用人行政亦以谶书从事。方议选大司空,《赤伏符》有曰:"王梁主卫作玄武",帝以野王县本卫地之所徙,玄武水神之名,司空水土官也,王梁本安阳人,名姓地名俱合,遂拜梁为大司空。又以谶文有"孙咸征狄"之语,乃以平狄将军孙咸为大司马。此据谶书以用人也。因《河图》有"赤九会昌"之文,光武于高祖为第九世,故其祀太庙至元帝而止,成、哀、平三帝则祭于长安。会议灵台处所,众议不定,光武曰:"吾以谶决之。"此据谶书以立政也。且廷臣中有信谶者,则登用之。贾逵欲尊《左氏传》,乃奏曰:"五经皆无证图谶以刘氏为尧后者,惟《左氏》有明文。"由是《左氏传》遂得选高才生习。其不信谶者,则贬黜随之。帝以尹敏博学,使校图谶,令蠲去崔发为王莽著录者。敏曰:"谶非圣人所作,其中多近鄙别字,恐疑误后生。"帝不听。敏乃因其阙文增之曰:"君无口,为汉辅。"帝召敏诘之,对曰:"臣见前人增损图书,故学为之耳。"帝深非之。桓谭对帝言"臣不读谶书"，且极论谶书之非经，帝大怒，以为非圣无法，欲斩之。帝又语郑兴，欲以谶断郊祀。兴曰："臣不学谶。"帝怒曰："卿非之耶！"兴诡词对曰："臣于书有所不学，而无所非也。"兴数言政事，帝以其不善谶，终不任用。是光武之信谶书，几等于圣经贤传，不敢有一字致疑矣。独是王莽、公孙述亦矫用符命。光武与述书曰："图谶言公孙，即宣帝也。代汉者当塗高，君岂高之身耶？王莽何足效乎。"则光武亦明知谶书之不足信矣。何以明知之，而又深好之，岂以莽、述之谶书多伪，而光武所得者独真耶。同时有新城蛮贼张满反，祭天地，自云当王，为祭遵所擒，乃叹曰："谶文误我！"遂斩之。又真定王刘扬造作谶记云："赤九之后，瘿扬为主。"扬病瘿，欲以惑众，为耿纯所诛。是当时所谓图谶者，自夏贺良等实有占验外，其余类多穿凿附会，以惑世而长乱。乃人主既信之，而士大夫亦多有留意其术者。朱浮自言："臣幸得与讲图谶。"苏竟与刘龚书曰："孔子秘经，为汉赤制。玄包幽室，文隐事明。火德承尧，虽昧必亮。"郑康成戒子，亦自言"睹秘书纬术之奥"。所谓上有好者，下必有甚焉者也。范蔚宗曰："世主以此论学，悲哉！"[1]

谶纬之言虽荒诞不经，但由于光武皇帝深好此道，并以此运用于人事行政，顺之者昌，逆之者亡，因此，贾逵、郑康成等大儒，也相从附会，说明神秘的谶纬文化已深入东汉文人心中。

《后汉书·方术列传》曰："汉自武帝颇好方术，天下怀协道艺之士，莫不负策抵掌，顺风而届焉。后王莽矫用符命，乃光武尤信谶言，士之赴趣时宜者，皆骋驰穿凿，争谈之也。故王梁、孙咸名应图录，越登槐鼎之任，郑兴、贾逵以附同称显，桓谭、尹敏以乖忤沦败，自是习为内学，尚奇文，贵异数，不乏于时矣。是以通儒硕生，忿其奸妄不经，奏议慷慨，以为宜见藏摈。子长亦云：'观阴阳之书，使人拘而多忌。'盖为此也。"[2] 谶纬的神秘主义精神实质，体现的是天人相应的思维方式，是天有意志的观念在东

---

[1]（清）赵翼著，王树民校证：《廿二史札记校证》，北京：中华书局，1984年版，卷四第87-89页。
[2]（宋）范晔撰，（唐）李贤等注：《后汉书》，北京：中华书局，1965年版，卷八十二第2705页。

汉的进一步发展。但其实质却与董仲舒的灾异学说不同，其神秘主义远甚天人相应学说，因此，其假造的制作方法与灾异的附会是不能同日而语的。谶纬由于君主的倡导，虽然能愚弄一时，但造谶纬的人肯定明白其虚假性，而汉代严肃的思想家们，对谶纬的认识也是非常有科学态度的。其代表人物，包括桓谭、尹敏、郑兴、张衡等人。

《后汉书·桓谭列传》曰，桓谭，字君山，沛国相人，"博学多通，遍习五经，皆诂训大义，不为章句，能文章，尤好古学"，其为人"简易不修威仪，而憙非毁俗儒，由是多见排抵"。[1]哀帝时为郎，劝说傅皇后之父傅晏清静自安，董贤为大司马，听闻桓谭之名，欲与交接，桓谭以辅国保身之术说董贤，董贤不能用。王莽居摄及篡弑之际，"天下之士莫不竞褒称德美，作符命以求容媚，谭独自守，默然无言。"光武皇帝即位，征待诏，上书言事失旨。后大司空宋弘荐谭，拜议郎给事中，上疏陈时政所宜，批评不任贤、私相报仇、商贾为宦、刑开二门等问题，不受皇帝重视。时光武信谶，多以决嫌疑，于是上疏曰：

> 臣前献瞽言，未蒙诏报，不胜愤懑，冒死复陈。愚夫策谋，有益于政道者，以合人心而得事理也。凡人情忽于见事而贵于异闻，观先王之所记述，咸以仁义正道为本，非有奇怪虚诞之事。盖天道性命，圣人所难言也。自子贡以下，不得而闻，况后世浅儒，能通之乎！今诸巧慧小才伎数之人，增益图书，矫称谶记，以欺惑贪邪，诖误人主，焉可不抑远之哉！臣谭伏闻陛下穷折方士黄白之术，甚为明矣；而乃欲听纳谶记，又何误也！其事虽有时合，譬犹卜数只偶之类。陛下宜垂明听，发圣意，屏群小之曲说，述五经之正义，略雷同之俗语，详通人之雅谋。……[2]

桓谭反对谶纬，在于谶纬既非圣人所敢道，其实乃小人之造伪，即使偶有巧合，也说明不了问题，其神秘主义精神，奇怪虚诞之附会，与五经正道背道而驰，是无根基之谈。其言辞之激烈，正与其不趋炎附势的气节相统

---

[1]（宋）范晔撰，（唐）李贤等注：《后汉书》，北京：中华书局，1965年版，卷二十八第955页。
[2]《桓谭传》，见（宋）范晔撰，（唐）李贤等注：《后汉书》，北京：中华书局，1965年版，卷二十八第959-960页。

一。也正因如此,"帝省奏,愈不悦"。后来,有诏会议灵台所处,光武帝谓桓谭曰:"吾欲以谶决之,何如?"桓谭默然良久,说:"臣不读谶。"光武帝问原因,桓谭再次"极言谶之非经"。刘秀因谶而登皇帝位,见桓谭否定谶纬的合法性,雷霆大怒,曰:"桓谭非圣无法,将下斩之。"[1]桓谭叩头流血,才得不死。

据《后汉书·儒林列传》载,尹敏初习《欧阳尚书》,后受《古文》,兼善《毛诗》《穀梁》《左氏春秋》。建武二年,上疏陈《洪范》消灾之术。后光武帝欲使尹敏校图谶,除去王莽符命,尹敏回答说:"谶书非圣人所作,其中多近鄙别字,颇类世俗之辞,恐疑误后生。"光武帝不纳其言,尹敏则和光武帝开了一个玩笑,在谶录中加了"君无口为汉辅"六字,光武帝召而问之,尹敏回答说:"臣见前人增损图书,敢不自量,窃幸万一。"[2]光武深以为非。尹敏以《洪范》言灾异,而又非谶纬,这说明董仲舒的天人相应之说,灾异之论,与谶纬自有区别。

河南开封人郑兴,字少赣,本治《公羊春秋》,后治《左氏传》,《后汉书·郑兴列传》载日食,而郑兴言《春秋》灾异,但当光武帝欲兴郊祀,曰:"吾欲以谶断之,何如?"郑兴却回答说"臣不为谶"[3],其思路桓谭仿佛。

《后汉书·张衡列传》曰,张衡,字平子,南阳西鄂人。少善属文,观太学,通五经,贯六艺,才高于世,而无骄尚之情,"从容淡静,不好交接俗人",好天文、阴阳、历算,作浑天仪、候风地动仪等。因光武帝、明帝、章帝好谶,自东汉以来,儒者争学图纬,兼复附以妖言,"衡以图纬虚妄,非圣人之法"[4],乃上疏曰:

> 臣闻圣人明审律历以定吉凶,重之以卜筮,杂之以九宫,经

---

[1]《桓谭传》,见(宋)范晔撰,(唐)李贤等注:《后汉书》,北京:中华书局,1965年版,卷二十八第961页。

[2]《儒林传》,见(宋)范晔撰,(唐)李贤等注:《后汉书》,北京:中华书局,1965年版,卷七十九第2558页。

[3]《郑范陈贾张列传》,见(宋)范晔撰,(唐)李贤等注:《后汉书》,北京:中华书局,1965年版,卷三十六第1223页。

[4](宋)范晔撰,(唐)李贤等注:《后汉书》,北京:中华书局,1965年版,卷五十九第1897-1911页。

天验道，本尽于此。或观星辰逆顺，寒燠所由，或察龟策之占，巫觋之言，其所因者，非一术也。立言于前，有征于后，故智者贵焉，谓之谶书。谶书始出，盖知之者寡。自汉取秦，用兵力战，功成业遂，可谓大事，当此之时，莫或称谶。若夏侯胜、眭孟之徒，以道术立名，其所述著，无谶一言。刘向父子领校秘书，阅定九流，亦无谶录。成、哀之后，乃始闻之。《尚书》尧使鲧理洪水，九载绩用不成，鲧则殛死，禹乃嗣兴。而《春秋谶》云"共工理水"。凡谶皆云黄帝伐蚩尤，而《诗谶》独以为"蚩尤败，然后尧受命"。《春秋元命苞》中有公输班与墨翟，事见战国，非春秋时也。又言"别有益州"，益州之置，在于汉世。其名三辅诸陵，世数可知。至于图中讫于成帝。一卷之书，互异数事，圣人之言，埶无若是，殆必虚伪之徒，以要世取资。往者侍中贾逵摘谶互异三十余事，诸言谶者皆不能说。至于王莽篡位，汉世大祸，八十篇何为不戒？则知图谶成于哀平之际也。且《河洛》《六艺》，篇录已定，后人皮传，无所容篡。永元中，清河宋景遂以历纪推言水灾，而伪称洞视玉版，或者至于弃家业，入山林。后皆无效，而复采前世成事，以为证验。至于永建复统，则不能知。此皆欺世罔俗，以昧埶位，情伪较然，莫之纠禁。且律历、封候、九宫、风角，数有征效，世莫肯学，而竞称不占之书。譬犹画工，恶图犬马而好作鬼魅，诚以实事难形，而虚伪不穷也。宜收藏图谶，一禁绝之，则朱紫无所眩，典籍无瑕玷矣。[1]

张衡检讨了谶纬的概念、缘起，指出谶纬就是预言，其产生在哀、平之世，因为此前的典籍没有登录。谶纬不是圣人所造，因为其中自相矛盾处多多，很多是常识性错误。其无实事，其验虚诞。

《汉书·儒林传》提到"朴学"一词，是西汉经学博士及其弟子的治学态度。《汉书·景十三王传》称道河间献王刘德"实事求是"[2]，此实事

---

[1]《张衡列传》，见（宋）范晔撰，（唐）李贤等注：《后汉书》，北京：中华书局，1965年版，卷五十九第1911-1912页。
[2]（汉）班固撰，（唐）颜师古注：《汉书》，北京：中华书局，1962年版，卷五十三第2410页。

求是,就是汉代朴学的优良学风,颜师古注《汉书》,说实事求是就是"务得事实,每求真是"[1]。桓谭等人批评谶纬,就在于谶纬与六经事实不符,又无当然之真是可以让人服膺,不过是欺世罔俗的虚诞之论。对谶纬的批评,标志着"实事求是"的朴学传统对政治的积极介入。

近代以来,学者研究中国社会的演变,有人认为缺乏对来世的敬畏,必然导致对今生的眷恋,这是社会普遍不能坦然面对死亡的根源。这个观点无疑是有参考价值的。毫无疑问,孔子及原始儒家的思想,是代表了人类文明发展方向的价值观,也是被中国古代人所广泛认同的。也正因此,在中国历史上,来源于中国北方地区的那些操着阿尔泰语的突厥人、蒙古人、通古斯人,通过发动侵略战争,入主中国,为了实现长治久安的目的,也是高扬尊孔的旗帜,并积极赴孔庙祭孔,体现其与中国文化的密切关联。孔子思想强调领导人的情怀和责任,不允许领导人谋求私利,领导人如果违背正义,需要圣人革命。因为没有超现实的惩戒手段,所以领导人只需要消灭了可能推进革命的圣人,就可以实现长久专政的目标。这也是秦汉以来大部分君主不断对游侠进行持续打击的原因。随着游侠的逐渐消失,那些路见不平拔刀相助的志士逐渐成了少数人。每次改朝换代,屠刀总是指向那些敢于反抗的人,勇敢而又有坚守的人总是首先成为社会鼎革的殉道者。清朝初年的"剃发易服令"命汉族人由"峨冠博带"变更为"金钱鼠尾",推行"留发不留头,留头不留发"的政策,凡是不愿剃发者,都被处斩。因此清朝时期可以苟活的人,都是屈服了强权的人。辛亥革命后,有不少人忘记了辫子中的血泪和屈辱,反倒不愿剪掉辫子,这是很值得检讨的事情。

汉代谶纬的出现,虽然是神秘主义的一部分,那些生造谶言的人,是希望用超现实的力量,控制社会的走向。而东汉皇帝意图把纬书和孔子联系在一起,也未尝不是希望社会能增强对孔子与儒学的敬畏。东汉的皇帝在独尊儒学方面比西汉的皇帝态度要坚决,而其学养更是西汉的皇帝所不可比拟的。所以,谶纬作为东汉皇帝为了尊经征圣的目的手段,可能并不能简单地看作是汉光武帝犯的一个简单的错误。

---

[1](汉)班固撰,(唐)颜师古注:《汉书》,北京:中华书局,1962年版,卷五十三第2410页。

第十二章 东汉文人官僚

东汉文人官僚集团包括两类人，一是皇帝，二是文人官僚。西汉初期，刘邦仍袭秦朝的挟书之令，文学不发达，反倒受到蔑视。汉武帝听从董仲舒罢黜百家的建议，任用卫绾、赵绾、王臧等好儒大臣，立五经博士。至建元六年，即公元前135年，窦太后死，田蚡为相，好儒术，黄老刑名等百家邪说被排斥出官学。至王莽托古改制，处处附会经典，尊孔极盛。东汉政治，仍承尊孔传统，强调儒学思想的主导意义。而这一点，由于东汉君主本人的推动，比之西汉要更虔诚。这也是西汉晚期乃至王莽尊孔复古思潮的影响。

第一节 儒生皇帝

东汉伊始，继承了王莽封孔子后代及祠孔子的传统，《后汉书·百官志》载，建武二年，刘秀封周后姬常为周承休公，五年，封殷后孔安为殷绍嘉公，十三年，改封姬常为卫公，孔安为宋公，以为汉宾，在三公上，以示尊敬汤、武传统。[1]《后汉书·孔僖列传》云，建武十三年，封王莽时褒成侯孔均子孔志为褒成侯，永元四年，徙封褒成侯孔损为褒亭侯……世世相传，至汉献帝始绝。[2]《后汉书·光武帝纪》载，建武五年十月，光武幸鲁，使大司空祠孔子；[3]《后汉书·礼仪志上》载，明帝永平二年，养三老、五更于辟雍，郡、县、道行乡饮酒礼于学校，皆祀盛师周公、孔子、牲以犬；[4]《后汉书·显宗孝明帝纪》载，十五年，幸孔子宅，祠仲尼及七十二弟子，亲御讲堂，命皇太子、诸王说经；[5]《后汉书·孔僖列传》载，章帝元和二年春，帝东巡狩，还过鲁，幸阙里，以太牢祠孔子及七十二弟子，作六代之乐，大会孔氏男子二十以上者六十三人，命儒者讲《论语》。帝谓孔僖曰："今日之会，宁于卿宗有光荣乎？"对曰："臣闻明王圣主，莫不尊师贵道。今陛下亲屈万乘，辱临敝里，此乃崇礼先师，增辉圣德。至于光荣，非所敢承。"帝笑曰："非圣者子孙，焉有斯言乎！"[6]遂拜僖郎中，赐褒成侯损及孔氏男女钱帛；《后汉书·孝安帝纪》载，安帝延光三年，幸泰山，祀孔子及七十二弟子于阙里，自鲁相、令、丞、尉及孔氏亲属、妇女，诸生悉会，赐褒成侯以下帛各有差。[7]

东汉诸帝，皆好儒学，而尤以光武帝、明帝、章帝为代表。《后汉书·光武帝纪》记载，东汉光武皇帝早年曾学《尚书》，略通大义，其身份本来就是一个儒生，而其性格，也与儒生相仿佛，与其兄刘縯不同。由于他深谙儒

---

[1]（宋）范晔撰，（唐）李贤等注：《后汉书》，北京：中华书局，1965年版，志二十八第3629-3630页。
[2]（宋）范晔撰，（唐）李贤等注：《后汉书》，北京：中华书局，1965年版，卷七十九第3563页。
[3]（宋）范晔撰，（唐）李贤等注：《后汉书》，北京：中华书局，1965年版，卷一第40页。
[4]（宋）范晔撰，（唐）李贤等注：《后汉书》，北京：中华书局，1965年版，卷七十九第3108页。
[5]（宋）范晔撰，（唐）李贤等注：《后汉书》，北京：中华书局，1965年版，卷二第118页。
[6]（宋）范晔撰，（唐）李贤等注：《后汉书》，北京：中华书局，1965年版，卷七十九第2562页。
[7]（宋）范晔撰，（唐）李贤等注：《后汉书》，北京：中华书局，1965年版，卷五第238页。

家思想，又好行节俭宽厚之仁政，常常招引群臣讲论经义，并以经义精神改良政治。

光武帝刘秀在进行武装斗争的同时，注重改变自西汉以来的社会矛盾，建武二年至建武十四年曾先后六次颁布释放奴婢的诏令，凡属王莽以来吏民被没为奴婢而不合西汉律的，青州、徐州、凉州、益州等割据区域吏民被略卖为奴的，吏民遭饥乱嫁妻卖子为奴，而要求离去的，一律免为庶人；奴婢主人如果拘执不放，按西汉的"卖人法"和"略人法"治罪。又下诏令杀奴婢的不得减罪，炙灼奴婢的按法律治罪，免被炙灼者为庶民，废除奴婢射伤人弃市律。

汉光武帝建武十二年，吴汉败公孙述，蜀地平。吴汉自蜀还京，刘秀大宴将士，功臣增邑更封者凡三百六十五人，邓禹、李通、贾复等人皆受重封。《后汉书·光武帝纪》曰："初，帝在兵间久，厌武事，且知天下疲耗，思乐息肩，自陇、蜀平后，非儆急，未尝复言军旅。皇太子尝问攻战之事，帝曰：'昔卫灵公问陈，孔子不对，此非尔所及。'每旦视朝，日仄乃罢。数引公卿、郎、将讲论经理，夜分乃寐。皇太子见帝勤劳不怠，承间谏曰：'陛下有禹汤之明，而失黄老养性之福，愿颐爱精神，优游自宁。'帝曰：'我自乐此，不为疲也。'虽身济大业，兢兢如不及，故能明慎政体，总揽权纲，量时度力，举无过事。退功臣而进文吏，戢弓矢而散马牛，虽道未方古，斯亦止戈之武焉。"其临终遗嘱曰："朕无益百姓，皆如孝文皇帝制度，务从约省。刺史、二千石长吏皆无离城郭，无遣吏及因邮奏。"[1] 汉光武帝刘秀以光复之君勤政爱民，勤俭节约，亲兴仁政，笃好儒术，因而东汉在光复之后，渐趋繁荣。

《后汉书·樊宏阴识列传》载，樊准少励志行，修儒术。邓太后临朝，儒学陵替，樊准上书，言及光武帝及明帝好儒情况，曰：

> 臣闻贾谊有言，"人君不可以不学"。故虽大舜圣德，孳孳为善；成王贤主，崇明师傅。及光武皇帝受命中兴，群雄崩扰，旌旗乱野，东西诛战，不遑启处，然犹投戈讲艺，息马论道。至孝明皇帝，兼天地之姿，用日月之明，庶政万机，无不简心，而垂情古典，

---

[1]（宋）范晔撰，（唐）李贤等注：《后汉书》，北京：中华书局，1965年版，卷一第85页。

游意经艺，每乡射礼毕，正坐自讲，诸儒并听，四方欣欣。虽阙里之化，瞿相之事，诚不足言。又多征名儒，以充礼官，如沛国赵孝、琅邪承宫等，或安车结驷，告归乡里；或丰衣博带，从见宗庙。其余以经术见优者，布在廊庙。故朝多皤皤之良，华首之老。每宴会，则论难衎衎，共求政化。详览群言，响如振玉。朝者进而思政，罢者退而备问。小大随化，雍雍可嘉。期门羽林介胄之士，悉通《孝经》。博士议郎，一人开门，徒众百数。化自圣躬，流及蛮荒，匈奴遣伊秩訾王大车且渠来入就学。八方肃清，上下无事。是以议者每称盛时，咸言永平。[1]

又《后汉书·儒林列传》曰：

昔王莽、更始之际，天下散乱，礼乐分崩，典文残落。及光武中兴，爱好经术，未及下车，而先访儒雅，采求阙文，补缀漏逸。先是四方学士多怀协图书，遁逃林薮。自是莫不抱负坟策，云会京师，范升、陈元、郑兴、杜林、卫宏、刘昆、桓荣之徒，继踵而集，于是立五经博士，各以家法教授，《易》有施、孟、梁丘、京氏，《尚书》欧阳、大小夏侯，《诗》齐、鲁、韩，《礼》大、小戴，《春秋》严、颜，凡十四博士，太常差次总领焉。

建武五年，乃修起太学，稽式古典，笾豆干戚之容，备之于列，服方领习矩步者，委它乎其中。中元元年，初建三雍。明帝即位，亲行其礼。天子始冠通天，衣日月，备法物之驾，盛清道之仪，坐明堂而朝群后，登灵台以望云物，袒割辟雍之上，尊养三老五更。乡射礼毕，帝正坐自讲，诸儒执经问难于前，冠带缙绅之人，圜桥门而观听者盖亿万计。其后复为功臣子孙，四姓末属别立校舍，搜选高能以受其业，自期门羽林之士，悉令通《孝经》章句，匈奴亦遣子入学。济济乎，洋洋乎，盛于永平矣。

---

[1]（宋）范晔撰，（唐）李贤等注：《后汉书》，北京：中华书局，1965年版，卷三十二第1125-1126页。

建初中，大会诸儒于白虎观，考详同异，连月乃罢。肃宗亲临称制，如石渠故事，顾命史臣，著为通义。又诏高才生受《古文尚书》《毛诗》《谷梁》《左氏春秋》，虽不立学官，然皆擢高第为讲郎，给事近署，所以网罗遗逸，博存众家。孝和亦数幸东观，览阅书林，及邓后称制，学者颇懈，时樊准、徐防并陈敦学之宜，又言儒职多非其人，于是制诏公卿妙简其选，三署郎能通经术者，皆得察举。自安帝览政，薄于艺文，博士倚席不讲，朋徒相视怠散，学舍颓敝，鞠为园蔬，牧儿荛竖，至于薪刈其下。顺帝感翟酺之言，乃更修黉宇，凡所造构二百四十房，千八百五十室。试明经下第补弟子，增甲乙之科员各十人，除郡国耆儒皆补郎、舍人。本初元年，梁太后诏曰："大将军下至六百石，悉遣子就学，每岁辄于乡射月一飨会之，以此为常。"自是游学增盛，至三万余生。然章句渐疏，而多以浮华相尚，儒者之风盖衰矣。党人既诛，其高名善士多坐流废，后遂至忿争，更相言告，亦有私行金货，定兰台漆书经字，以合其私文。熹平四年，灵帝乃诏诸儒正定五经，刊于石碑，为古文、篆、隶三体书法以相参检，树之学门，使天下咸取则焉。[1]

自东汉之初，下至灵帝，虽然其间儒学有盛衰之变，但皇帝以儒学为吏民精神支柱的立场，未尝有所变化。《后汉书·显宗孝明帝纪》云，明帝十岁能通《春秋》，师事博士桓荣，又通《尚书》[2]，所以，本人就是儒学大师级学者。其子章帝刘炟亦如其父，《后汉书·肃宗孝章帝纪》云，章帝"少宽容，好儒术"，因此，在建初四年诏太常曰："将、大夫、博士、议郎、郎官及诸生、诸儒会白虎观，讲议《五经》同异。"[3] 并亲临主持，会后，由班固编成《白虎议奏》，作为官方典籍公布。

《后汉书·桓荣列传》云，显宗十岁能通《春秋》，及立为皇太子，

---

[1]（宋）范晔撰，（唐）李贤等注：《后汉书》，北京：中华书局，1965年版，卷七十九第2545-2547页。
[2]（宋）范晔撰，（唐）李贤等注：《后汉书》，北京：中华书局，1965年版，卷二第95页。
[3]（宋）范晔撰，（唐）李贤等注：《后汉书》，北京：中华书局，1965年版，卷三第129、138页。

选求明经，乃擢桓荣弟子何汤将以《尚书》授太子，世祖从容问何汤本师为谁，回答说为沛国桓荣，帝即召荣，令说《尚书》，使授太子。每朝会，辄令桓荣于公卿前敷奏经书，拜太子太傅。桓荣因太子经学成毕，上疏说"太子以聪睿之姿，通明经义，观览古今，储君副主莫能专精博学若此者也。斯诚国家福佑，天下幸甚。臣师道已尽，皆在太子，谨使掾臣氾再拜归道。"太子报曰："庄以童蒙，学道九载，而典训不明，无所晓识。夫五经广大，圣言幽远，非天下之至精，岂能与于此！况以不才，敢承诲命。"[1]显宗即位，尊以师礼。

孝明皇帝精专博古，古今无有，而又崇明师傅，《后汉书·肃宗孝章帝纪》有司奏言，"孝明皇帝……博贯六艺，不舍昼夜"，[2]其勤奋也无与伦比。《后汉书·桓郁列传》说显宗以桓郁为桓荣之子，甚见亲厚，常居禁中论经书，帝自制《五家要说章句》，令桓郁校定于宣明殿。则孝明皇帝还亲自著述。[3]

《后汉书·张酺列传》曰，章帝之为太子，受《尚书》于汝南张酺。元和二年，幸东郡，引酺及门生并郡县掾史并会庭中，帝先备弟子之仪，使酺讲《尚书》一篇，然后修君臣之礼。[4]《后汉书·贾逵列传》说肃宗降意儒术，特好《古文尚书》《左氏传》，建初元年，诏贾逵入讲北宫白虎观，南宫云台。帝善逵说，使发出《左氏传》大义长于二传者，逵于是具条奏之。[5]

《后汉书·桓郁列传》载，和帝即位，富于春秋。侍中窦宪自以为外戚之重，欲令少主颇涉经学。遂荐桓郁"侍讲"。[6]《后汉书·孝和孝殇帝纪》曰，永元十三年正月，帝幸东观，览书林，阅篇籍，博选术艺之士以充其官。[7]又《后汉书·桓焉列传》曰，顺帝即位，桓焉授经禁中；[8]《后汉书·赵典

---

[1]（宋）范晔撰，（唐）李贤等注：《后汉书》，北京：中华书局，1965年版，卷三十七第1251页。
[2]（宋）范晔撰，（唐）李贤等注：《后汉书》，北京：中华书局，1965年版，卷三第131页。
[3]《桓荣丁鸿列传》，见（宋）范晔撰，（唐）李贤等注：《后汉书》，北京：中华书局，1965年版，卷三十七第1254页。
[4]（宋）范晔撰，（唐）李贤等注：《后汉书》，北京：中华书局，1965年版，卷四十五第1530页。
[5]（宋）范晔撰，（唐）李贤等注：《后汉书》，北京：中华书局，1965年版，卷三十六第1236页。
[6]（宋）范晔撰，（唐）李贤等注：《后汉书》，北京：中华书局，1965年版，卷三十七第1255页。
[7]（宋）范晔撰，（唐）李贤等注：《后汉书》，北京：中华书局，1965年版，卷四第188页。
[8]（宋）范晔撰，（唐）李贤等注：《后汉书》，北京：中华书局，1965年版，卷三十七第1257页。

列传》曰，赵典侍讲禁内；[1]《后汉书·张酺列传》曰，张酺子蕃以郎侍讲；[2]《后汉书·杨秉列传》曰，杨秉为任城相，以明《尚书》征入劝讲；[3]《后汉书·杨赐列传》曰，灵帝时，侍讲于华光殿中。[4]《后汉书·刘宽列传》曰，刘宽在灵帝初，征拜太中大夫，侍讲华光殿；[5]《后汉书·党锢列传》曰，桓帝为蠡吾侯，受学于甘陵周福；[6]《后汉书·蔡邕列传》曰，灵帝好学，自造《皇羲篇》五十章；[7]《后汉书·荀悦列传》曰，献帝颇好文学，荀悦、荀彧与少府孔融侍讲禁中，旦夕谈论；[8]《后汉书·马严列传》曰，令劝学省中。[9]凡此种种，皆是后汉诸帝好儒学及文学的例证。

后汉之世，太学大盛，而皇帝对太学的关怀也非常周到。太学之外，又有明帝、安帝时的宫邸学，灵帝好学，设鸿都门学，至于郡国，也有郡国学。太学、宫邸学、鸿都门学、郡国学大兴，太学最高峰期，其成员达三万余人。皇帝重视儒学，带动了一个时代儒学的兴盛，儒生的滋长。

皇帝作为文人，在学习儒学的过程中，其价值观也会产生变化。西汉之世，高祖无赖，本无主导思想，惠帝短祚，吕后以夫人执政，其心狠手辣，颇背仁厚之德。文、景无为，而武帝虽倡导儒学，然其杀伐之声，又岂有儒生的影子。西汉的儒者皇帝，首推元帝，然其父宣帝，却号称杂家，因此，西汉皇帝比之东汉皇帝，其思想要复杂得多。而东汉自光武帝以降，莫不崇礼圣人，沿明儒学，因而其行为，不能不受儒学影响，其体现有二，一是东汉诸帝无有暴虐之君，率皆仁厚；二是东汉废太子全部保全。而废太子得以

---

[1]（宋）范晔撰，（唐）李贤等注：《后汉书》，北京：中华书局，1965年版，卷二十七第947页。
[2]（宋）范晔撰，（唐）李贤等注：《后汉书》，北京：中华书局，1965年版，卷四十五第1532页。
[3]《杨震列传》，见（宋）范晔撰，（唐）李贤等注：《后汉书》，北京：中华书局，1965年版，卷五十四第1769页。
[4]《杨震列传》，见（宋）范晔撰，（唐）李贤等注：《后汉书》，北京：中华书局，1965年版，卷五十四第1776页。
[5]（宋）范晔撰，（唐）李贤等注：《后汉书》，北京：中华书局，1965年版，卷二十五第887页。
[6]（宋）范晔撰，（唐）李贤等注：《后汉书》，北京：中华书局，1965年版，卷六十七第2185页。
[7]（宋）范晔撰，（唐）李贤等注：《后汉书》，北京：中华书局，1965年版，卷六十第1991页。
[8]（宋）范晔撰，（唐）李贤等注：《后汉书》，北京：中华书局，1965年版，卷六十二第2058页。
[9]《马援列传》，见（宋）范晔撰，（唐）李贤等注：《后汉书》，北京：中华书局，1965年版，卷二十四第860页。

保全，是东汉与西汉及隋唐后大不同处，因为隋唐后废太子多毙命，而西汉废太子废帝也多不永命。如光武废太子刘强，章帝废太子刘庆，安帝废太子刘保，皆得不死，并受优待。刘庆子刘祜为安帝，刘保则后登基为顺帝。这种现象，一方面反映了废太子的父亲及继任皇帝的友爱之心，另一方面，废太子本人也知自处，如刘强为皇太子，母郭后被废，刘强不自安，认为子以母贵，母以子贵，多次表示要辞去皇太子之位，而为藩王，于是被封东海王，光武皇帝对东海王之封非常优厚，赐虎贲旄头，拟于乘舆，而刘强至东海就国，数次上书让还东海，而继任皇太子刘庄固辞，光武不许。明帝即位，刘强病，明帝派中常侍及太医视疾，并诏刘强同母弟沛王刘辅往视。及刘强死，极尽哀荣。刘庆因窦后妒，其母宋贵人被诬陷，遭废为清河王，刘庆年幼，但知避嫌畏祸，章帝令其衣服礼秩与太子同，太子刘肇与刘庆入则共室，出则共舆。刘肇即位，为和帝，对刘庆尤渥，而刘庆则小心恭孝，每朝谒陵庙，常夜半即严装待旦，约饬官属不得与诸王车骑并驰。和帝崩，刘庆号泣殿前，呕血数升。就国，饬官属时加策戒，以免得咎。及子刘祜入继，刘庆尚存。刘保被谗，废为济阴王，安帝死，以废黜不得亲临安帝梓宫，悲号不食，内外臣僚莫不哀之。赵翼《廿二史札记》曰："盖自光武及明、章二帝，皆崇儒重道，子弟习于孝友之训者深，故无骨肉之变也。"[1]此说可谓深中要害。

第二节 母后临朝与宦官执政

东汉王朝皇室成员的学问可能是西汉王朝皇室成员所无法比拟的，这是因为东汉王朝的最初几位皇帝都深好儒学，这必然要影响到他们的继承人。儒学的好处是不言而喻的，它可以培养王室成员向善，可以带来政治的清明，同时也带来王室成员的鄙薄武士。东汉王室的继承者们在其父执及其臣僚、师傅的敦促下虚心向学，学习的艰辛自然非西汉王室成员可比，学习的好处也是极其明显的。

西汉之时，皇室多有违背礼义之事，如汉惠帝后张氏，本为帝姊鲁元

---

[1]（清）赵翼著，王树民校证：《廿二史札记校证》，北京：中华书局，1984年版，卷四第97页。

公主之女，为惠帝外甥女，吕太后却以此女配惠帝，并立为皇后。哀帝后傅氏，本来是祖母傅太后从弟之女，太后起初为元帝昭仪，生定陶共王，定陶共王生哀帝，哀帝是傅太后之孙，傅太后却以侄女妻哀帝，哀帝之后于哀帝实为姑母。而汉高祖、景帝、武帝、成帝之选妇，也不顾妇女之名节，如高祖薄姬，先在魏豹宫，魏豹兵败，高祖纳之，文帝即位，薄太后尊为皇太后，其出身并无影响。武帝母王太后先嫁为金王孙妇，后母臧儿卜此女当大贵，于是要王太后改嫁。景帝时为太子，遂娶王太后，生武帝，景帝即位，立为皇后，武帝即位，又为皇太后。武帝卫皇后，本来是平阳公主家中歌手，名子夫，武帝拜访平阳公主，娶之，生刘据，遂以卫夫人为皇后，刘据为皇太子。汉成帝时，赵飞燕、赵婕妤也是倡者，却进位皇后昭仪，并可能失却妇道。皇后、皇太后或出倡优，或历数夫，在今天看来自不当成为废黜之理由，但在当时，以此母仪天下，实有违贞洁之操守。汉武帝姊馆陶公主寡居，宠董偃十余年，馆陶公主献长门园地，武帝大喜，拜访公主，公主以董偃介绍于武帝，武帝称之为"主人翁"。武帝女鄂邑盖公主寡居，昭帝初立，年八岁，公主以长姊身份入禁中供养，而公主一向私通丁外人，昭帝与霍光不加禁止，还诏丁外人侍长公主。时大臣上官桀，认为列侯可尚公主，丁外人应封侯，燕王刘旦也认为丁外人应有爵号，为此专门上书。燕王刘定与父康王姬通奸，生一子，又夺弟妻为姬，并与子女三人奸，事发自杀。衡山王刘孝与父侍婢奸。赵太子刘丹与同产姊及王后宫淫乱，为江充所告。梁王刘立，与姑园子奸。江都王刘建，父易王死，未葬，便招易王美人淖姬等与通奸，又与女弟征臣奸。刘建还欲令人与禽兽交而生子，令宫人裸而据地，与羝羊及狗交。齐王刘终古使所爱奴与姜八子及诸御婢奸，或使白昼裸伏，与犬马交接，终古在旁边观赏。广陵王刘胥子刘宝，与刘胥姬左修通奸，事发弃市。[1]凡此等等，皆缘于西汉初期，皇帝及宫廷重臣不重儒学，不知礼义之故。而东汉皇帝大约也担心于此，所以对宫室闺闱管理严饬，而无西汉淫秽之事多发。

但是，学习过度是否有消极后果呢？答案应该是肯定的。过度的学习带来了身体的负累，而帝王的生活又难以以清心寡欲自持，所以，就会发生

---

[1] 以上参见（汉）司马迁《史记》、（汉）班固《汉书》及（清）赵翼《廿二史札记》。

帝王不永年之弊端。汉光武帝于公元25年即位，公元57年死，年六十二岁；明帝以公元58年即位，公元75年死，年四十八岁；章帝以公元76年即位，公元88年死，年三十三岁；和帝以公元89年即位，公元105年死，年二十七岁；殇帝在位为公元106年，死时仅二岁；安帝公元107年即位，公元125年死，年三十二岁；顺帝公元126年即位，公元144年死，年三十岁；冲帝在位为公元145年，死时年仅三岁；质帝公元146年在位，死时年仅九岁；桓帝公元147年即位，死于公元167年，年三十六岁；灵帝公元168年即位，公元189年死，年三十四岁；废帝刘辩公元189年即位，时年十七岁，同年即被董卓所杀；献帝公元189年即位，禅位于曹丕后，至魏明帝青龙二年，即公元233年死，年五十四岁。如此说来，东汉的皇帝只有光武帝活到六十岁，如果从献帝逊位的公元220年当作他政治生命的终结，他也只能算活了四十岁左右，则东汉皇帝除了刘秀，其寿命没有超过五十岁，四十岁两人，其余则不足四十岁，甚至有婴儿数人。皇帝不永年，必将造成动乱。赵翼《廿二史札记》曰：

> 国家当气运隆盛时，人主大抵长寿，其生子亦必早且多。独东汉则不然，光武帝年六十二，明帝年四十八，章帝年三十三，和帝年二十七，殇帝二岁，安帝年三十二，顺帝年三十，冲帝三岁，质帝九岁，桓帝年三十六，灵帝年三十四，皇子辩即位年十七，是年即为董卓所弑，惟献帝禅位后，至魏明帝青龙二年始薨，年五十四，此诸帝之年寿也。人主既不永年，则继体者必幼主，幼主无子，而母后临朝，自必援立孩稚，以久其权。殇帝即位时，生仅百余日，冲帝即位才二岁，质帝即位才八岁，桓帝即位年十五，灵帝即位年十二，弘农王即位年十七，献帝即位才九岁，此诸帝即位之年岁也。光武帝十子，明帝九子，章帝八子，至和帝则仅二子，长子胜有痼疾，次子即殇帝也；安帝惟一子，顺帝已废而复立，顺帝又仅一子，即冲帝也；质帝、桓帝皆无子，灵帝二子，长辩嗣立，董卓废为弘农王弑之，次即献帝，此诸帝嗣子之多寡有无也。盖汉之盛在西京，至元、成之间，气运已渐衰，故成帝无子，而哀帝入继；哀帝无子，而平帝入继；平帝无子，而王莽立孺子婴，班书所谓"国统三绝"也。光武乃长沙定王发之后，

本属旁支，譬如数百年老干之上特发一枝，虽极畅茂，而生气已薄，迨枝上生枝，则枝益小而力益弱，更易摧折矣。晋南渡后多幼主嗣位，宋南渡后亦多外藩入继，皆气运使然，非人力所能为也。[1]

气运是否隆盛，可能会影响到子嗣的多寡，但自西汉以降，文人儒生不习武备，身体必趋羸弱，加之后宫佳丽无数，影响子嗣之酝酿。东汉继之，大抵如此，再加学习刻苦，必致寿不永年，或者可为一说。

东汉皇帝寿命很短，其结果是导致皇后临朝执政。章帝时，窦后专宠，梁贵人生和帝，窦后养为己子，而陷贵人以忧死，章帝死，和帝即位，窦太后称制。和帝崩，皇后邓氏为太后，立殇帝嗣位；殇帝崩，邓太后又立安帝，终身称制。安帝崩，皇后阎氏为太后，立北乡侯刘懿嗣位，身自临朝。不久刘懿亡故，宦官孙程等迎立顺帝，太后乃归政。顺帝崩，皇后梁氏为太后，立冲帝，身自临朝。冲帝崩，梁太后又立质帝，继续掌握朝政。梁冀鸩质帝，太后又立桓帝，数年乃归政。桓帝崩，皇后窦氏为太后，立灵帝，仍自临朝，后来其父窦武被宦官所害，窦太后被迫迁于南宫。灵帝崩，皇后何氏为太后，立子辩嗣位，身自临朝，寻为董卓废弑。皇太后临朝，并不由于嗣位者是外藩而有改变，如清河王子入继为安帝，千乘王子入继为质帝，蠡吾侯子入继为桓帝，解渎亭侯子入继为灵帝，以及北乡侯刘懿入继，并非新皇帝的母亲临朝，而是故皇太后执政。

皇太后执政，西汉则有吕雉与王政君，其后果都是外戚取而代之。东汉这种局面虽没有导致改朝换代，但母后以无学之身，妇人之智，而欲一廓天下，谈何易哉！《后汉书·皇后纪》曰："自古虽幼主时艰，王家多衅，必委成冢宰简求忠贤，未有专任妇人，断割重器。唯秦芈太后始摄政事，故穰侯权重于昭王，家富于嬴国。汉仍其谬，知患莫改。东京皇统屡绝，权归女主，外立者四帝，临朝者六后，莫不定策帷帟，委事父兄，贪孩童以久其政，抑明贤以专其威。任重道悠，利深祸速。"[2]

由于皇太后及其家族父兄对权力的渴望，对自己年幼的儿子以及对外藩入继的皇帝的控制欲空前膨胀，宦官的地位就凸显出来了。宦官的作用有

---

[1]（清）赵翼著，王树民校证：《廿二史札记校证》，北京：中华书局，1984年版，卷四第93页。
[2]（宋）范晔撰，（唐）李贤等注：《后汉书》，北京：中华书局，1965年版，卷十第400-401页。

二：一、代替皇太后与外界接触，从而控制朝廷，控制年幼的皇帝；二、帮助已长大成人的皇帝清除外戚集团和母后势力，夺回亲政的权力。赵翼《廿二史札记》曰：

> 汉承秦制，以阉人为中常侍，然亦参用士人。武帝数宴后庭，故奏请机事，常以宦者主之。至元帝时，则弘恭、石显已窃权干政，萧望之、周堪俱被其害，然犹未大肆也。光武中兴，悉用奄人，不复参用士流。和帝践祚幼弱，窦宪兄弟专权，隔限内外，群臣无由得接，乃独与宦者郑众定谋收宪，宦官有权自此始。然众小心奉公，未尝揽权。和帝崩，邓后临朝，不得不用阉寺，其权渐重。邓后崩，安帝亲政，宦官李闰、江京、樊丰、刘安、陈达与帝乳母王圣，圣女伯荣，帝舅耿宝，皇后史阎显等，比党乱政。此犹宦官与朝臣相倚为奸，未能蔑朝臣而独肆其恶也。及帝崩，阎显等专朝争权，乃与江京合谋，诛徙樊丰、王圣等，是显欲去宦官，已反藉宦官之力。已而北乡侯入继，寻薨，显又欲援立外藩，宦官孙程等不平，迎立顺帝，先杀江京、刘安、陈达，并诛显兄弟，阎后亦被迁于离宫，是大臣欲诛宦官，必藉宦官之力；宦官欲诛大臣，则不藉朝臣力矣。顺帝既立，以梁商女为皇后，商以大将军辅政，尊亲莫二，而宦官张逵、蘧政、石光谮商与中常侍曹腾、孟贲，云欲废帝。帝不信，逵等即矫诏收缚腾、贲。是竟敢违帝旨，而肆咸于禁近矣。赖帝闻之大怒，逵等遂伏诛。及帝崩，梁后与兄冀立冲帝；冲帝崩，又立质帝；质帝为冀所酖，又援立桓帝，并以后妹为桓帝后。冀身为大将军辅政，两妹一为皇太后，一为皇后，其权已震主矣，而帝默与宦官单超、左悺、具瑗、徐璜、唐衡定谋，遂诛冀。是宦官且诛当国之皇亲矣。然此犹曰奉帝命以成事也。桓帝梁后崩，以窦武女为皇后。帝崩，武与后定策，立灵帝，窦后临朝，武入居禁中辅政。素恶宦官欲诛之，兼有太傅陈蕃与之同心定谋，乃反为宦官曹节、王甫等所杀。然此犹曰灵帝非太后亲子，故节等得挟帝以行事也。至灵帝崩，何后临朝，立子辩为帝，后兄何进以大将军辅政，已奏诛宦官蹇硕，收其所领八校尉兵。是朝权兵权俱在进手，以此尽诛宦官，亦复何难，乃又为宦官张

让、段珪等所杀。是时军士大变，袁绍、袁术、闵贡等因乘乱诛宦官二千余人，无少长皆杀之，于是宦官之局始结，而要亦随之亡矣。国家不能不用奄寺，而一用之，则其害如此。盖地居禁密，日在有主耳目之前，本易窥嚬笑而售谗谀，人主不觉，意为之移。范蔚宗传论谓宦者："渐染朝事，颇识典物，故少主凭谨旧之庸，女君资出纳之命。"及其传达于外，则手握王命，口衔天宪，莫能辨其真伪，故威力常在阴阳奥窔之间。迨势焰既盛，宫府内外悉受指挥，即亲臣重臣竭智力以谋去之，而反为所噬。当其始，人主视之，不过供使令趋走而已，而岂知其祸乃至此极哉！[1]

东汉之败，缘于幼主嗣位，母后临朝，重用外戚与宦官，遂致国势衰落。外戚与母后有血缘牵连之亲，然东汉大部分外戚权力欲强，一旦辅政，犯上作乱，自然不把身为皇帝的外甥、外孙放在眼里，如果任其发展，不但外戚兄弟父子皆居重津，终不免如梁冀之鸩帝，王莽之移祚。从此意义来说，宦官因与家族势力少有勾结，且大部分宦官皆出身卑微，对皇室构不成太大威胁，其掌权势，需要依靠皇帝，他们的矛头主要指向外戚，除了追求物质享乐之外，是否萌生做皇帝之念，倒不一定，所以，宦官的专权比外戚的专权危害性要小。东汉宦官势力在与外戚的斗争中渐渐壮大，成为皇帝与外戚及权臣抗衡的中坚力量，及袁氏兄弟诛杀宦官，就好比割断了皇帝的手脚耳目，割据势力遂得肆心广意，从容篡弑，而再无后顾之忧了。

第三节 儒学与东汉文人官僚

在中国历史上，可能没有一个时代的君主和大臣对儒学有东汉时期的重视。《廿二史札记》云：

西汉开国，功臣多出于亡命无赖，至东汉中兴，则诸将帅皆有儒者气象，亦一时风会不同也。光武少时，往长安，受《尚书》，

---

[1]（清）赵翼著，王树民校证：《廿二史札记校证》，北京：中华书局，1984年版，卷五第108—110页。

通大义。及为帝,每朝罢,数引公卿郎将讲论经理。故樊准谓帝虽东征西战,犹投戈讲艺,息马论道。是帝本好学问,非同汉高之儒冠置溺也。而诸将之应运而兴者,亦皆多近于儒。如邓禹,年十三能诵《诗》,受业长安,早与光武同游学,相亲附,其后佐定天下。有子十三人,使各守一艺,修整闺门,教养子孙,皆可为后世法。寇恂性好学,守颍川时,修学校,教生徒,聘能为《左氏春秋》者,亲受学焉。冯异好读书,通《左氏春秋》《孙子兵法》。贾复少好学,习《尚书》,事舞阴李生。生奇之,曰:"贾君容貌志气如此,而勤于学,将相之器也。"后佐定天下,知帝欲偃武修文,不欲武臣典兵,乃与邓禹去甲兵,敦儒学。帝遂罢左右将军,使以列侯就第。复阖门养威重。耿弇父况,以明经为郎,学《老子》于安邱先生。弇亦少好学,习父业。祭遵少好经书,及为将,取士必用儒术。对酒设乐,常雅歌投壶。李忠少为郎,独以好礼修整称。后为丹阳太守,起学校,习礼容,春秋乡饮,选用明经,郡中向慕之。朱祐初学长安,光武往候之,祐不时见,先升舍,讲毕乃见。后以功臣封鬲侯,帝幸其第,笑曰:"主人得无舍我讲乎。"郭凉虽武将,然通经书,多智略。窦融疏言:"臣子年十五,教以经艺,不得观天文谶记。"他如王霸、耿纯、刘隆、景丹,皆少时游学长安,见各本传。是光武诸功臣,大半多习儒术,与光武意气相孚合。盖一时之兴,其君与臣本皆一气所钟,故性情嗜好之相近,有不期然而然者,所谓有是君即有是臣也。[1]

  同气相求。刘邦迹近无赖,故其功臣多亡命无赖流氓之人;刘秀生当尊孔复古之时代,学习六经成为时尚,刘秀自然不能例外。而其左右,既要靠近刘秀,蒙其任用,若无文采,必为轻视。所以一方面,只有深好儒雅,才可能为刘秀所重用;另一方面,得蒙重用,就会更加注重儒雅。

  东汉功臣既多儒雅,而宗室及大官亦深好儒学,东汉的儒生官僚,其共同特点有四:其一,好学,不因环境之恶劣,地位之高低,命运之穷达而改变;其二,为官正直,廉洁,公允,仁慈,有忠义之风;其三,注重个人

---

[1](清)赵翼著,王树民校证:《廿二史札记校证》,北京:中华书局,1984年版,卷四第90-91页。

气节及修养,大率皆不趋炎附势;其四,对官职的进退皆能处自然之态度,不汲汲于富贵,不戚戚于贫贱。所有这一切,都是倡导儒学,尊崇圣人人格在为官心态上的体现。而这种体现,随着东汉社会的发展,愈来愈受到更多文人的崇尚。现据《后汉书》列举如下:

《宗室四王三侯列传》曰,刘睦,封敬王,"少好学,博通书传",能属文,作《春秋旨义终始论》及赋颂数十篇。刘嘉,封顺阳怀侯,"少孤,性仁厚",习《尚书》《春秋》。[1]

《邓寇列传》曰,邓禹,字仲华,南阳新野人也。年十三,能诵诗。后以功臣封高密侯,以特进奉朝请,"内文明,笃行淳备,事母至孝。天下既定,常欲远名势。有子十三人,各使守一艺。修整闺门,教养子孙,皆可以为后世法。资用国邑,不修产利"。至明帝时,为太傅,进见东向。寇恂,字子翼,上谷昌平人。以军功封雍奴侯,邑万户。基任太守,"素好学,乃修乡校,教生徒聘能为《左氏春秋》者,亲受学焉","经明行修,名重朝廷,所得秩奉,厚施朋友、故人及从吏士。常曰:'吾因士大夫以致此,其可独享之乎!'时人归其长者,以为有宰相器"。[2]

《冯岑贾列传》曰,冯异,字公孙,颍川父城人,"好读书,通《左氏春秋》《孙子兵法》"。"为人谦退不伐,行与诸将相逢,辄引车避道,进止皆有表识,军中号为整齐"以军功封通侯,位大将。贾复,字君文,南阳冠军人,"少好学,习《尚书》",定封胶东侯。"为人刚毅方直,多大节",与邓禹"剽甲兵,敦儒学",而受光武帝赏识。贾宗,字武孺,"少有操行,多智略","兼通儒术"。曾官朔方太守。[3]

《耿弇列传》曰,耿弇,字伯昭,扶风茂陵人。其父以明经为郎,而耿弇"少好学,习父业",唐李贤等《后汉书注》引《袁山松书》曰:"弇少学《诗》《礼》,明锐有权谋。"后以军功封列侯,官至大将军。[4]

《铫期王霸祭遵列传》曰,祭遵,字弟孙,颍川颍阳人。"少好经书。家富给,而遵恭俭,恶衣服。丧母,负土起坟"。"为人廉约小心,克己奉

---

[1](宋)范晔撰,(唐)李贤等注:《后汉书》,北京:中华书局,1965年版,卷十四第556-567页。
[2](宋)范晔撰,(唐)李贤等注:《后汉书》,北京:中华书局,1965年版,卷十六第599-626页。
[3](宋)范晔撰,(唐)李贤等注:《后汉书》,北京:中华书局,1965年版,卷十七第639-667页。
[4](宋)范晔撰,(唐)李贤等注:《后汉书》,北京:中华书局,1965年版,卷十九第703页。

公,赏赐辄尽与士卒,家无私财,身衣韦绔,布被,夫人裳不加缘"。以军功封颍阳侯,官至征虏将军。博士范升上疏说,其"取士皆用儒术,对酒设乐,必雅歌投壶。又建为孔子立后,奏置五经大夫"。[1]

《任李万邳刘耿列传》曰,李忠,字仲都,东莱黄人,"好礼修整"。在丹阳太守任上,"起学校,习礼容,春秋乡饮,选用明经"。以军功官五官中郎将,中水侯。耿纯,字伯山,巨鹿宋子人。曾学于长安,即学于太学。后以军功爵通侯,曾官太守。[2]

《朱景王杜马刘傅坚马列传》曰,朱佑,字仲先,南阳宛人,"为人质直,尚儒学。将兵率众,多受降,以克定城邑为本,不存首级之功。又禁制士卒不得虏掠百姓"。其与刘秀为长安同学,后以军功封鬲侯,官至大将军。景丹,字孙卿,冯翊栎阳人,少学长安,以孔子四科之言语为长。官骠骑大将军,栎阳侯。郭凉,字公文,右北平人,"虽武将,然通经书,多智略",爵广武侯、修侯等,曾官雁门太守。刘隆,字元伯,南阳安众侯宗室,其父与安众侯刘崇曾起兵诛王莽。曾学于长安,以军功封亢父侯,官诛虏将军。[3]

《窦融列传》曰,窦固,字孟孙,"好览书传,喜兵法",后官至卫尉,爵显亲侯。"性谦俭,爱人好施"。窦章,字伯向,"少好学,有文章,与马融、崔瑗同好,更相推荐",其"居贫,蓬户蔬食,恭勤孝养,然讲读不辍。太仆邓康闻其名,请欲与交,章不肯往,康以此益重焉。"后官至大鸿胪。为人"谦虚下士,收进时辈,甚得名誉"。[4]

《马援列传》曰,马援,字文渊,扶风茂陵人。尝受《齐诗》,意不能守章句。后官至伏波将军,封新息侯,为人"务开恩信,宽以待下,任吏以职,但总大体而已"。朱勃,字叔阳,年十二能诵《诗》《书》,与马援同学,官县令,有德行。马廖,字敬平,后汉书注引《东观记》曰:"廖少

---

[1](宋)范晔撰,(唐)李贤等注:《后汉书》,北京:中华书局,1965年版,卷二十第738-742页。
[2](宋)范晔撰,(唐)李贤等注:《后汉书》,北京:中华书局,1965年版,卷二十一第754-761页。
[3](宋)范晔撰,(唐)李贤等注:《后汉书》,北京:中华书局,1965年版,卷二十二第769-780页。
[4](宋)范晔撰,(唐)李贤等注:《后汉书》,北京:中华书局,1965年版,卷二十三第809-822页。

习《易经》，清约沈静。"官至特进，封顺阳候，"性质诚畏慎，不爱权势声名，尽心纳忠，不屑毁誉"。马严，字威卿，少孤，专心坟典，能通《春秋左氏》，曾官郡督邮，马援死，归家，人称有义行。后官至长乐卫尉，陈留太守，治民有政声。马续，字季则，七岁通《论语》，十三明《尚书》，十六治《诗》，博观群籍，善九章算术。顺帝时，官度辽将军。[1]

《卓鲁魏刘列传》曰，卓茂，字子康，南阳宛人，"习《诗》《礼》及历算，究极师法，称为通儒。性宽仁恭爱"。及为官，"劳心谆谆，视人如子，举善而教，口无恶言"，王莽执政，归隐。光武帝时，为太傅，封褒德侯。鲁恭，字仲康，扶风平陵人。十五岁入太学，习《鲁诗》，与弟鲁丕"闭户讲诵，绝人闲事"，受诸儒称道。鲁恭为官，"以德化为理，不任刑罚"，其上书"无所隐讳"，"性谦退，奏议依经，潜有补益，然终不自显"，曾二为司徒。鲁丕，字叔陵，"性沉深好学，孳孳不倦，遂杜绝交游，不答候问之礼"，兼通《五经》，以《鲁诗》《尚书》教授，为当世名儒。官至侍中，有政绩。刘宽，字文饶，弘农华阴人，"温仁多恕"，常"引学官祭酒及处士诸生执经对讲"，灵帝初，以太中大夫侍讲华光殿，迁侍中。灵帝好学艺，每引见刘宽，"常令讲经"。[2]

《伏侯宋蔡冯赵牟韦列传》曰，伏湛，字惠公，琅邪东武人，伏胜之后，父伏理为当世名儒，以《诗》授成帝。伏湛"性孝友，少传父业，教授数百人"，官至大司徒，封阳都侯，"虽在仓卒，造次必于文德，以为礼乐政化之首，颠沛犹不可违"。伏晨，"谦敬博爱，好学尤笃"，官奉朝请，位特进。伏无忌，传家学，"博物多识"，顺帝时为侍中屯骑校尉，永和、元嘉时，两度奉诏，或校经子，或撰《汉记》。侯霸，字君房，河南密人，"笃志好学"，治《穀梁春秋》，光武帝时，代伏湛为大司徒，"在位明察守正，奉公不回"。宋汉，字仲和，"以经行著名"，"立名节，以威恩著称"，官至太仆、太中大夫。蔡茂，字子礼，河内怀人。哀平间以儒学显，征试博士，后迁侍中。不仕王莽，归隐。光武帝时，官至司徒，"在职清俭匪懈"。

---

[1]（宋）范晔撰，（唐）李贤等注：《后汉书》，北京：中华书局，1965年版，卷二十四第827-862页。
[2]（宋）范晔撰，（唐）李贤等注：《后汉书》，北京：中华书局，1965年版，卷二十五第869-887页。

牟融，字子优，北海安丘人，"少博学以《大夏侯尚书》教授，门徒数百人。官至司空、太尉，有政声，"经明才高，善论议"，"举动方重，甚得大臣节"。韦彪，字孟达，扶风平陵人，"孝行纯至"，"好学洽闻，雅称儒宗"，"安贫乐道，恬于进趣"，主张宽厚之政，官至大鸿胪。"清俭好施，禄赐分与宗族，家无余财。著有《韦卿子》十二篇。[1]

《宣张二王杜郭吴承郑赵列传》曰，张湛，字子孝，扶风平陵人，"矜严好礼"，在郡修典礼，设条教，政化大行，曾官太子太傅。后皇帝欲为大司徒，不愿，在朝堂遗矢溲便，自陈病重，不能任朝事，乃罢。王良，字仲子，东海兰陵人，"少好学"，习《小夏侯尚书》教授，光武时官至大司徒司直，"在位恭俭，妻子不入官舍，布被瓦器"。后病归，不应征。杜林，字伯山，扶风茂陵人。"少好学沉深"，博洽多闻，时称通儒。官至大司空。承宫，字少子，琅邪姑幕人，少孤，为人牧猪，后入《春秋经》学家徐子盛家，为诸生拾薪，因就听经，"勤学不倦"。永平中，征拜博士，忠贞，历左中郎将，侍中祭酒。赵典，字仲经，蜀郡成都人，"少笃行隐约，博学经书"，建和初，曾侍讲禁内，官至大鸿胪，喜谏争，"据经正对，无所曲折"。[2]

《桓谭冯衍列传》及《冯衍传》曰，桓谭遍习五经，博学多通，尤好古学。官至议郎给事中。冯衍，字敬通，年九岁，能诵《诗》，至二十而博通群书，王莽时不仕。更始时，为安汉将军，刘秀称帝，冯衍受谗，淹蹇，官曲阳令。[3]

《申屠刚鲍永郅恽列传》曰，鲍永，字君长，上党屯留人，"少有志操，习欧阳《尚书》，事后母至孝"，常以恢复汉室为念。光武时，官至司隶校尉。鲍昱，字文泉，少传父学，客授于东平。后为官，"政化仁爱"，拜司隶校尉，"奉法守正，有父风"，官至司徒、太尉。鲍德，"修志节，有名称"任南阳太守，兴学校，宴诸儒，号为神父，官至大司农。郅恽，字君章，汝南西平人，治《韩诗》《严氏春秋》，后为太子教授，光武废后，恽劝太子自退，光武帝从之。官至长沙太守。郅寿，字伯考，善文章，"以廉能称"，

---

[1]（宋）范晔撰，（唐）李贤等注：《后汉书》，北京：中华书局，1965年版，卷二十六第893-920页。
[2]（宋）范晔撰，（唐）李贤等注：《后汉书》，北京：中华书局，1965年版，卷二十七第934-948页。
[3]（宋）范晔撰，（唐）李贤等注：《后汉书》，北京：中华书局，1965年版，卷二十八第962页。

官至尚书仆射，因指责窦宪不法。自杀。[1]

《郭杜孔张廉王苏羊贾陆列传》曰，孔奋，字君鱼，扶风茂陵人。少从刘歆受《春秋左氏传》，歆自认为孔奋之道过己。其为官，"力行清洁"。"既立节，治贵仁平"，"为政明断"，公而忘私，官至武都太守。孔嘉，官城门校尉，作《左氏说》。[2]

《樊宏阴识列传》曰，樊儵，字长鱼，受《公羊严氏春秋》，官至长水校尉。删定《公羊严氏春秋》章句，教授门徒先后达三千人。弟子颍川李修、九江夏勤，位至三公。樊准，字幼陵，"少励志行，修儒术，以先父产业数百万让孤兄子"，官至尚书令、光禄勋。[3]

《梁统列传》曰，梁松，字伯孙，光武帝婿，"博通经书，明习故事"，官至太仆，辅政。梁扈，官至长乐少府，"温恭谦让，亦敦《诗》《书》。"[4]

《张曹郑列传》曰，曹褒，字叔通，鲁国薛人，父曹充传《庆氏礼》，而褒"少笃志，有大度，结发传充业，博雅疏通，尤好礼事。常感朝廷制度未备，慕叔孙通为汉礼仪，昼夜研精，沈吟专思，寝则怀抱笔札，行则诵习文书，当其念至，忘所之适"，"博物识古，为儒者宗"，作《通义》十二篇，演经杂论百二十篇，又传《礼记》四十九篇，教授诸生千余人。和帝时，官至射声校尉。[5]

《郑范陈贾张列传》曰，郑兴，字少赣，河南开封人，少学《公羊春秋》，晚善《左氏传》，明《周官》，长于历数，"好古学"，官至太中大夫。郑众，字仲师，通《左氏春秋》《易》《诗》，章帝时，官至大司农，"在位以清正称"，作《春秋删》十九篇。郑安世，官至长乐、未央厩令。范升，字辩卿，代郡人，九岁通《论语》《孝经》，后习《梁丘易》《老子》，曾官聊城令。陈元，字长孙，苍梧广信人，其父陈钦善《左氏春秋》，陈元受

---

[1]（宋）范晔撰，（唐）李贤等注：《后汉书》，北京：中华书局，1965年版，卷二十九第1017-1034页。
[2]（宋）范晔撰，（唐）李贤等注：《后汉书》，北京：中华书局，1965年版，卷三十一第1091页。
[3]（宋）范晔撰，（唐）李贤等注：《后汉书》，北京：中华书局，1965年版，卷三十二第1122页。
[4]（宋）范晔撰，（唐）李贤等注：《后汉书》，北京：中华书局，1965年版，卷三十四第1170页。
[5]（宋）范晔撰，（唐）李贤等注：《后汉书》，北京：中华书局，1965年版，卷三十五第1201-1202页。

其学，为司空、司徒府人。贾逵，字景伯，扶风平陵人，其父贾徽从刘歆受《左氏春秋》，又习《国语》《周官》《古文尚书》《毛诗》，贾逵悉传父业，兼通今文五家《谷梁》之说，"性恺悌，多智思，俶傥有大节"。和帝时，官至侍中。东莱司马均，字少宾，安贫好学，官至侍中。陈国汝郁，字叔异，性仁孝，官至鲁相，以德教化。张霸，字伯饶，蜀郡成都人，七岁通《春秋》，后受《严氏公羊春秋》，博览《五经》，不与邓骘等权贵交，众人笑其"不识时务"。官至侍中。[1]

《桓荣丁鸿列传》曰，桓荣，字春卿，沛郡龙亢人。少学长安，习《欧阳尚书》，"温恭有蕴藉，辩明经义，每以礼让相厌，不以辞长胜人，儒者莫之及"。官至太常，明帝时爵关内侯。子桓郁字仲恩，"敦厚笃学，传父业"，以《尚书》教授，有礼让。明帝时官侍中，授皇太子经，章帝时，"数进忠言"，迁屯骑校尉。和帝时，为长乐少府，侍讲。官至太常。门人杨震、朱宠，位至三公。桓焉，字叔元，"明经笃行"，授安帝、顺帝经，顺帝时，官至太傅，录尚书事。典，字公雅，传家公，建安时，官至光禄勋，丁鸿，字孝公，颍川定陵人，桓荣弟子，和帝时，官司徒，因日食奏免窦宪，和帝令行太尉兼卫尉，屯南、北宫，窦氏自杀。[2]

《张法滕冯度杨列传》曰，冯绲，字鸿卿，巴郡宕渠人，少学《春秋》《司马兵法》，"家富好施，赈赴穷急"。官至廷尉、太常。[3]

《刘赵淳于江刘周赵列传》曰，周磐，字坚伯，汝南安成人，学《古文尚书》《洪范五行》《左氏传》，"好礼有行"，官至县令，以孝闻名，有"惠政"。[4]

《第五钟离宋寒列传》曰，宋均，字叔庠，南阳安众人，好经书，能《诗》《礼》，官至九江太守，东海相，司隶校尉，河内太守，拜司徒不受，"性宽和"。宋京，以《大夏侯尚书》教授，官至辽东太守。宋意，字伯志，宋

---

[1]（宋）范晔撰，（唐）李贤等注：《后汉书》，北京：中华书局，1965年版，卷三十六 1217-1242页。

[2]（宋）范晔撰，（唐）李贤等注：《后汉书》，北京：中华书局，1965年版，卷三十七第1249-1267页。

[3]（宋）范晔撰，（唐）李贤等注：《后汉书》，北京：中华书局，1965年版，卷三十八第1281页。

[4]（宋）范晔撰，（唐）李贤等注：《后汉书》，北京：中华书局，1965年版，卷三十九第1310-1311页。

京之子，传父业，官司隶校尉。和帝时，与窦氏有隙。寒朗，字伯奇，鲁国薛人，好经学，博通书传，以《尚书》教授，忠直，官至清河太守。[1]

《光武十王列传》曰：沛献王刘辅，好经书，善说《京氏易》《孝经》《论语》传及图谶。[2]

《邓张徐张胡列传》曰，徐防，字谒卿，沛国铚人。父祖俱习《易》，防少父祖学，"体貌矜严，占对可观"。官至司空、司徒，安帝时封龙乡侯。[3]

《袁张韩周列传》曰，袁安，字邵公，汝南汝阳人，祖父袁良习《孟氏易》，袁安从学，"为人严重有威"，章帝时为司徒，和帝时，窦氏专权，袁安"以天子幼弱，外戚擅权，每朝会进见，及与公卿言国家事，未尝不噫呜流涕"。袁京，字仲誉，习《孟氏易》，官至侍中。袁彭，字伯楚，袁京之子，传父学，"行至清"，官至光禄勋。袁汤，彭弟，传家学，有节，桓帝时为司空，封安国亭侯，后迁司徒、太尉。袁敞，传家学，袁安之子，官至司空，"廉劲不阿权贵"，自杀。张酺，字孟侯，汝南细阳人，习《尚书》，为皇太子侍讲，"为人质直，守经义"，章帝时官侍中，和帝时，官太仆、太尉、司徒等。张酺曾孙张济，好儒学，灵帝时官至司空。周荣，字平孙，庐江舒人，章帝时，举明经，有忠节，官至尚书令、郡太守。[4]

《杨李翟应霍爰徐列传》曰，杨终，字子山，蜀郡成都人，习《春秋》，官至校书郎、郎中。李法，字伯度，汉中南郑人。"博通群书，性刚而有节"，历博士、侍中、光禄大夫，因批评宦官权重等得罪，后为议郎、谏议大夫、汝南太守，有政声。翟酺，字子超，广汉洛人，四世传《诗》，又好《老子》、图纬、天文、历算，官至尚书、郡太守。应奉，字世叔，汝南南顿人，博学多才，官至郡太守、司隶校尉。子应劭，字仲远，"少笃学，博览多闻"，多撰述，官至郡太守。霍谞，字叔智，魏郡邺人，明经，"性明达笃厚，能

---

[1]（宋）范晔撰，（唐）李贤等注：《后汉书》，北京：中华书局，1965年版，卷四十一第1414-1418页。
[2]（宋）范晔撰，（唐）李贤等注：《后汉书》，北京：中华书局，1965年版，卷四十二第1427页。
[3]（宋）范晔撰，（唐）李贤等注：《后汉书》，北京：中华书局，1965年版，卷四十四第1501页。
[4]（宋）范晔撰，（唐）李贤等注：《后汉书》，北京：中华书局，1965年版，卷四十五第1517-1536页。

以恩信化诱殊俗,桓帝时,封邺都亭侯,官河南尹、司隶校尉、少府、廷尉。爰延,字季平,陈留外黄人",“清苦好学,能通经教授,"桓帝时官至大鸿胪。徐璆,字孟玉,广陵海西人,少博学,献帝时,官至太常。[1]

《李陈庞陈桥列传》曰,李恂,字叔英,安定临泾人,少习《韩诗》。官郡太守,有清威之名。[2]

《崔骃列传》曰,崔骃十三能通《诗》《易》《春秋》,"博学有伟才,尽通古今训诂百家之言",官窦宪主簿,长岑长。子崔瑗,字子玉,锐志好学,又明天官,历数,《京房易传》,为"宿德大儒,从政有迹",官至济北相。崔寔,字子真,一名台,字元始,少沈静,好典籍,著《政论》,官至郡太守、尚书。[3]

《杨震列传》曰,杨震,字伯起。其父杨宝,受《欧阳尚书》。杨震少好学,又受《欧阳尚书》,"明经博览,无不穷究","性公廉,不受私谒"。安帝时,官至司徒、太尉,因与宦官作对,自杀。杨震曾孙杨众,传先业,官至侍中,封蓣亭侯。杨秉,字叔节,杨震之子,少传父业,兼明《京氏易》,"博通书传","以廉洁称",桓帝时官至太尉,与宦官斗争,有气节。杨秉子杨赐,字伯献,少传家学,笃志博闻。灵帝时,侍讲华光殿,官至司空、司徒、太尉。杨赐子杨彪,字文先,少传家学,灵帝时,官至司空、司徒。杨赐、杨彪为官,皆有气节。[4]

《杜栾刘李刘谢列传》曰,刘瑜,字季节,广陵人,少好经学,尤善图谶、天文、历算之术,桓帝崩,为侍中,欲与窦武谋诛宦官,失败被诛。尹勋,字伯元,河南人,喜读书,"为人刚毅直方",忠义,官至九卿、尚书令、侍中,与窦武、刘瑜谋诛宦官,被诛。[5]

---

[1]（宋）范晔撰,（唐）李贤等注:《后汉书》,北京:中华书局,1965年版,卷四十八第1597-1622页。
[2]（宋）范晔撰,（唐）李贤等注:《后汉书》,北京:中华书局,1965年版,卷五十一第1683页。
[3]（宋）范晔撰,（唐）李贤等注:《后汉书》,北京:中华书局,1965年版,卷五十二第1722、1731页。
[4]（宋）范晔撰,（唐）李贤等注:《后汉书》,北京:中华书局,1965年版,卷五十四第1759-1786页。
[5]（宋）范晔撰,（唐）李贤等注:《后汉书》,北京:中华书局,1965年版,卷五十七第1854-1857页。

《虞傅盖臧列传》曰，虞诩，字升卿，陈国武平人。年十二，能通《尚书》，历官司隶校尉、尚书仆射等，"事君直道，行己无愧"，"好刺举，无所回容，数以此忤权戚，遂九见谴考，三遭刑罚，而刚正之性，终老不屈"。[1]

《张衡列传》曰，张衡通五经，贯六艺。历官侍中、河间相等，有政声。[2]

《马融列传》载，马融，字季长，扶风茂陵人，"博通经籍"，"才高博洽，为世通儒"，官至南郡太守。[3]

《左周黄列传》曰，周举，字宣光，汝南汝阳人，"博学洽闻，为儒者所宗"，有"五经从横周宣光"之说，"忠直"，历官尚书、司隶校尉等，桓帝初，朝廷欲以为宰相，卒。[4]

《荀韩钟陈列传》曰，荀淑，字季和，颍川颍阴人，"少有高行，博学而不好章句"，安帝时，曾官当涂长。荀爽，字慈明，一名谞，幼而好学十二能通《春秋》《论语》，官至司空。荀悦字仲豫，十二能说《春秋》，献帝时侍讲禁中，官至秘书监、侍中。韩融，字元长，"少能辩理而不为章句学，声名甚盛"，献帝初，官至太仆。陈寔，字仲弓，颍川许人，"有志好学，坐立诵读"，后受业太学。"修德清静，百姓以安"，官至沛相。[5]

《李杜列传》曰，李固，字子坚，汉中南郑人，"少好学，常步行寻师，不远千里，遂究览坟籍，结交英贤。四方有志之士多慕其风而来学"。冲帝时，官至太尉，时梁冀专权，不欲帝长而有德，李固坚决反对，梁冀立八岁质帝，质帝聪慧，为梁冀所杀。梁冀欲立蠡吾侯刘志，李固不从，梁冀说梁太后先免李固，而立刘志，并陷李固入狱，五十四岁被诛。子李燮专精经学，及其地位，"廉方自守，所交皆舍短取长，好成人之美"，灵帝时官河南尹。杜乔，字叔荣，河内林虑人，少为诸生，桓帝初，为太尉，与梁冀斗争，死

---

[1]（宋）范晔撰，（唐）李贤等注：《后汉书》，北京：中华书局，1965年版，卷五十八第1865-1873页。

[2]（宋）范晔撰，（唐）李贤等注：《后汉书》，北京：中华书局，1965年版，卷五十九第1897页。

[3]（宋）范晔撰，（唐）李贤等注：《后汉书》，北京：中华书局，1965年版，卷六十第1972页。

[4]（宋）范晔撰，（唐）李贤等注：《后汉书》，北京：中华书局，1965年版，卷六十一第2023页。

[5]（宋）范晔撰，（唐）李贤等注：《后汉书》，北京：中华书局，1965年版，卷六十二第2049-2066页。

狱中。[1]

《吴延史卢赵列传》曰，吴佑，字季英，陈留长垣人。二十岁时，丧父，"居无檐石，而不受赡遗，常牧豕于长垣泽中，行吟经书"，及为官，"政唯仁简，以身率物"，官至齐相。因反对梁冀害李固，自免归。延笃，字叔坚。南阳犨人，受《左氏传》，旬日能讽之，博通经传及百家之言，历侍中、左冯翊、京兆尹，"其政用宽仁"，后遭党锢。史弼，字公谦，陈留考城人，少笃学。其"为政特挫抑强豪，其小民有罪，多所容贷"，历官尚书、平原相等。赵岐，字邠卿，京兆长陵人，"少明经，有才艺"。献帝时，官至太仆。[2]

《皇甫张段列传》曰，张奂，字然明，敦煌酒泉人，少学《欧阳尚书》。桓帝时，官至大司农，因军功封侯，有气节。[3]

《窦何列传》曰，窦武，字游平，扶风平陵人，少以经行著称，常教授于大泽中，不交时事，名显关西，桓帝时，窦武长女为皇后，自守中正。灵帝立，窦武为大将军辅政，与太命脉陈蕃谋诛宦官，兵败自杀。[4]

《郑孔荀列传》曰，孔融，字文举，鲁国人，孔子二十世孙。幼有异才，"性好学，博涉多该览"，官至北海相，将作大匠，少府。因多次讥刺曹操，被诛。[5]

以上所列，为东汉之世以儒生之身份仕宦的部分官吏的大体履历。这些儒生官员基本秉持了以儒生立场处世的初衷，也为后代的儒生树立了榜样。

---

[1]（宋）范晔撰，（唐）李贤等注：《后汉书》，北京：中华书局，1965年版，卷六十三第2073-2093页。
[2]（宋）范晔撰，（唐）李贤等注：《后汉书》，北京：中华书局，1965年版，卷六十四第2099-2121页。
[3]（宋）范晔撰，（唐）李贤等注：《后汉书》，北京：中华书局，1965年版，卷六十五第2138页。
[4]（宋）范晔撰，（唐）李贤等注：《后汉书》，北京：中华书局，1965年版，卷六十九第2239-2241页。
[5]（宋）范晔撰，（唐）李贤等注：《后汉书》，北京：中华书局，1965年版，卷七十第2261页。

第十三章 东汉文人的气节

与西汉时期执政思想的摇摆不同,东汉一直非常明确地采取以孔子及儒家政治思想为指导原则的制度。也正因此,从光武帝开始,立博士,起太学,鼓励经学。明、章、和诸帝持续推进,虽然东汉后期母后执政,枭雄并起,但儒学是深入人心的。东汉儒生长期受儒学浸染,不但经学家的研究成果是后代的标杆,其文人气节和操守,也是后代所无法企及的。

第一节 东汉的经学家

东汉之时,传习儒术之经学家,其数量之众,比之西汉,有过之而无不及。

据《后汉书·儒林列传》载,传《易》者,有刘昆、刘轶、洼丹、觟阳鸿、任安、杨政、张兴、张鲂、戴凭、魏满、孙期等。[1]

刘昆,字桓公,陈留东昏人,为梁孝王之后代。平帝时受《施氏易》于沛人戴宾,王莽时教弟子五百人,后为王莽所忌,入狱。光武帝建武五年,举孝廉,不行,遂逃,教授于江陵,光武闻之,令任江陵令,后为议郎、侍中、弘农太守,有政声。迁光禄勋、骑都尉。其子刘轶,字君文,传父《易》学,明帝时官太子中庶子,章帝时官宗正。

洼丹,字子玉,南阳育阳人,世传《孟氏易》,王莽时避世教授,专志不仕,徒众数百人。建武初,历博士、大鸿胪等,作《易通论》七篇,世称《洼君通》,"学义研深,《易》家宗之,称为大儒"。时中山觟阳鸿,字孟孙,也以《孟氏易》教授,有名称,官至少府。任安,字定祖,广汉绵竹人,少游太学,受《孟氏易》,兼通数经及图谶,学终,居家教授,诸生自远而至。太尉再辟,除博士,公车征,皆称疾不就。

杨政,字子行,京兆人,少好学,从代郡范升受《梁丘易》,善说经书,教授数百人。范升出妇,出妇告之,系狱,杨政为救其师范升,肉袒,以箭贯耳,拦天子车驾哭泣,为武骑虎贲所伤,犹不惧。为人嗜酒,不拘小节,果敢自矜,然笃于义。章帝时官至左中郎将。张兴,字君上,颍川鄢陵人,习《梁丘易》以教授,历郎、博士、侍中祭酒、太子少傅,明帝曾数次访问经术,有弟子将万人。张鲂,张兴之子,传父业,官至张掖属国都尉。

戴凭,字次仲,汝南平舆人,习《京氏易》,光武时历博士、郎中、侍中,以解经通达著名。南阳魏满,字叔牙,也习《京氏易》,教授,明帝时至弘农太守。孙期字仲彧,济阴成武人,习《京氏易》《古文尚书》,事母至孝,不受政府召辟。

东汉虽有施、孟、梁丘、京氏、费、高之《易》,其中施、孟、梁丘之《易》来源于田何,田何授丁宽,丁宽授田王孙,田王孙授沛人施雠、东海孟喜、

---

[1] 详见(宋)范晔撰,(唐)李贤等注:《后汉书》,北京:中华书局,1965年版,卷七十九。

琅邪梁丘贺，因此有施、孟、梁丘之学，而东郡京房受《易》于梁国焦延寿，别为京氏学。东莱费直传《易》，授琅邪王横，为费氏学，费氏学为《古文易》。沛人高相传《易》，授子康以及兰陵毋将永，为高氏学。施、孟、梁丘、京氏四家皆立博士，费、高二家未得立。光武帝时，范升传《孟氏易》，有学生杨政，而陈元、郑众皆传《费氏易》，其后有马融，马融授郑玄，玄作《易注》，荀爽又作《易传》，从此《古文易》兴，而《京氏易》衰。

东汉时，有《尚书》欧阳氏学、大夏侯学、小夏侯学，凡三家，皆立博士。三家《尚书》传自伏生，伏生有学生张生及欧阳生，欧阳生有学生兒宽，兒宽又授欧阳生子，至欧阳高，而有欧阳氏学。张生授夏侯都尉，都尉授族子始昌，始昌传族子夏侯胜，为大夏侯氏之学；夏侯胜传从兄子夏侯建，夏侯建遂立了小夏侯氏之学。孔安国以《古文尚书》传都尉朝，朝授胶东庸谭，然《古文尚书》学未得立博士。东汉传《尚书》的有欧阳歙、曹曾、曹祉、陈弇、牟长、牟纡、宋登、张驯、尹敏、周防、孔僖、孔长彦、杨伦等。

欧阳歙，字正思，乐安千乘人。欧阳生受《伏生尚书》，至欧阳歙八世为博士，欧阳歙恭谦好礼让，历官河南尹、扬州牧、汝南太守、大司徒，封被阳侯、夜侯，教授数百人。济阴曹曾，字伯山，从欧阳歙受《尚书》，门徒三千人，位至谏大夫；子曹祉，官至河南尹，传父业，教授。陈留陈弇，字叔明，从司徒丁鸿受《欧阳尚书》，仕为蕲长。牟长，字君高，乐安临济人，少习《欧阳尚书》，不仕王莽。光武时拜博士，官河南太守，有弟子常千人，著录前后万人，著有《尚书章句》，俗称中散大夫。子牟纡隐居教授，门生千人。宋登，字叔阳，京兆长安人，父宋由官至太尉。宋登少传《欧阳尚书》，教授数千人，任汝阴令，"政为明能"，号称"神父"。后历官赵相、侍中、颍川太守，抑退权臣，为官清明。

张驯，字子儁，济阴定陶人。少游太学，能诵《春秋左氏传》，以《大夏侯尚书》教授。灵帝时，官尚书、大司农。

尹敏，字幼季，南阳堵阳人。初习《欧阳尚书》，后受《古文尚书》，兼善《毛诗》《穀梁传》《左传》，曾以对光武皇帝陈说谶纬之假，官至谏议大夫。周防，字伟公，汝南汝阳人，受《古文尚书》，经明，拜郎中，撰《尚书杂记》三十二篇，四十万言，后官至陈留太守。

孔僖，字仲和，鲁国鲁人，孔安国后人，世传《古文尚书》《毛诗》。

章帝过鲁，诏孔僖从还京师，校书东观，后官临晋令。子孔长彦好章句之学，门徒数百人。

杨伦，字仲理，陈留东昏人，师事司徒丁鸿，习《古文尚书》，讲授于大泽中，弟子千余人。安帝时征，辞疾不就，后应征为博士，为清河王傅。安帝崩，弃官奔丧，坐抵罪。顺帝即位，拜侍中，后因事得罪。前后三征，皆以直谏不合，后归家闭门讲授，自绝人事。公车复征，逊遁不行。

东汉之际，北海牟融习《大夏侯尚书》，东海王良习《小夏侯尚书》，沛国桓荣习《欧阳尚书》，桓荣家族世习相传授，影响最大。而扶风杜林传《古文尚书》，贾逵为之作训，马融作传，郑玄注解，由此《古文尚书》遂显于世。

东汉时，《齐诗经》《鲁诗经》《韩诗经》皆立于学官，而赵人毛苌所传《毛诗》不得立。东汉传《诗》者，有以下学者：

高诩，字季回，平原般人，其曾祖父高嘉曾以《鲁诗》授元帝，父高容在哀平间亦传父学。高诩传《鲁诗》，以信行清操知名，王莽即位，父子称盲，逃，不仕王莽。光武时历官博士，大司农，在朝以方正著称。

包咸，字子良，会稽曲阿人，习《鲁诗》《论语》，王莽末归故里，过东海，为赤眉军所获，十余日，晨夜诵经自若，赤眉军奇异而放之，遂于东海教授，光武时，归家乡，太守黄谠欲招聘为家教，包咸说："礼有来学，而无往教。"黄谠遂遣子师之。建武中，入授皇太子《论语》，历官谏议大夫，侍中，右中郎将，明帝时官大鸿胪，受帝礼敬，而包咸则常把俸禄散给诸生之贫者，自奉清苦。子包福，也以《论语》授和帝。

魏应，字君伯，任城人，少好学，习《鲁诗》，闭门诵习，不交僚党，京师称之，后教授山泽中，徒众常数百人。明帝时历博士、侍中、大鸿胪、光禄大夫，章帝时官五官中郎将，并授千乘王刘伉。经明行修，弟子数千人。

伏恭，字叔齐，琅邪东武人，司徒伏湛之兄子。伏湛弟伏黯，字稚文，明《齐诗》，作《解说》九篇，位至光禄勋，收养伏恭为子。伏恭性孝，传父学，拜博士，迁常山太守，敦修学校，教授不辍，明帝时官太仆、司空。并省减其父《齐诗章句》至二十万言。

任末，字叔本，蜀郡繁人，少习《齐诗》，在京师教授千余人，友人病亡洛阳，任末亲推鹿车，载至墓所。因奔师丧，于道物故，遗言兄子将他推至师门。

景鸾，字汉伯，广汉梓潼人，能治《齐诗》《施氏易》及《河图》《洛书》，作《易说》及《诗解》，撰《礼内外记》，号曰《礼略》，及《月令章句》等，凡五十余万言，不从辟命。

薛汉，字公子，淮阳人，习《韩诗》，父子皆以章句著名，教授数百人。明帝永平中，官至太守，有政绩。学生杜抚、澹台敬伯、韩伯高等知名。杜抚，字叔和，犍为武阳人，定《韩诗章句》，后归乡教授，沉静乐道，举动必以礼，弟子千余人，有《诗题约义通》传世，时人称为《杜君法》。澹台敬伯，会稽人；韩伯高，巨鹿人。

召驯，字伯春，九江寿春人，少习《韩诗》，博通书传，以志义闻，肃宗时侍讲，拜左郎将，入授诸王。后官陈留太守、河南尹、光禄勋。

杨仁，字文义，巴郡阆中人，光武时习《韩诗》，教授，其仕，以宽和仁慈著名。

赵晔，字长君，会稽山阴人，从杜抚受《韩诗》积二十年，绝问不还，家为发丧制服。后州召不就。著《吴越春秋》《诗细历神渊》。

山阳人张匡，字文通，习《韩诗》，作章句，后征博士，不就。

卫宏，字敬仲，东海人，从九江谢曼卿学《毛诗》，作《毛诗序》，又从杜林受《古文尚书》，为作《训旨》，有学生济南徐巡，也从杜林受学，也以儒显，由是古学大兴。卫宏尝作《汉旧仪》，记西京杂事，又著赋、颂、诔等。《毛诗序》非今日所存之《诗序》，其内容不详。

凡此，东汉传《诗》者，计有高诩、包咸、包福、魏应、伏恭、任末、景鸾、薛汉、杜抚、召驯、杨仁、赵晔、张匡、卫宏等，而大儒郑众、贾逵也传《毛诗》，马融作《毛诗传》，郑玄作《毛诗笺》，由此《毛诗》大兴。

东汉时，《大戴礼》《小戴礼》《庆氏礼》皆立学官，孔安国献古文《礼》五十六篇及《周官经》六篇。建武中，曹充习《庆氏礼》，其子曹褒，传父学，撰《汉礼》。另外，董钧，字文伯，犍为资中人，习《庆氏礼》，明帝时为博士，称为"通儒"，教授门生百余人。又郑众传《周官经》，马融作《周官传》，授郑玄，玄作《周官注》，郑玄还注《小戴礼》，而兴郑氏学，又注小戴所传《礼记》四十九篇，因而《礼》有三《礼》。

东汉时，《公羊春秋》有严氏学及颜氏学，加上《穀梁春秋》，三家皆立博士。西汉梁太傅贾谊曾著《春秋左氏传训诂》，授赵人贯公，至东汉亦有传人。

丁恭，字子然，山阳东缗人，习《公羊严氏春秋》，学义精明，教授常数百人，州郡请召不应。光武时，历谏议大夫、关内侯，迁少府，弟子数千人，称为大儒。

周泽，字稺都，北海安丘人，习《公羊严氏春秋》，隐居教授，门徒常数百人，后征博士、县令，奉公克己，矜恤孤羸，后官太常。果敢直言，数有据争。

钟兴，字次文，汝南汝阳人，从丁恭受《严氏春秋》，以《春秋》章句授皇太子，封关内侯，赐爵不受。

甄宇，字长文，北海安丘人，清静少欲，习《严氏春秋》，教授常数百人。光武时为博士，太子少傅。子甄普、孙甄承皆传学，甄承笃学，讲授常数百人。后子孙传学不绝。

楼望，字次子，陈留雍丘人，习《严氏春秋》，操节清白，赵节王刘栩请以为师，不受。明帝时官至太常，尝入讲省内。教授不倦，世称儒宗，学生九千余人。及葬，门生会葬数千人。

程曾，字秀升，豫章南昌人，习《严氏春秋》，还家讲授，著书百余篇，皆五经通难。又作《孟子章句》。

张玄，字君夏，河内河阳人，习《颜氏春秋》，兼通数家法，清静无欲，专心经书，方其讲问，乃不食终日。兼通数家法，"及有难者，辄为张数家之说，令择从所安"，有弟子千余人。后为博士。

李育，字元春，扶风漆人，习《公羊春秋》，沉思专精，博览书传，州郡请召，辄辞病去，常避地教授，门徒数百。拜博士。认为《左传》不得圣人深意，陈元、范升之徒更相非折，而多引图谶，"不据理体"，于是作《难左氏义》四十一事。章帝时，在白虎观，以《公羊》义难贾逵，"往返皆有理证"。

何休，字邵公，任城樊人。为人质朴讷口，而雅有心思，精研六经，拜郎中，不好，辞疾而去，不仕州郡，进退必以礼，作《春秋公羊解诂》，覃思不窥门，十有七年，又注训《孝经》《论语》，著《公羊墨守》《左氏膏肓》《穀梁废疾》等。曾被禁锢，后官议郎、谏议大夫，屡陈忠言。

服虔，字子慎，河南荥阳人，曾名服重、服祇。少清苦，有雅才，著《春秋左氏传解》，官至九江太守，著赋、碑、诔、书记、《连珠》《九愤》等十余篇。

颍容，字子严，陈国长平人，博学多通，善《左传》，师事太尉杨赐，公车征，不就，献帝时，在荆州避乱，学生千余人，刘表以为武陵太守，不起，著《春秋左氏条例》五万余言。

谢该，字文仪，南阳章陵人，善《左氏春秋》，门徒数百千人，建安时作《谢氏释》，以解答《左传》疑滞。

光武帝时，郑兴、陈元传《春秋左氏》学，时尚书令韩歆上疏，欲为《左氏春秋》立博士，范升与韩歆争之未决，而陈元上书讼《左传》，遂以魏郡李封为《左氏》博士。后群儒争论不休，李封死，遂不设《左氏》博士。

许慎，字叔重，汝南召陵人，性淳笃，少博学经籍，撰《五经异义》及《说文解字》。

蔡玄，字叔陵，汝南南顿人，通五经，门徒常有千人，著录者万六千人，不应征辟，顺帝时历议郎、侍中、太守。

《后汉书·儒林列传》所载儒生，有一个共同特点，就是把一生的主要精力用于学术研究和教学活动，淡漠功名利禄，而注重学术素养，所以说是献身经学。而其学风在于实事求是，立足于章句之学，论语注重理据，不说凿空之言，知之为知之，不知为不知。这种学风，后世命名为"汉学"。

《后汉书·儒林列传》之外，以著述为业的大儒还有不少。如前述之伏湛、伏无忌、牟融、王良、杜林、郑兴、郑众、陈元、贾逵、桓荣、应劭、崔骃、马融、周举等，而以郑玄为最著名。《后汉书·郑玄列传》曰，郑玄，字康成，北海高密人，不乐为吏，至太学，通《京氏易》《公羊春秋》《三统历》《九章算术》，又受《周官》《左传》《韩诗》《古文尚书》，后西入关，事扶风马融学古文经。马融门徒四百人，升堂进者五十余生。马融骄贵，郑玄在门下，三年不得见，使高业弟子授郑玄，郑玄日夜诵读，未尝倦怠。及归家，家贫，客耕东莱，学徒相随者已数百千人，后因党锢，闭门不出，专事经学。灵帝末，何进强征，不受朝服。及死，门人作《郑志》八篇，郑玄注《周易》《尚书》《毛诗》《仪礼》《礼记》《论语》《孝经》《尚书大传》《中候》《韩象历》，著《天文七政论》《鲁礼禘祫义》《六艺论》《毛诗谱》《驳许慎五经异义》《答临孝存周礼难》，又著《发墨守》《箴膏肓》《起废疾》反驳何休。著述凡百余万言。其最大功绩，在于博通今、古文经学及诸家学说，而以古文经学为主，遍注群经，成为汉代经学的集大成者及汉学传统的奠定者，其学被称为"郑学"。《后汉书·郑玄列传》论曰：

> 自秦焚六经，圣文埃灭。汉兴，诸儒颇修艺文；及东京，学者亦各名家。而守文之徒，滞固所禀，异端纷纭，互相诡激，遂令经有数家，家有数说，章句多者或乃百余万言，学徒劳而少功，后生疑而莫正。郑玄括囊大典，网罗众家，删裁繁诬，刊改漏失，自是学者略知所归。[1]

案今文古文各有所长，是当然之事，古文经有文字的准确性，今文经则积累了数代人的钻营，古文经以文字学入手，重字句训诂和名物考证，而今文经学家则喜好发挥义理；古文经重考证，失之繁琐，所以，今文经可以作为补充。如果互立门墙，则不利学术发展，而郑玄兼通今文古文，采摘各自所长，融会贯通，可以说是最彻底地贯彻了汉儒崇尚实证，追求真理的朴实学风。东汉自初建时盛今文经，到后来逐渐古文经盛，至郑玄，以今文经补古文经，遂基本结束了今古文经的对立。

第二节 高尚其志

东汉选举，运用察举、征辟之方法，而察举、征辟者往往二十万挑一，其条件则是经明行修。孔子及其门生，常常以"君子"自命，强调文人气节，或杀身成仁，或舍生取义，忠孝节义为所追求，东汉皇帝既宗经征圣，圣人人格和经典修习自然成为社会价值取向，因此以此选举便是当然的了。因为要想立足于社会，成为名士，好学和严以律己的节义之行是必不可少的，儒生们便拼命向学，而有家学的人得天独厚，以父传子，以兄传弟，岂能废弃传统，因此就形成了累世经学之家，而未有家学渊源者，一定要追逐师傅，

---

[1]《张曹郑列传》，见（宋）范晔撰，（唐）李贤等注：《后汉书》，北京：中华书局，1965年版，卷三十五第1212-1213页。

以求有所成就。一旦成为名士，利禄接踵而至。这样，一些累世经学之人，往往世代高居要津，因此在政治、经济、文化诸方面，都成为人们艳羡的对象。如孔氏后裔，西汉自孔安国、孔延年之后，有孔霸、孔光，东汉则有孔奋、孔子建、孔僖、孔长彦、孔昱，自孔霸至孔昱，孔氏家族卿相牧守五十三人，列侯七人。伏胜传《尚书》，后有伏理、伏湛、伏黯、恭、伏禽、伏光、优晨、优无忌，历两汉四百年。桓荣在明帝时封关内侯，为帝师，此后，桓郁、桓焉、桓彬等皆修习经学，并创三代帝师、凡授五帝之业绩。杨震家族习《欧阳尚书》，杨震官太尉，子杨秉代刘钜为太尉，杨秉子杨赐代刘郃为司徒，代张温为司空，杨赐子杨彪代董卓为司空，代黄琬为司徒，代淳于嘉为司空，代朱儁为太尉，并录尚书事，四世皆为三公。传《孟氏易》的袁安家族，自袁安以下，四世有五位三公官，袁安曾官司空、司徒，子袁敞乃及袁京皆曾官司空，袁京子袁汤为官司空，并至太尉，封安国亭侯，袁汤子袁逢也官司空，袁逢弟袁隗先袁逢为三公，后至太傅，位上公。像这样的家族，逐渐和一般平民相区别，成了道德和文化的象征，这就是后来所说的世家大族，或者称为士族、世族。世家大族势力的扩张，声誉的鹊起，形成了东汉后期的一个特殊的社会阶层。

在选举制度的影响下，官僚士大夫中专门出现了品评人物的"清议"风气，以铨序士人，为选举提供帮助，或评品选举结果，这是东汉儒学昌明，社会政治民主化和公开化的产物。有些人因为善于评品人物，而受到推崇，如《后汉书·郭泰传》注引谢承《后汉书》曰："泰之所名，人品乃定，先言后验，众皆服之。"[1]《后汉书·许劭传》说许劭与从兄许靖"好共核论乡党人物，每月辄更其品题，故汝南俗有'月旦评'焉"[2]。由于有评品之风气，士大夫们在公开场合，务必有修行之节，"士大夫相率让爵、推财、避聘、久丧，极力把自己伪装为具有孝义高行的人物，以博得清议的赞扬"[3]。所以，东汉的儒生们或真或假，都追求忠孝节义清廉高尚的美名，对朝廷和

---

[1]《郭符许列传》，见（宋）范晔撰，（唐）李贤等注：《后汉书》，北京：中华书局，1965年版，卷六十八第2227页。

[2]《郭符许列传》，见（宋）范晔撰，（唐）李贤等注：《后汉书》，北京：中华书局，1965年版，卷六十八第2235页。

[3] 翦伯赞主编：《中国史纲要》，北京：北京大学出版社，2006年版，第126页。

州郡的征召，多数都是辞而不就。而越是辞而不就，朝廷和州郡长官越是征召，只是每一次征召的规格应该提高，官职应更荣耀，因为朝廷和州郡长官如果能辟名士为掾，是大有脸面的事。而屡召不应，不是不识抬举，而是体现其志高尚的机会，如果早早投身仕途，就会堕入俗人的圈子。

应该说，由于清议的威慑，以及数百年的儒学传统的熏陶，东汉儒生对名节的重视是真诚的，虽然有个别伪装者，但却不能改变总体的面貌。即使屡征不应，最后勉强应召，历经显宦，虽失隐逸之节，如果为官清廉忠直，也算是尽一种出仕的义务。而这一点，大部分儒生都做到了。

东汉崇尚名节，是道德高尚的时代氛围使然。赵翼《廿二史札记》曰：

> 自战国豫让、聂政、荆轲、侯嬴之徒，以意气相尚，一意孤行，能为人所不敢为，世竞慕之。其后贯高、田叔、朱家、郭解辈，徇人刻己，然诺不欺，以立名节。驯至东汉，其风盖盛。盖当时荐举征辟，必采名誉，故凡可以得名者，必全力赴之，好为苟难，遂成风俗。其大概有数端：是时郡吏之于太守，本有君臣名分，为掾吏者，往往周旋于死生患难之间。如李固被戮，弟子郭亮负斧锧上书，请收固尸。杜乔被戮，故掾杨匡守护其尸不去。由是皆显名。第五种为卫相，善门下掾孙斌，种以劾宦官单超兄子匡，坐徙朔方，朔方太守董援，乃超外孙也，斌知种往必被害，乃追及种于途，格杀送吏，与种俱逃，以脱其祸。太原守刘瓆，以考杀小黄门赵津下狱死，王允为郡吏，送瓆丧还平原，终三年乃归。公孙瓒为郡吏，太守刘君坐事徙日南，瓒身送之，自祭父墓曰："昔为人子，今为人臣，送守日南，恐不得归，便当长辞。"乃再拜而去。此尽力于所事，以著其忠义者也。傅燮闻举将没，即弃官行服。李恂为太守李鸿功曹，而州辟恂为从事，会鸿卒，恂为从事，会鸿卒，恂不应州命，而送鸿丧归葬，持丧三年。乐恢为郡吏，太守坐法诛，恢独行丧服。桓典以国相王吉诛，独弃官收葬，服丧三年，负土成坟。袁逢举荀爽有道，爽不应，及逢卒，爽制服三年。此感知遇之恩，而制服从厚者也。然父母丧不过三年，而郡将举主之丧与父母无别，亦太过矣。又有以让爵为高者。西汉时韦贤卒，子玄成应袭爵，让于庶兄弘，宣帝高其节许之。

至东汉邓彪亦让封爵于异母弟,明帝亦许之。刘恺让封于弟宪,逃去十余年,有司请绝其封,帝不许,贾逵奏当成其让国之美,乃诏宪嗣。此以让而得请者也。桓荣卒,子郁请让爵于兄子泛,明帝不许,乃受封。丁綝卒,子鸿请让爵于弟盛,不报,鸿乃逃去,以采药为名,后友人鲍骏遇之于东海,责以兄弟私恩绝其父不灭之基,鸿感悟,乃归受爵。郭躬子贺,当袭,让与小弟而逃去,诏下州郡追之,不得已乃出就封。徐防卒,子衡当袭,让于弟崇,数岁不归,不得已乃就。此让而不得请者也。夫以应袭之爵,而让以鸣高,即使遂其所让,而已收克让之名,使受之者蒙滥冒之诮,有以处己,即无以处人,况让而不许,则先得高名,仍享厚实,此心尤不可问也。又有轻生报仇者。崔瑗兄为人所害,手刃报仇,亡去。魏朗兄亦为人所害,朗白日操刀,杀其人于县中。苏谦为司隶校尉李暠案罪死狱中,谦子不韦与宾客,掘地道至暠寝室,值暠如厕,乃杀其妾与子,又疾驰至暠父墓,掘得其父头以祭父。夫父兄被害,自当诉于官,官不理而后私报可也。今不理之于官,而辄自行仇杀,已属乱民。然此犹曰出于义愤也,又有代人报仇者。何顒有友虞纬高,父仇未报而病将死,泣诉于顒,顒即为复仇,以头祭其父墓。郅恽有友董子张,父为人所杀,子张病且死,对恽歔欷不能言,恽曰:"子以父仇未报也。"乃将宾客杀其人,以头示子张,子张见而气绝。此则徒徇友朋私情,而转捐父母遗体,亦缪戾之极矣。盖其时轻生尚气已成习俗,故志节之士好为苟难,务欲绝出流辈,以成卓特之行,而不自知其非也。然举世以此相尚,故国家缓争之际,尚有可恃,以撑挂倾危。昔人以气节之盛,为世运之衰,而不知并气节而无之,其衰乃更甚也。[1]

赵翼所举东汉患难、服丧、让爵、复仇诸例证,而所举之人,皆当世名士,大多都习于儒学,有些人本系名儒,其行为虽未必尽出于至诚,其中不乏沽名钓誉之成分,但却可以敦励士节,纯朴世风,使为非作歹者知有所收敛,

---

[1] (清) 赵翼著,王树民校证:《廿二史札记校证》,北京:中华书局,1984年版,卷五第102-104页。

使虚心向善者知其努力的方向。

《后汉书》尚有《独行列传》和《逸民列传》，所载皆是有义气之人。如《独行列传》载，谯玄，字君黄，巴郡阆中人，少好学，能说《易》《春秋》，及为官，有气节。王莽居摄，时为绣衣使者，持节，与太仆王恽等分行天下，观览风俗，专行诛赏，事未及终，纵使者车，变易姓名，归家隐遁，训诸子勤习经书，光武帝美之。李业，字巨游，广汉梓潼人，少有志操，习《鲁诗》，王莽居摄，辞官，公孙述称帝，召之，自杀，公孙述吊之。蜀郡王皓、王郎二人在王莽篡位后西归隐居，公孙述系其妻子，欲二人出仕，二人俱自杀。刘茂，字子卫，太原晋阳人，家贫有孝行，习《礼经》，教授常数百人，王莽篡位，亦去官隐居教授，后任郡门下掾，负郡太守躲避赤眉军，诏拜议郎、侍中。又索卢放，字君阳，东郡人，以《尚书》教授千余人。周嘉，字惠文，汝南安城人，仕郡为主簿；范式，字巨卿，山阳金乡人，太学出身。戴封，字平仲，济北刚人，太学出身。陈重，字景公，豫章宜春人，学《鲁诗》《颜氏春秋》。向栩字甫兴，河内朝歌人，书生出身，好读《老子》。上述诸人，皆书生出身，而有节义勇敢之行为，为世人所称，而记于《独行列传》之中。[1]

《逸民列传》所载，则是隐居不仕的高士，如向长，字子平，河内朝歌人，好通《老》《易》。蓬萌，字子康，北海都昌人，通《春秋经》。周党，字伯况，太原广武人，学于长安。王霸，字儒仲，太原广武人。严光，字子陵，一名遵，会稽余姚人，光武同学。井丹，字大春，扶风郿人，受业太学，通五经。梁鸿，字伯鸾，扶风平陵人，受业太学。高凤，字文通，南阳叶人，少为书生。台佟，字孝威，魏郡邺人。韩康，字伯休，一名恬休，京兆霸陵人。矫慎，字仲彦，扶风茂陵人，与马融、苏章为同乡同时，受二人推重。戴良，字叔鸾，汝南慎阳人。法真，字高卿，扶风郿人，好学，博通内外图典，为关西大儒。凡此之类，皆终身隐逸不仕。[2]案人世之中，不仕者众，而仕者盖寡，不仕而可以隐逸论者，自然指仕进垂手可得而持节不渝，甘愿过清贫隐居之生活的人，这样的人，肯定是学有所长而又有声名之人。普通乡野

---

[1] 详见（宋）范晔撰，（唐）李贤等注：《后汉书》，北京：中华书局，1965年版，卷八十一。
[2] 详见（宋）范晔撰，（唐）李贤等注：《后汉书》，北京：中华书局，1965年版，卷八十三。

之民，生于斯，长于斯，自然一生与仕进无缘，却不可当之以"隐逸"，因为他们学无专长，不足以称为人才，本当以乡野为其驰骋的田地。有高出世人之才，而甘愿过清淡之生活，在田野隐居，或为追求隐居之自由，或为不满世俗之险恶，当然是应该获得尊敬的。《易·遁》曰"遁之时义大矣哉"，又曰"君子以远小人"，《易·蛊》曰"不事王侯，高尚其志"[1]，隐居之行，正是圣人处世的法则之一，孔子所谓舍之则藏也。

第三节 东汉辞赋家

东汉辞赋，大抵祖述扬雄的大赋及骚赋两类，据费正刚等辑校《全汉赋》[2]，今存赋目及作品者，包括桓谭、崔篆、班彪、冯衍、杜笃、梁竦、傅毅、刘广世、崔骃、王充、袁安、班固、班昭、黄香、李尤、苏顺、葛龚、刘騊駼、张衡、崔瑗、马融、皇甫规、邓耽、王逸、崔琦、朱穆、崔寔、张奂、王延寿、刘梁、边韶、侯瑾、廉品、桓麟、赵岐、赵壹、边让、刘琬、刘琬、桓彬、马芝、蔡邕、张超、张紘、祢衡、郑玄、阮瑀、潘勖、徐干、繁钦、杨修、王粲、陈琳、刘桢、应场、丁仪、丁廙、崔琰、刘协等。其中桓谭、班固、王充、王逸、张衡等，对赋及其他文学形式发表了重要的看法。

桓谭与张衡两人是东汉很有影响的文人，其论谶纬，主张应去除谶纬，其原因在于谶纬不合经典，不能征实，体现的是扬雄所标榜的宗经征圣的价值观和实事求是的学术态度。而这两个基点，是东汉辞赋家建设其文学理论的基本支架。

《后汉书·王充列传》曰，王充，字仲任，会稽上虞人，少孤，以孝著称，后受业大学，为班彪弟子，"好博览而不守章句。家贫无书，常游洛阳市肆，阅所卖书，一见辄能诵忆，遂博通众流百家之言。后归乡里，屏居教授。仕郡为功曹，以数谏争不合去。充好论说，始若诡异，终有理实，以为俗儒守文，多失其真，乃闭门潜思，绝庆吊之礼，户牖墙壁各置刀笔。著《论衡》

---

[1] 详见（魏）王弼等注，（唐）孔颖达等正义：《周易正义》，见《十三经注疏》，上海：上海古籍出版社，1997年版。
[2] 详见费振刚、胡双宝、宗明华辑校：《全汉赋》，北京：北京大学出版社，1993年版。

八十五篇，二十余万言，释物类同异，正时俗嫌疑"。[1]以此可见，王充虽未成为文人官僚，其个人行为，仍然贯彻着与文人官僚相同的好学、注重名节、忠义之价值观。而其学说，则归之于"理实"，即实证，也即实事求是。

王充论《论衡》主旨，在于疾虚妄。《论衡·佚文》曰："《诗》三百，一言以蔽之，曰'思无邪'。《论衡》篇以十数，亦一言也，曰'疾虚妄'。"[2]《论衡·对作》曰："是故《论衡》之造也，起众书并失实，虚妄之言胜真美也。故虚妄之语不黜，则华文不见息；华文放流，则实事不见用。故《论衡》者，所以铨轻重之言，立真伪之平，非苟调文饰辞，为奇伟之观也。"[3]王充的征实观，是与实用和是今非古论结合在一起的。《论衡·自纪》曰："为世用者，百篇无害；不为用者，一章无补。"[4]即有用就是实在，无用便是虚诞。不为用而有虚妄之名，是名实不副。

以有用无用判断其实用价值，是王充评价文人的标准。《论衡·超奇》曰："故夫能说一经者为儒生，博览古今者为通人，采掇传书以上书奏记者为文人；能精思著文连结篇章者为鸿儒。故儒生过俗人，通人胜儒生，文人踰通人，鸿儒超文人。故夫鸿儒，所谓超而又超者也。以超之奇，退与儒生相料，文轩之比于敝车，锦绣之方于缊袍也，其相过远矣。如与俗人相料，太山之巅墆，长狄之项跖，不足以喻。"[5]鸿儒之所以奇而又奇，就在于其"抽列古今，纪著行事"，有益于"治道政务"，《论衡·超奇》所谓"实诚在胸臆，文墨著竹帛，外内表里，自相副称"[6]。

《后汉书·班彪列传》曰，班固，字孟坚，扶风安陵人，"年九岁，能属文诵诗赋，及长，遂博贯载籍，九流百家之言，无不穷究。所学无常师，不为章句，举大义而已。性宽和容众，不以才能高人，诸儒以此慕之"。[7]其父班彪作《史记后传》数十篇，及班彪死，班固归乡里，"以彪所续前史未详，

---

[1]（宋）范晔撰，（唐）李贤等注：《后汉书》，北京：中华书局，1965年版，卷四十九第1629页。
[2]（汉）王充著：《论衡》，第202页，见《诸子集成》，北京：中华书局，2006年第2版。
[3]（汉）王充著：《论衡》，第280页，见《诸子集成》，北京：中华书局，2006年第2版。
[4]（汉）王充著：《论衡》，第286页，见《诸子集成》，北京：中华书局，2006年第2版。
[5]（汉）王充著：《论衡》，第135页，见《诸子集成》，北京：中华书局，2006年第2版。
[6]（汉）王充著：《论衡》，第136页，见《诸子集成》，北京：中华书局，2006年第2版。
[7]（宋）范晔撰，（唐）李贤等注：《后汉书》，北京：中华书局，1965年版，卷四十第1330页。

乃潜精研思，欲就其业"，有人上书显宗，称班固"私改作国史"，[1]入狱，其弟班超上书皇帝，班固遂得任兰台令史，后迁郎，典校秘书。后显宗又令班固完成《史记后传》，班固"以为汉绍尧运，以建帝业，至于六世，史臣乃追述功德，私作本纪，编于百王之末，厕于秦、项之列，太初以后，阙而不录，故探撰前记，缀集所闻，以为《汉书》，起元高祖，终于孝平王莽之诛，十有二世，二百三十年，综其行事，傍贯五经，上下洽通，为《春秋》考纪、表、志、传凡百篇。固自永平中始受诏，潜精积思二十余年，至建初中乃成。当世甚重其书，学者莫不讽诵焉"。班固在章帝时，"数入读书禁中，或连日继夜"。及和帝即位，窦宪出征匈奴，班固为中护军，与参议，曾行中郎将事，后免官。因教子不当，家奴得罪洛阳令，及窦宪之败，班固死于狱中。著作甚众，有"《典引》《宾戏》《应讥》，诗、赋、铭、诔、颂、书、文、记、论、议、六言，在者凡四十一篇"。[2]

班固在理论上的建树，首先在于他发表的对屈原及《离骚》、司马迁及其《史记》的观点。其论屈原及《离骚》，主要见于《离骚序》及《离骚赞序》，除了肯定屈原为"辞赋宗"的"弘博丽雅"和"忧愁幽思"的创作动机外，认为屈原有不"明哲"和"虚无之语"，不能兼风雅和日月同日而语。

《离骚赞序》曰：

> 《离骚》者，屈原之所作也。屈原初事怀王，甚见信任。同列上官大夫妒害其宠，谮之王，王怒而疏屈原。屈原以忠信见疑，忧愁幽思而作《离骚》。离，犹遭也。骚，忧也。明己遭忧作辞也。是时周室已灭，七国并争。屈原痛君不明，信用群小，国将危亡，忠诚之情，怀不能已，故作《离骚》。上陈尧、舜、禹、汤、文、武之法，下言羿、浇、桀、纣之失，以风。怀王终不觉寤，信反间之说，西朝于秦。秦人拘之，客死不还。至于襄王，复用谗言，逐屈原。在野又作《九章》赋以风谏，卒不见纳。不忍浊世，自

---

[1] (宋) 范晔撰，(唐) 李贤等注：《后汉书》，北京：中华书局，1965年版，卷四十第1333页。
[2] (宋) 范晔撰，(唐) 李贤等注：《后汉书》，北京：中华书局，1965年版，卷四十第1330-1386页。

投汨罗。屈原死后，秦果灭楚。其辞为众贤所悼悲，故传于后。[1]

案依班固之意，楚人屈原之忠是没有问题的。而其作品所以受后人重视，就在于其事迹受后人激赏。

班固《离骚序》，是他论《离骚》及屈原的又一重要文章，其曰：

> 昔在孝武，博览古文，淮南王安叙《离骚传》，以"《国风》好色而不淫，《小雅》怨诽而不乱，若《离骚》者，可谓兼之。蝉蜕浊秽之中，浮游尘埃之外，皭然泥而不滓。推此志，虽与日月争光可也"。斯论似过其真。又说"五子以失家巷"，谓伍子胥也。及至羿、浇、少康、二姚，有娀佚女，皆各以所识有所增损。然犹未得其近也。故博采经书传记本文，以为之解。且君子道穷，命矣，故潜龙不见，是而无闷，《关雎》哀周道而不伤，蘧瑗持可怀之智，宁武保如愚之性，咸以全命避害，不受世患。故《大雅》曰："既明且哲，以保其身。"斯为贵矣。今若屈原露才扬己，竞乎危国群小之间，以离谗贼，然责数怀王，怨恶椒兰，愁神苦思，强非其人，忿怼不容，沈江而死，亦贬絜狂狷景行之士。多称昆仑，冥婚宓妃，虚无之语，皆非法度之政，经义所载。谓之兼《诗》风、雅而与日月争光，过矣。然其文弘博丽雅，为词赋宗。后世莫不斟酌其英华，则象其从容。自宋玉、唐勒、景差之徒，汉兴，枚乘、司马相如、刘向、扬雄骋极文辞，好而悲之，自谓不能及也。虽非明智之器，可谓妙才者也。[2]

班固首先批评刘安对屈原的过高评价，然后根据屈原的行为及作品的实际，指出其行为与经典的背离，其著述与经义相乖，但对屈原的作品的艺术手法的弘博丽雅，还是充分肯定的。

《汉书·司马迁传》赞曰：

> 其言秦汉，详矣。至于采经摭传，分散数家之事，甚多疏略，

---

[1]（宋）洪兴祖撰，白化文等点校：《楚辞补注》，北京：中华书局，1983年版，第51页。
[2]《楚辞章句序跋著录》，见黄灵庚疏证：《楚辞章句疏证》，北京：中华书局，2007年版，第2964-2965页。

或有抵牾，亦其涉猎者广博，贯穿经传，驰骋古今，上下数千载间，斯以勤矣。又其是非颇缪于圣人，论大道则先黄老而后六经，序游侠则退处士而进奸雄，述货殖则崇势利而羞贱贫，此其所蔽也。然自刘向、扬雄博极群书，皆称迁有良史之材，服其善序事理，辩而不华，质而不俚，其文直，其事核，不虚美，不隐恶，故谓之实录。呜呼！以迁之博物洽闻，而不能以知自全，既陷极刑，幽而发愤，书亦信矣。迹其所以自伤悼，《小雅·巷伯》之伦。夫唯《大雅》"既明且哲，能保其身"，难矣哉！[1]

概括以上言论，要点有三：一是班固认为司马迁没有贯彻尊经的观点；二是《史记》的价值在于"实录"；其三，要达到圣人的明哲保身，不容易。而这三点，又可概括为二，一是宗经征圣，一是实事求是，这样，就与他同时代的人联系起来了，也与他父亲班彪论《史记》的观点相一致。班固批评司马迁《史记》之处，正是他所作《汉书》之不同于《史记》的特点所在。而这又是班固父子所共同确认的，《后汉书·班彪列传》曰，班彪才高而好述作，遂专心史籍之间。武帝时，司马迁《史记》自太初以后阙而不论，班彪遂为后传数十篇，"因斟酌前史而讥正得失"，其略论曰：

> 唐虞三代，《诗》《书》所及，世有史官，以司典籍，暨于诸侯，国自有史，故《孟子》曰"楚之《梼杌》，晋之《乘》，鲁之《春秋》，其事一也。"定哀之间，鲁君子左丘明论集其文，作《左氏传》三十篇，又撰异同，号曰《国语》，二十一篇，由是《乘》《梼杌》之事遂暗，而《左氏》《国语》独章。又有记录黄帝以来至春秋时帝王公侯卿大夫，号曰《世本》，一十五篇。春秋之后，七国并争，秦并诸侯，则有《战国策》三十三篇。汉兴定天下，太中大夫陆贾记录时功，作《楚汉春秋》九篇。孝武之世，太史令司马迁采《左氏》《国语》，删《世本》《战国策》，据楚、汉列国时事，上自黄帝，下讫获麟，作本纪、世家、列传、书、表凡百三十篇，而十篇缺焉。迁之所记，从汉元至武以绝，则其功也。至于采经摭传，分散百

---

[1]（汉）班固撰，（唐）颜师古注：《汉书》，北京：中华书局，1962年版，卷六十二第2737-2738页。

家之事，甚多疏略，不如其本，务欲以多闻广载为功，论议浅而不笃。其论术学，则崇黄老而薄五经；序货殖，则轻仁义而羞贫穷；道游侠，则贱守节而贵俗功：此其大敝伤道，所以遇极刑之咎也。然善述序事理，辩而不华，质而不野，文质相称，盖良史之才也。诚令迁依五经之法言，同圣人之是非，意亦庶几矣。[1]

班彪之论司马迁《史记》，要点在于《史记》不合宗经征圣之旨，是否"实录"，却并未明言。班固肯定司马迁的"实录"，可以说是比乃父更进一步。不过，班固之"良史"的评价，实际已包括了对司马迁秉笔直书的实录精神的肯定。

班固《汉书·艺文志·诗赋略》论曰：

> 传曰："不歌而诵谓之赋，登高能赋可以为大夫。"言感物造耑，材知深美，可与图事，故可以为列大夫也。古者诸侯卿大夫交接邻国，以微言相感，当揖让之时，必称《诗》以谕其志，盖以别贤不肖而观盛衰焉。故孔子曰"不学诗，无以言"也。春秋之后，周道浸坏，聘问歌咏不行于列国，学《诗》之士逸在布衣，而贤人失志之赋作矣。大儒孙卿及楚臣屈原离谗忧国，皆作赋以风，咸有恻隐古诗之义。其后宋玉、唐勒，汉兴枚乘、司马相如，下及扬子云，竞为侈丽闳衍之词，没其风谕之义。是以扬子悔之，曰："诗人之赋丽以则，辞人之赋丽以淫，如孔氏之门人用赋也，则贾谊登堂，相如入室矣，如其不用何！"自孝武立乐府而采歌谣，于是有代、赵之讴，秦楚之风，皆感于哀乐，缘事而发，亦可以观风俗，知薄厚云。[2]

又《汉书·司马相如传》赞云：

> 司马迁称"《春秋》推见至隐，《易》本隐以之显，《大雅》言王公大人，而德逮黎庶，《小雅》讥小己之得失，其流及上。

---

[1]（宋）范晔撰，（唐）李贤等注：《后汉书》，北京：中华书局，1965年版，第四十卷1324-1325页。

[2]（汉）班固撰，（唐）颜师古注：《汉书》，北京：中华书局，1962年版，卷三十第1755-1756页。

所言虽殊,其合德一也。相如虽多虚辞滥说,然要其归引之于节俭。此亦《诗》之风谏何异?"扬雄以为靡丽之赋,劝百而讽一,犹骋郑卫之声,曲终而奏雅,不已戏乎![1]

概括班固之论,其一曰辞赋的发展有两个阶段,第一阶段是贤人失志之赋,其特点是有"风",即能以辞赋讽谏,有恻隐古诗之义。第二阶段的赋则侈丽闳衍,没其讽谕。其二,乐府的创作是缘事而发,其中含有哀乐风俗薄厚之实。这两个论点,仍然反映了宗经与实证观点。至于他作《两都赋》,其序曰"或以抒下情而通讽谕,或以宣上德而尽忠孝,雍容揄扬,著于后嗣,抑亦雅颂之亚也"[2],也没有背离宗经与实证的原则,宗经是就其内容的纯正性而言,实证是指能发挥实用目的。发挥实用目的,是圣人的追求,经典的惯例,所以实证本身可以与宗经统一起来。

《后汉书·文苑列传》曰,王逸,字叔师,南郡宜城人。安帝时任校书郎,顺帝时官侍中,著有《楚辞章句》,以及"赋、诔、书、论及杂文凡二十一篇。又作《汉诗》百二十三篇"[3]。王逸《楚辞章句序》以对屈原的全面肯定,在汉代文学批评界独树一帜。他说:"屈原履忠被谮,忧悲愁思,独依诗人之义而作《离骚》,上以讽谏,下以自慰。遭时暗乱,不见省纳,不胜愤懑,遂复作《九歌》以下,凡二十五篇。"[4]肯定屈原作品讽谏与自慰的双重作用,同时,他说:

且人臣之义,以忠正为高,以伏节为贤。故有危言以存国,杀身以成仁。是以伍子胥不恨于浮江,比干不悔于剖心,然后忠立而行成,荣显而名著。若夫怀道以迷国,详愚而不言,颠则不能扶,危则不能安,婉娩以顺上,逡巡以避患,虽保黄耇,终寿百年,盖志士之所耻,愚夫之所贱也。今若屈原,膺忠贞之质,体清洁之性,直若砥矢,言若丹青,进不隐其谋,退不顾其命,此诚绝世之行,俊彦之英也。而班固谓之"露才扬己,竞于群小之中,怨恨怀王,

---

[1](宋)范晔撰,(唐)李贤等注:《后汉书》,北京:中华书局,1965年版,卷五十七第2609页。
[2](梁)萧统编,(唐)李善注:《文选》,北京:中华书局,1977年版,卷一第21-22页。
[3](宋)范晔撰,(唐)李贤等注:《后汉书》,北京:中华书局,1965年版,卷八十第2618页。
[4]黄灵庚疏证:《楚辞章句疏证》,北京:中华书局,2007年版,卷一第555页。

讥刺椒兰,苟欲求进,强非其人,不见容纳,忿恚自沈,是亏其高明,而损其清洁者也。昔伯夷、叔齐,让国守分,不食周粟,遂饿而死。岂可复谓有求于世而怨望哉?且诗人怨主刺上曰:"呜呼小子,未知臧否,匪面命之,言提其耳。"讽谏之语,于斯为切。然仲尼论之,以为大雅。引此比彼,屈原之词,优游婉顺,宁以其君不智之故,欲提携其耳乎?而论者以为"露才扬己","怨刺其上","强非其人",殆失厥中矣。[1]

案王逸所引班固之言,见于班固《离骚序》,班固站在宗经征圣的立场上,对屈原的行为及艺术手法提出批评,认为屈原既不"明哲",即不能贯彻宗经征圣之主旨,同时,又有"虚无之语",即不征实,有损实事求是的原则。

我们应该注意到,王逸关于屈原及《离骚》的观点,吸收了刘安的看法,所不同的是,刘安认为《离骚》兼《诗》风雅,表明其对经典的蔑视,班固对刘安的批评,及王逸对班固的批评同样都是基于宗经征圣的价值观,所不同的是班固更强调"明哲保身",而王逸则更强调士人气节。玉逸在论证屈原忠义气节价值的时候,探赜索隐,从经典之中找到与屈原辞赋立意相同之文句,这是为了适应东汉文人的实证价值观。

东汉辞赋家,以班固、张衡的大赋为最有名,而班固的代表作品,即《两都赋》,其序曰:

> 或曰:"赋者,古诗之流也。"昔成、康没而颂声寝,王泽竭而诗不作。大汉初定,日不暇给。至于武、宣之世,乃崇礼官,考文章,内设金马石渠之署,外兴乐府协律之事,以兴废继绝,润色鸿业。是以众庶悦豫,福应尤盛。《白麟》《赤雁》《芝房》《宝鼎》之歌,荐于郊庙;神雀、五凤、甘露、黄龙之瑞,以为年纪。故言语侍从之臣,若司马相如、虞丘寿王、东方朔、枚皋、王褒、刘向之属,朝夕论思,日月献纳。而公卿大臣御史大夫倪宽、太常孔臧、太中大夫董仲舒、宗正刘德、太子太傅萧望之等,时时间作。或以抒下情而通讽谕,或以宣上德而尽忠孝,雍容揄扬,

---

[1] 黄灵庚疏证:《楚辞章句疏证》,北京:中华书局,2007年版,卷一第559-563页。

著于后嗣，抑亦雅颂之亚也。故孝成之世，论而录之，盖奏御者千有余篇，而后大汉之文章，炳焉与三代同风。且夫道有夷隆，学有粗密，因时而建德者，不以远近易则。故皋陶歌虞，奚斯颂鲁，同见采于孔氏，列于《诗》《书》，其义一也。稽之上古则如彼，考之汉室又如此，斯事虽细，然先臣之旧式，国家之遗美，不可阙也。臣窃见海内清平，朝廷无事，京师修宫室，浚城隍，起苑囿，以备制度。西土耆老，感怀怨思，冀上之睠顾，而盛称长安旧制，有陋雒邑之议。故臣作《两都赋》，以极众人之所眩曜，折以今之法度。[1]

班固在《两都赋序》中解说其作赋的动机，一是认为赋为雅颂之亚，二是赋为先臣之旧式，国家之遗美，所以不能不作；至于为什么写《两都赋》，则缘于以洛阳非长安，说明东都之盛于西京。至于其词采章法，与扬马大赋雷同，如《西都赋》曰：

  有西都宾问于东都主人曰："盖闻皇汉之初经营也，尝有意乎都河洛矣。辍而弗康，寔用西迁，作我上都，主人闻其故，而睹其制乎？"主人曰："未也。愿宾摅怀旧之蓄念，发思古之幽情；博我以皇道，弘我以汉京。"宾曰："唯唯！汉之西都，在于雍州，寔曰长安，左据函谷、二崤之阻，表以太华、终南之山，右界褒斜、陇首之险，带以洪河、泾渭之川。众流之隈，汧涌其西。华实之毛，则九州之上腴焉；防御之阻，则天地之隩区焉。是故横被六合，三成帝畿，周以龙兴，秦以虎视，乃至大汉受命，而都之矣。仰悟东井之精，俯协河图之灵。奉春建策，留侯演成。天人合应，以发皇明。乃眷西顾，寔惟作京。于是睎秦岭，睋北阜，挟沣灞，据龙首。图皇基于亿载，度宏规而大起。肇自高而终平，世增饰以崇丽，历十二之延祚，故穷泰而极侈。建金城而万雉，呀周池而成渊，披三条之广路，立十二之通门。内则街衢洞达，闾阎且千，九市开场，货别隧分。人不得顾，车不得旋，阛城溢郭，旁流百

---

[1]（梁）萧统编，（唐）李善注：《文选》，北京：中华书局，1977年版，卷一第21—22页。

麈，红尘四合，烟云相连。于是既庶且富，娱乐无疆，都人士女，殊异乎五方。游士拟于公侯，列肆侈于姬姜。乡曲豪举，游侠之雄，节慕原尝，名亚春陵，连交合众，骋骛乎其中。若乃观其四郊，浮游近县，则南望杜霸，北眺五陵，名都对郭，邑居相承，……封畿之内，厥土千里。踔跞诸夏，兼其所有。……其阳……，其阴……，东郊……，西郊……，其中……，其宫室也体象乎天地，经纬乎阴阳；据坤灵之正位，仿太紫之圆方；树中天之华阙，丰冠山之朱堂；因瑰材而究奇，抗应龙之虹梁；列棼橑以布翼，荷栋桴而高骧；雕玉瑱以居楹，裁金璧以饰珰；发五色之渥彩，光焰朗以景彰。于是左城右平，重轩三阶，闺房周通，门闼洞开。列钟虡于中庭，立金人于端闱。仍增崖而衡阙，临峻路而启扉。徇以离官别寝，承以崇台闲馆，焕若列宿，紫宫是环，清凉宣温，神仙长年。金华玉堂，白虎骐麟。区宇若兹，不可殚论。增盘崔嵬，登降炤烂，殊形诡制，每各异观，乘茵步辇，惟所息宴。……后宫……庭中……天禄、石渠，典籍之府……承明、金马，著作之庭。……内则……乃尔正殿崔嵬。……于是灵草冬荣，神木丛生，……尔乃盛娱游之壮观，奋泰武乎上囿。……于是乘銮舆，备法驾。……[1]

《东都赋》与《西都赋》内容相连贯，类似于司马相如的《天子游猎之赋》分为《子虚赋》和《上林赋》两部分一样，其铺陈排比、鸿丽温雅也如西汉大赋，其价值观也主要体现在润色鸿业的功能上。

两汉辞赋，扬马班张四人同称，张衡以《二京赋》而成为东汉的又一位大赋作家，《后汉书·张衡列传》曰："衡乃拟班固《两都》，作《二京赋》，因以讽谏，精思傅会，十年乃成。"[2] 其篇幅不但超过司马相如的《天子游猎之赋》，也超过了班固《两都赋》。《西京赋》曰：

有凭虚公子者，心参体忲，雅好博古，学乎旧史氏，是以多识前代之载。言于安处先生曰：夫人在阳时则舒，在阴时则惨，此牵乎天者也。处沃土则逸，处瘠土则劳，此系乎地者也。惨遇

---

[1]（梁）萧统编，（唐）李善注：《文选》，北京：中华书局，1977年版，卷一第22-28页。
[2]（宋）范晔撰，（唐）李贤等注：《后汉书》，北京：中华书局，1965年版，卷五十九第1897页。

鲜于欢，劳则褊于惠，能违之者寡矣。小必有之，大亦宜然。故帝者因天地以致化，兆人承上教以成俗，化俗之本，有与推移。何以核诸？秦据雍而强，周即豫而弱，高祖都西而泰，光武处东而约。政之兴衰，恒由此作。先生独不见西京之事欤？请为吾子陈之：汉氏初都，在渭之涘。秦里其朔，寔为咸阳，左有崤函重险桃林之塞，缀以二华，巨灵赑屃，高掌远蹠，以流河曲，厥迹犹存。右有陇坻之隘，隔阂华戎，岐梁汧雍，陈宝、鸣鸡在焉。于前则终南、太一，隆崛崔崒，隐辚郁律，连冈乎嶓冢，抱杜含鄠，欲沣吐镐，爰有蓝田珍玉，是之自出。于后则高陵平原，据渭踞泾，澶漫靡迤，作镇于近。其远则九嵕、甘泉，涸阴冱寒，日北至而含冻，此焉清暑。尔乃广衍沃野，厥田上上，寔惟地之奥区神皋。……自我高祖之始入也，……正紫宫于未央，表峣阙于闾阖。疏龙首以抗殿，状巍峨以岌嶪。亘雄虹之长梁，结棼橑以相接。蒂倒茄于藻井，披红葩之狎猎。饰华榱与璧珰，流景曜之韡晔。雕楹玉磶，绣栭云楣。三阶重轩，镂槛文㮨，右平左墄，青琐丹墀。……柏梁既灾，越巫陈方。建章是经，用厌火祥。……天梁之宫，寔开高闱。旗不脱扃，结驷方蕲。轫辐轻骛，容于一扉。长廊广庑，途阁云蔓。閈庭诡异，门千户万。重闱幽闼，转相踰延。望窈窕以径廷，眇不知其所返。[1]

《东京赋》与《西京赋》内容也相联属。作为模仿班固《两都赋》之作，其手法与《两都赋》并无不同，其价值观也在于润色鸿业。

汉大赋作为表现大汉作为强势民族的强大气魄，其风格以华丽宏大为追求，其内容则关乎讽谏，把忧患感在奢华之中表达得异常清晰。但是，作为大赋来说，进入东汉，虽有班固、张衡等大家，以及如杜笃《论都赋》、王延寿《鲁灵光殿赋》的有关池塘畋猎苑囿的巨制，但这种文体已经衰落。在东汉真正唱主角的，是东汉赋家的抒情赋，其篇幅则有大小不同，不可一律称为小赋。

所谓抒情赋，是针对于以写畋猎苑囿的大赋而言的。东汉抒情赋，写

---

[1]（梁）萧统编，（唐）李善注：《文选》，北京：中华书局，1977年版，卷二第36—41页。

纪游题材的,以班彪《北征赋》最有名。班彪,字叔皮,班固之父,生于汉平帝时,刘秀称帝,历任县令长。著有赋、论、书、记、奏事等九篇。《后汉书·班彪列传》论曰:"班彪以通儒上才,倾侧危乱之间,行不踰方,言不失正,仕不急进,贞不违人,敷文华以纬国典,守贱薄而无闷容。彼将以世运未弘,非所谓贱焉耻乎?何其守道恬淡之笃也!"[1]《北征赋》记述作者从长安出发,远避凉州途中,在安定时的历程,抒写了怀古伤时的感慨,其主题则体现出安贫乐道的思想,其艺术手法则含蓄蕴藉,如最后两节赋曰:

> 隮高平而周览,望山谷之嵯峨。野萧条以莽荡,迥千里而无家。风猋发以漂遥兮,谷水灌以扬波。飞云雾之杳杳,涉积雪之皑皑。雁邕邕以群翔兮,鹍鸡鸣以哜哜。游子悲其故乡,心怆悢以伤怀。抚长剑而慨息,泣涟落而霑衣。揽余涕以于邑兮,哀生民之多故。夫何阴曀之不阳兮,嗟久失其平度,谅时运之所为兮,永伊郁其谁愬?

> 乱曰:夫子固穷,游艺文兮。乐以忘忧,惟圣贤兮。达人从事,有仪则兮。行止屈申,与时息兮。君子履信,无不居兮。虽之蛮貊,何忧惧兮![2]

该赋语言上,大体沿袭骚体赋,但却杂有不用"兮"字之句,也算是一种新尝试。

和班彪同时的作家,有一位名叫冯衍的,《后汉书》有《桓谭冯衍列传》和《冯衍传》。冯衍有纵横家之才,更始时为立汉将军,后降刘秀,官至司隶从事,后免官。他在家中写了《显志赋》,其赋前有一首长序,曰:

> 冯子以为夫人之德,不碌碌如玉,落落如石。风兴云蒸,一龙一蛇,与道翱翔,与时变化,夫岂守一节哉?用之则行,舍之则藏,进退无主,屈申无常。故曰:有法无法,因时为业;有度无度,与物趣舍。常务道德之实,而不求当世之名;阔略杪小之礼,荡佚人

---

[1] (宋)范晔撰,(唐)李贤等注:《后汉书》,北京:中华书局,1965年版,卷四十第1329-1330页。

[2] (梁)萧统编,(唐)李善注:《文选》,北京:中华书局,1977年版,卷九第144页。

间之事。正身直行,恬然肆志。顾尝好傲诡之策,时莫能听用其谋,喟然长叹,自伤不遭。久栖迟于小官,不得舒其所怀,抑心折节,意凄情悲。夫伐冰之家,不利鸡豚之息;委积之臣,不操市井之利。况历位食禄二十余年,而财产益狭,居处益贫。惟夫君子之仕,行其道也。虑时务者不能兴其德,为身求者不能成其功。去而归家,复羁旅于州郡,身愈据职,家弥穷困,卒离饥寒这灾,有丧元子之祸。先将军葬渭陵,哀帝之崩也,营之以为园。于是以新丰之东,鸿门之上,寿安之中,地势高敞,四通广大,南望郦山,北属泾渭,东瞰河华、龙门之阳、三晋之路,西顾鄠鄌周秦之丘、宫观之墟,通视千里,览见旧都,遂定茔焉。退而幽居,盖忠臣过故墟而歔欷,孝子入旧室而哀叹。每念祖考,著盛德于前,垂鸿烈于后,遭时之祸,坟墓芜秽,春秋蒸尝,昭穆无列。年衰岁暮,悼无成功,将西田牧肥饶之野,殖生产,修孝道,营宗庙,广祭祀。然后阖门讲习道德,观览乎孔老之论,庶几乎松乔之福。上陇阪,陟高冈,游精宇宙,流目八纮,历观九州山川之体,追览上古得失之风,愍道陵迟,伤德分崩。夫睹其终必原其始,故存其人而咏其道。疆理九野,经营五山,眇然有思陵云之意。乃作赋自厉,命其篇曰《显志》。显志者,言光明风化之情,昭章玄妙之思也。[1]

从该序中可知,"显志"之意味,在于通过批判现实之黑暗,来表现自己高洁的品性。其立意与扬雄的《解嘲》《解难》《太玄》等颇有类似。其悲时俗之险恶,世风之堕落,充满了批判精神,其终极则归于出世,寄托于道家之避世,此与扬雄、班彪也有相类之处,如云:

游精神于大宅兮,抗玄妙之常操;处清静以养志兮,实吾心之所乐。山峨峨而造天兮,林冥冥而畅茂;鸾回翔索其群兮,鹿哀鸣而求其友。诵古今以散思兮,览圣贤以自镇;嘉孔丘之知命兮,大老聃之贵玄。德与道其孰宝兮?名与身其孰亲?陂山谷而闲处兮,守寂寞而存神。夫庄周之钓鱼兮,辞卿相之显位;于陵子之

---

[1]（宋）范晔撰,（唐）李贤等注:《后汉书》,北京:中华书局,1965年版,卷二十八第985-987页。

灌园兮，似至人之仿佛。盖隐约而得道兮，羌穷悟而入术；离尘垢之窈冥兮，配乔松之妙节。惟吾志之所庶兮，固与俗其不同。既傲倪而高引兮，愿观其从容。[1]

冯衍之赋，虽体现出极其通达的人生态度，但批判之激烈，锋芒之毕露，也是众人所不及的。这个特点，又是他自觉不自觉地在构思及言辞方面模仿屈原的结果，这又是我们不应该忘记的。其文辞曲折往复，说明其心中于穷达二字，毕竟念念不忘，对不能以有生之年有所作为，始终耿耿于怀。

纪行与显志，归根结底都是抒情言志，只是纪行借助外物，显志则直截了当。涿郡安平人崔篆撰《慰志赋》，说明他生不逢时，而能洁身自好的廉耻之心，在手法上，大量引经典之言，而不用屈原、宋玉之文，表明其征圣宗经之态度和对名节之重视。班彪《览海赋》，冯衍《杨节赋序》，杜笃《首阳山赋》《书槐赋》，梁竦《悼骚赋》，傅毅《舞赋》，崔骃《达旨》，班固《幽通赋》，班昭《东征赋》，张衡《思玄赋》《归田赋》《髑髅赋》《应间》，马融《长笛赋》《围棋赋》，崔寔《答讥》，赵壹《刺世疾邪赋》，蔡邕《述行赋》《释诲》，祢衡《鹦鹉赋》，以及建安七子的作品，其内容或抒愤懑之情，或显高洁之志，体现了东汉赋家对自己道德修养及正直性格的充分自信，而某些作品所标榜的宗经观点，以及某些作家所追求的玄旨，正是这个时代的时代特征。赵壹的《刺世疾邪赋》，作为对东汉统治者道德风气严重败坏，邪恶奸佞得势，权门豪族不法，正人贤才被压抑等社会现实的彻底抨击，而在文学史上引人注目。而抒情赋的繁荣本身，却又反映了江汉文人对夸夸其谈的描述性"虚辞"的厌倦，即使是大赋作家，基于实证的立场，对赋的创作也格外小心，其铺张扬厉，夸张虚构，比之西汉，已大为逊色。而征实的考察功夫，动辄则数十年不辍。

---

[1]（宋）范晔撰，（唐）李贤等注：《后汉书》，北京：中华书局，1965年版，卷二十八第1001页。

第十四章 王符与东汉末世文人

东汉末世，外戚与宦官专权，社会政治陷入混乱之中，而士大夫们以名节相尚，出现了一批重要的思想家和文学家，为东汉社会的终结增添了光彩。

第一节 党锢之祸与东汉末的社会危机

东汉末世,外戚与宦官专权,社会政治陷入混乱之中,而士大夫们以名节相尚,反对政府不但不受鄙薄,反而可以赢得忠直之名。加之京城太学生达三万余人,州郡学生数量也不少,这些青年学子未受世俗污染,对正义具有强烈的责任心。《后汉书·朱晖传》载桓帝时冀州刺史朱穆奏劾贪污官员,而触及宦官爪牙势力,被桓帝输作左校,太学生刘陶等数千人发动请愿活动,表示愿意代朱穆校作,逼迫桓帝赦免朱穆。[1]类似事件,在东汉末期层出不穷。士大夫与宦官的矛盾势同水火。李膺、陈藩、王畅等人在与宦官的斗争中表现出了非常的勇气,因而得到了士大夫的拥护。宦官怂恿收系李膺入狱,并在郡国大捕李膺"党人",词语相及,共达二百多人。翌年,李膺等人遇赦,禁锢终身。这就是所谓"党锢之祸"。翦伯赞《中国史纲要》指出:

> 党锢事件发生后,士大夫闻风而动,他们把那些不畏宦官势力,被认为正直的士大夫,分别加上三君、八俊、八顾、八及、八厨等美称,清议的浪潮更为高涨。度辽将军皇甫规没有被当作名士列入党锢,甚至自陈与党人的关系,请求连坐。[2]

虽然党人受到了社会正义力量的激赏,但是,他们个人命运并没有因为士人的拥护而彻底改观。灵帝即位,以名士陈藩为太傅,与大将军窦武执政。窦武乃窦太后之父,窦太后临朝称制,遂得起用李膺等被禁锢名士,结果宦官矫诏杀陈藩、窦武,党人牵连者近千人,甚至党人的门生、故吏和父子兄弟也在被禁锢之列。

东汉宦官为害甚重,其中却也有贤者如郑众、蔡伦之类,其身份也属文士。赵翼《廿二史札记》曰:

> 后汉宦官之贪恶肆横,固已十人而九,然其中亦间有清慎自守者,不可一概抹煞也。郑众谨敏有心,和帝初,窦太后秉政,

---

[1]《朱乐何列传》,见(宋)范晔撰,(唐)李贤等注:《后汉书》,中华书局,1965年版,卷四十三第1470-1471页。

[2] 翦伯赞主编:《中国史纲要》,北京大学出版社,2006年版,第127-128页。

其兄宪为大将军，窃威权，朝臣莫不附之，众独乃心王室，宪兄弟谋不轨，众与帝定策诛之。蔡伦在和帝时，预参帷幄，尽心敦慎，匡弼得失。每休沐，辄闭门谢客。为尚方令，监作器械，莫不精工。创意用树肤、麻头、敝布、鱼网以为纸，天下称蔡侯纸。又典东观，校雠经传。安帝听宦官李闰、江京、刘安、陈达等谮，废皇太子保为济阴王，帝崩，太子不得立。阎后立北乡侯懿，未几薨，后与兄显又欲援立外藩，宦官孙程不平，乃与王康等十九人歃血盟，迎立济阴王，先斩江京、刘安、陈达，并阎显及其弟景，迁阎后于别宫，于是济阴王即位，是为顺帝。后司隶校尉虞诩劾奏宦官，自诣廷尉，宦官张防等临考，一日中传考四狱，必欲杀诩，程上殿陈诩之冤，时防在帝后，程叱曰："贼臣张防，何不下殿！"防走入东厢，程劝帝急收防，毋令求请，防乃徙边。良贺清俭退厚，诏九乡举武猛，贺独无所举。帝问之，曰："臣生长深宫，未尝交士类。昔卫鞅因景监以进，有识鄙之，今得臣所举，匪荣伊辱，故不敢也。"曹腾在省闼三十余年，未尝有过，所进达皆海内名人。有蜀郡守遣人赂腾，刺史种暠搜得其书币奏之，并劾腾。帝以书自外来，非腾之过，事遂寝。腾反称种暠为能吏。后暠为司徒，尝曰："我为公，曹常侍力也。"吕强尽忠奉公，上疏力陈宦官之乱政，及后宫采女之多，河间解渎馆不宜筑，蔡邕对策切直，不宜罪，郡国贡献，不宜索导行费。又有宦官丁肃、徐衍、郭耽、李巡、赵祐五人，亦皆清忠。巡请刻五经于石，即蔡邕所书也。祐博学多览，著作诸儒称之。又吴伉博达奉公，知不见用，常托病从容养志。此皆汉宦官之是非曲直者，可与北魏之仇洛齐、王琚、赵黑，北齐之田敬宣，唐之俱文珍、张承业，明之覃吉、王承恩并观也。[1]

宦官之贤者，太半都是虚心向学，因而能以忠义自持。这个事实再次证明儒学于人修养之重要性。

东汉宦官之恶，一是左右朝政，结党营私，残害忠良；一是朋比为奸，

---

[1]（清）赵翼著，王树民校证：《廿二史札记校证》，中华书局，1984年版，卷五第114-115页。

劫人钱财，闭人妇女。《后汉书·刘瑜传》说中官邪孽比肩裂土，竞于立嗣，继体传爵，或乞子疏属，或买儿市道。又广娶妻室，增筑第舍，民无罪而辄坐之，民有田而强夺之。[1]宦官势众，而劾治宦官之官员也层出不穷，他们并不因宦官之势重而委曲求全。《后汉书·杨秉传》及《后汉书·周景传》载太尉杨秉与司空周景，劾奏宦官任人及子弟为官，布满天下，竞为贪淫，朝野嗟怨，匈奴中郎将燕瑗、青州刺史羊亮、辽东太守孙喧等五十余人被劾，或死或免，牵连至中常侍侯览、具瑗等，皆坐黜。杨秉奏侯览弟侯参为益州刺史暴虐，侯参自杀。[2]《后汉书·党锢列传》说李膺为司隶校尉，中常侍张让弟张朔为野王令，贪残无道，惧诛，逃入张让家合柱中，李膺破柱收之，付洛阳狱，杀之。[3]《后汉书·宦者列传》说韩演为司隶校尉，奏中常侍左悺罪，并及其兄太仆称，请托州郡，宾客放纵，侵犯吏民，左悺、左称自杀。另外，司隶校尉阳球、太山太守及北海相杜密、冀州刺史蔡衍、冀州刺史朱穆、山阳太守翟超、弘农太守王宏、扬州刺史陈翔、太山太守范康、沛相荀昱、广陵太守荀昙、平原相史弼、州从事朱震、东部督邮张俭等，或为廷臣，或为守相，或为小吏，亦皆劾治不法宦官及其爪牙。[4]赵翼所谓"盖其时宦官之为民害最烈，天下无不欲食其肉，而东汉士大夫以气节相尚，故各奋死与之搘拄，虽湛宗灭族，有不顾焉"[5]。党锢之祸，由宦官而起，由于宦官之贪鄙，士人之忠直，因此宦官与士人成水火不容之势。据《后汉书·党锢列传》，第一次党锢之起，时人评价被禁士人，以窦武、刘淑、陈蕃为三君，李膺、荀昱、杜密、王畅、刘祐、魏朗、赵典、朱㝢为八俊，以郭林宗、宗慈、巴肃、夏馥、范滂、尹勋、蔡衍、羊陟为八顾，张俭、岑晊、刘表、陈翔、孔昱、范康、檀敷、翟超为八及，度尚、张邈、王考、刘儒、胡母班、秦周、蕃向、王章为八厨，《后汉书·党锢列传》曰，"君者，言一世之所

---

[1]《杜栾刘李刘谢列传》，见（宋）范晔撰，（唐）李贤等注：《后汉书》，中华书局，1965年版，卷五十七第1855—1856页。

[2]《杨震列传》及《袁张韩周列传》，见（宋）范晔撰，（唐）李贤等注：《后汉书》，中华书局，1965年版，卷五十四第1772—1774页，卷四十五第1538页。

[3]（宋）范晔撰，（唐）李贤等注：《后汉书》，中华书局，1965年版，卷六十七第2194页。

[4] 详见（宋）范晔撰，（唐）李贤等注：《后汉书》，中华书局，1965年版，卷七十八第2507—2543页。

[5]（清）赵翼著，王树民校证：《廿二史札记校证》，中华书局，1984年版，卷五第114页。

宗也"，"俊者，言人之英也"，"顾者，言能以德行引人者也"，"及者，言其能导人追宗者也"，"厨者，言能以财救人者也"。而张俭乡人朱并承望中常侍侯览意旨，上书告张俭与同乡二十四人别相署号，共为部党，图危社稷，以张俭、檀彬、褚凤、张肃、薛兰、冯禧、魏玄、徐乾为八俊，田林、张隐、刘表、薛郁、王访、刘祇、宣靖、公绪恭为八顾，朱楷、田槃、疏耽、薛敦、宋布、唐龙、嬴咨、宣褒为八及，刻石立碑，共为部党，而张俭为首。其人及前党司空虞放，太仆杜密，长乐少府李膺，司隶校尉朱寓，颍川太守巴肃，沛相荀昱，河内太守魏朗，山阳太守翟超，任成相刘儒，太尉掾范滂等皆死狱中。灵帝熹平五年，永昌太守曹鸾上书大讼党人，"言甚方切"，灵帝大怒，槛杀曹鸾，并穷治党人，连及五族。[1] 可见在士大夫与宦官的斗争中，皇帝是旗帜鲜明地站在错误一边。非亡国之君，何能如此。党锢祸起，说明东汉已真正走到了穷途末路。

西汉末年，士人们期盼着西汉之亡，是因为当时有外戚王莽这位再生"周公"，赞扬禅让之制的呼声不绝于耳。王莽受禅后，并没有期望的圣治，所以连国师刘歆也谋劫王莽。东汉之将亡，士人们却惟恐其亡，因为东汉的宦官和外戚不是周公。东汉皇帝既然自绝于贤士大夫，而心袒奄人，东汉正直的士大夫们就只能以批判的精神来对付当权者。赵壹的《刺世疾邪赋》是辞赋家的呼声，政论则有王符的《潜夫论》，崔寔的《政论》，仲长统的《昌言》，这些批判言论，与党人的行动互为表里，共同构成抨击东汉乱政的最强音。

《后汉书·王符传》曰，王符，字节信，安定临泾人，少好学，有志操，与马融、窦章、张衡、崔瑗等友善，安定俗鄙庶孽，而王符无外家，为乡人所贱。耿介，不同于俗，不得升进，"志意蕴愤，乃隐居著书三十余篇，以讥当时失得，不欲章显其名，故号曰《潜夫论》。其指讦时短，讨谪物情，足以观见当时风政"[2]。《潜夫论》成书大约在桓帝时。

《后汉书·仲长统传》曰，仲长统，字公理，山阳高平人，少好学，博涉书记，赡于文辞。"性俶傥，敢直言，不矜小节，默语无常，时人或谓

---

[1] 详见（宋）范晔撰，（唐）李贤等注：《后汉书》，中华书局，1965年版，卷五十七。
[2]（宋）范晔撰，（唐）李贤等注：《后汉书》，中华书局，1965年版，卷四十九第1630页。

之狂生","每论说古今及时俗行事,恒发愤叹息,因著论名曰《昌言》,凡三十四篇,十余万言"。[1]《昌言》成书于汉献帝时。

《后汉书·崔骃列传》曰,崔寔"明于政体,吏才有余,论当世便事数十条,名曰《政论》。指切时要,言辩而确,当世称之"[2]。《政论》写于桓帝时。

中国古代的著名思想家大多有丰富的社会经历,而东汉时期的大思想家王符则是一个例外,终其一生,以著述和教育为生,并没有参与到东汉的政治生活之中。但他对东汉社会和政治的了解,以及提出的拯救社会的对策,都有极强的针对性。王符的《潜夫论》,代表了东汉末期思想家的理论高度。

东汉时安定郡属凉州管辖,因处边缘地带,因此具有重要的战略地位,有临泾、高平、朝那、乌枝、三水、阴盘、彭阳、鹑觚八城,《后汉书》记载曾任安定太守的人就有冯异、王顺、杜恢、郭璜、霍俊、孙俊等,属于安定籍的著名人物则有卢芳、梁统、李恂、皇甫规、皇甫嵩、王符等,而王符肯定是其中最重要的一位。度辽将军皇甫规解官归安定,雁门太守来访,皇甫规卧家不迎,而听说王符在门,"乃惊遽而起,衣不及带,屣履出迎,援符手而还,与同坐,极欢。时人为之语曰:'徒见二千石,不如一缝掖。'言书生道义之为贵也"。[3] 可见王符当时在安定的知名度和美誉度。

范晔在《后汉书》中,收录了王符《潜夫论》的《贵中篇》《浮侈篇》《实贡篇》《爱日篇》《述赦篇》。今存《潜夫论》一书共有36篇,分为十卷,其中前九卷都是实体内容。第一卷有赞学、务本、遏利、论荣、贤难等篇,第二卷有明暗、考绩、思贤、本政、潜叹等篇,第三卷有忠贵、浮侈、慎微、实贡等篇,第四卷有班禄、述赦、三式、爱日等篇,第五卷有断讼、哀制、劝将、救边、边议、实边等篇,第六卷有卜列、巫列、相列等篇,第七卷有梦列、释难等篇,第八卷有交际、明忠、本训、德化、五德志等篇,第九卷为志氏姓篇,第十卷为《叙录》。从这些篇名我们就可以了解《潜夫论》的内容,《潜夫论》的确是一部百科全书式的思想巨著,内容涉及修身、齐家、治国、平天下的各个领域,用今天来自于西方的学科分野,则包括政治、经

---

[1](宋)范晔撰,(唐)李贤等注:《后汉书》,中华书局,1965年版,卷四十九第1643-1646页。
[2](宋)范晔撰,(唐)李贤等注:《后汉书》,中华书局,1965年版,卷五十二第1725页。
[3](宋)范晔撰,(唐)李贤等注:《后汉书》,中华书局,1965年版,卷四十九第1643页。

济、军事、教育、法律、文化、地理以及学术等领域。

由于受西方价值观的影响，20世纪以来学术界对汉代确立的尊孔以及儒学独尊的学术传统在中国文化史上的意义认识不足，导致学者们对汉代经学思想存在偏见，而到了东汉后期，社会对立加剧，政治环境恶化，学者们在研究东汉思想史的时候，更多地关注东汉末期重要思想家的社会批判内容，这一定程度上扭曲了我们对王符《潜夫论》、崔寔《政论》和仲长统《昌言》等著作建设性价值的理解。事实上，社会政治批判的内容远远不能涵盖王符《潜夫论》的所有内容。

侯外庐等人所著《中国思想史》是20世纪影响很大的一部著作，该书第二卷介绍汉代思想史，其中第十二章为《汉末唯物主义思想和政治批判思想》，这一章的第一节《王符潜夫论中的哲学思想和对法律道德的批判思想》系统介绍了王符的哲学思想，主要研究"王符的唯物主义天道天命观""王符的知识论与逻辑学""王符的道德法律批判思想"等问题。"王符的唯物主义天道天命观"和"王符的知识论与逻辑学"这两个问题，显然不是中国古代学者所关注的问题，也更不是王符所愿意了解和能够理解了的。这种以西方哲学的立场解读中国古代思想著作的习惯，是20世纪西化学术思潮下的普遍立场，但今天看来，可能与王符著述的初衷以及所要表达的思想风马牛不相及。道德问题和法律问题倒是中国古代学者经常关注的问题，也是王符所关注的，因此，侯外庐等人关于"王符的道德法律批判思想"这一部分的论述，与王符的思想比较贴近，作者认为王符有"同情人民的、中世纪式的形式平等的思想"，"他从人性论的还元，得出了人类心理上抽象的平等，反对封建社会的富贵荣华与贫贱困穷之等级隶属，这就是中世纪的民主精神"。[1] 这些论述我们当然可以看作是对王符思想的极大肯定，但这些论述的言外之意仍然体现了对王符的藐视，显然也没有表现出对中国古代学术话语体系的尊敬。因此，侯外庐等人所著《中国思想史》在王符研究方面倾注了很大的心力，但对我们立足于中国思想史的立场全面认识王符思想的历史价值和现代意义，仍然是不足的。

---

[1] 侯外庐、赵纪斌、杜国庠、邱汉生著：《中国思想史》，第二卷，人民出版社，1957年版，第423-441页。

从20世纪后期开始，学术界逐渐认识到建立文化自信的重要性，因此，对中国传统文化"同情的了解"和"了解的同情"逐渐为学者所重视，学术界也就逐渐注意到了人文学科领域坚持中国文化本位立场学术研究话语的重要性。相对于侯外庐等人所著《中国思想史》，金春峰的《汉代思想史》的论述更加贴近汉代思想史的真实问题。不过，该书在《汉末社会批判思潮的兴起及其与魏晋思想的联系》一文中，仍然关注的是王符、崔寔和仲长统的社会批判思想。关于王符的《潜夫论》，该书指出："一方面是传统的经学思想，一方面是对社会政治的批判，两者并居共处，这就是王符思想的特点。"[1] 毫无疑问，如果把王符的思想仅仅归结为这两个方面，显然是不足的。

第二节 三不朽与《潜夫论》的写作目的

王符写作《潜夫论》，是有宏大的目标的。《潜夫论》最后一篇《叙录》介绍著作该书的宗旨和写作各篇的目的，对于我们正确理解王符《潜夫论》的内容和价值有提纲挈领的意义。

关于写作《潜夫论》的初衷，王符指出："夫生于当世，贵能成大功。太上有立德，其下有立言，阘茸而不才，先器能当官。未尝服斯役，无所效其勋。中心时有感，援笔纪数文。字以缀愚情，财令不忽忘。刍荛虽微陋，先圣亦咨询。草创叙先贤，三十六篇，以继前训，左丘明五经。"[2]

立德、立功、立言是鲁大夫叔孙豹所说君子的"三不朽"事业，叔孙豹谥号为穆，所以又称叔孙穆、穆叔。《左传·襄公二十四年》载，二十四年春，穆叔如晋。范宣子逆之，问焉，曰："古人有言曰，'死而不朽'，何谓也？"穆叔未对。宣子曰："昔匄之祖，自虞以上，为陶唐氏，在夏为御龙氏，在商为豕韦氏，在周为唐杜氏，晋主夏盟为范氏，其是之谓乎？"穆叔曰："以豹所闻，此之谓世禄，非不朽也。鲁有先大夫曰臧文仲，既没，其言立，其是之谓乎！豹闻之，大上有立德，其次有立功，其次有立言，虽

---

[1] 金春峰著：《汉代思想史》，中国社会科学出版社，1997年版，第616页。
[2]（汉）王符著，（清）汪继培笺：《潜夫论校正》，中华书局，1985年版，第465页。

久不废，此之谓不朽。若夫保姓受氏，以守宗祊，世不绝祀，无国无之，禄之大者，不可谓不朽。"[1]

杜预注"大上有立德"曰："黄帝、尧、舜。"注"其次有立功"曰："禹、稷。"注"其次有立言"曰："史佚、周任、臧文仲。"黄帝、帝尧、帝舜是五帝之三。夏禹虽然继承的是五帝事业，死后也曾禅让帝位与伯益，但夏禹的儿子夏后启篡权，开始了世袭制，因此，夏禹一般认为是夏朝的创始人，同时更重要的是有治水之功。稷即后稷，名弃，是周朝先祖，同时又对农业的发展做出了重要贡献。史佚是周文王的史官，也称史逸。周任是周贤吏，《论语·季氏》载孔子对冉求说："求，周任有言曰：'陈力就列，不能者止。'危而不持，颠而不扶，则将焉用彼相矣？且尔言过矣，虎兕出于柙，龟玉毁于椟中，是谁之过与？"[2]臧文仲是鲁国大夫臧孙辰，谥号为文，后世称臧文仲，孔子两次提到过臧文仲，不过都是批评之言。《论语·公冶长》载孔子曰："臧文仲居蔡，山节藻棁，何如其知也。"[3]《论语·卫灵公》载孔子曰："臧文仲其窃位者与！知柳下惠之贤，而不与立也。"[4]臧文仲在鲁国执政的时间很长，历经鲁庄公、鲁闵公、鲁僖公、鲁文公四朝，应该是生活奢靡，而又无所作为。

从杜预的注我们可以知道，立德是五帝才能做的事情，立功是开创家天下的三王能做的事情，而士大夫能做的最大的事情就是立言。王符著作《潜夫论》，目的在"立言"，虽然他自谦说"其下有立言"，但绝不是为了"保姓受氏，以守宗祊，世不绝祀"，而是为了拯救社会建立不朽事业。《叙录》言"草创叙先贤，三十六篇，以继前训，左丘明五经"，其中"左丘明五经"意思虽明确，但语气不连贯。结合这段话的前面都是五言为句，因此，这段话可能应该是"草创叙先贤，左丘明五经。三十六篇，以继前训"之误。

孔颖达《春秋左传正义》关于立德、立功、立言的问题，又有更多发挥，曰："大上、其次，以人之才知浅深为上、次也。大上谓人之最上者，上圣

---

[1]（周）左丘明撰，（晋）杜预注，（唐）唐孔颖达疏：《春秋左传正义》，清嘉庆刻本《十三经注疏》，中华书局，2009年版，第4297页。
[2]（清）刘宝楠撰：《论语正义》卷十九，《诸子集成》本，中华书局，1954年版，第351页。
[3]（清）刘宝楠撰：《论语正义》卷六，《诸子集成》本，中华书局，1954年版，第101页。
[4]（清）刘宝楠撰：《论语正义》卷十八，《诸子集成》本，中华书局，1954年版，第340页。

之人也。其次，次圣者，谓大贤之人也。其次，又次大贤者也。立德，谓创制垂法，博施济众，圣德立于上代，惠泽被于无穷，故服以伏羲、神农，杜以黄帝、尧、舜当之，言如此之类，乃是立德也。《礼运》称禹、汤、文、武、成王、周公。后代人主之选，计成王非圣，但欲言周公，不得不言成王耳。禹、汤、文、武、周公与孔子皆可谓立德者也。立功，谓拯厄除难，功济于时，故服、杜皆以禹、稷当之，言如此之类，乃是立功也。《祭法》云，圣王之制祭祀也，法施于民则祀之，以死勤事则祀之，以劳定国则祀之，能御大灾则祀之，能捍大患则祀之。法施于民，乃谓上圣，当是立德之人。其馀勤民定国，御灾捍患，皆是立功者也。立言，谓言得其要，理足可传，记传称史逸有言，《论语》称周任有言，及此臧文仲既没，其言存立于世，皆其身既没，其言尚存，故服、杜皆以史佚、周任、臧文仲当之，言如此之类，乃是立言也。老、庄、荀、孟、管、晏、杨、墨、孙、吴之徒，制作子书，屈原、宋玉、贾逵、扬雄、马迁、班固以后，撰集史传及制作文章，使后世学习，皆是立言者也。此三者虽经世代，当不朽腐，故穆子历言之。"服虔以伏羲、神农为立德者，孔颖达以禹、汤、文、武、周公与孔子皆可谓立德者，着眼点在圣人立德，贤人立功，士人立言。

在孔子及战国秦汉儒生的经典叙事之中，中国上古社会经过了以帝尧、帝舜为代表的大同时期，以夏禹、商汤、周文王、周武王、周成王、周公为代表的王道时期，以礼崩乐坏为特征的春秋霸道时期，以及战国时期的无道时期。唐尧虞舜以道治天下，以天下为公为立国根本，《礼记·礼运》说："大道之行也，天下为公。选贤与能，讲信修睦，故人不独亲其亲，不独子其子，使老有所终，壮有所用，幼有所长，矜寡孤独废疾者皆有所养。男有分，女有归。货恶其弃于地也，不必藏于己；力恶其不出于身也，不必为己。是故谋闭而不兴，盗窃乱贼而不作，故外户而不闭，是谓大同。"[1]本来夏、商两代如五帝故事，也以"帝"为称号，如夏桀称帝桀，商纣王称帝纣，周武王灭商，认为夏、商三代变天下为公为天下为家，所以，《史记·殷本纪》

---

[1]（汉）郑玄注，（唐）孔颖达等正义：《礼记正义》卷二十一，清嘉庆刻本《十三经注疏》，中华书局，2009年版，第3062页。

载"其后世贬帝号,号为王"[1]。夏、商、周三代虽然以天下为家为建立礼治秩序的基础,但正如《礼记·礼运》所言:"今大道既隐,天下为家,各亲其亲,各子其子,货力为己,大人世及以为礼,城郭沟池以为固,礼义以为纪,以正君臣,以笃父子,以睦兄弟,以和夫妇,以设制度,以立田里,以贤勇知,以功为己。故谋用是作,而兵由此起。禹、汤、文、武、成王、周公,由此其选也。此六君子者,未有不谨于礼者也。以著其义,以考其信,著有过,刑仁讲让,示民有常。如有不由此者,在势者去,众以为殃,是谓小康。"[2]毫无疑问,天下为家违背了社会的公平公正原则,也就是违背了天道,因此,并不是一个合理的制度安排。不过,三王中的杰出代表夏禹、商汤、周文王、周武王、周成王、周公等人能遵守礼治制度,行仁义,讲礼让,能以德治天下,所以,仍然是仅次于大同时代的历史时期。立德着眼于建立天下为公的价值观,因此,严格说,服虔以伏羲、神农为立德者,孔颖达以禹、汤、文、武、周公为立德者,都是没有把握立德的核心内容。孔子论天下为公,以帝尧、帝舜为典范,并不及黄帝,所以,杜预说立德包括黄帝,可能也值得讨论。立功不仅仅是为家天下的繁荣立下功绩,同时还必须对人类生存境遇的改善做出过普遍性贡献,所以,一般的开国之君并不足以成为立功者。而立言则是建立引导社会向善的核心价值观,因此,叔孙豹认为史佚、周任、臧文仲可以当之,而孔子或许并不认为臧文仲具有此资格。

裴松之《三国志·魏书·三少帝纪》引《魏氏春秋》载,高贵乡公曹髦和大臣曾讨论"帝王优劣之差",即立德与立功的区别。曹髦认为立德难于立功,而诸大臣则认为立功难于立德:"帝曰:'诸卿论少康因资,高祖创造,诚有之矣,然未知三代之世,任德济勋如彼之难,秦、项之际,任力成功如此之易。且太上立德,其次立功,汉祖功高,未若少康盛德之茂也。且夫仁者必有勇,诛暴必用武,少康武烈之威,岂必降于高祖哉?但夏书沦亡,旧文残缺,故勋美阙而罔载,唯有伍员粗述大略,其言复禹之绩,不失旧物,祖述圣业,旧章不愆,自非大雅兼才,孰能与于此,向令坟、典具存,

---

[1](汉)司马迁撰:《史记》卷三,中华书局,1982年版,第108-109页。
[2](汉)郑玄注,(唐)孔颖达等正义:《礼记正义》卷二十一,清嘉庆刻本《十三经注疏》,中华书局,2009年版,第3062-3063页。

行事详备，亦岂有异同之论哉？'于是群臣咸悦服。中书令松进曰：'少康之事，去世久远，其文昧如，是以自古及今，议论之士莫有言者，德美隐而不宣。陛下既垂心远鉴，考详古昔，又发德音，赞明少康之美，使显于千载之上，宜录以成篇，永垂于后。'帝曰：'吾学不博，所闻浅狭，惧于所论，未获其宜，纵有可采，亿则屡中，又不足贵，无乃致笑后贤，彰吾闇昧乎！'"[1]高贵乡公曹髦的立德指有德政，立功指有战功，这可能与立德立功的本义有很大距离了。

《叙录》[2]说《潜夫论》各篇宗旨，《赞学》是因为"博学多识，疑则思问"；《务本》是因为"大人不华，君子务实"，"时俗趋末，惧毁行术"；《遏利》是因为"苦为利昏，行污求荣"，"为仁不富，为富不仁，将修德行，必慎其原"；《论荣》是因为"弗问志行，官爵是纪"，"不义富贵，仲尼所耻，伤俗陵迟"；《贤难》是因为"惟贤所苦，察妒所患。皆嫉过己，以为深怨。或因颡颒，或空造端，痛君不察，而信谗言"。

《明暗》是为了"原明所起，述暗所生，距谏所败，祸乱所成。当涂之人，咸欲专君，壅蔽贤士，以擅主权"；《考绩》是说明"上览先王，所以致太平，考绩黜陟，著在五经。罚赏之实，不以虚名"；《思贤》是说明"人君选士，咸求贤能，君司贡荐，竞进下材"；《本政》是说明"奉法选贤，国自我身，奸门窃位，将谁督察"；《潜叹》是为了防止"君皆欲治，臣恒乐乱。忠佞溷淆，各以类进，常若不明，而信奸论"。

《忠贵》说明"德贵忠立，社稷所赖，安危是系。非夫说直贞亮，仁慈惠和，事君如天，视民如子，则莫保爵位，而全令名"；《浮侈》说明"浮伪者众，本农必衰"；《慎微》说明"积微伤行，怀安败名"，"足以愎谏，闻善不从，微安召辱，终必有凶"；《实贡》说明"明主思良，劳精贤知，百寮阿党，不核真伪。苟崇虚誉，以相诖觳，居官任职，则无功效"。

《班禄》说明"圣人养贤，以及万民，先王之制，皆足代耕"，要让官吏的俸禄能够维持生活，不能贸然地增减官员的俸禄；《述赦》说明不能有太多的特赦，因为"君忧臣劳，古今通义，上思致平，下宜竭惠。贞良信

---

[1]（晋）陈寿撰，（宋）裴松之注：《三国志》，中华书局，1982年版，第134-135页。
[2]（汉）王符著，（清）汪继培笺：《潜夫论校正》，中华书局，1985年版，第465-481页。

士，咸痛数赦，奸宄繁兴，但以赦故"；《三式》说明重赏和严罚的重要性，"先王御世，兼秉威德，赏有建侯，罚有刑渥。赏重严禁，臣乃敬职，将修太平，必媚此法"；《爱日》指珍惜民力和时光，"民为国基，谷为民命，日力不暇，谷何由盛。公卿师尹，卒劳百姓，轻夺民时，诚可愤诤"。

《断讼》认为争执由于欺诈，所以，"观吏所治，斗讼居多，原祸所起，诈欺所为。将绝其末，必塞其原，民无欺给，世乃平安"；《衰制》认为要学习"五帝三王"，"当先致平"，即实现太平，但是又不能太过急躁，"必世后仁，仲尼之经"，孔子认为过三十年才能实现仁政，因此，在衰世，一定要打击奸佞官吏"遭衰奸牧，得不用刑"；《劝将》认为"圣王忧勤，选练将帅，授以绨钺，假以权贵"，但将帅之中有很多庸才，"诚多蔽暗，不识变势，赏罚不明，安得不败"，因此，需要鉴别，严明赏罚，否则就会战败；《救边》指出"蛮夷猾夏，古今所患"，"今民日死，如何弗蕃"，外敌屠戮百姓，如果不能保证人民安全，国家怎么样才能有屏障呢；《边议》说明"凡民之情，与君殊戾，不能远虑，督取一制"，因此，君主要立足国家利益，"宜寻其言，以诘所谓"；《实边》认为"边既远门，太守擅权，台阁不察，信其奸言。今怀郡县，殴民内迁，今又丘荒，虑必生心"，因此边境一定要有足够的人口。

《卜列》认为卜筮有深刻的道理，但是，"俗工浅源，莫尽其才，自大非贤，何足信哉"；《巫列》认为鬼神保佑的是有德之人，与其相信巫祝，不如在为人民服务上下功夫，"孔子不祈，以明在德"，孔子是不相信鬼神的；《相列》认为得到天地阴阳之气的滋养，首先需要立足自己的德行修养。

《梦列》说明"福从善来，祸由德痈，吉凶之应，与行相须"；《释难》说作者自己不是好辩，而是为了追求真理，因为"论难横发，令道不通，后进疑惑，不知所从"，自己有批评，"予岂好辩，将以明真"。

《交际》认为朋友应该"讲习王道，善其久要，贵贱不改"，但"今民迁久，莫之能奉"；《明忠》认为"君有美称，臣有令名，二人同心，所愿乃成"；《本训》认为"人天情通，气感相和，善恶相征，异端变化"，因此，圣人应该遵从此一特征，"若御舟车，作民精神"；《德化》认为"明王统治，莫大身化，道德为本，仁义为佐"；《五德志》解释五德终始的运行轨迹，说明一代"气终度尽，后代复进"，德衰的朝代必将被取代。

《志氏姓》是考察姓氏的变迁，以此见"类族变物，古有斯姓"。

《后汉书·王充王符仲长统列传》论曰："百家之言政者尚矣，大略归乎宁固根柢，革易时敝也。夫遭运无恒，意见偏杂，故是非之论，纷然相乖。"又说："数子之言当世失得皆究矣，然多谬通方之训，好申一隅之说。"[1]范晔虽然肯定王符等人的出发点都是为了革新社会，但又认为是一家之言，多偏一隅，不能贯通。这个评价用在王充或者仲长统那里，已经不太合适，用来评价王符《潜夫论》，更是显失公允。马世年在《潜夫论译注》前言中总结王符有四大主张，即重学、务本，重德、尚贤，重法、明罚，重民、救边，又有三种批判，即弊乱之政、浇薄之俗、贪枉之吏，以及两重感叹，即"贤难"之叹，"衰世"之叹，并认为"作为一个伟大的思想家，王符的成就不仅在于他对社会现实的冷峻批判，更在于他对弊政乱俗的社科剖析及解决对策的提出"。[2]这个分析是恰当的。如果再仔细地审视王符的《潜夫论》，我们认为王符著作的目的首先是为了寻找解决东汉社会严重的危机的药方，为了开好药方，就需要诊断东汉社会究竟有什么毛病。王符对东汉社会的问题判断准确，因此，他提出的救济策略和措施也是正确的。

《潜夫论》虽然其中包含有对东汉末期政治弊端的批评，但更重要的是通过批评提出了建设性的观点，而且这些建议非常有针对性。如《务本》说："夫为国者以富民为本，……夫富民者以农桑为本，以游业为末；百工者以致用为本，以巧饰为末；商贾者以通货为本，以鬻奇为末。"[3]认为各行各业都应该做好自己分内的工作，但现实之中，普遍弃本逐末。《考绩》认为"凡南面之大务，莫急于知贤；知贤之近途，莫急于考功"，但东汉的选举制度有逆向淘汰的倾向："群僚举士者，或以顽鲁应茂才，以桀逆应至孝，以贪饕应廉吏，以狡猾应方正，以谀谄应直言，以轻薄应敦厚，以空虚应有道，以嚚暗应明经，以残酷应宽博，以怯弱应武猛，以愚顽应治剧。名实不相副，求贡不相称。"汉代设立的选举制度，本来是为了选出贤良、方正、孝廉、秀才、有道、贤能、直言、敦朴、质直、清白等人才，但社会风

---

[1]（宋）范晔撰，（唐）李贤等注：《后汉书》，北京：中华书局，1965年版，卷四十九第1659-1660页。
[2] 马世年撰：《潜夫论译注·前言》，中华书局，2018年版，第9-21页。
[3]（汉）王符著，（清）汪继培笺：《潜夫论校正》，中华书局，1985年版，第14-16页。

气败坏以后，选举制度名不副实，甚至背道而驰。[1]《浮侈》批评社会不公，导致出现奢侈浮华的社会风气："王者以四海为一家，以兆民为通计。一夫不耕，天下必受其饥者；一妇不织，天下必受其寒者。今举世舍农桑，趋商贾，牛马车舆，填塞道路，游手为功，充盈都邑。治本者少，浮食者众，商邑翼翼，四方是极。今察洛阳，浮末者什于农夫，虚伪游手者什于浮末。是则一夫耕，百人食之；一妇桑，百人衣之。以一奉百，孰能供之？天下百郡千县，市邑万数，类皆如此，本末何足相供？则民安得不饥寒？饥寒并至，则安能不为非？为非则奸宄，奸宄繁多，则吏安能无严酷？严酷数加，则下安能无愁怨？愁怨者多，则咎征并臻，下民无聊，则上天降灾，则国危矣！"[2]《断讼》则揭露了东汉司法制度的流弊，认为"夫立法之大要，必令善人劝其德而乐其政，邪人痛其祸而悔其行"，并举例说："永平时，诸侯负责，辄有削绌之罚。此其后皆不敢负民，而世自节俭，辞讼自消矣。今诸侯贵戚，或曰勑民慎行，德义无违，制节谨度，未尝负责，身洁规避，志厉青云。或既欺负百姓，上书封租，愿且偿责，此乃残掠官民，而还依县官也，其诬罔慢易，罪莫大焉。"又说："诸一女许数家，虽生十子，更百赦，勿令得蒙一还私家，则此奸绝矣。不则髡其夫妻，徙千里外剧县，乃可以毒其心而绝其后，奸乱绝则太平兴矣。又贞洁寡妇，或男女备具，财货富饶，欲守一醮之礼，成同穴之义，执节坚固，齐怀必死，终无更许之虑。遭值不仁世叔，无义兄弟，或利其娉币，或贪其财贿，或私其儿子，则强中欺嫁，处迫胁遣送，人有自缢房中，饮药车上，绝命丧躯，孤捐童孩，此犹迫胁人命自杀也。或后夫多设人客，威力胁载，守将抱执，连日乃缓，与强掠人为妻无异。妇人软弱，猥为众强所扶与执迫，幽阨连日，后虽欲复修本志，婴绢吞药"。[3]凡此种种，《潜夫论》的作者洞察力敏锐，能切中东汉政治、经济、军事、法律、文化的各个方面的问题，并提出有针对性的救助措施。

《潜夫论》的作者对历史和现实有深入的了解和理解，因此，在他的著作中，在讨论任何一个现象的时候，都善于从历史与现实的对比中发现问

---

[1]（汉）王符著，（清）汪继培笺：《潜夫论校正》，中华书局，1985年版，第62-74页。
[2]（汉）王符著，（清）汪继培笺：《潜夫论校正》，中华书局，1985年版，第120页。
[3]（汉）王符著，（清）汪继培笺：《潜夫论校正》，中华书局，1985年版，第224-238页。

题，如《三式》篇把西汉与东汉的封建制度进行对比，指出西汉给功臣封侯，而东汉的侯则多是世袭爵位的蠹虫。《三式》篇还从地方行政长官的选拔、使用、考核、赏罚等方面把东汉和西汉加以对比，指出现实中存在的弊病。[1]《救边》赞扬汉武帝"攘夷拓境，面数千里，东开乐浪，西置敦煌，南逾交阯，北筑朔方，卒定南越，诛斩大宛。武军所向，无不夷灭"，而东汉则军力羸弱，"今虏近发封畿之内，而不能擒，亦自痛尔，非有边之过也"。究其原因，就是选举不当："折冲安民，要在任贤，不在促境。"[2]

汉代虽然是中国历史上最强大的时代，但汉代遇到的国家安全问题，仍然深刻地影响到了汉代人的生活。王符身处凉州安定郡，虽然距离长安这个政治中心不远，但距离四塞之一的萧关更近，匈奴的威胁并不遥远，因此王符对国家的危亡有更直接的感受。《救边》认为圣王要对天下人一视同仁，应该是百姓为自己的子女："圣王之政，普覆兼爱，不私近密，不忽疏远，吉凶祸福，与民共之，哀乐之情，恕以及人。视民如赤子，救祸如引手烂。是以四海欢悦，俱相得用。"但是，东汉的领导层不愿意承担保卫人民的责任，为了维护自己的利益，对敌寇一味退让，不顾边疆人民的安危："往者羌虏背叛，始自凉、并，延及司隶。东祸赵、魏，西钞蜀、汉，五州残破，六郡削迹，周回千里，野无孑遗。寇钞祸害，昼夜不止，百姓灭没，日月焦尽。而内郡之士不被殃者，咸云当且放纵，以待天时。用意若此，岂人心也哉？前羌始反，公卿师尹，咸欲捐弃凉州，却保三辅，朝廷不听，后羌遂侵，而论者多恨不从惑议。余窃笑之。所谓媾亦悔，不媾亦有悔者尔，未始识变之理。地无边，无边亡国。是故失凉州，则三辅为边；三辅内入，则弘农为边；弘农内入，则洛阳为边。推此以相况，虽尽东海犹有边也。今不厉武以诛虏，选材以全境，而云边不可守，欲先自割，使偄寇敌，不亦惑乎？"如果一味地与敌寇媾和，最终必然国破家亡。王符认为："且夫国以民为基，贵以贱为本。是以圣王养民，爱之如子，忧之如家。危者安之，亡者存之。救其灾患，除其祸乱。"[3]《实边》说："夫制国者，必照察远近之情伪，

---

[1]（汉）王符著，（清）汪继培笺：《潜夫论校正》，中华书局，1985年版，第198-210页。
[2]（汉）王符著，（清）汪继培笺：《潜夫论校正》，中华书局，1985年版，第256-269页。
[3]（汉）王符著，（清）汪继培笺：《潜夫论校正》，中华书局，1985年版，第256-269页。

预祸福之所从来，乃能尽群臣之筋力，而保兴其邦家。"[1] 王符始终坚守孔子及原始儒家的爱民立场，他在对待国家的危亡问题上，始终体现了一个有远见的政治家的胆识，也体现了一个有良知的知识分子的情怀。

汉代是中国人思想和价值观最终确立的重要时期，也是中国历史上最为繁荣和强盛的时代。随着孔子及儒家思想经典地位的确立，结束了战国至秦的思想混乱和价值扭曲，起码在表面上把中国人的价值观重新拉回到了周代德治文明的框架之中。但是，天下为家的政治制度决定了汉代的君主只可能把自己家天下的利益放在首位，不可能真正考虑人民的利益，王符开出的药方可能并不符合东汉统治者的利益。东汉社会没有重视王符的药方，后代人对王符的药方也没有足够的重视。也正因此，中国古代社会才可能不断陷入治乱循环之中。有人说人类从历史中汲取的唯一教训，就是从来不汲取历史教训，这个说法或许是有道理的。

王符、仲长统、崔寔生当东汉末世，他们对东汉社会政治、经济、文化诸方面的批评，敲响了东汉灭亡的丧钟。东汉政权，最终在宦官及外戚的争斗中土崩瓦解。董卓、曹操先后窃据国运，天下生灵涂炭。至献帝刘协，汉亡。

第三节　古诗十九首

在东汉将亡的过程中，一些小文人所撰《古诗十九首》，即"行行重行行""青青河畔草""青青陵上柏""今日良宴会""西北有高楼""涉江采芙蓉""明月皎夜光""冉冉孤生竹""庭中有奇树""迢迢牵牛星""回车驾言迈""东城高且长""驱车上东门""去者日以疏""生年不满百""凛凛岁云暮""孟冬寒气至""客从远方来""明月何皎皎"十九首，大多写夫妇朋友间的离愁别绪和士子的彷徨失意，反映出这些小文人在大动乱面前的飘摇之感和不得已之情。

---

[1]（汉）王符著，（清）汪继培笺：《潜夫论校正》，中华书局，1985年版，第278-279页。

《古诗十九首》[1]收录于梁昭明太子萧统所编《文选》"杂诗"类中，作者佚名，刘勰《文心雕龙》认为其中的"冉冉孤生竹"是傅毅所作，徐陵《玉台新咏》认为"行行重行行""青青河畔草""西北有高楼""涉江采芙蓉""迢迢牵牛星""庭中有奇树""东城高且长""明月何皎皎"八首为枚乘所作，虞世南《北堂书钞》认为"今日良宵会"是曹植的诗。不过，近代学者一般认为《古诗十九首》不是西汉时期的作品，有人主张其创作时代应该在东汉早中期，但大部分学者认为这些作品的写作时代应该是东汉末期。如果《北堂书钞》认为"今日良宵会"是曹植所作的话，或许这些诗多多少少与东汉末期的建安时代相关。

依照《文选》的排序，《古诗十九首》的第一首诗曰："行行重行行，与君生别离。相去万余里，各在天一涯。道路阻且长，会面安可知？胡马依北风，越鸟巢南枝。相去日已远，衣带日已缓；浮云蔽白日，游子不顾反。思君令人老，岁月忽已晚。弃捐勿复道，努力加餐饭！"这首诗写诗人羁旅他乡，四年家乡的亲人，渴望早日回家，但又没有机会回去。诗中充满了无奈和凄凉之感。

第二首诗曰："青青河畔草，郁郁园中柳。盈盈楼上女，皎皎当窗牖。娥娥红粉妆，纤纤出素手。昔为倡家女，今为荡子妇。荡子行不归，空床难独守。"这首诗写一女子思念外出的丈夫，过去的学者都说这首诗是诗人代思妇所写，不过"倡家"是汉代的艺术世家，不排除这首诗就是出自这位倡家女子之手。

第三首诗曰："青青陵上柏，磊磊涧中石。人生天地间，忽如远行客。斗酒相娱乐，聊厚不为薄。驱车策驽马，游戏宛与洛。洛中何郁郁，冠带自相索。长衢罗夹巷，王侯多第宅。两宫遥相望，双阙百余尺。极宴娱心意，戚戚何所迫。"这首诗写作者到东汉都城洛阳的繁华与自己的落魄，表现了对社会不公和人生无常的无奈。

第四首诗曰："今日良宴会，欢乐难具陈。弹筝奋逸响，新声妙入神。令德唱高言，识曲听其真。齐心同所愿，含意俱未申。人生寄一世，奄忽若飙尘。何不策高足，先据要路津。无为守穷贱，轗轲长苦辛。"这是首写作

---

[1]（梁）萧统编，（唐）李善等注：《六臣注文选》，浙江古籍出版社，1999年版，第519-524页。

者参加热闹的宴会，感慨自己人生的穷苦，希望能通过努力改善自己的境遇。

第五首诗曰："西北有高楼，上与浮云齐。交疏结绮窗，阿阁三重阶。上有弦歌声，音响一何悲！谁能为此曲，无乃杞梁妻。清商随风发，中曲正徘徊。一弹再三叹，慷慨有余哀。不惜歌者苦，但伤知音稀。愿为双鸿鹄，奋翅起高飞。"杞梁是齐国人，战死之后，妻子无依无靠，枕着丈夫的尸骨哭泣，最终把城墙也哭倒了。这首诗中作者通过对杞梁妻境遇的描写，感叹自己身世之悲苦，以及没有知音的艰难。

第六首诗曰："涉江采芙蓉，兰泽多芳草。采之欲遗谁，所思在远道。还顾望旧乡，长路漫浩浩。同心而离居，忧伤以终老。"这首诗诗人写自己在异乡漂泊，不能回家的愁苦。

第七首诗曰："明月皎夜光，促织鸣东壁。玉衡指孟冬，众星何历历。白露沾野草，时节忽复易。秋蝉鸣树间，玄鸟逝安适。昔我同门友，高举振六翮。不念携手好，弃我如遗迹。南箕北有斗，牵牛不负轭。良无磐石固，虚名复何益。"这首诗通过对秋夜的描写，表达了诗人失意和孤独的处境。

第八首诗曰："冉冉孤生竹，结根泰山阿。与君为新婚，菟丝附女萝。菟丝生有时，夫妇会有宜。千里远结婚，悠悠隔山陂。思君令人老，轩车来何迟！伤彼蕙兰花，含英扬光辉。过时而不采，将随秋草萎。君亮执高节，贱妾亦何为！"这首诗是一位新婚的妻子所写，诗中表达了对丈夫的思念，以及自己韶华空负的无奈。

第九首诗曰："庭中有奇树，绿叶发华滋。攀条折其荣，将以遗所思。馨香盈怀袖，路远莫致之。此物何足贵，但感别经时。"这首诗也是一首怀念远行的亲人的诗。诗人悲伤不能见到自己思念的人。

第十首诗曰："迢迢牵牛星，皎皎河汉女。纤纤擢素手，札札弄机杼。终日不成章，泣涕零如雨。河汉清且浅，相去复几许。盈盈一水间，脉脉不得语。"这首诗通过对牵牛星和织女星的描写，表达了人间有情人不能相见的无奈。

第十一首诗曰："回车驾言迈，悠悠涉长道。四顾何茫茫，东风摇百草。所遇无故物，焉得不速老。盛衰各有时，立身苦不早。人生非金石，岂能长寿考。奄忽随物化，荣名以为宝。"这首诗写诗人感慨生命短促、孤立无援、毫无前途的失意之情。

第十二首诗曰:"东城高且长,逶迤自相属。回风动地起,秋草萋已绿。四时更变化,岁暮一何速!晨风怀苦心,蟋蟀伤局促。荡涤放情志,何为自结束!燕赵多佳人,美者颜如玉。被服罗裳衣,当户理清曲。音响一何悲!弦急知柱促。驰情整巾带,沉吟聊踯躅。思为双飞燕,衔泥巢君屋。"这首诗通过对秋天万物凋零的描写,表现诗人苦闷和失意之情。

第十三首诗曰:"驱车上东门,遥望郭北墓。白杨何萧萧,松柏夹广路。下有陈死人,杳杳即长暮。潜寐黄泉下,千载永不寤。浩浩阴阳移,年命如朝露。人生忽如寄,寿无金石固。万岁更相送,贤圣莫能度。服食求神仙,多为药所误。不如饮美酒,被服纨与素。"洛阳北邙山是东汉权贵的墓地,这首诗通过对北邙山墓地的描写,感慨人生苦短,应该及时行乐。

第十四首诗曰:"去者日以疏,生者日已亲。出郭门直视,但见丘与坟。古墓犁为田,松柏摧为薪。白杨多悲风,萧萧愁杀人。思还故里闾,欲归道无因。"这首诗也是写诗人感受到墓地萧杀的气氛,因此认识到功名富贵的虚无,希望早日回家,但回家又没有理由。

第十五首诗曰:"生年不满百,常怀千岁忧。昼短苦夜长,何不秉烛游!为乐当及时,何能待来兹。愚者爱惜费,但为后世嗤。仙人王子乔,难可与等期。"这首诗表现的是珍惜时间,及时行乐,不要追求虚无飘渺的荣华富贵。

第十六首诗曰:"凛凛岁云暮,蝼蛄夕鸣悲。凉风率已厉,游子寒无衣。锦衾遗洛浦,同袍与我违。独宿累长夜,梦想见容辉。良人惟古欢,枉驾惠前绥。愿得常巧笑,携手同车归。既来不须臾,又不处重闱。亮无晨风翼,焉能凌风飞。眄睐以适意,引领遥相希。徙倚怀感伤,垂涕沾双扉。"这首诗诗人通过对冬夜梦境的描写,表达了亲人不能相见的伤感。

第十七首诗曰:"孟冬寒气至,北风何惨栗。愁多知夜长,仰观众星列。三五明月满,四五蟾兔缺。客从远方来,遗我一书札。上言长相思,下言久离别。置书怀袖中,三岁字不灭。一心抱区区,惧君不识察。"这首诗也是通过对寒冷气氛的渲染,表达一个居家的女仔在寒冬思念亲人,但又担心亲人不能了解。

第十八首诗曰:"客从远方来,遗我一端绮。相去万余里,故人心尚尔。文彩双鸳鸯,裁为合欢被。著以长相思,缘以结不解。以胶投漆中,谁能别离此。"这首诗写诗人思念万余里之外的亲人的无奈。

第十九首诗曰:"明月何皎皎,照我罗床纬。忧愁不能寐,揽衣起徘徊。客行虽云乐,不如早旋归。出户独彷徨,愁思当告谁!引领还入房,泪下沾裳衣。"这首诗写诗人羁旅他乡,希望早点回家。

《古诗十九首》的作者一般认为可能是处于社会边缘的读书人及其家眷,一个社会要保持生命力,就需要不断吸纳社会边缘人进入社会的中心,为社会各阶层的流动打通关节。但显然《古诗十九首》的作者的思想是迷茫的,精神是凄苦的,情绪是低落的。也正因此,这些诗大部分书写的都是零落的秋色和寒冷的冬天,表达的都是离愁别绪,以及看不到人生目标而产生的人生短暂、及时行乐思想,以及对世态炎凉、人情冷漠的感伤。这些诗情与景浑然一体,其内容虽然简单,但却真实地反映了东汉末年社会混乱和政治黑暗给广大读书人带来的末世沮丧。

在东汉末年,建安七子之意的王粲曾做《登楼赋》,其体制虽不同于《古诗十九首》,其意境却并无二致,其赋曰:

登兹楼以四望兮,聊暇日以销忧。览斯宇之所处兮,实显敞而寡仇。挟清漳之通浦兮,倚曲沮之长洲;背坟衍之广陆兮,临皋隰之沃流。北弥陶牧,西接昭丘;华实蔽野,黍稷盈畴。虽信美而非吾土兮,曾何足以少留!

遭纷浊而迁逝兮,漫踰纪以迄今。情眷眷而怀归兮,孰忧思之可任?凭轩槛以遥望兮,向北风而开襟。平原远而极目兮,蔽荆山之高岑。路逶迤而修迥兮,川既漾而济深。悲旧乡之壅隔兮,涕横坠而弗禁。昔尼父之在陈兮,有"归欤"之叹音;钟仪幽而楚奏兮,庄舄显而越吟。人情同于怀土兮,岂穷达而异心?

惟日月之逾迈兮,俟河清其未极。冀王道之一平兮,假高衢而骋力。惧匏瓜之徒悬兮,畏井渫之莫食。步栖迟以徙倚兮,白日忽其将匿。风萧瑟而并兴兮,天惨惨而无色。兽狂顾以求群兮,鸟相鸣而举翼。原野阒其无人兮,征夫行而未息。心凄怆以感发兮,意忉怛而憯恻。循阶除而下降兮,气交愤于胸臆。夜参半而不寐兮,怅盘桓以反侧。[1]

《三国志·魏书·王粲传》曰，王粲，字仲宣，山阳高平人，曾祖父王龚、祖父王畅皆汉三公，其父王谦为大将军何进长史。[2]其当逃亡之难，登楼而有荡气回肠之心声，其文不假修饰，殆羁旅而无由铺陈。在风萧瑟、天惨惨之中，心的凄怆，意的忉怛，不正是末世心态吗？而当他跨进曹操幕府，一个新的时代展现在他面前，东汉对他来说，已是昨天，对所有东汉的文人来说，也已是昨天了。然而，魏晋以后的中国社会比之东汉，则更加混乱，而中原地区不断被胡人占领，后人经常称赞的魏晋文人的风度或者风流，大部分时候是在无奈之中的做作，和汉代文人的气节相比较，面对强敌和亡国之痛的风流，可能是一份无奈加上二分做作，剩下的七分就是无助了。

---

[1]《全后汉文》卷九十，见（清）严可均校辑：《全上古三代秦汉三国六朝文》，北京：中华书局，1958年版，第959页。

[2]（晋）陈寿撰，陈乃乾校点：《三国志》，北京：中华书局，1959年版，卷二十一第597页。

参考文献

（清）阮元校刻：《十三经注疏》，上海：上海古籍出版社，1997年版。
（魏）王弼等注，（唐）孔颖达等正义：《周易正义》，见《十三经注疏》，上海：上海古籍出版社，1997年版。
（汉）郑玄注，（唐）贾公彦疏：《周礼注疏》，卷十，见《十三经注疏》，上海：上海古籍出版社，1997年版。
（晋）杜预注，（唐）孔颖达等正义：《春秋左传正义》，见《十三经注疏》，上海：上海古籍出版社，1997年版。
（汉）郑玄笺，（唐）孔颖达等正义：《毛诗正义》，见《十三经注疏》，上海：上海古籍出版社，1997年版。
（汉）郑玄注，（唐）孔颖达等正义：《礼记正义》，见《十三经注疏》，上海：上海古籍出版社，1997年版。
（魏）王弼等注，（唐）孔颖达等正义：《周易正义》，见《十三经注疏》，上海：上海古籍出版社，1997年版。
《诸子集成》，北京：中华书局，2006年第2版。
（清）刘宝楠著：《论语正义》，见《诸子集成》，北京：中华书局，2006年第2版。
（清）王先慎著：《韩非子集解》，见《诸子集成》，北京：中华书局，2006年第2版。
（汉）高诱注：《吕氏春秋》，见《诸子集成》，北京：中华书局，2006年第2版。
（汉）王充著：《论衡》，见《诸子集成》，北京：中华书局，2006年第2版。
严万里校：《商君书》，见《诸子集成》，北京：中华书局，2006年第2版。
（汉）陆贾著：《新语》，见《诸子集成》，北京：中华书局，2006年第2版。
（清）王先谦著：《庄子集解》，见《诸子集成》，北京：中华书局，2006年第2版。
（汉）扬雄著：《扬子法言》，见《诸子集成》，北京：中华书局，2006年第2版。
（清）焦循著：《孟子正义》，见《诸子集成》，北京：中华书局，2006年第2版。

（汉）高诱注：《淮南子》，见《诸子集成》，北京：中华书局，2006年第2版。

（汉）司马迁撰，（宋）裴骃集解，（唐）司马贞索隐，张守节正义：《史记》，北京：中华书局，1982年第2版。

（汉）班固撰，（唐）颜师古注：《汉书》，北京：中华书局，1962年版。

（宋）范晔撰，（唐）李贤等注：《后汉书》，北京：中华书局，1965年版。

（晋）陈寿撰，陈乃乾校点：《三国志》，北京：中华书局，1959年版。

马非百著：《秦集史》，北京：中华书局，1982年版。

（西汉）刘向集录：《战国策》，上海：上海古籍出版社，1985年版。

（唐）房玄龄等撰：《晋书》，北京：中华书局，1974年版。

（明）董说撰：《七国考》，北京：中华书局，1956年版。

（汉）刘向撰，向宗鲁校证：《说苑校证》，北京：中华书局，1987年版。

（宋）徐天麟：《西汉会要》，北京：中华书局，1955年版。

（宋）洪迈著，鲁同群、刘宏起点校：《容斋随笔》，北京：中国世界语出版社，1995年版。

（唐）魏徵等撰：《隋书》，北京：中华书局，1973年版。

黄灵庚疏证：《楚辞章句疏证》，北京：中华书局，2007年版。

（梁）萧统编，（唐）李善注：《文选》，北京：中华书局，1977年版。

（清）苏舆撰，钟哲点校：《春秋繁露义证》，北京：中华书局，1992年版。

（清）赵翼著，王树民校证：《廿二史札记校证》，北京：中华书局，1984年版。

（唐）姚思廉撰：《梁书》，北京：中华书局，1973年版。

（清）章学诚著，吴琦等校点：《文史通义》，长沙：岳麓书社，1993年版。

（清）洪饴孙编：《史目表》，北京：京都官书局，1899年版。

（清）刘熙载著，王气中笺注：《艺概笺注》，贵阳：贵州人民出版社，1980年版。

章太炎著：《章太炎讲国学》，长春：吉林人民出版社，2008年版。

陈宏天、高秀芳点校：《苏辙集》，北京：中华书局，1990年版。

（清）汪琬著，李圣华笺校：《汪琬全集笺校》，北京：人民文学出版社，2010年版。

（明）茅坤著：《茅鹿门先生文集》，上海：上海古籍出版社，1995年版。

鲁迅著：《汉文学史纲要》，北京：人民文学出版社，1973年版。

（清）姚鼐编：《古文辞类纂》，上海：上海古籍出版社，1998年版。

（宋）章樵注：《古文苑》，《四库丛刊》本。

（晋）葛洪撰：《西京杂记》，北京：中华书局，1985年版。

王钧林、周海生注：《孔丛子》，北京：中华书局，2009年版。

（宋）洪兴祖撰，白化文等点校：《楚辞补注》，北京：中华书局，1983年版。

（唐）瞿昙悉达编，李克和校点：《开元占经》，长沙：岳麓书社，1994年版。

（清）严可均校辑：《全上古三代秦汉三国六朝文》，北京：中华书局，1958年版。

（清）朱骏声撰：《说文通训定声》，武汉：武汉市古籍书店，1983年版。

（汉）许慎著：《说文解字序》，中共中央高级党校中国历史专业学习参考资料，1963年版。

（汉）许慎撰，（清）段玉裁注：《说文解字注》，上海：上海古籍出版社，1988年第2版。

（元）黄公绍、熊忠著，宁忌浮整理：《古今韵会举要》，北京：中华书局，2000年版。

（清）袁文，叶大庆撰：《甕牖闲评 考古质疑》，北京：中华书局，2007年版。

（宋）李昉等撰：《太平御览》，北京：中华书局，1960年版。

（唐）刘知几撰，黄寿成校点：《史通》，沈阳：辽宁教育出版社，1997年版。

（唐）欧阳询撰，汪绍楹校：《艺文类聚》，北京：中华书局，1965年版。

（清）朱兰坡注：《文选集释》，民国十七年（1928）上海受古书店中一书局据同治十二年朱氏家刻本影印刊行之影印本。

（清）王夫之著：《读通鉴论》，北京：中华书局，1975年版。

（宋）曾巩撰，陈杏珍、晁继周点校：《曾巩集》，北京：中华书局，1984年版。

李之亮注译：《王安石集》，郑州：中州古籍出版社，2010年版。

《钦定四库全书荟要：御定资治通鉴纲目三遍》，长春：吉林出版集团，2005年版。

（东汉）刘熙撰，（清）毕沅疏证，王先谦补：《释名疏证补》，北京：中华书局，2008年版。

顾颉刚撰：《秦汉的方士与儒生》，上海：上海古籍出版社，2005年版。

（宋）郑樵撰，王树民点校：《通志二十略》，北京：中华书局，1995年版。

吴林伯注：《文心雕龙义疏》，武汉：武汉大学出版社，2002年版。
王利器撰：《颜氏家训集解（增补本）》，北京：中华书局，1993年版。
徐复观著：《两汉思想史》，上海：华东师范大学出版社，2001年版。
费振刚、胡双宝、宗明华辑校：《全汉赋》，北京：北京大学出版社，1993年版。
翦伯赞主编：《中国史纲要》，北京：北京大学出版社，2006年版。
（清）周寿昌撰：《汉书注校补》，上海：商务印书馆，1937年版。
《云梦秦简》释文（一）《大事记》，《文物》，1976年第6期。
瞿蜕园著：《历代职官简释》，北京：商务印书馆，1964年版。
（清）全祖望撰，（清）钱大昕校注：《全祖望集汇集校》，上海：上海古籍出版社，2000年版。
方铭著：《期待与坠落：秦汉文人心态史》，石家庄：河北教育出版社，2001年版。
方铭著：《经典与传统：先秦两汉诗赋考论》，北京：人民文学出版社，2003年版。

后记

1997年初，当时在汕头大学执教的陈桐生教授策划一套"中国历代文人心态研究"的丛书，命我撰写《秦汉文人心态史》一书。我大概花了接近两年的时间，在陈桐生教授的多次敦促下，在1998年底完成了书稿。该书2001年由河北教育出版社出版的时候，命名为《期待与坠落：秦汉文人心态史》。

因为当时撰写的时候是手写稿，而责编为了减轻作者的压力，也没有要求我阅读清样，因此，该书出版后，我陆续发现其中有不少引文和校勘错误。后来先后请硕士研究生许欣，博士研究生陈静、赵静，硕士研究生刘剑等重新仔细校对书稿，并标注了引文的出版社和页码信息。许欣同学2003年研究生毕业，陈静、赵静、刘剑同学毕业也有几年了。在此对北京理工大学许欣同志、济南市委党校陈静同志、廊坊师范学院赵静同志、光明日报社刘剑同志表示衷心的感谢。此次出版，又请研究生冯轶群、张嘉宝同学重新进行了校对。

《期待与坠落：秦汉文人心态史》谈不上是一本有价值的书，因此，出版以后，我也曾经想过修订的可能。这本书出版已经20年了，这些年偶尔也会有人向我索要这本书。而出版社也认为这本书还有重新出版的必要。因此，最近我对这本书进行了重新梳理，结构上做了较大调整，对部分内容也进行了修改和补充。我也一直觉得用"文人心态"来概括这本书的内容，可能并不妥当，为了更恰当地概括这本书的内容，因此更名为《秦汉时期的文人》。

由于该书的内容发生了很大变化，因此，我对原书的前言也做了小的修改，原来的后记也不再保留。

感谢学苑出版社战葆红同志的关怀和支持。也期待着以后有机会再次修订这本小书。

方铭

2020年7月8日于北京

图书在版编目（CIP）数据

秦汉时期的文人 / 方铭著 . -- 北京：学苑出版社，2021.12
ISBN 978-7-5077-6326-3

Ⅰ . ①秦… Ⅱ . ①方… Ⅲ . ①文人－社会影响－研究－中国－秦汉时代 Ⅳ . ① D691.71

中国版本图书馆 CIP 数据核字（2021）第 258365 号

责任编辑	战葆红
出版发行	学苑出版社
社　　址	北京市丰台区南方庄 2 号院 1 号楼
邮政编码	100079
网　　址	www.book001.com
电子信箱	xueyuanpress@163.com
联系电话	010-67601101（销售部）67603091（总编室）
印 刷 厂	北京建宏印刷有限公司
开本尺寸	240×170　1/16
印　　张	23
字　　数	360 千字
版　　次	2022 年 1 月第 1 版
印　　次	2022 年 1 月第 1 次印刷
定　　价	79.00 元